阐释学视域下司马迁与普鲁塔克传记史学观念之异同

王成军　王瑞媛◎著

本书受陕西师范大学优秀学术著作出版资助

科学出版社
北京

内 容 简 介

本书从哲学诠释学和中西史学比较的角度，对中西古典时代著名的传记史学家司马迁与普鲁塔克进行比较认识的可能性和合理性进行了论证。此外，本书又从古今相通、中西互鉴的旨趣揭示了司马迁与普鲁塔克在历史观、人文观和轶事观三个维度的异同，以及对两者在中西传记史学领域取得突出成就的社会历史原因进行分析。本书认为对司马迁与普鲁塔克传记史学观念的比较研究，不但具有历史意义，也具有重要的现实意义。总之，本书的突出特点是在古典时代的中与西、哲学与历史、叙事史与传记史学的相互关联中，探求中西传记史学的特点，并在司马迁和普鲁塔克传记史学的异同中表现出来。

本书可供史学理论、世界史等专业的师生阅读和参考。

图书在版编目（CIP）数据

诠释学视域下司马迁与普鲁塔克传记史学观念之异同/王成军，王瑞媛著. —北京：科学出版社，2023.11
（中西史学比较研究丛书）
ISBN 978-7-03-063735-2

Ⅰ. ①诠… Ⅱ. ①王… ②王… Ⅲ. ①司马迁（约前145或前135-？）-传记-史学观-研究②普鲁塔克（46-120）-传记-史学观-研究 Ⅳ. ①K204.2②B502.4

中国版本图书馆CIP数据核字（2019）第283435号

责任编辑：任晓刚／责任校对：张亚丹
责任印制：吴兆东／封面设计：润一文化

科学出版社 出版
北京东黄城根北街16号
邮政编码：100717
http://www.sciencep.com
北京中石油彩色印刷有限责任公司印刷
科学出版社发行 各地新华书店经销
*
2023年11月第 一 版　开本：720×1000　1/16
2024年11月第二次印刷　印张：19 3/4
字数：330 000
定价：98.00元
（如有印装质量问题，我社负责调换）

丛 书 总 序

赵世超

中西史学比较研究魅力无穷。这样做不仅可以为认识中国历史提供蓝本和参照，在阐释某些疑难现象时获得灵感和启发，更重要的是，只有把中国放在世界大背景下观察，才能定准坐标，判明是非，剥离假象，找到方向。因此，中西史学比较不单是个方法问题，更是一个学理问题。

陕西师范大学为西北学术重镇。中华人民共和国成立以后，朱本源先生曾长期执教于此。他不仅著有专书，对史学比较在理论上作过系统分析和归纳，而且非常善于用比较的眼光审视中国古代，在西周社会性质等热点问题上发表过重要文章，其见解之独到，早为世所公认，这又在实践层面为我们树立了进行比较研究的典范。如今，朱先生虽已仙逝，但他的影响却十分深远。近些年来，一批青年才俊先后从北京大学、清华大学、北京师范大学、中国人民大学、南开大学、南京大学等老大哥院校获得博士学位后到西安任职，既壮大了我们的队伍，也带来了重理论、重融通的学术风尚，陕西师范大学由朱先生开创的史学比较老传统后继有人。

也许正是基于这样的考量，一向对西部地区关爱有加、大力扶持的北京师范大学资深教授刘家和先生建议我们成立中西史学比较研究中心，得到了学校的批准，并拟定就聘刘先生作主任，但他坚辞不就，只答应以名誉主任的身份作坚强后盾，而把我和他的弟子王成军教授推到前台。刘先生的设想是以中心为平台，团聚队伍，确立方向，形成特色，扩大影响。作为具体措施，则有招收研究生、在中西比较的总体框架下相对集中确定科研选题、编辑出版丛书，等等。他的主张得到了大家一致赞同。2012年中心正式挂牌时，刘先生不顾年高体弱，亲临西安，向全院师生阐扬中西比较的意义，又分别与相关年轻教师谈话，用耳提面命的方式循循善诱。2013年招收的中西史学比较方向的博士生也在王成军教授的带领下赶赴北京，向刘先生当面问安和请益。

　　时光流逝，如白驹过隙，2012年至今，转眼十年有余，朱、刘诸先生播撒的种子初见收获，我们将已杀青的书稿编在一起，算作丛书的第一辑。从内容上看，既涉及具体历史事件，也涉及中西早期社会规范、发展道路、史学观念、哲学思想的异与同。我们深知，刚刚摸着门径的作者还远不能得心应手，加之从专业背景看，中心成员又以教中国古代史的老师居多，对于世界历史还有一个重新再学习的过程，所以，这第一批成果并不光鲜甜美，甚至有些青涩，与其说是比较研究，不如说是仅仅有了一点比较意识。但驽马十驾，不舍千里，只要坚持、坚持、再坚持，刘先生为中心设定的目标就一定能实现，并会有更多的人加入到我们的队伍中。

　　我们诚挚欢迎史学界对丛书提出批评，并对为丛书出版付出大量心血的院领导和科学出版社的编辑深表谢忱。

绪　言

德国近代著名的历史哲学家德罗伊森（Droysen）曾经深刻地指出了历史研究的基本出发点："历史研究工作的起点是历史问题的提出。"[①]当然，德罗伊森所谓发现的历史问题指的并非局限于古代学术领域的历史问题，而是这一问题也与现代存在着深刻而重要的关联。因此，真正的发现和提出的历史问题一定是一个具有鲜明时代感的古今相关联的历史问题。

随着现代学术研究的不断深化和拓展，学术界对经典著作的整理和研究正日益被人们所重视，这是一个非常好的学术现象。其实这也是文化发展的一条必由之路，一方面，因为只有通过这种方法可以帮助理清长久以来文化发展的路径及其内在规律性，以增加我们对文化认识的自觉性；另一方面，更重要的意义在于使我们将现代的学术和文化研究建立在一个可靠的经典性著作的基础之上，其结果必然有助于从文化经典的研究中获得新的具有时代感的认识，以推进文化研究的持续发展。本书要研究的问题——司马迁与普鲁塔克的传记史学比较研究，就是这一学术大潮的产物。

中西古典史学是世界史学史上两个同时发生的最为发达和典型的史学形态，传记史学则是其各自史学花园中绽放的璀璨的花朵之一。司马迁和普鲁塔克分别是中西"古典时代"的著名历史学家，因其传记史学的杰出成就而铭刻于中西史学史的长廊中，名垂后世。

不言而喻，中西关山相阻，相距万里之遥，中西古代难通声息。由此，中西历史进程并行不悖，各有千秋，中西传记史学的轨迹也由来有自，其成就也各呈异彩；而西汉的司马迁与罗马帝国的普鲁塔克两大史学家相互未曾耳闻，不曾相知，两人的史学成果更是天马行空，各逞英豪。因此，对本书的研究不仅需要以中西传记史学所借以产生的历史进程为基础，同时也需要有更加深远和宽宏的历史视域，并从现代史学理论的维度对其加以理解。

---

① ［德］德罗伊森：《历史知识论》，胡昌智译，北京：北京大学出版社，2006年，第17页。

自中西凿通之后，中西之间的交流越来越频繁，内容也越来越丰富多样，但从近代至今近二百年来，发展的主题日益明显，冲突与互鉴已成为中西文化发展的主要内容。若要对中西未来进行理解的话，就必须对中西现在的状态进行认识和理解，若要对中西现代、中西历史进行深度理解的话，就必须就对中西古代历史展开深度研究。正如著名历史学家刘家和先所言："要认识今天的中国，就不能不深入认识今天的世界；要深入认识今天的世界，就不能不深入认识近代及中古之世界；要深入认识近代及中古之世界，就不能不深入认识古代之世界。"[①]因此，历史学是增加双方理解的一个非常重要的途径。

换言之，在现代学术背景下，对希腊罗马古典学研究的一个重要途径，就是将希腊罗马的古典文化成就同中国古代的"古典时代"的文化成就相结合进行比较研究，以获得新的具有时代气息的意识，反之亦然。在这一进程中，一方面，要以中西史学比较的基本理论为指导，将中西史学比较中的同与异辩证地统一于中西历史发展的进程中，以获取比较的真实性和历史性；另一方面，从年鉴学派的"问题史学"观念出发，对中西古典史学比较赋予现代的史学意识，以体现比较研究的效用性和时代感。显然，中西古典文化的比较研究对于深化经典的内涵，以及进一步彰显经典的历史意义无疑是一条好的途径。

一、研究的逻辑方法与途径

正是基于以上考虑，本书的逻辑思路主要体现在以下三个方面。

其一，需要加以说明的，本书在运用历史唯物主义原理的基础上，注意借鉴哲学诠释学的一些理论和方法，从现代中西史学比较的理论和方法出发，以探讨中西古代二位著名传记史学家的思想观念，并阐述二者传记史学观念对现代中西传记史学发展所具有的历史意义和借鉴效用。

众所周知，哲学诠释学是现代西方哲学的一个重要流派，从其产生的原因、内容和作用来看，较之于其他的现代西方哲学流派而言，它与历史学有着更为紧密的学术关联。这主要表现在：一方面，具体而真实的历史构成了哲学诠释学的理论根基，从而使这一哲学一反西方传统的追求本质的形而上学的抽象理论，代之而起的是强调具有特定时空的人的历史活动，重视将历史的动态引入哲学的理论，使其哲学不但具有了理论的意义，同时也具有了明显的历史

---

① 刘家和、廖学盛：《世界文明史研究导论》，北京：北京师范大学出版社，2010年，第19页。

动态性，其结果使古代的历史与现代的历史建立起了必然的联系。另一方面，哲学诠释学产生后，又对历史学的研究产生了重要而广泛的影响，即哲学诠释学所强调的经过"视域融合"，并在"视域融合"过程中所产生的效用，在古今相通的基础上，又强调了以今知古的必然性和重要性，哲学诠释学将其称之为"效果历史"，明显加强了历史研究的效用性。

当然，从积极的意义上讲，哲学诠释学在西方哲学的发展进程中，其突出的特色是从理论上进一步论证了哲学与历史学二者之间的内在的关联和互动关系，强调了历史学所具有的重要的独立的理解作用，彰显了历史学所具有的重要的现实作用，推动了现代西方史学的进一步发展。需要指出的是，汉斯-格奥尔格·伽达默尔的哲学诠释学的理解理论所产生的影响并不局限于西方的史学，而且也具有世界性的影响，因此，它对我国现代的历史研究同样也产生了诸多影响。

本书努力汲取并运用哲学诠释学对历史理解的方法，从古今不同的历史视域对中西传记史学观念及其在诸方面的具体内容深入探讨，以彰显本书研究的历史影响和现代意义。

其二，本书是以我国优秀的史学思想——"通史"观念为基础，着力将中西传记史学观念的古与今结合起来。司马迁"究天人之际，通古今之变"已成为中国史学的优秀传统，同时，随着中外史学的联系越来越紧密，"通史"观所包含的深邃而广博的史学理论和方法也越来越被世界史学界所关注，成为中国史学贡献给人类史学和文化宝库中的极其重要的成果，因此，"通史"的观念自然成为本书重要的方法论。具体于本书成果中，一方面，本书是将司马迁和普鲁塔克的传记史学观念置于中西源远流长的历史文化进程中，特别是置于中西"古典时代"这一特殊而具体的社会历史文化背景中，在全力获取其各自传记史学特定的历史真实的内涵的基础上，进一步揭示其对后世中西史学，特别是中西传记史学所产生的重要影响，以理清其与现代中西各自传记史学观念之间的内在关系，以古知今，以今知古，古今相通；另一方面，再从现代史学发展的角度，从"通史"的内在意义出发，突破古今纵向的单向历史演进模式，进一步从中西共时性的角度，以现代中西史学比较的理论和方法为依据，将中西两者的历史又加以横向联通，进行中西的历史和史学的比较。

显然，"通史"方法论不但具有历史性，而且具有突出的现代性，其与哲学诠释学的理论有着诸多相通之处。对此，德国著名的哲学家黑格尔曾指出：我们之所以对过去所发生的事物感兴趣，并不是因为这样的历史事物曾经存在过，"历史上的事物只有在属于我们自己的民族时，或者只有在我们可以把现在看作过去事件的结果，而所表现的人物或事迹在这些过去事件的连锁中，形成主要的一环时，只有在这种情况之下，历史的事物才是属于我们的"[①]。换言之，一切过去的历史也只有与我们现在的历史进程产生了联系时，过去的历史才能真正属于我们，这样的历史才有意义。因此，博大精深的"通史"为本书的中西史学的比较研究——司马迁与普鲁塔克传记史学观念的异同研究提供了奠定了坚实的学理基础。

其三，运用史学比较的方法，特别是中西史学比较研究的方法，以达到中西史学互鉴的学术目的。

在中西史学比较的具体应用方面，一方面，以分析和归纳中西两大传记史学家司马迁与普鲁塔克在传记史学观念方面的"同"与"异"内容；从求"同"存"异"开始，再进一步"异"中求"同"，重要的是，最后再将两者统一于中西具体而真实的历史发展进程中，史论结合，如此反复；另一方面，通过中西传记史学比较这一方法对所得出的"同"与"异"的理论成果进行历史的再分析，进一步探讨造成中西传记史学观念中相同与相异内容的复杂多样的历史原因，使中西两者古典时代传记史学观念的"同"与"异"与中西各自的历史进程紧密相连，这对于探求造成中西传记史学观念的异同真相具有重要意义，而且也为进一步揭示这一具有代表性的中西传记史学比较所具有的重大的历史意义提供了历史前提。

而在中西互鉴的学术目的方面，本书力图揭示和彰显两者传记史学观念本身所包含的重要历史意义和时代价值。当然，本书研究的意义绝不能限于得出一些"同"与"异"的结论或概念，更重要的是，还要从"问题史学"出发，强化问题研究的现代视角和真实的社会需求，以史为鉴，突出史学的求真特性，并彰显史学的致用功效。只有这样，才能使我们不仅深刻把握中西传记史学各自观念的内涵，而且还能从宏观上把握中西传记史学发展的大势，从而使我们对中西两者传记史学观念的丰富内容进行具有现代性的深入理解和认识，并进而为探索中西传记史学发展的趋向提供重要的理论借鉴，并将求真与致用两者在历史的发展进程中有机地统一起来。

---

① ［德］黑格尔：《美学》第1卷，朱光潜译，北京，商务印书馆，1979年，第346页。

二、基本内容

本书分为五章和附论两大部分。五章为本书的核心，包括以下五个方面的内容。

第一章，首先从哲学诠释学"视域融合"的理论探讨了现代中西史学比较理论与方法的合理性和进行中西史学比较的现实性与重要性，其次是运用历史唯物主义的基本理论对哲学诠释学的"视域融合"理论加以反思，以剔除其理论体系中所包含的相对主义和形而上学的学术局限，在此基础上，进一步从具体的中西史学比较的方法论分析了司马迁和普鲁塔克传记史学比较的可能性、真实性和重要意义。

第二章，实质主义与"通变"观念之比较——传记史学的历史观。主要是论述了中西传记史学，特别是司马迁与普鲁塔克在历史观方面的异同。简言之，希腊罗马的"实质主义"不变的史学观念与中国传统的变易的"通变"史观二者的异同。这一历史观方面的不同对于深入了解司马迁与普鲁塔克传记史学的异同具有重要的指导意义。

第三章，则是对中西古代史传的灵魂——人文精神的异同这一重点问题进行探讨。对这一问题进行探究可以深刻且全面地反映司马迁与普鲁塔克传记史学思想的深度和高度。在中国文明早期，"人文"的主要内涵是指一种以礼乐为教化天下之本，以及由此建立起来的一个人伦有序的理想文明社会。"天行健，君子以自强不息"是司马迁传记史学人文精神的思想基础，光宗耀祖是传记史学的文化源头，家国一体是其人文情怀的集中展现，"立言"成为司马迁撰写《史记》和其传记史学人文精神本质之所在。普鲁塔克《名人传》著作所体现出来的人文精神在古典时代中占有重要地位，其传记史学的人文精神主要表现在入世的人文情怀、对建功立业的推崇和见贤而思齐的人文目的这三个方面。对普鲁塔克和司马迁传记史学的人文精神的揭示，对于深刻认识传记史学的特质和作用具有重要意义。

第四章，主题为"轶事"与"宏大叙事"的对立与统一——传记史学的轶事观。传记的研究对象是历史活动中的人，因此叙述方式在很大程度上决定了传记史学的特质，从而与叙事史学有着明显的不同。从类型来说，较之于叙事史学，传记史学侧重于细小的事实，特别重视马克·布洛赫（Marc Bloch）所说的"心理事实"，却对宏大的历史叙事退避三舍。但对于司马迁与普鲁塔克而言,他们传记史学异同的关键就表现为如何在传记史学中合理地处理好心理事实与宏大的历史叙事二者间的关系,从而更好地体现传记史学的目标。在此问题上,两者表现出了明显的相同性的同时,也表现出了明显的不同性。

第五章,探讨了司马迁与普鲁塔克传记史学成就的历史原因。这一问题的旨趣在于从更为广阔和更为深入的中西社会历史发展的大背景中来探讨两者传记史学成就的社会历史原因,并在此基础上,着重从德、才、学、识四个维度对两者的人生经历和思想观念进行理解和诠释,以进一步揭示两者传记史学观念所具有的史学价值和文化意义。

最后附录则是笔者近年来对这一问题的两篇心得。一篇是《中西古典史学的异同》,另一篇则是《司马迁成就良史原因探析》。

总之,本书是以中西方文化史上的"古典时代"为据,以探讨其所具有的深刻而厚重的文化内涵及其重要意义,并在此基础上,以中西古典史学比较为例,对中西古典比较研究这一新的研究途径谈谈自己的一些体会。其目的是以前人的学术研究成果为基础,运用中西史学比较的方式,进一步探讨和揭示中西两大史学著作传记史学观念的各自内容和两者传记观念的异同。

三、创新点

对司马迁与普鲁塔克的传记史学进行研究已成为学界一个日益重要的学术领域,如果从学术创新的角度来对本书的主题加以反思的话,从本书的初衷而言,笔者努力在原先研究的基础上,从文、史、哲三者相统一的维度来进一步提升对这一学术问题研究的高度和广宽,并在这种新的高度和广度的背景中,对二者的传记史学观念达到一个更深的层次。

其一,重视从哲学层面上来把握中西两大传记史学家的观念特征和基本内容。清末学术大家张之洞有言"由经学入史学者,则史学可信"[①]。其意在说明哲学和思想对史学的重大影响。在司马迁与普鲁塔克两者治史的背后,都有一个明显的高于传记历史的哲学前提,并以此来指导着各自进行具体的历史实践,从西学来看,其任何学科的产生和发展都必须以哲学为基础。事实上,普鲁塔克本身就是一个斯多葛派哲学家,他对世界、社会、历史和传记有其哲学上的理解,从而深深地影响了他的传记史学观念;而司马迁不仅是一个历史学

---

① (清)张之洞撰,范希曾补正:《书目答问补正》,上海:上海古籍出版社,2001年,第258页。

家，而且是一个对历史本身有着哲学层面思考的历史学家，用现代的学术术语来表达的话，司马迁还是一个史学理论家。他对当时社会仍具有重要影响的思想流派的内涵和特点有深刻的理解，这在其自序中对当时学术界的诸子百家的精当评述和准确的理解就可以说明，正是在这一思想理论的指引下，他对当时中国社会历史发展的进程和趋向有着深刻认知，这种认知表现在这种理解的旨趣就是要从一个更高的具有哲学意义的视角，来俯瞰和探索宏大、复杂多样的历史进程和其变化的内在理性、规律性。最终形成了自己治史的方法论系统——"成一家之言"。

其二，重视从多学科融合的角度来把握中西传记史学的相同点和不同点，以体现以司马迁和普鲁塔克为代表的中西古代传记史学观念的突出特征。究其原因有两个方面：一方面，就是司马迁的《史记》和普鲁塔克的《名人传》两个著作的特点本身就是文史哲汇于一体的传记史学著作。从学术角度而言，本书的一个努力方向就是在将文、史、哲三者相统一的前提下来探讨两者的传记史学的内容和特征。众所周知，在司马迁所处的西汉时代，史学与文学并未分野，文、史、哲相交融；同样在普鲁塔克时代，历史与文学也没有严格的界限，两者往往相互交织在一起。比如普鲁塔克虽然意识到了传记与历史的不同，但还努力建立起其与历史的紧密联系。另一方面，还要看到，现代学术研究的突出要求和发展趋向就是从单一学科的学术研究向多学科或跨学科的方向发展。在现代社会发展进程中，事物之间内在的统一性和辩证联系早已被人们所关注，在历史学科的与其他学科之间的紧密关系中彰显历史学科的独特性已成为现代历史研究的一个重要特点，而且只有揭示出这种多学科的联系性，才能真正展示出历史学科的独特性。这一点对于传记史学而言，尤为如此。当然，从这种多学科的联系中对传记史学展开研究，并非有意淡化专业学科的特性，而是通过这一途径，也只有通过这一途径才能彰显传记史学所存在的客观的真实特性。

其三，重视从中西融通、中西文明互鉴的目标进行司马迁和普鲁塔克为代表的早期传记史学观念的比较研究。显而易见，本书的一个重要方法，是对二者的传记史学观念的异同进行较为深入的比较研究，但本书的旨趣并不是将此比较研究停留在同中求异和异中求同这一学术研究阶段，因为，不管怎么说，比较并不是本书的全部目的，而只是手段和方法，而本书的学术目的则是在进行两者的比较研究的基础上，在探求二者传记史学观念异同的基础上，探讨二者的融通与文明互鉴的可能性和现实性。

从现代文明交融理论来看,中西传记和中西文明一样,都有其各自产生的历史基础和特点,有其明显的必然性和合理性,对两者的优与劣、好与坏的探讨则有悖于文明的本质,而从历史的角度对不同文明进行汲取和交融,则是文明本质特征和要求。

由此出发,本书是在比较研究的前提下,进一步从文明交融的角度将中西传记史学的观念与中西史学的发展,以及中西文化和文明的发展紧密结合起来,并将中西两者所展现的人文精神和统一于中西社会文化和文明发展的历史进程中,统一于现代中西传记史学发展的进程中。

综上所述,中西史学比较研究是一个随着中国史学的不断发展而产生的一个较新的学术领域,其中既是源远流长的中西史学发展的逻辑性的必然结果,又回应了现代中西史学发展的现实问题需求。通过对司马迁与普鲁塔克传记史学观念的现代诠释与历史比较,对于深入探讨中西古典时代传记史学观念的异同具有重要意义,更重要的是对于中西正确理解和借鉴各自和对方传记史学的优势,在新的历史时代下,在继承中发展、创新中国的传记史学的优秀传统,具有重要意义。

目 录

丛书总序……………………………………………………………………… i

绪言…………………………………………………………………………… iii

第一章 中西古典传记史学的诠释和比较的可能性与意义 …………… 1

  第一节 中西古典史学比较的诠释和再诠释 ……………………… 2

    一、从修昔底德的"历史认识悖论"说起 ………………………… 2

    二、对修昔底德"历史认识悖论"的哲学诠释 …………………… 8

    三、对中西史学比较诠释的再诠释 ………………………………… 15

  第二节 中西古典时代传记史学比较的可比性和意义 …………… 21

    一、古典时代的内涵及其意义 ……………………………………… 21

    二、普鲁塔克和司马迁传记史学观念的可比性 …………………… 29

    三、司马迁与普鲁塔克传记史学比较的意义 ……………………… 39

  小结 ………………………………………………………………………… 44

第二章 实质主义与"通变"观念之比较——传记史学的历史观 …… 47

  第一节 普鲁塔克"实质主义"史观的内涵及其特征 …………… 49

  第二节 司马迁"通变"史观的内涵及其特征 …………………… 70

  第三节 传记史学观之比较 ………………………………………… 93

  小结 ………………………………………………………………………… 104

第三章 中西古代史传的灵魂——人文精神的异同 …………………… 107

  第一节 中国传记史学的人文精神 ………………………………… 108

    一、中国传记史学人文精神的内涵及其特点 ……………………… 108

    二、中国传记史学人文精神的核心 ………………………………… 119

    三、"立言"成为司马迁著《史记》和其传记史学人文精神之

        所在 ……………………………………………………………… 129

第二节　古希腊罗马传记史学的人文精神……131
一、公民人文精神的培养是希腊罗马传记史学的中心任务……132
二、入世的人文情怀是希腊罗马文化的突出特点……141
三、对建功立业的推崇是希腊罗马人文精神和传记史学的中心内容……146
四、见贤而思齐既是罗马的人文目的，同时也是其传记史学的旨趣之所在……155

第三节　中西传记史学人文精神之比较……161
一、相同性……162
二、二者间的不同性……165

小结……182

第四章　"轶事"与"宏大叙事"的对立与统一——传记史学的轶事观……185
第一节　《史记》所表现的轶事观念……187
第二节　《名人传》所表现的轶事观……208
第三节　比较——"轶事"与"宏大叙事"的对立与统一……222
小结……238

第五章　司马迁与普鲁塔克传记史学成就的历史原因……240
第一节　恢宏大气的中西传记史学产生和发展的文化土壤……241
第二节　司马迁和普鲁塔克具有突出的才、学、识史学修养……249
第三节　司马迁所具有的突出的"史德"意识……255
第四节　中西史学所处的正在发展的特殊时期对史学的强烈要求……263
小结……267

附录一　中西古典史学的异同……271

附录二　司马迁成就良史原因探析……282

参考文献……290

后记……297

第一章

中西古典传记史学的诠释和比较的可能性与意义

中西古代传记史学观念的比较是一个居于现代学术前沿的重要问题。从现代史学的发展来看，中外史学以及中西史学的比较研究正是现代史学研究的新领域，同时也是获得新知的新方法，更是达到中外史学融通的基本途径。关于史学的比较研究，"比较史学之父"马克·布洛赫在20世纪初发表的《欧洲社会历史比较》标志着比较史学的创立。之后，比较史学在世界的影响也越来越大。当然，对中国历史学的发展也产生了积极影响，推动了中国比较史学的发展。比较史学对世界史学的发展产生了重要影响，但这并不能单纯地归因于马克·布洛赫等人的特别贡献，最重要的是随着世界进入了现代化进程，各个地区的联系日益紧密，需要一种新的历史研究方法以适应新的变革。因此，比较史学的产生，一方面是基于整个世界历史发展新时代的客观进程的内在要求；另一方面，也是现代史学观念更新的成果。值得注意的是，随着比较史学的不断发展，比较史学已经成为史学研究的知识增长点。

当然，作为一种新的研究方法和研究领域，其必然面临着诸多的问题和难题，而在这诸多的难题之中，首要的则是一个重要的理论问题——传记史学比较何以可能的问题。

显然，已经产生并在发展的中西史学比较在其深化发展过程中，无论在理论建构方面，还是在具体的比较研究方面，都获得了较快的发展。尽管如此，中西比较史学理论的依据问题，即其可能性的理论探索仍是一个重要课题。可以说，这是研究司马迁与普鲁塔克（Plutarch）传记史学比较观念的前提和基础。这样一来，对司马迁和普鲁塔克传记史学观念异同的具体探讨就必然转向进一步探讨二者比较的可能性的理论问题。

基于此，我们拟在本章主要围绕两个问题进行探索。第一个问题，即在历史唯物主义的指导下，运用哲学诠释学的"视域融合"理论对中西史学比较，对司马迁与普鲁塔克传记史学观念的可能性进行理论说明。

之所以将哲学诠释学的理论作为切入点，究其原因，哲学诠释学是现代哲学的一个重要流派，其创始人为德国的汉斯-格奥尔格·伽达默尔（Hans-Georg Gadamer）。哲学诠释学从一开始，便将历史学作为其最主要的研究对象之一，在理论方面，特别注意其学说的历史性，与历史学具有亲缘关系。在诠释学的认识体系中，强调了历史研究是一个处于不同境遇之中的历史主体两者相互理解进而升华的"视域融合"的过程。从哲学诠释学的这一基本原理出发，中西的历史比较，具体而言为司马迁与普鲁塔克的传记史学比较，本身就是处于不同的境遇而进行具有历史性的融合过程，换言之，中西史学比较本身就是一个合理的过程。

第二个问题，即从中西史学比较的合理性这一理论基础出发，进而具体探讨司马迁与普鲁塔克传记史学观念比较的可比性和意义。对这一问题的探讨，旨在说明，司马迁与普鲁塔克传记史学观念的探讨是一个既合乎中西当时历史发展内在逻辑，又与现代中西史学发展和现代社会发展的需求紧密相关的重要问题。因此，展开对这一问题的研究，不仅具有重要的历史意义，同时也具有重要的现实意义。

第一节　中西古典史学比较的诠释和再诠释

一、从修昔底德的"历史认识悖论"说起

无论是从比较史学来看，或者是从中西史学比较而言，其科学性都面临着一个尖锐的挑战，即马克·布洛赫在其论文中所谈到的难题：如何处理好比较之间所存在着的时空距离问题，特别是如何处理好比较中的远距离问题，这是关系到史学比较能否取得真正成效的一个重要问题，而这一问题的核心其实也直指中西史学比较何以可能这一根本性的问题。

当然，如果从传统认识论的观点出发的话，是无法合理地解释这一问题的。因为从传统认识论出发的话，历史学家在进行历史研究时，是无法避免一个二律背反的命题：一方面，由于历史学家与其所研究的历史进程之间本来就存在着时空距离，当历史学家研究古代的历史时，时空的阻隔成为历史学家探讨过去真实性的障碍，由于历史学家无法亲身深入已经逝去的历史情景中，其所论述的历史的真实性自然受到了人们的质疑；另一方面，对于从事当代历史研究的历史学家来说，又由于他所面对的是他们当时正在亲身经历或正在发生的历史事实，但这些事实在历史的长河中，往往只是历史现象，而与历史本质相距甚远，因此，历史事件的真相或人的本质性又需要一定的时间加以验证。白居易《放言》诗云："试玉要烧三日满，辨材须待七年期。"[1]讲的就是历史认识的过程中存在着这一无法避免的矛盾，而要解决这一矛盾的话，是需要一个历史认识的过程。从这一点来说，当代史研究其实同古代史研究一样都有着难以形成正确的历史认识的困难。

以求真著称的古希腊历史学家修昔底德（Thucydides），在撰写古希腊的现代史著作《伯罗奔尼撒战争史》时，就已经发现了存在于历史学研究中的这一悖论，并在他力所能及的范围内给予了较为合理的解决。

修昔底德在《伯罗奔尼撒战争史》中说明了他面对这一难题所采取的一些具体的方法和依据。他在书中说："在研究过去的历史而得到我的结论时，我认为我们不能相信传说中的每一个细节。普通人常常容易不用批判的方式去接受所有古代的故事——就是对于那些和他们本国有关的故事，他们也是这样。"[2]修昔底德在书中还说，对于希腊人来说，即使当代史也不例外。"不但对于记忆模糊的过去，而且对于当代的历史，有许多不正确的猜想。"[3]在修昔底德看来，即使对于被希腊人认为是最可靠的历史证据——历史事件的目击者所提供的证词，修昔底德以其理性主义的态度进行考证，但结果却使他感到相当无奈。为什么呢？因为"不同的目击者对于同一个事件，有不同的说法，由于他们或者偏袒于这一边，或者偏袒于那一边，或者是由于记忆的不完全"[4]。

显然，修昔底德在史学实践中已经发现了，对历史现象的认知不仅仅根据

---

[1] （唐）白居易，顾学颉校点：《白居易集》第1册，北京：中华书局，1979年，第319页。
[2] ［古希腊］修昔底德：《伯罗奔尼撒战争史》，谢德风译，北京：商务印书馆，1960年，第16页。
[3] ［古希腊］修昔底德：《伯罗奔尼撒战争史》，谢德风译，第16—17页。
[4] ［古希腊］修昔底德：《伯罗奔尼撒战争史》，谢德风译，第18页。

历史现象本身，还存在着人们对历史现象的看法和态度，这种看法由于人们所处的位置、人们的情感和人们的知识而不同。

面对此种窘境，著名史学家朱本源先生认为，修昔底德在此运用了两个有效的方法，破解了其所面对的难题。这两个方法，"一是明显的证据；二是合乎情理的理解"①。所谓运用"明显的证据"这一方法指的是修昔底德借助其深厚的希腊理性文化底蕴，在其史学研究中，开始运用史料考证这一重要的史学方法试图消弭这一矛盾，但由于史料考证方法才刚刚萌生，它来源于雅典当时公民法庭所采取的问询制度。所以显然，此方法对于复杂的历史研究而言比较直观和朴素，甚至有简单之嫌，尽管如此，这是修昔底德在其所处的时代，所能采取到的最现实的办法了。正是借助于这一方法，修昔底德的史学研究取得了突出的成果，由此而成为其《伯罗奔尼撒战争史》著作求真直书的突出特点。至于朱本源先生所说是第二个方法，即"合乎情理的理解"这一方法，它与第一种方法，即寻找证据的方法有着明显的不同，但却是建立在第一种方法证据的基础上的方法之上的更高层次的寻求证据的方法。

为什么这样说呢？是因为修昔底德在其历史的考据实践中，既发现了这一方法的有效性，同时也发现了这一直接诉诸证据的考证方法有着明显的局限性。这种局限性主要表现在史料的考证，同一件事的不同目击者以及他们不同的陈述经常让他无所适从，难以取舍，但他并没有在此放弃探求真实的学术目标，而是另辟蹊径，运用自己的想象、经历和理解，通过逻辑判断的方法，努力复原历史的真实性。比如，《伯罗奔尼撒战争史》著作中就记叙了大量精彩的演讲词，大家公认这是彰显修昔底德治史求真精神的重要体现。其实，并非人人皆知的是，其中的相当部分是值得深入探讨的。之所以这样说，是因为：其一，有一部分演讲词并不是修昔底德亲临现场对演讲人当时发表的演讲词所做的实录，而是修昔底德事后根据听众的回忆而加以叙述的成果；其二，在《伯罗奔尼撒战争史》中所呈现的一些演讲词，是修昔底德个人经过精心加工而努力复原的，与真实的演讲词存在着不同程度的差距。

显然，以史学求真和史料考证闻名的杰出史学成果《伯罗奔尼撒战争史》并不是传统史学纯客观的结晶，在本质上却是真实而客观的历史与修昔底德个人思想和理性相作用的结果。为什么会出现这样的结果呢？修昔底德是这样说

---

① 朱本源：《历史学理论与方法》，北京：人民出版社，2007年，第216页。

的：他在调查当事人和目击者的过程中，众多的被调查者都遇到了共同的难题，即他们已经不能完全清楚地回忆起他们在现场听到的演说词了，不同的受访者往往有不同的回忆，面对当时确实难以克服的这种困难，怎么办？值得称道的是，修昔底德以其突出的求真精神在《伯罗奔尼撒战争史》一书中，明确地讲述了他解决这一问题的具体办法，即他努力复原演讲词的具体方法。他是这样说的："我的方法是这样的：一方面尽量保持实际上所讲的话的大意；同时使演说者说出我认为每个场合所要求他们说出的话语来。"①显然，所谓合乎情理的理解，指的是修昔底德是以"人性总是人性"②作为其历史论述的理论依据，利用自己的理性和自己的亲身感受，并根据一些具体的特定情景需要，对有明显差别的演讲词进行逻辑的分析与理性的判断，以确定特定人物在特定环境下，针对特定的问题所作出的具有个性的演讲，来弥补时空的差距，以此努力与发生的历史真实相符合。

显然，历史的证据是历史研究的基础，但只有证据是不够的，重要的，也是难点在于，人们必须对证据进行理性的分析、判断，还必须进行基于人性的情感交流和理解。对此，年鉴派的马克·布洛赫也是这样认为的："文献中词汇本身无疑也是一种非常珍贵的证据；但像所有证据一样，它是不完善的，因此需要进行批评考察。"③而且紧随其后，马克·布洛赫也强调了"每个重要的术语，每种典型的表达，都只有在与其环境进行对照后才能真正成为认识工具"④。显然，马克·布洛赫也认为，人们的认识和理解只有且必须与具体的历史环境相结合，才能产生真正的效用。但是这样一来，对历史的研究就必须有逻辑的判断和人性的理解两个方面，这样的史学要求修昔底德显然都具备了，但问题是，修昔底德是以朴素的人性论作为历史的相似点，"没有将这一人性作为一个不断发展变化的过程，所以，历史学难以成为一个科学"⑤。

当然，在修昔底德所处的希腊的古典时代，历史观念才建立不久，历史学家研究的内容只是他们本身所熟悉的小国寡民的城邦或者希腊世界的历史现象。德国近代著名哲学家黑格尔（Georg Wilhelm Friedrich Hegel）以其对西方文

---

① ［古希腊］修昔底德：《伯罗奔尼撒战争史》，谢德风译，第17页。
② ［古希腊］修昔底德：《伯罗奔尼撒战争史》，谢德风译，第18页。
③ ［法］马克·布洛赫：《历史学家的技艺》，黄艳红译，北京：中国人民大学出版社，2011年，第146页。
④ ［法］马克·布洛赫：《历史学家的技艺》，黄艳红译，第146页。
⑤ 王成军：《中西古典史学观念的异同——兼及司马迁史学观念的基本特征》，《陕西师范大学学报（哲学社会科学版）》2009年第6期，第107页。

化传统的深刻理解，在他的《历史哲学》这部著作中，称这一阶段的历史为"原始的历史"。这一阶段历史的特点是什么呢？黑格尔认为，这一时期的历史都局限于人们自身的具体经历，用我们现代的史学术语来说就是"现代史"，或者是我国传统史学中所谓的"所见世"历史内容。即"他们的叙述大部分是他们亲眼所看见的行动、事变和情况，而且他们跟这些行动、事变和情况的精神，有着休戚与共的关系"①，而缺乏古代历史意识。

显然，在修昔底德对伯罗奔尼撒战争史探索的时代，历史认识中的时空距离问题已经出现了，但由于当时人们关注的是正在发生的现代历史，因此，这一问题对当时人们的历史研究影响毕竟有限，以修昔底德为代表的历史学家可以通过实地考察、调查或访谈等多种途径来达到当时所能达到的求真目的。但这并不意味着时空问题在历史研究中得以彻底解决，随着希腊人及其后的罗马人对历史研究的不断深入，他们的史学观念发生了重要变化，历史研究中的时空矛盾也逐渐发展起来，并日益尖锐化。

具体于修昔底德之后的古希腊罗马史而言，历史观念有了较大的变化。这表现在两方面：其一，从历史的空间上而言，他们历史研究的视野大大扩展，也就是说，他们不仅在研究自己国家和自己种族的历史，而且在此基础上，还进而研究其他国家和所谓的"异族"的历史；其二，从历史的时间上来看，他们已经从原先致力于对现代历史的研究阶段，进入了对古代历史的研究阶段，即由所谓的"所见世"进入了对"所闻世"历史的探索新时期。自然，在这一新的历史阶段，由于历史学家所撰述的历史，不管从内容上，或时空上都与其早期所撰写的现代史或当代历史已经大不一样了，一直存在于其史学内部的时空矛盾开始较明显地表现出来了。②这时希腊罗马的历史学就进入黑格尔在《历史哲学》中所说的"反省的历史"时期。③黑格尔对"反省的历史"的内涵是这样讲的："在这里，最重要的一点，是历史资料的整理。进行工作的人用了他自己的精神来从事这种整理工作，他这一种精神和材料内容的精神不同。"④换言之，这时的历史学家们是运用自己的历史观念来认识和理解他们所探讨的他们

---

① [德]黑格尔：《历史哲学》，王造时译，上海：上海书店出版社，1999年，第2页。
② 如古罗马著名的传记史学家普鲁塔克就曾在《伯里克利传》中对此难题感慨不已："看来，叙述历史，要掌握好事实很不易，因为，如果是后来人，时间对认清事实会是个障碍；而如果是叙述同时代人物和生平，那么，或者由于怀恨，或者由于逢迎，又会对事实加以损害和歪曲。" Plutarch, *Plutarch'Lives*, Trans. Perrin B., Boston: Harvard University Press, 1914, p.47.
③ Plutarch, *Plutarch'Lives*, Trans. Perrin B., p.47.
④ [德]黑格尔：《历史哲学》，王造时译，第4页。

所知道的外部历史，也就是他们所知道的世界史，其结果，在这些历史学家的笔下，当时的希腊罗马之外的历史都不过是希腊罗马史的翻版，或者是放大版，从形态而言，都是沿着希腊罗马所经历的历史发展道路在运动，充斥其中的都是希腊罗马人所运用的同样的历史观念，从精神和思想角度言，在他们的历史发展进程中，都可以找到罗马人的精神和思想观念。因此，这个阶段被西方学界称为"普世史"观念的流行时期，或者称之为希腊罗马的"世界主义"的史学观念。但从其实质上看的话，上述的这些观点并非真正的历史观念，只是历史学家心目中的历史，它和真实的世界历史有着较大的距离。所谓的"普世史"和"世界主义"却是历史学家用自己的思想和观念来代替真实而鲜活的历史，都是用自己的历史观念来弥补不同历史时空的真实差距，并不是真正的罗马史和世界史。

而西方的史学发展到了世界史的近代时期，随着历史研究范围的进一步扩大，其历史研究的观念不再是昔日希腊史或者罗马史模板的放大版，或者是历史学家脑海中简单的普世化形态，这时对历史学家的要求不仅是如何能够从历时性的维度，较为细致地梳理历史运动的进程，而且还要求从共时性的维度来展现各个不同地区的真实历史状态。历史的时空观念就成为历史研究的一个核心问题。显然，历史研究中的时空距离问题，其一方面是历史研究进程中所出现的必然结果；另一方面则是在历史研究进一步发展过程中迫切需要解决的一个重要问题。

与此相适应的是，围绕这一问题在近代出现了两种代表性的，同时也是对立的学术观点：其一，历史的哲学化。比如在黑格尔的历史观念体系中，历史本身对于历史进程中所出现的时空关系问题，已无能为力了，在他看来，只有通过历史的哲学化才能解决这一矛盾。那么怎样解决这一问题呢？黑格尔就运用不变的"理性"和高不可及的"世界精神"，再通过逻辑概括的思辨哲学方法，最终完成这一任务。但这一哲学方法又因他的唯心性质和逻辑特点，直接抹杀了具体、复杂、多变的历史本身，使历史的真实特性无存在的余地，自然受到现代史学家的强烈批判。其二，试图通过历史本身来显示其原意的历史客观化倾向。在近代史坛上，客观主义史学家如兰克（Leopold von Ranke），为了在史学研究中获得所谓纯粹客观的历史原意，认为只需要拥有充分的历史资料就可以了，因为在他们看来，历史资料自己可以说话的，它已经超越历史的时空，是一种本质的历史自在。这样一来，时间和空间的距离感或者是失去了意义的附属品，或者又成为他们力图达到真正的客观性而必欲除之而后快的消极对象。当然，他们力图通过否定历史认识的方式以获得深藏其中的历史真相，最终的结果只能是否定历史自身。

显然，历史的时空观念及其两者间的关系在历史研究中越来越明确地表现出来了。在经历了古代和近代史学不断的理论探索和具体的历史实践后，这一问题不但没有得到很好的解决，反而表现得越来越尖锐：时空的阻隔关系在古代和近代西方的历史研究中扮演了一个非常尴尬的角色，一方面，时空的存在，由于自身无法证明自身的存在，它使历史学家无法直接获得两者之间比较充分而真实的历史关联，其自身沦为历史认识的障碍，因而自然成为人们对历史认识的障碍，必欲除之而后快；另一方面，如果从历史认识中除去时空距离的话，真实历史的发展过程则又无从谈起，经历了长时期的历史学的发展成果将不复存在，充其量成为哲学的附庸和注脚，任由黑格尔的世界精神纵横驰骋。由此，西方的历史研究进入了二律背反的窘境。正基于此原因，"历史哲学"成为西方现代史学界中饱受非议的名词。需要指出的是，在近代历史研究领域中，这一史学研究的重大疑难问题并没有随着时代的进步和历史研究的不断深入被解决，反而是与近代追求客观主义史学观念的矛盾越来越明显，越来越尖锐，只有通过新的方法论才能解决，毫无疑问，这一重担落在了现代哲学和现代历史学的肩上。因此，从19世纪末开始，西方史学界就开始出现了由思辨主义史学和纯客观主义史学向现代主义史学转变的浪潮，而现代史学其最突出的标志就是强化了历史认识主体的作用和价值，强调了历史时空存在的合理性。这样一来，对历史的时空观念的探讨又进入了现代哲学和现代史学新时代。

二、对修昔底德"历史认识悖论"的哲学诠释

不言而喻，进入现代的西方哲学和历史学流派众多，对历史的时空关系都有其各自的特点和重要的学术贡献，而德国的著名哲学家汉斯-格奥尔格·伽达默尔所创立的哲学诠释学较之于其他哲学流派而言，其在努力回答并试图解决这一重要的难题方面表现了明显的优势。

学界一般认为，在20世纪的西方哲学中，与历史学有着亲缘关系的哲学当属汉斯-格奥尔格·伽达默尔的哲学诠释学。学界之所以认为哲学诠释学和历史学有着亲缘关系，不仅仅是因为像汉斯-格奥尔格·伽达默尔在其著作《真理与

方法》中所讲的，哲学诠释学研究的重点对象就是历史与艺术；更重要的是，哲学诠释学在面对历史的基本问题——时空关系问题时，所采取的态度具有明显的历史主义色彩。

哲学诠释学的出现冲破了在传统的认识论模式中所存在的桎梏——即认识过程乃是主体向着客体的单向运动，或者历史就是历史自身的自我展示或独白的认识误区，揭示了认识的过程是理解者或解释者与被理解对象二者之间的不断对话和持久互动，著名学者潘德荣教授将这一互动的理解方式诠释为是以"主体间性"为突出特征的主体与主体之间的对话与相互理解。[①]而且在汉斯-格奥尔格·伽达默尔的哲学诠释学体系中，任何一次理解都是不同视域的融合过程，而且"视域融合"本身是以反实质主义为出发点，是以反形而上学为学术目标的，因此，"视域融合"绝不是一种抽象概念的互动游戏，而是有着明显且重要的现实目的和历史效用的实践活动，从而体现出鲜明的效果历史意识。而效果历史意识则被西方学者赞誉为标志着汉斯-格奥尔格·伽达默尔对"精神科学"的理论基础进行思考的最高成就。之所以能够获得如此赞誉，还在于汉斯-格奥尔格·伽达默尔本人对历史中时空关系的一种新的具有辩证的理解。他是这样理解历史的认识关系或理解关系的："真正的历史对象根本就不是对象，而是自己和他者的统一体，或一种关系，在这种关系中同时存在着历史的实在以及历史理解的实在。一种名副其实的诠释学必须在理解本身中显示历史的实在性。因此我就把所需要的这样一种东西称之为'效果历史'（Wirkungsgeschichte）。理解按其本性乃是一种效果历史事件。"[②]当然，这种引起效果意识的因素，即理解者和文本所处的时代、生活环境的不同从而必然与其特定的时空有着紧密关联，因此，"视域融合不仅是历时性的，而且也是共时性"的[③]。显然，汉斯-格奥尔格·伽达默尔诠释学所谓的理解实质，乃是通过理解者和被理解者之间的对话来将历史的实在和历史理解的实在两者融合起来，从而超越他们自身的有限视域，使对话双方都能达到一种具有普遍意义的更高的新境界。显然，哲学诠释学的"视域融合"过程不仅是哲学的理解过程，同时也是历史的认知过程。因此，哲学诠释学的"视域融合"观念对于现代历史研究无疑具有重要的

[①] 潘德荣：《诠释学：从主客体间性到主体间性》，成中英主编：《本体与诠释：中西比较》第3辑，上海：上海社会科学院出版社，2003年，第399页。
[②] ［德］汉斯-格奥尔格·伽达默尔：《真理与方法：哲学诠释学的基本特征》上卷，洪汉鼎译，上海：上海译文出版社，2004年，第387页。
[③] ［德］汉斯-格奥尔格·伽达默尔：《真理与方法：哲学诠释学的基本特征》上卷，洪汉鼎译，第8页。

作用,而且,由于"视域融合"直面时空关系,是以时空为中介和条件而进行的理解活动,因此,对于有着明显的时空隔阂的中西史学比较具有更为重要的现实意义。

总而言之,哲学诠释学"视域融合"的突出特征在于其所具有的主体间性理论框架,和其所倡导的具有实践色彩的效果历史意识,这些内容较之于西方传统的思辨的主客体认识模式而言,无论是从哲学的层面讲,或是从历史学层面言,无疑都具有明显的时代性和历史进步性。对于中西史学比较而言,这一进步对其深入发展也有着重要影响。具体于这一影响的重要表现之一,就在于它对解决中西史学比较何以可能这一重要问题提供了一种较为可行的理论和途径。

其一,主体间性的诠释学原理打破了陈旧的时空界限,使得时空的距离由原先历史研究的障碍转而成为历史比较研究的必要前提,由此,"视域融合"不仅提供了中西历史比较的可能性和必要性,而且提供了进行中西史学比较可能性和必要性的理论依据。

毋庸讳言,中西史学两者都存在着很长的时间和很大的空间隔阂,如果从传统的哲学和历史观念出发,中西关山重洋险隔,历史发展轨迹独特,中西历史比较几乎无可能性。但从诠释学的观念出发,其结果却与近代哲学和史学观念截然相反。在汉斯-格奥尔格·伽达默尔看来,只要是理解,人们就总是以不同的方式在理解,而产生这种不同的方式正是由于解释者与原作者之间的时空距离造成的,究其原因在于这种对话和理解正是以两者的不同处境为前提的,是以两者之间的距离为依据的。所以,汉斯-格奥尔格·伽达默尔对时间距离予以高度评价,甚至认为,"时间距离才能使诠释学的真正批判性问题得以解决"[①]。

依此方式加以理解的话,中西史学比较研究,其本质就必然由主体对客体的单向的认知和审视转化为具有主体间性特质的中西之间的研究者和被研究者的对话和相互理解。在这一背景下,时间距离也就不再是一种由于其分开和远离而必须被克服的鸿沟,相反,乃是现在沟通过去历史的唯一通道,并构成古今贯通、融为一体的根本基础,由此,时间距离在其中就具有了独特而重要的新的意义。正因为如此,汉斯-格奥尔格·伽达默尔认为:"每一时代都必须按照它自己的方式来理解历史流传下来的本文"[②],所以,汉斯-格奥尔格·伽达默尔一再强调理解在诠释和人类认识中所发挥的重要的创造性作用。他认为:

---

① [德]汉斯-格奥尔格·伽达默尔:《真理与方法:哲学诠释学的基本特征》上卷,洪汉鼎译,第386页。
② [德]汉斯-格奥尔格·伽达默尔:《真理与方法:哲学诠释学的基本特征》上卷,洪汉鼎译,第383页。

"重要的问题在于把时间距离看成是理解的一种积极的创造性的可能性。时间距离不是一个张着大口的鸿沟,而是由习俗和传统的连续性所填满,正是由于这种连续性,一切流传物才向我们呈现了出来。在这里,无论怎么讲一种事件的真正创造性也不过分。每一个人都知道,在时间距离没有给我们确定的尺度时,我们的判断是出奇的无能。"①汉斯-格奥尔格·伽达默尔的观点具有鲜明的辩证特性,他看到了事物所具有的多方面的作用,而不是只专注于事物的某一方面。在此基础上,他还进一步指出了时间距离除了能阻碍和遏制我们对与我们有历史联系的诠释对象的兴趣这一作用之外,它"显然还有另一种意义。它可以使存在于事情里的真正意义充分地显露出来。但是,对一个文本或一部艺术作品里的真正意义的汲舀 Ausschöpfung 是永无止境的,它实际上是一种无限的过程"②。

也就是说,历史的诠释和中西史学比较的过程本身就是一个历史的矛盾运动的过程,一方面,它因时空观念的阻隔而难以进行比较,但另一方面,时空的阻隔又赋予了它比较的需求,因此,理解和视域融合乃是一种真实的历史性的本质存在。

当然,在此还需要进一步对"视域融合"所依据的时空因素加以说明。所谓的时间和空间,本来是既相对立又相统一的一对范畴。换言之,在汉斯-格奥尔格·伽达默尔的时空观念中,他确实看到了时间和空间两者的各自特性,看到了两者间所存在的矛盾性及两者间还存在的统一性。但问题是两者各自的特性是什么,应该如何将两者统一起来?这确实是一个难度极大的问题。

仔细分析汉斯-格奥尔格·伽达默尔的诠释学体系,就会发现,在汉斯-格奥尔格·伽达默尔的诠释学体系里,对于历史认识中的时间和空间隔阂问题,汉斯-格奥尔格·伽达默尔似乎更侧重于对时间距离的阐述,而淡化对空间的论述。对此,潘德荣教授也指出:"伽达默尔的'间距'概念主要是指'时间间距'"③,"从诠释学的角度看,间距意味着异化、疏远化。这种'间距'的大小并不取决于时空上的现实距离"④。也就是说,人们虽然处在不同的历史境遇,理解者或者解释者与文本不但有着时间的距离,而且还有着空间的隔离,即使

---

① [德]汉斯-格奥尔格·伽达默尔:《真理与方法:哲学诠释学的基本特征》上卷,洪汉鼎译,第384页。
② [德]汉斯-格奥尔格·伽达默尔:《真理与方法:哲学诠释学的基本特征》上卷,洪汉鼎译,第385—386页。
③ 潘德荣、彭启福:《当代诠释学中的间距概念》,《哲学研究》1994年第8期,第56页。
④ 潘德荣、彭启福:《当代诠释学中的间距概念》,《哲学研究》1994年第8期,第53页。

在哲学诠释学的理论体系中,仍可以感受到这种空间隔离的存在,但汉斯-格奥尔格·伽达默尔并没有将空间置于一个确定的位置,而是倾向于将时间作为理解交流的唯一平台,空间距离则在历史时间的洪流中被溶解,并最终由时间无形地统一起来。

当然,汉斯-格奥尔格·伽达默尔之所以如此处理时空关系问题,也有其内在的哲学和历史原因。从哲学和历史角度而言,即反哲学的本质主义、反历史的实质主义曾是现代西方学术发展的一个重要特点,这一特点标志着现代学界从以形而上学的思辨为核心的思想进程,转向了探讨人类变化和统一的哲学认识过程,在其中,学界的讨论集中于以下两点:第一,如何正确地理解变化性在历史进程中的作用,因为变化性是现代史学的突出特征,由此学界高度关注这一问题;第二,历史的时空关系所面对的不只是时空的变化性,还要面对时空不变性。从现代哲学角度来看,时空关系的变化性是绝对的,而不变是相对的,因而,正确处理好时空变化的绝对性和相对性则是解决这一问题的关键。

在这里,还有一个重要问题,即时空观念与历史观念的关系问题。有一种误解,是将时空观念与历史观念混为一体,以为两者是同一问题的不同说法而已,由此,一些人往往用时空观念来代替历史观念。其实,这是对历史的误解。不言而喻,时空要素确实是历史的重要内容,历史也确实需要通过时空来展现自己的独特内容和特点,因此,时空构成了历史的两个重要因素,但绝非全部,历史较之于时空而言,其观念要丰富和厚重得多。究其原因,历史的核心是人们自身的活动,历史是人们在时间和空间上进行运动的一种方式,这种活动是一种有意识有选择的社会历史活动。从根本言,有了人,才有了时间和空间的观念,这样看来,归根结底,时间和空间是被纳入人文活动的框架之内,历史是人在时空中进行的活动。

正是这一点上,汉斯-格奥尔格·伽达默尔以历史变化不居的特性为据,通过辩证法将时空两者统一起来,将时间视为历史进程的关键因素,空间成为时间的表现形式。

从西方现代哲学言,汉斯-格奥尔格·伽达默尔的时空理论对于西方现代史学的发展产生了重要的影响。而从中西史学比较的可行性而言,汉斯-格奥尔格·伽达默尔的时空理论对于论证中西史学比较的合理性也有着明显的积极意义。

对于中西史学比较而言,中西史学进行比较之所以能够进行,其首要前提在于双方的"间距",即在于双方所处的时空有着明显的不同,而这种不同,不仅是标志着中西历史和史学的差别，更重要的是它又将不同的中西史学两者联系起来，从而使得中西对话具有可行性，中西视域融通成为可能。这样的结果，中西史学比较其实就是中西史学对话的过程。这一过程从"视域融合"的角度出发的话，其必然有两方面的意义：一方面意味着中西的历史本身具有真实性，并存在着某种联系；另一方面则是意味着我们已把自身置于中西的历史视界之中，已经能够将两者联系起来。换言之，意味着我们已把自身自然地置于具体的中西时空中，从而使中西史学的融合和比较成为可能。这样看来，在诠释学的相互理解的理论框架下，一向无处安身且饱受争议的时空间隔因素，面目为之一新，不再被看作历史研究中的阻力和无法克服的障碍，转而成为开展中西史学比较不可或缺的积极性因素和前提条件，并为中西比较史学得以进行的可能性提供了重要的理论依据。

其二，诠释学的效果历史意识为中西史学比较成为科学提供了必要的"合法性"证明。可以这样说，时空差异的存在为中西史学的研究提供了前提和条件，而中西史学日益强烈的自身发展的现实要求却是现代开展中西史学比较的真正动力。较之于传统的哲学而言，诠释学将过去和现实的对立关系在历史的理解视域中结合起来，其更强调了昔日历史与现代历史和当代历史间的内在关联性，在诠释学的理论体系中，历史成为一个不断流动的相互联系的发展过程，历史是一个不断变化着的社会存在。由此出发，我们对历史的真实性的理解和认识也正是通过以今知古和以古知今这两种方式进行的。马克·布洛赫对此也有深刻的认知。他说："古今之间的关系是双向的。对现实的曲解必定源于对历史的无知；而对现实一无所知的人，要了解历史也必定是徒劳无功的。"[①]

刘家和先生也以世界古代文明史研究的意义为例指出了古今相通的重要性：人们通常会以为，世界古代文明史的内容不论是从时间说还是从空间说，距离我们今天很遥远，当时的人与事与我们几乎没有什么直接的关系，故与我们现在关系不大，意义也就不大，但如果换另一思路来看的话则大不一样："我们是今天的中国人，与我们关系最密切自然是当代的中国，要深入认识当代之中国，就不能不深入认识近代之中国；要深入认识近代之中国，就不能不深入认识中古及古代之中国。"[②]同理，在中外世界紧密相联系的今天，"要深入认识

[①] [法]马克·布洛赫：《历史学家的技艺》，张和声、程郁译，上海：上海社会科学院出版社，1992年，第36页。

[②] 刘家和、廖学盛主编：《世界古代文明史研究导论》，第19页。

今天的中国，就不能不深入认识近代及中古之世界，要深入认识近代及中古之世界，就不能不深入认识古代之世界"。因此，刘家和先生指出："如果只看事情的一面，那么世界古代文明史就是遥远而无足轻重的；如果追寻事情的总体，那么世界古代文明史就是虽远犹近而不能不深研的了。"①对此，德国著名哲学家恩斯特·卡西尔（Enst Cassirer）也有相类似的观点，他认为历史意识是"对立面的统一，它把时间的相反两端联接起来，从而使我们感受到人类文化的连续性"②。

　　正是在对历史的古今一体且不断发展的这一认识背景下，马克·布洛赫曾认为较之于传统的历史研究而言，"历史比较给予我们的可能是最明确、而且是最有意义的教育就在于，它使我们意识到，打破那些陈旧的地形范畴的时候已经到了，我们不能硬要以此来区分社会现实"③，也就是说，已经进入世界现代历史阶段的史学研究者，不应拘泥于传统的历史研究观念和方法，使变化、多样的历史被动地适应陈旧缺乏创新的历史观念，而应该用新的历史观念和方法来研究并适应这已经变化了的活的社会历史现实本身。对此，汉斯-格奥尔格·伽达默尔也指出："这里我们必须摆脱一种有害于理解的历史思维而要求一种更好地进行理解的历史思维。一种真正的历史思维必须同时想到它自己的历史性。只有这样，它才不会追求某个历史对象（历史对象乃是我们不断研究的对象）的幽灵，而将学会在对象中认识自己的他者，并因而认识自己和他者。"④所以，中西历史发展的客观历史进程同历史学进一步内在发展的需要，特别是同现在与时俱进的比较史学发展的实际需要相结合，是中西史学比较能够成为现实的最深厚的基础。著名史学家刘家和先生认为：对于比较的历史现象而言，其"事物的本质并非完全外在于比较者的客观存在，它同时也有赖于比较者的理论构想"⑤；这样看来，史论结合，即历史学的理论和方法必须同鲜活的历史进程相结合，不仅是历史学研究的基本方法论，而且反映了历史学的本质。对于中西史学比较的产生和发展而言，更是如此。

　　这样一来，在不同于传统哲学和传统史学观念的指导下，借助一种新的诠

---

① 刘家和、廖学盛主编：《世界古代文明史研究导论》，第19页。
② [德]恩斯特·卡西尔：《人论》，甘阳译，上海：上海译文出版社，2004年，第380页。
③ [法]马克·布洛赫：《比较史学之方法——论欧洲社会的历史比较》，齐建华译，项观奇：《历史比较研究法》，济南：山东教育出版社，1986年，第132页。
④ [德]汉斯-格奥尔格·伽达默尔：《真理与方法：哲学诠释学的基本特征》上卷，洪汉鼎译，第387页。
⑤ 刘家和、陈新：《历史比较初论：比较研究的一般逻辑》，《北京师范大学报（社会科学版）》2005年第5期，第67页。

释学的认识方法，通过比较研究的方式将原来互不联系的被时空所阻隔的中西历史融为一体，以探讨两者的异同，并对异同现象进行深入的历史探讨，其结果自然有助于获得中西历史的发展真相。需要强调的是，这不但是中西历史进程的客观发展结果，也是现代历史学观念更新和发展所产生的结果。诚如法国马克·布洛赫所言："尽管我们必然属于过去，并永远只能通过昔日的'轨迹'来了解过去，我们对过去的了解还是要比它本身愿意告诉我们的更多。这才是我们的成功之处，确切地说，这就是精神对物质的辉煌胜利。"[①]应该说，这也是比较史学和中西比较史学的成功之处。

三、对中西史学比较诠释的再诠释

哲学诠释学的创立者汉斯-格奥尔格·伽达默尔在 20 世纪 60 年代出版了《真理与方法》这部名著之后，很快就引起了国际学术界的广泛关注，因其理论本身与历史学之间存在的亲缘性，故对历史学的发展产生了重要而直接的影响。经过了半个世纪的历史过滤，我们在汲取诠释学的精华并运用其理论对中西史学比较的理论和方法进行诠释的同时，也有必要运用我们独特的历史视域同诠释学本身进行对话。概言之，如果将诠释学和以前及同时代的哲学流派来比较的话，其有着突出的特点，这表现在汉斯-格奥尔格·伽达默尔所一再强调的历史性，特别表现在他所强调的历史的时间性方面，其结果是从纵向层面上将古今历史统一起来。但另一方面，其局限性也表现得非常突出，就本书而言，汉斯-格奥尔格·伽达默尔哲学诠释学的弱点在于它为了突出其理解的历史性的历时性特征，而弱化了历史本身还具有的共时性这一客观性。换言之，就是他对历史的空间缺乏明确的历史定位，没有看到理解本身是由不同的但又有确定尺度的时空所构成的诠释过程，没有把时空在对立的基础上将两者又辩证地统一起来，更没有将两者统一在现实的社会历史运动的过程中。其结果必然使历史的研究又表现出了某些不确定性、随意性和明显的相对主义趋向。因而对诠释学的再诠释，以形成新的更为广泛的普遍合理性，从而更好地推动历史学科的发展，这不仅是诠释学理论的内在逻辑的发展结果，而且也是保持诠释学的精义之所在，更是中西史学进行正常比较的客观要求。

其一，从哲学而言，时间与空间的关系是人文与自然科学都需要面对的重

[①] ［法］马克·布洛赫：《历史学家的技艺》，张和声、程郁译，第 50—51 页。

大课题，对于两者的关系问题自古以来就争论不休。但表现在历史研究领域内，从总体来说，大体可分为两大流派：一是重视空间的共时性史学流派，其主要特点在于否定历史的连续性，强调历史的共时性。代表性流派，如普世史学，用共时的观念将罗马的历史扩大成为其所认知的整个世界史，借用意大利著名的历史理论家贝奈戴托·克罗齐（Benedetto Croce）的名言就是："一切真正的历史都是现代史"；二则是重视时间序列的历时性史学流派，这一流派的主要特点在于肯定历史的变化性和延续性。主要代表就是被称为历史主义的近代西方史学，对此，借用现代英国著名的历史理论家 R. G. 柯林武德（R. G. Collingwood）的话来说就是"一切历史都是思想史"，哲学诠释学的史学观念也可以归入这一流派。

但需强调的是，两种流派都是以时空的对立而立论的，都是以解决时空矛盾为目的的，结果都是以否定对方作为其史学的最终归宿。因此，从现代西方哲学的发展趋向来看，其明显的特征之一就是致力于在时间与空间的矛盾运动中将两者统一起来，为此，学界也进行了长期的努力，但遗憾的是，西方学界由于其传统学术思想的内在矛盾和影响，并没有真正理解两者间的辩证关系，在统一两者的实践中，往往采取的都是弱化、淡化乃至于消弭其中的矛盾方式以解决这种对立的矛盾，最终，两者都难以了解历史的真谛。这一点即使在以历史的变动为其学术特色，以强调相互理解的汉斯-格奥尔格·伽达默尔的哲学诠释学那里也未能例外。

而马克思主义哲学则是以时空之间的相互联系，并将其纳入到物质的范畴而展开。马克思（Karl Marx）在《剩余价值学说史》里曾谈到了空间问题，他认为："指示二它物的距离并比较他们二者的，是空间的延长，是一定的长度。但还不止于此，如果我们把距离当作二物间的一种关系来说，我们已以某种'固有物'，物的某种'性质'为前提了；这种性质，使它们可以互相距离。"[①] 显然，在马克思的观念中，空间距离绝不仅仅是"空间的延长"或"一定的长度"这样表面的含义，而是包含着某种内在的、物质的"东西"。这样看来，马克思是把空间看成物质之间的实在联系。1876 年，恩格斯（Friedrich Engels）提出了他的著名观点："一切存在的基本形式是空间和时间，时间以外的存在像空间以外的存在一样，是非常荒诞的事情。"[②] 当然，恩格斯强调这个观点的实质

---

① ［德］马克思：《剩余价值学说史》第 1 卷，北京：生活·读书·新知三联书店，1957 年，第 166 页。
② 中共中央马克思恩格斯列宁斯大林著作编译局：《马克思恩格斯选集》第 3 卷，北京：人民出版社，1995 年，第 392 页。

主要是为了批判杜林把空间和时间割裂开来的形而上学观点,但他在当时所以能做出这样带有预测性的论断,乃因为其所拥有的唯物辩证的理论思维这一重要的理论武器。现代著名物理学家爱因斯坦(Albert Einstein)从其相对论观点出发,认为"空间—时间未必能被看作是一种可以脱离物理实在的实际客体而独立存在的东西。物理客体不是在空间之中,而是这些客体有着空间的广延。因此,关于'空虚空间'这概念就失去了它的意义"[1]。爱因斯坦晚年的这一经典名言不仅集中体现了现代时空观念的发展成果,也进一步证明马克思主义的辩证的时空观的正确性。从自然科学发展的趋向来看,科学家们在确认时空所具有的物质性的基础上,进一步研究时空所具有的物质结构及其形态问题,也出现了许多引人注目的成果,如比利时著名的科学家普利高津(Ilya Prigogine)所提出的"耗散结构"[2]理论(dissipative structure theory),就是典型的事例。而与此相适应的是,现代的科学哲学则对现代科技进一步归纳,以探讨物质世界所具有的与观念不可分离的另一面,即理论观念对物质世界研究所发挥的重要作用。如著名美国科学史家托马斯·库恩(Thomas Samuel Kuhn)在《科学的革命》中所提出的"范型"(Paradigm)理论,就是从科学史的角度概括了自然科学发展的内在原因及其进程,强调了理论在对物质性的自然科学(当然包括时空)研究中所具有的重要指导作用。归根结底,现代西方科学界所表现的趋向还是努力从物质的层面和观念的角度将时空中所存在主客两方面在物质的基础上统一起来。

因而,对于历史学而言,历史不仅是间断的或连续性的统一,也是时间和空间的统一,不可能存在只有时间的历史,也不存在只有空间的历史,只能是将时间的连续性、间断性和空间的广延性、多维性两个方面有机、有差别地统一于历时性的关系之中,也就是说要将两者辩证地统一于历史进程之中,这样一来自然能够体现历史的独特的真实感和鲜活性。用吴于廑先生的话来说就是:"纵向发展制约着横向发展。纵向发展所达到的阶段和水平,规定着横向发展的规模和广度。""横向发展一方面受纵向发展的制约,一方面又对纵向发展

---

[1] [美]爱因斯坦:《爱因斯坦文集》第1卷,许良英等编译,北京:商务印书馆,2010年,第749页。
[2] 普利高津认为,只有在非平衡系统中,在与外界有着物质与能量的交换的情况下,系统内各要素存在复杂的非线性相干效应时才可能产生自组织现象,并且把这种条件下生成的自组织有序态称之为耗散结构。所谓耗散,指系统与外界有能量的交换;而结构则说明并非混沌一片,而是在时间与空间上相对有序。耗散结构理论就是研究系统怎样从混沌无序的初始状态向稳定有序的组织结构进行演化的过程和规律。

具有反作用。"①著名史学家刘家和先生通过对中国史学的突出特征——"通史"传统的分析，以司马迁的《史记》为例证精辟地指出了历史研究中共时性和历时性两者间的关键之所在——两者间发展联系的辩证关系。他指出："在《史记》里，三代时期和春秋战国时期的历史人物，没有由于经过作者的反思而变得抽象、干瘪、像汉代人一模一样，而是经过反复思索，写出三代时人不同于春秋战国时人，春秋战国时人不同于汉代的人，可是相互间又是可以沟通理解的。这就是古今有变而又相通，使得古代历史具备了直接性与间接性的统一。""《史记》写先秦历史，讲天子与诸侯、诸侯与卿大夫，华夏与夷狄，写秦汉历史讲天子与诸侯，中央与地方、华夏与夷狄、中国与外国。古今纵向历时性之变，正是这些内外横向共时性之变的结果；而一切时代的横向的共时性的结构，又正是纵向的历时性发展的产物。纵向的历时性的发展与横向的共时性的变化是一而二、二而一的。"②刘家和先生的这一观点对于指导我们在史学研究中，如何正确理解时间和空间、历时性和共时性两者间的辩证关系这一问题具有重要的启示。

其二，中西史学比较何以可能的最深厚根源在中西社会经济、政治和文化所发生的重要而深远的历史进程中。从中西史学比较的历史来看，中西史学比较产生于19世纪末或20世纪初，其很大程度上是随着近代中西交流的日益广泛而发展起来的一个相对较新的研究领域。不言而喻，中西历史学产生二千多年后，经过长期平行的独立发展，而在19世纪末开始交流，这一事实本身就承载着很多值得深入探讨的社会历史内容。当然，在中西史学交流之初，在西方列强对中国实行殖民侵略的这一大的时代背景下，一方面西方中心主义、西方史学优越论甚嚣尘上；另一方面中国史学独特的历史地位被贬低乃至被否定，被沦为论证西方史学优越论的道具。其结果，从比较史学而言，中国历史失去了历史比较所需要的基本的理解者地位，中西史学比较自然不可能正常进行。

由此，著名历史学家杜维运在20世纪中叶就提出了一个重要问题："在比较文学、比较艺术、比较教育、比较法律等比较学问炙手可热今天，比较史学的被漠视，是令人不解的。"③其实，杜维运先生在提出这个问题的同时，已对这一问题给出了答案，在他看来，比较史学，当然包括中西史学比较长期得不

---

① 刘家和、王敦书主编：《世界史·古代史编》上册总序，北京：高等教育出版社，1994年，第11—13页。
② 刘家和：《论通史》，《史学史研究》2002年第4期，第9—10页。
③ 杜维运：《史学方法论》，北京：北京大学出版社，2006年，第257页。

到正常发展的最重要的原因就在于西方历史优越论这一观念本身。他是这样说的:"西方论史学的著作里面,往往出现比较历史(Comparative history)与历史的比较研究(Comparative study of history),而比较史学则未被提及。认为整个世界只有西方有史学,亚洲、非洲等西方以外的地区,只有历史而没有史学,比较史学自然就没有提倡的必要。"①应该说这是造成比较史学(实际上也包括中西比较史学)在西方相较于其他学科发展相对缓慢的重要原因之一。

当然,特别需要指出的是,在这种西方史学优越论盛行之际,在我国还出现了一些具有生命力的学术观点和许多代表人物,其中的代表有梁启超的《中国历史研究法》、钱穆的《史学导言》、周谷城的《大力提倡进行中外历史比较研究》等。到目前,相关的研究者有刘家和先生、杜维运先生、罗荣渠先生、庞卓恒先生等。

如周谷城、雷海宗、陈翰生等著名学者,他们在开始关注西方的历史观念的同时,对中国传统史学进行反思,以取精用宏的方法论来构建最初的中西史学比较的观念,从事最初的中西历史比较实践。对此,杜维运先生加以肯定,他指出:"发现对方史学的价值,积极予以吸收,且有意与自己所固有者作比较,首先在中国而不在西方。"②究其原因,中国知识分子对中西历史的分析和比较,其目的和意义并不仅仅局限在历史的学术领域之中,他们还将其与中华民族的前途命运和救亡图存的济世宗旨结合在一起。因而,较之于西方史学家而言,中国历史学家的比较史学从理论角度来讲具有更丰富的历史厚重感,从实践角度来讲,自然也就具有更多的积极主动性和现实迫切性。特别是在第二次世界大战后,中西史学比较的大背景发生了很大的变化。一方面伴随着众多的对世界格局产生重大而深远影响的历史事件的发生,特别是中国的崛起和西方的衰落成为影响世界历史发展格局的最为突出的重大事件,在中国对世界的影响力越来越大的同时,较之于过去,人们对中国在世界历史中的地位有了明显不同的新看法;另一方面,随着全球一体化进程的加快,人类历史和文化的交往早已超出了狭隘的民族和国家之间的范围,人们对世界历史发展的观念也开始改变,全球史更是史学发展的亮点,它代表了现代世界历史发展的一个重要趋向。但在全球史中,中西在世界政治事务和经济文化中的地位日益重要,因此,人们出于对中西的现状、未来和世界历史的整体发展这一长远思考,自

---

① 杜维运:《史学方法论》,第257页。
② 杜维运:《史学方法论》,第255页。

然就迫切希望中西两者互相加以理解，而史学比较则是中西互相理解的最好的途径之一。当然，中西史学比较的目的从根本来讲，并不是为了历史比较而去进行历史比较的，更重要的是希望从中西历史中为现实和未来的中西发展及其趋向寻找参考答案。毫无疑问，中西这一重要的社会历史变化，也就为新的史学观念，如中西史学比较观念的产生和发展奠定了坚实的社会历史基础。

其三，中西史学比较的真正动力和生命力，其根源在于中国和西方学者对当代中国、当代西方和当代世界复杂的现实问题的思考。纵览这一百余年的中西史学比较的发展历程，概言之，其大体包括两方面的内容：一方面是中西历史进程中所表现出的具有可比性的一般的中西历史过程和与这些过程密切相连的理论问题；另一方面则是中西史学自身发展中种种需要深化和进一步探讨的具体问题，等等。对于中西史学比较而言，如史学家于沛先生所说的："无论是上述哪一种类型的比较，其目的都是为了在历史研究中不断地提出问题和回答问题。"[1]正因为如此，历史研究中的中西史学比较，就不仅仅是一个史学研究的方法问题，而是与一种新的历史观念联系在一起的新兴历史研究领域，这一新兴历史研究领域不仅根植于极其深厚的中西社会历史的土壤之中，而且更重要的是它还包含了对中西历史发展前途趋向的深入探寻。

马克·布洛赫在论述第一种史学比较类型的作用时说道："受到比较的启示后，可以开拓新的研究方向。"[2]也就是说，受到远距离的历史比较的启发和影响，自然可以为历史学催生出新的研究方法和新的研究领域。事实上，对中西历史现状及其发展趋向的强烈感受及其进一步的探求，是这一学科产生并发展的最重要的推动力，换言之，中西史学比较的产生本身就是受到比较启示后的产物。

这样一来，对中西史学比较研究的必然要求就是应将比较研究的出发点置于现实的社会历史发展过程中，而不是其他。因此，对于现代中西史学比较研究而言，如何将中西社会在现实中的重要变动与其悠远的历史发展进程紧密地结合起来，从而进行中西史学比较研究，显然是这一研究领域的重点，当然也是难点之所在。也就是说，进行中西史学比较，其关键是要回答时代所提出的现实和理论问题，即回答所比较的中西历史认识客体之所以异同的社会历史原

---

[1] 于沛：《史学思潮和社会思潮：关于史学社会价值的理论思考》，北京：北京师范大学出版社，2007年，第127页。

[2] [法]马克·布洛赫：《比较史学之方法——论欧洲社会的历史比较》，齐建华译，项观奇：《历史比较研究法》，第106页。

因，并在对深刻的社会历史原因的探讨中，获得中西历史发展的深层次的具有规律性的认识，从而对中西的现实和未来的发展给予启示。"如果不是这样的话，比较的结果只能是一般性地描述比较对象的异同，那就是为了'比较而比较'，是一种盲目徒具形式的比较，这样，就必然和所以要进行比较的初衷相悖。"[1]

这样看来，所谓中西史学比较研究作为史学"新的研究领域"的突出特点，恰恰是在回答颇具时代特色的问题过程中体现出来的，借用年鉴学派的著名史学口号就是"没有问题就没有史学"。所以，不论是提出问题或是回答问题，都必然要与鲜活而具体的中西社会历史进程紧密相连，如果将比较仅仅停留在"考证"或"考实"的水平上，没有进行恰如其分的价值判断，只是满足于"提出问题"，而不去回答问题，即没有回答出所比较的历史认识客体之所以异同的本质原因的话，这种比较从比较结构来讲是不完整的；再从比较的意义来讲也只是停留在历史比较的表面上，而缺乏对中西历史进程的深层次原因进行有深度和力度的探讨，并在这种有力度和深度的探讨中，努力揭示历史发展轨迹，并从这种轨迹中将古今结合起来，以探寻现代中西史学发展的意义和现代价值。因而，从中西史学比较研究的趋向来看，中西历史进程中所蕴含的真实而深刻的内涵客观上要求人们进一步去挖掘、去探讨，在中西"视域融合"的过程中，在求真、致用两个层面上进行不懈研究，这才是中西史学比较得以保持生机的源泉之所在。

第二节　中西古典时代传记史学比较的可比性和意义

司马迁与普鲁塔克的传记史学观念比较面临的两大问题：一是如何将间距二千多年的传记史学观念有机地结合起来；二是如何将处于东西两大文明古国的两大传记史学家联系起来。显然，这些问题都不易回答，但却是我们必须回答的问题。要回答这些问题，就必须解决这两种传记史学观念比较的可能性和意义。

一、古典时代的内涵及其意义

"古典时代"（the classical period）是西方学界对希腊罗马时代的专属称呼，

---

[1] 于沛：《史学思潮和社会思潮：关于史学社会价值的理论思考》，第127页。

在其经过长期发展而形成的独特文化语境中，这一名词表达了西方人对希腊罗马时代高度发达的历史与文化的浓厚敬意，并具有明显的文化皈依之情。在度过中世纪所谓的"漫漫长夜"之后，西方终于迎来了开创其新时代的黎明之光——"文艺复兴"运动。在这场规模宏大、影响深远的看似以复兴古代文化为旨趣的文化运动中，西方人似乎突然发现了诞生于中世纪之前，他们几无所知，但确实是他们的文化先辈曾经创造的高度发达的古代文明——希腊罗马文明。在他们看来，这一高度发达的文化和文明形态达到了他们当时所能认知的最高水平——古代世界文明的典范。由此，从中世纪的神权文化背景中走出来的崭新并具有朝气的西方文化，不仅仅终于找到了其苦苦求索的漫长历史发展的源头和文化之根，从而获得了向前发展的坚实而厚重的文化基础，而且还从其中得到了在现实生活中曾经梦寐以求的真实而生动的文化模板，明确了进一步向前昂扬迈进的人文发展目标。所以，西方人所发明的"古典时代"这一专业的文化历史术语，不仅表达了他们对古希腊罗马历史和文化发展成就的由衷赞美之情，而且也凝聚了西方人期望在"古典时代"的辉煌成就基础上进一步对其文明进行发展创新的坚定决心和信念。

自不待言，西方人之所以称希腊罗马的文明为古典时代，是有其充分而内在的理论依据的。比如就西方古典文明的希腊而言，其文明就在文化的各个领域，如哲学、思想、艺术、戏剧等等领域，都奠定了自身独特且崇高的地位，后来的哲人都对此予以高度评价。比如，恩格斯曾精辟指出："他们的无所不包的才能与活动，给他们保证了在人类发展史上为其他任何民族所不能企求的地位。"[①]具体在哲学方面，恩格斯也认为："总的说来希腊人就比形而上学要正确些。这就是我们在哲学中以及在其他许多领域中常常不得不回到这个小民族的成就方面来的原因之一。"[②]再如，当代美国著名思想家罗伯特·宾厄姆·唐斯（Robert Bingham Downs）也指出："那些自以为找到了一条从来没有被人踩踏过的路径的现代思想家，迟早会为自己而感到害羞，因为他们会发现在这条路上早有希腊人走在他们的前面了。"[③]事实也的确如此，在古希腊文明中，在哲学

[①] 中共中央马克思恩格斯列宁斯大林著作编译局：《马克思恩格斯选集》第3卷，北京：人民出版社，1972年，第468页。恩格斯在该段引文后边，还接着说："有些自然科学家一方面把希腊哲学的残渣，例如原子论，当作永恒真理，另一方面却以培根式的傲慢去看希腊人，理由是他们没有经验自然科学，这样的自然科学家是愈来愈少了。现在唯一希望的是这种见解迈步前进，达到对希腊哲学的真正的认识。"

[②] 中共中央马克思恩格斯列宁斯大林著作编译局：《马克思恩格斯选集》第3卷，第468页。

[③] ［美］罗伯特·宾厄姆·唐斯：《塑造文明和心灵的巨人及其思想》，王宏方等译，北京：华夏出版社，2006年，第3页。

领域，其最突出的代表性人物有苏格拉底（Socrates）、柏拉图（Plato）、亚里士多德（Aristotle）等哲学大家，他们的哲学成就不但深深地影响着他们所处的时代和地区，而且还一直具有穿越时空的魔力，直到今天还为现代的人类散发着永恒的文化魅力；在神话方面，以盲人荷马（Homeros）命名的《荷马史诗》出现了，并成为希腊文化和艺术发展的土壤；在戏剧方面，涌现了众多的悲剧作家——埃斯库罗斯（Aeschylus）、索福克里斯（Sophocles）、欧里庇德斯（Euripides），和以阿里斯托芬（Aristophanes）为代表的喜剧作家，他们为后世留下了众多充满神奇和不朽魅力的作品，这些作品既基于现实生活的事例，以夸张、想象的手法来表现了人们的思维张力，又用神话的素材展现了古希腊人对人性的深刻反思，等等。从此，西方的文化艺术及其成就深深地打上了"古典时代"的烙印。而且，近现代自然科学的发展及其所取得的成就也与古希腊罗马的哲学观念有着紧密的思想关联。恩格斯就指出："理论自然科学要想追溯它的今天的各种一般原理的形成史和发展史，也不得不回到希腊人那里去。这种见解已经越来越被接受。"[①]

当然，毋庸置疑的是，希腊高度发达的文明后经罗马的吸收、融合和广泛传播，成为西方世界最具特色的古老而发达的文化，较之于希腊文化，罗马文化以其突出的实用性和现实性而获得人们的称赞。比如，罗马法律的建立和不断丰富和发展的状况，又如，罗马政治制度和政治思想的务实性和灵活性，再如罗马高大的建筑，特别是罗马发达的"实用主义"历史学观念和所涌现而出的众多的不同类型的历史学家等。这一切都构成了罗马文化的核心内容，并进而同希腊文化相互观照，相得益彰，并由此被后人并称为希腊罗马文化。

显然，希腊罗马文化对西方文化发展的影响极大，成为西方文化发展进程中不可企及的范本，也成为西方文明的源头之一。甚至，在西方思想文化发展史上，当它每一次面临重大的时代课题而试图获得新突破时，都不得不首先回过头来重温他们过去在古典时代所获得的辉煌文化成就，从中汲取精神的力量和营养，从而大步迈向新的文化历程，并获得新的文化发展高度。正因为如此，著名的德国哲学家黑格尔在《哲学史讲演录》中，曾将希腊亲切地比作是欧洲人的精神家园。他是这样说的："一提到希腊这个名字，在有教养的欧洲人心中，尤其是我们德国人心中，自然会引起一种家园之感……凡是满足我们精

[①] 中共中央马克思恩格斯列宁斯大林著作编译局：《马克思恩格斯选集》第 4 卷，北京：人民出版社，1995 年，第 287 页。

神生活，使精神生活有价值、有光辉的东西，我们知道都是从希腊直接或间接传来的——间接地绕道通过罗马。"①

　　为什么会有如此的感受呢？黑格尔是这样解释的："我们所以对希腊人有家园之感，乃是因为我们感到希腊人把他们的世界化作家园；这种外化在世界为家园的共同精神把希腊人和我们结合在一起。"②换言之，在黑格尔看来，希腊文化是欧洲文化的历史之源，是使欧洲文化获得其特殊品质和意义的精神与文化源头，所以欧洲人能够在希腊文化里找到自己的精神故乡和价值根据。显然，黑格尔在此所指出的古希腊文明对其后整个欧洲文明的深远影响无疑是正确的，并同时表达了他对古希腊文明深深的眷恋和由衷的敬意，对其历史发展突出成果的自豪感，他的观点发人深思，耐人寻味。

　　需要指出的是，他发自内心的对古希腊的深切情感不仅仅是他个人的内心感受，其实也是当时欧洲学界的普遍的精神共鸣。西方仍然有大量的历史哲学家认为希腊文化仍然是欧洲人文化认同和文化追寻的目标，是他们的文化故乡和精神归宿。比如，现代德国历史哲学家卡尔·雅斯贝斯（Karl Jaspers）在其名著《历史的起源和目标》一书中，就将古希腊这一时期重大的人类文化创造称之为具有突破意义的原创性文化，这一原创性的文化遂成为他提出的人类"轴心期"文化的理论依据和核心内容之一。根据卡尔·雅斯贝斯的论述，在"轴心期"这个时代，即在公元前8—前2世纪，在世界范围内的不同地方，不约而同地出现了一大批影响世界的文化巨人和文化成就。比如，在中国出现了以老子和孔子为代表的诸子百家学派，文化之花竞相绽放；在印度出现了《奥义书》和释迦牟尼创立的佛教，在希腊出现了《荷马史诗》和悲剧作家，还出现了像苏格拉底、柏拉图、亚里士多德等著名的哲学家，等等。③在他看来，现代世界历史的车轮似乎还停滞在公元前800—前200年的人类精神的进程中，人类现代文化的发展成果似乎还处在轴心时代思想成果的照耀之下。由此，卡尔·雅斯贝斯还进一步论证了这种具有原创意义的文化突破与现代人类文化的进一步发展所产生的现实而紧密的思想关联。对于这种关联卡尔·雅斯贝斯在他书中是这样论述的："直至今日，人类一直靠轴心期所产生、思考和创造的一切而生存。每一次新的飞跃都回顾这一时期，并被它重新点燃。自那之后，情

---

①　[德] 黑格尔：《哲学史讲演录》第1卷，贺麟、王太庆译，北京：商务印书馆，1959年，第157页。
②　[德] 黑格尔：《哲学史讲演录》第1卷，贺麟、王太庆译，第157页。
③　[德] 卡尔·雅斯贝斯：《历史的起源与目标》，魏楚雄、俞新天译，北京：华夏出版社，1989年，第8页。

况就是这样。轴心期潜力的苏醒和对轴心期潜力的回忆，或曰复兴，总是提供了精神动力。对这一开端的复归是中国、印度和西方不断发生的事情。"①

显然，卡尔·雅斯贝斯对古希腊文明在人类文化史和文明史中的历史地位给予了高度的评价，并由此也引起了现代学术界对古希腊文明的创造性内容和历史地位的再思考和再探讨的热潮，极具积极意义。现在的学界普遍认为，卡尔·雅斯贝斯的人类文明的轴心期的这一观念确实使人有耳目一新的感受，因为它的侧重点是重新强调了包括古希腊文明在人类文明和进步史中所具有的穿越时空的巨大魔力，而这一问题的提出必然对于解决西方所面临的一系列的文化转型和发展问题具有重要的启示作用。如果顺着这一思路继续深入探讨的话，就会发现，卡尔·雅斯贝斯的这一重要观点同韦伯提出而后又由帕金森斯进一步阐明的四大文明古国（希腊、以色列、印度、中国）的"哲学的突破"观念的内涵、目的和意义有诸多相似之处，其旨趣都在于尽力发掘人类和西方文化的古老精神宝库中的具有划时代意义的精神成果，使这些古老而又有活力的人类文明成果为现代文明的深入发展做出新贡献。

这样一来，我们就不难理解卡尔·雅斯贝斯这一观点的内容及其意义了。从哲学诠释学的维度而言，卡尔·雅斯贝斯的所谓新观点只是西方学界对其古代文明如何现代化这一问题的一种新的诠释和深入思考，具有极其明显的现代视域和效用目的意识。其实对于西方学界而言，对古希腊文明的回溯和思考一直是欧洲文化发展的一个重要的方法论和途径，自文艺复兴以来，他们对古希腊文明的历史地位和作用的评价从基本面来讲，都是一致的，即都是予以高度肯定的。英国浪漫主义诗人雪莱（Percy Bysshe Shelley）曾在诗中吟道："我们都是希腊人；我们的法律、我们的文学、我们的宗教，根源皆在希腊。"此段诗文情感真挚，哲理深刻，传为佳话。

在此需要强调的是，近代欧洲人在不断回溯其古老而又有生机的古典文明的同时，还将这一思考和回溯渐渐扩展到世界上其他的古老文明成果上。比如，他们在看到了欧洲文明源头的希腊罗马文明的同时，还看到了印度和中国等其他各地的古代文明成果，并进而对诸种早期的人类文明进行了比较性的求同存异的研究，这一研究的方法和旨趣明显反映了时代的特点和学术发展的内在要求，因为它促使人们不但从历时性的角度来探讨人类古代文明成果发展变

---

① ［德］卡尔·雅斯贝斯：《历史的起源与目标》，魏楚雄、俞新天译，第6页。

化的内在原因及其表现，而且也促使人们注意到人类文明，特别是中西古代文明在产生和发展成就方面的共时性这一重要方面，由此，自然从而成为其文明发展的重要方法论和途径。以此来看的话，卡尔·雅斯贝斯的这一观点就是站在欧洲学界文化发展成果基础上，对人类以及西方文化的现象、表现和进一步发展途径所进行的一种更为宽阔而深刻的比较性探索，明显具有积极的学术进步意义，并且对于本论题的确定和宗旨来讲也具有重要的启发意义。具体而言，对两者文明，比如说，对中华文明和希腊罗马文明二者的传记史学成就进行共时性的比较研究，显然是一种更具时代特点的具有学术前沿意义的研究领域和方法。因为，对中西早期传记史学的比较研究不仅有助于深入而具体地揭示人类轴心期的人类文化成就，而且对于促进中西传记史学研究的不断深化和发展，具有重要的现实意义。

事实上，西方早期文明的古典时代——希腊罗马的古典时期不仅是希腊文化发达进步的时代，同时也是罗马文化大放异彩的时代。同样，不仅是希腊罗马的哲学为世人叹为观止，而且其历史学也同样为世人所注目。众所周知，希腊罗马古典时代的历史学发展也获得了不逊于其时代的突出成就，集中表现为史家辈出、群星灿烂、成就卓著、影响深远这几个方面。如西方的"历史之父"——希罗多德（Herodotus）的《希腊波斯战争史》，开创了希腊和西方新的思维模式——历史学的思维模式；紧随其后的则是著名史学家修昔底德（Thucydides）及其名作《伯罗奔尼撒战争史》、色诺芬（Xenophon）的《希腊史》，特别是古典时代史学领域中的"亚里士多德"——波里比乌斯（Polybius）及其代表作《通史》更是代表了罗马史学的最高学术成就，之后李维（Titus Livius）的《罗马自建城以来的历史》、塔西佗（Publius Cornelius Tacitus）的《编年史》，等等，他们以其丰富而生动的历史记叙为我们保存了他们在这一时代的历史足迹，用希罗多德的话来讲，"是为了保存人类的功业，使之不至于随时光流逝而被淡忘，为了使希腊人和异邦人的那些值得赞叹的丰功伟绩不致失去其应有的光彩"①。同时也为我们留下了不可或缺的了解这一时代历史风貌的珍贵资料。

当然，还有在希腊最先兴起，其后在罗马时期特别发达的传记史学著作，如奈波斯（Cornelius Nepos）的《外族名将传》、普鲁塔克的《希腊罗马名人

---

① ［古希腊］希罗多德：《历史》，徐松岩译，上海：上海三联书店，2008年，第1页。

传》、苏维托尼乌斯（Gaius Suetonius Tranquillus）的《罗马十二帝王传》，等等。这些传记史家以生花的妙笔为我们勾画了一个又一个时代鲜活传神的人物形象，描绘了一幅幅生动而又真实的希腊罗马历史画卷，构成了穿越古今的古典时代历史人物的"画廊"，从而大大地丰富了古典时代的历史文化内容，成为现代史学研究的重要内容，自然也成为本论题的中心议题。

总之，古典时代的这些史学家既以其如椽之笔深刻记叙历史，成为时代的忠实的记录者；又以其杰出成就而彪炳青史，成为其时代的代表者，并进而名垂青史。他们的著作和他们的史学人格都成为西方史学发展的最初典范。

与西方的古典文明——希腊罗马相比较，中国在历史文化方面的发达更是举世公认的。中国的历史意识和观念的产生由来已久，仅以具备了记言记事史籍体例的《尚书》与《春秋》来说，就比古希腊希罗多德的《希腊波斯战争史》要早很多，而同希腊神话相当。所以，中国史学发生之早，典籍之博，在史学方面的创新和成就，在世界各国中，可谓首屈一指，这更是有目共睹。西方哲学大家黑格尔就认为："历史必须从中华帝国说起，根据史书的记载，中国实在是最古老的国家……中国'历史作家'的层出不穷、继续不断，实在是任何民族所比不上的。其他亚细亚人民虽然也有远古的传说，但是没有真正的'历史'。印度的'四吠陀经'并非历史。阿拉伯的传说固然极古，但是没有关于一个国家和它的发展。这一种国家只有中国才有，而且它曾经特殊地出现。中国的传说可以上溯到基督降生前三千年；中国的典籍'书经'，叙事是从唐尧的时代开始的，它的时代在基督前二千三百五十七年。"①当然，现在看来，黑格尔的这一观点未必完全正确，这不仅仅是因为他对中国历史的了解并不准确，而且还与当时更为古老的以埃及文明为代表的北非文明、以两河文明为代表的西亚文明、南亚次大陆的古印度文明（和爱琴海的古老文明）还未发现有关，因为除爱琴文明外，学界认为以上的其他文明历史都较中国文明早，但从对自身历史的研究和历史意识的产生及其发达程度等方面来说，中国史学仍是其中的翘楚。如此看来，即使在现在，黑格尔对中国历史学之悠久和发达的强调仍具有重要意义。

当然，中国的历史和历史学不但在世界史坛上占有重要的一席之地，而且同西方的历史发展脉络相比照，中国历史上也有一个类似西方文明进程中的重

---

① ［德］黑格尔：《历史哲学》，王造时译，第160—161页。

要时代——古典时代,这一时代成为中国传统文化的核心,在中国历史上的意义及其实质同西方的希腊罗马的意义相类似,这就是先秦与秦汉的文化。对此,著名国史大家钱穆先生曾指出:"在先秦时代,孔子孟子一辈圣贤,都已将人生理想讲得很高深,以后实在很难再超出。问题只在如何般去求实现。汉唐的成绩,在能依着先秦人理想,逐渐做去,把那些理想逐步表现出来。那实在也是了不得。中国古人的理想,像先秦百家所提出的,本来已很高,很完美。直到今天,依然未能超过它们。"①值得注意的是,钱穆先生还通过对中国文明历史进程的深入探讨,来论证他的这一重要观点。他认为:"中国文化在秦、汉时代已完成其第一基础,即政治社会方面一切人事制度之基础。在隋唐时代则更进而完成其第二基础,即文学艺术方面一切人文创造的基础……政治、社会一切制度譬如一大家宅或大园林,文学、艺术是此房屋中之家具陈设,园林里的花木布置。中国人的家屋与园林已在秦、汉时代盖造齐全,隋、唐时代再在此家屋里讲究陈设,再在此园林里布置花草。至于全部设计,则在先秦时代早已拟成一个草案了。"②显然,钱穆先生在此一方面强调了早在先秦时代中国就已经有了发达而丰富的文化内容和其独特而重要的历史地位,另一方面又强调了先秦时代发达的文化成就对中国后世漫长历史发展所产生的深远而重要的影响。钱穆先生的这一见解思虑独到,鞭辟入里,引人深思。

仔细探讨钱穆先生所说的先秦设计草案的内涵,可以发现,钱穆先生所指的"草案"就是中国文化在其早期阶段所形成的某种稳定的文化结构和由此结构所确立的基本发展倾向。换言之,中国文化之所以不同于其他类型的文化,究其原因,就在于这些具有导向性和支配性的内在文化内容和文化品格,这些文化内容和品格对中国几千年的文化发展产生了重要的、在某种程度上讲甚至是决定性的影响。当然,钱穆先生的这一观点是在深刻总结前人学术观点的基础上提出来的,这一观点对我们进一步探讨中国文化和文明发展的历史进程,以及先秦和秦汉在中国历史中的重要地位无疑具有极大的启发意义。

如果我们沿着上述思路,进一步将钱穆先生的这一重要论断同中国传记史学,即司马迁创立的中国传记史学的历史地位及其深远影响相联系起来加以考察的话,我们不能不承认钱穆先生的观点是建立在对中国历史、中国文化深刻的分析、研究的基础之上所得出的真知灼见。由此我们可以进一步领悟到,先

---

① 钱穆:《中国文化史导论》修订本,北京:商务印书馆,1994年,第244页。
② 钱穆:《中国文化史导论》修订本,第164—165页。

秦和秦汉在中国的文明史和文化史中的地位太重要了，它构成了中华文明其后发展的深厚基础，并规划了其后中国文明发展的基本蓝图，因而要对之后中国错综复杂的历史进程加以深入考察的话，就必须首先对中国先秦和秦汉的历史和文化进行回顾，这样的话，自然就可以从中获得中华文化产生和发展的内在的根本性特质，以及与中华文明特质相适应的发展形式和途径，因为它是中华文明和文化的根蒂之所在。照此逻辑看来，钱穆先生的观点和他在其中所寄予的用意，实际上同德国著名历史哲学家卡尔·雅斯贝斯的"轴心期"的人类思想大突破观点有明显的相通之处，即二者都强调了在中西文化发展史上存在着一些极其重要的关节点及其突出的文化内容，而这些重要的文化发展关节点和其突出的成就对其后文化系统的进一步发展发挥了重大而深远的作用。也许他们的论断并非尽善尽美、无懈可击，但他们的深刻论断是值得每一个研究中国文化的人再三品味的。在此还必须再次强调的是，中国传记史学就是在这样的文化环境中产生并逐渐发展起来的，从而与先秦和秦汉的历史、文化建立了不可分离的关联，而西方古典时代对西方历史文化发展的影响又何尝不是这样的呢？因此，对中西古典时代的史学研究，特别是传记史学研究必须对这一重要的历史时代予以特殊的关注，唯如此，才可以正确认识中西传记史学产生与发展的异同，并能对这种异同进行更为深入的历史性的探讨，从中获得深刻的历史认知。由此来看，钱穆先生的真知灼见，不仅表现在他高度评价了中国先秦思想的文化品格及其对中国文化的深远影响这一方面，这对于指导我们深入探讨中西古典史学的异同无疑也具有重要的指导作用；另一方面，钱穆先生的观点自然成为本书之所以立论的最深厚的理论基础和研究的出发点，因而具有重要的指导意义。

二、普鲁塔克和司马迁传记史学观念的可比性

如上所述，中西历史上其实都有相类似的文化发达的"古典时代"，而在其中，史学的繁荣则构成了古典时代的重要组成部分。具体于本书而言，这一观念事实上也构成了本书的理论根据。

当然，为了使这种中西史学比较不失之于空泛，就必须从中西各选择一个史学成就高，且能最充分体现上述要求的古典时代的历史学家。就西方而言，我们自然想到了被罗马著名政论家西塞罗（Marcus Tullius Cicero）美誉为西方的

"历史之父"——古希腊的希罗多德。事实上,长期以来,西方大多数学者都认为,从希罗多德开始,西方才有了严格意义上的历史学,因此,可以说希罗多德居功甚伟。但西方历史学家都认为希罗多德的历史著作《希腊波斯战争史》并非传记体史书,而是叙事体史书,如果将其同司马迁的传记体史学相比较的话,不能充分体现史学比较中的最主要的原则——可比性原则。因此,我们选择了在希罗多德之后的西方古典时代的传记史学家——罗马帝国初期杰出的希腊历史学家普鲁塔克来进行比较可能较为恰当。因为,普鲁塔克是西方古典时代最著名的传记史学家,他对希腊罗马名人所做的传记是典型的传记著作,其著作充分地体现了西方传记史学的特点,而且他还具有一个非常突出的特点,那就是因为其所处的特殊的时代和境遇,使他能够较多地荟萃希腊文化和罗马文化于一身,能够集中和突出彰显希腊罗马文化的共性和特点。基于这些理由,本书将其作为希腊罗马传记史学的代表,来同中国古代杰出的史学家司马迁进行比较,意在对二人传记史学观念异同的揭示中,来增加对二人传记史学特点的认知,同时也使人们对中西古典史学有一个更为深入的理解。

(一)传记史学家普鲁塔克及其传记著作《希腊罗马名人传》

普鲁塔克是生活于罗马帝国繁荣时代的文坛巨擘。他生于希腊中部的军事要塞维奥蒂亚的喀罗尼亚(Chaeronea)。因家境富裕,其自幼即受到了良好的教育,早年就养成了对学问的执着爱好,曾受业于名师安漠尼厄斯(Ammonius),探求知识,孜孜不倦。曾到雅典学习修辞、数学、哲学,还因为其个人的良好修养和学识,在德尔斐的阿波罗神庙担任祭司(两位之一,终身制)。他有着希腊学者共同的习惯,即广游地中海地区,游历到过埃及的亚历山大港及小亚细亚、爱琴海诸岛,从他的《道德论丛》(Ethica,亦作Moralia)中可以看到,他对埃及古老而发达的宗教和文化很感兴趣。他还到过罗马帝国的首都罗马,在那里讲学和生活了一段时间,由此他结识了不少罗马权贵,和罗马的一些上层也有着较多的联系。他沿着希腊学者的学习路径,广泛涉猎,通晓当时的多种学问,研习数学、哲学、修辞学、历史学,兼攻医药学,漫游所到,都致力于搜集当地的历史文献资料和口碑传说。他秉性聪颖,博闻强记,这些经历为其以后的历史写作提供了很好的素材和写作基础。然而他一生钟情家乡,其人生大部分时间都是在喀罗尼亚度过的,主要专注于写作、教学活动,终生笔耕不辍,著作等身,成为著名的斯多葛派哲学家和传记作家。从哲学家的角度而言,他能以普世的哲学心态关注世道、体悯苍生,极富有同情心,是一位学识渊博、有济世之志而又充满了人道精神的哲人。而从传记史学家的角度言之,他又是罗马帝国时代著名的传记史家,其代表作《希腊罗马名人传》(以下简称《名人传》)不仅奠定了其传记史学家的根基,而且对西方的传记史学和传记的发展产生了深远的影响。

普鲁塔克所生活的时代,正当罗马帝国的盛年之时。这时的罗马帝国政治相对稳定、经济发达、文化繁荣,这些都对普鲁塔克的传记思想和哲学思想产生了强烈而持久的影响。作为一个罗马统治下的希腊著名学者,普鲁塔克对罗马帝国已有了较高的认同感,这在他的哲学著作和传记著作中都得到比较充分的体现。正如郭圣铭先生所指出的:"普鲁塔克既是希腊的硕学通才,又是罗马的公民。在他身上,体现着希腊文化与罗马文化相融合的结果。"①显然,普鲁塔克的真实生活经历与他的思想态度十分吻合。也正是由于普鲁塔克自身所具有的突出的学术成就和名望,其声名不胫而走,同时他对罗马帝国的认同感,使他得到了罗马帝国最高权力阶层的关注,有资料证明他曾被罗马的哈德良皇帝(Publius Aelius Traianus Hadrianus)任命为资深长官。不过,人们对普鲁塔克的记忆并非其所经历的一些仕途经历,有趣的是,而其一生的成果和荣耀却与他撰写的大量的名人传记密不可分。正是通过他具体而生动的叙述,人们对大量的希腊罗马名人的历史乃至于生活的许多细节,都有了较为清晰的了解,但对于他本人——普鲁塔克的生平事迹,我们在此只能蜻蜓点水般地加以概括。原因之一即在于这位著名的传记史学家并没有留下多少可以说明他人生历史细节的材料,正像很多古代史学家、文学家一样,人们对他们自身的认识大多是从散见在他本人著作中不经意的叙谈中推断而来的。如美国著名作家罗伯特·宾厄姆·唐斯所说的:"普鲁塔克写了大量别人的生平,对他自己的生涯我们却知之甚少。"②

普鲁塔克终生勤奋,笔耕不辍,学识渊博,思想内容丰富复杂。如上所述,他不仅是罗马帝国时期著名的传记史学家,而且还是罗马帝国时期著名的希腊哲学家。从传记史学角度来看,普鲁塔克有一部包括五十篇名人传记的传记集传世至今。

普鲁塔克的《名人传》,原文为希腊文,意即《比较列传》,对罗马及西方

---

① 郭圣铭:《古希腊传记作家普鲁塔克》,《历史教学》1983年第1期,第42页。
② [美]罗伯特·宾厄姆·唐斯:《塑造文明和心灵的巨人及其思想》,王宏方等译,第150页。

后来的传记史学产生了深远的影响。《名人传》一般采取一希腊名人和一罗马名人对举的方式，以叙述传主的不同表现，最后再用《合论》的方式详细比较两者在各个方面的不同点和相同点。现存的《名人传》共有50个传记人物，上下约千年，地跨希腊与罗马，首篇传主分别是具有明显的传说色彩的古希腊、罗马的开国人物提修斯（Theseus）和罗慕洛（Romulus），最后以4个单独的没有比较的个人传记：阿拉图传（Aratus）、阿尔塔薛西斯传（Artaxerxes）、伽尔巴传（Galba）、奥托传（Otho）殿后。不言而喻，与《名人传》的整体形式相比，最后这四个名人的传记显得比较另类，由此，也引起人们对此问题的长期探讨，但结论纷纭，难以定论，所以其中的真正缘由，还须继续深入探讨。尽管如此，学界普遍认为这一问题并不影响人们对《名人传》整体特性的评价。

从西方的传记史学史来看，普鲁塔克应该是古代希腊罗马最早拥有完整传记作品传世的作家，但并不能因此认定他就是西方传记史学的奠基人。事实上，早在独立的古希腊时期，传记就很发达，到古罗马时期则更甚，相传古罗马著名学者瓦罗（Marcus Terentius Varro）曾写过七百篇希腊罗马名人传记。而古罗马的传记作家奈波斯也在公元前一世纪写作了著名的《外族名将传》（或译《名将传》）。普鲁塔克的父亲亚里斯托布鲁斯（Aristobulus）也是有名的传记作家和哲学家，惜乎其传世之作甚少，今天所能见到的只是一些零章断句。这样看来，似乎可以这样讲，就我们现在所知，司马迁在创立纪传体时没有任何成熟的传记范本可供模仿，而普鲁塔克在作传时则已有传统的传记形式可供借鉴。尽管如此，如果再仔细分析普鲁塔克把希腊名人的传记和罗马名人的传记配合成对，并在两传之后附以论赞加以详细比较，使之成为结构严整、特征鲜明地比较传记这一格式的话，虽然不能说普鲁塔克是以其一人之身而造就这一完整史学形式的首创者，但公允而言，这一成熟而又独具特色的史学形式，还是表现了大量只能属于他的创造性内容。比如，将希腊罗马两人对传之后再进行细致入微的比较这一部分内容和体例的创设，其不仅表现了普鲁塔克的传记学术观念，更重要的是在其中渗透了重要的思想文化观念，甚至政治观念，这些无疑在很大程度上就是普鲁塔克自己的独特贡献。

《名人传》是普鲁塔克最有名的作品，历来被称为西方古典文库中的瑰宝，并被公认为是一部融历史、文学和人生哲学于一炉的人文鸿篇巨制。在《名人传》的叙述中，人们可以清晰地领略到普鲁塔克人物传记的独特风格：对人物性格的刻画栩栩如生，恰似传记人物的生命再现；故事情节的描绘细致入微，大量的逸闻趣事，引人入胜，扣人心弦，使人直视传记主人公的心灵，产生精神共振，其间还伴随着生动的比喻、幽默诙谐的情趣，使人回味遐想，乐在其中；还有那博古通今、旁征博引的希腊罗马文化典故，时时闪耀着古典时代特有的智慧的火花；而其行云流水般的优雅笔调，活泼的内容，令人叹为观止；再有他对众多英雄们人生道路上所表现出来的一往无前豪迈气概的礼赞，以及对英雄们的高尚品德——豁达、真诚、公正、人道、诚实不欺的颂扬，随处可见，更令人神往；特别是他对人世间善的颂扬、赞美、呼吁、感慨和探求，更是展现了他所极力推崇的人性中道德情操的不朽魅力，尤其感人至深。这种种的一切，在给人们留下了深刻印象的同时，也充分展现了作者普鲁塔克本人所具有的极为丰富、美好的精神世界和对人们未来生活的希冀，更为后人留下了希腊罗马历史进程中的关于人的历史内容。这一内容长期成为西方文化获取精神财富的重要源泉，当然，也成为贡献给现代人类的重要的精神遗产。

同时，《名人传》还有重要的史学价值。在书中，普鲁塔克以希腊罗马的重要历史人物为中心，认真细致地汇集了有关希腊罗马名人许多已失散的各个方面、各个时期的翔实文献资料和难得的传说轶闻，并以此为据，对希腊罗马的众多名人进行详细的、具有专业水准的传记描述。事实上，古代希腊、罗马众多历史人物的各具特色的形象和思想品格都是有赖于《名人传》中绘声绘色的叙述而流传下来的，因而《名人传》至今仍是研究希腊罗马历史所必不可少的历史典籍。由此出发，《名人传》既是希腊罗马名人本身丰富多彩的精神风貌的写照，又相当真实地反映了上下千年希腊罗马历史的发展变化轨迹。而且从普鲁塔克的传记叙述中，也可以清楚地感受到罗马帝国时期的社会历史文化特色和当时人们的传记观念，因而《名人传》也具有重要的史学价值，是一部有重要价值的传记史学著作。正因为如此，现在学界普遍认为，这一著作是古希腊罗马传记史学发展到一个新高度的里程碑，因而其成就对后世的西方史学，特别是传记史学产生了深远的影响，并进而成为整个人类的宝贵的精神财富。

当然，我们还要看到，如果与古典时代其他著名史学家，如修昔底德、波里比阿（Polybius）的著作相比，普鲁塔克的《名人传》并不是西方传统史学意义上的历史专著，它带有非常明显的文学色彩，而且他自己也认为其著作并非历史著作，只是人物的传记，因而在历史的长河中，随着西方史学的不断发展，《名人传》不断地受到专业的，特别是精于叙事的历史学家的诘难，其历史境遇也经历了大起大落。尽管如此，作者的这一独特的笔调和文体风格对欧美散文、传记、历史小说的发展产生了巨大的影响。普鲁塔克的作品在文艺复兴时期大受欢迎，大文豪蒙田（Michel de Montaigne）对他推崇备至，莎士比亚（William Shakespeare）的不少剧作都取材于他的记载。因此普鲁塔克在西方史学、文学和伦理哲学方面都具有重要地位，是西方传记文学的鼻祖，又因其对人物心理和思想的准确、生动的叙述，被称为西方"现代心理传记作家"的先驱。所以近 2000 年来，《名人传》以丰富多彩的史料，朴素生动的叙述以及渗透其间的伦理思想，一直为人们喜闻乐道。虽然与某些同时代及此后的希腊、罗马传记史学家，如苏维托尼乌斯（Gaius Suetoanius）在传记史学的某些观念上确实展现了传记同史学之间较为密切的关联性，苏维托尼乌斯的某些史学观念确实超越了普鲁塔克的传记思想。但在我们看来，对传记历史意识的整体认识来说，普鲁塔克的传记史学思想已经相当成熟，尤为可贵的是，他在那时就已经有了明确且细致的比较意识，并贯穿于其具体而丰富的史学研究中去，成果卓著，遂成为古代西方难以逾越的样本。

（二）司马迁与普鲁塔克传记史学观念

众所周知，司马迁是我国古代史上最为杰出的历史学家。司马迁，字子长，据其自序云"生龙门"[①]，西汉夏阳人（即今陕西省韩城市），西汉史学家、文学家、思想家，司马谈之子，任太史令，被后世尊称为史迁、太史公。

年幼的司马迁在父亲司马谈的指导下习字读书，据其自序说，"年十岁则诵古文。"[②]《史记索隐》案："迁及事伏生，是学诵《古文尚书》。刘氏以为《左传》《国语》《系本》等书，是亦名古文也"[③]。汉武帝建元年间，司马谈到汉京城长安任太史令一职。之后待司马迁稍稍年长，司马谈便让司马迁离开了故乡龙门，来到京城长安，对其进行专业而系统的历史教育，这些教育内容为司马迁其后子承父业，奠定了坚实的学术基础。

到长安后，太史公自序曰"学天官于唐都，受易于杨何，习道论于黄子。"《史记集解》注"徐广曰：'儒林传曰黄生，好黄老之术。'"[④]司马谈从学术上、思想上和政治理念上对司马迁进行了全面精心的培育。其间，司马迁又私淑于西汉大儒孔安国、董仲舒，这是其人生中的一个非常重要的学习经历，因为此

---

① 《史记》卷 130《太史公自序》，北京：中华书局，1959 年，第 3293 页。
② 《史记》卷 130《太史公自序》，第 3293 页。
③ 《史记》卷 130《太史公自序》，第 3294 页。
④ 《史记》卷 130《太史公自序》，第 3288 页。

二人的学术思想和政治思想对司马迁影响很大。

司马迁在二十岁时,开始游历天下,网罗放失旧闻,其后,司马谈因病去世,司马迁接任太史令,再经李陵之祸,为了完成《史记》撰写工作,司马迁惨受宫刑之辱。

征和二年(前91年),《史记》全书完成。全书130篇,526 500余字,包括十二本纪、三十世家、七十列传、十表、八书,对后世的影响极为巨大,被称为"实录、信史"。

在中国,人们常常把他的《史记》称为纪传体史学最辉煌的杰作,原因之一就在于这部历史巨著的突出特征是叙述上下三千年、数以百计的众多历史人物,而且其中的绝大部分人物依然鲜活地存在于中国不同时代、不同类型的文化作品中,并一直影响着不同时代人们的日常生活,它融于中国人的血脉之中,成为塑造中华民族品格的文化瑰宝。但关于《史记》中到底有多少篇真正的人物传记,由于各个学者所依据的标准不尽相同,这一貌似简单的问题,却因仁者见仁、智者见智,变成了一个极为复杂的学术问题。但如果概而言之,以《史记》的体例和目录为据,可以看出《史记》的核心包括了一百多篇人物传记,而且这些历史人物交错纷呈于"本纪""世家""列传"三种史学体例中,其中,司马迁新创立的体例"列传"是其人物传记的主体部分。

从现存的历史资料来判断,司马迁不仅是中国传记史学的创始人,也是我国传记文学的创始人,因为在他以前,我们还不能找到任何一篇可以真正称得上"传记"(Biography)的作品。当然,这在中国史学史上是一个让人们长期探讨但仍不甚解的问题,因为不管怎样讲,从《左传》编年体例一下子就变成了《史记》的传记体例,无论从史学的观念,从史学类型的进展,或从历史人物的完整性方面,其进展还是太明显了,就像学者们所指出的,人们几乎看不到中间的过渡环节,具体于中国传记史学史上而言,确实是一个令人感到奇怪的真实的问题①,由此学界也进行了许多思考,但目前仍无重大进展。传记史学的本质属性以及其在后世文学传记与史学传记发展中的作用是一个极端复杂敏感的问题,本论题在此不予详论。具体于本节,本人仅从历史学和传记史学的维度对司马迁的传记史学观念进行概述,目的在于说明司马迁可以、也应该与西方罗马的传记史学家普鲁塔克的传记史学观念进行比较,并可以从两者的传记史

---

① 徐兴海:《刘知几对〈史记〉的批评》,《陕西师范大学学报(哲学社会科学版)》1999年第1期。

学比较中获得更为丰富的史学比较成果。

从我国历史学的发展进程而言,众所公认,巨著《史记》奠定了中国历史编纂学的"学科模式",意义极其深远。正如清人赵翼所言:"司马迁参酌古今,发凡起例,创为全史。本纪以序帝王,世家以记侯国,十表以系时事,八书以详制度,列传以志人物,然后一代君臣政事,贤否得失,总汇于一编之中。自此例一定,历代作史者遂不能出其范围,信史家之极则也。"[①]司马迁的五体结构史学框架,一经创立,即为中国史学的范型。纵观廿四史,莫不沿袭其例。显然,赵翼称为"史家之极则",可谓精当之至。

司马迁是传记史学最突出的代表性人物,但仅仅如此,还不足以深刻认识司马迁及其《史记》所应有的历史地位,只有突破《史记》研究所固有的时空局限,将《史记》所取得的历史成就置于世界历史发展进程的时空中加以比较探讨,才能更为清晰准确地了解其在中国、在世界历史发展的重要地位,具体而言,即将司马迁同前文已论证过的,也就是在年代上和文化特征方面相类似的西方当时最发达的古典时代——希腊罗马史学相比较,才能在对东西方古典史学的内在特质有更深刻的了解的基础上,更进一步感受到《史记》所蕴藏的重要史学价值和其所具有的极其重要的历史地位。

(三)司马迁与普鲁塔克传记史学观念的可比性

显然,作为中西古典时代的两位传记史学大家——司马迁和普鲁塔克,他们的史学成就人所公认,因而从历史的可比性来看,对两大传记史家的传记史学进行比较研究具有更多的合理性,且极具意义。这一合理性和意义主要表现在以下这三个方面。

其一,从历史时代而言,普鲁塔克和司马迁的时代相当接近。据著名历史学家刘家和先生研究成果,比较研究就是对不同对象进行的互为参照的研究,在一般情况下多用来说明对同时并列的诸对象的研究。比较一词,无论从外文或中文的意思言,其所表达的都是对照和参照内涵,但在之后,随着历史比较的不断深化和发展,比较的观念越来越深刻,其内容也越来越丰富。由此,比较的内容和方式又增加了纵向的历时性比较,而现代的历史比较或史学比较往

---

① (清)赵翼著,王树民校证:《廿二史札记校证》,第3页。

往是将两者融汇于比较的进程之中。①

尽管历史比较或史学比较的观念越来越发达，但其旨趣却在于探讨历史现象的同与异的内容，并对同与异的内容进行辩证的分析，以进一步探索其中的历史意义。

一般认为，司马迁是公元前 2—前 1 世纪的人物，而普鲁塔克则是公元 1—2 世纪的历史人物，从年代言，二者相差仅一百余年，换言之，司马迁较之于普鲁塔克早一个世纪左右，因而从史学比较而言，二者属于共时性的比较范畴，从年代学来讲，这种比较似乎具有更多的合理性，更接近历史比较的原意。

其二，就社会历史背景而言，两者也有很多的相似之处：司马迁是雄踞于东方的当时世界四大强国（汉朝、古印度的贵霜帝国、安息帝国和罗马帝国）之一的西汉王朝的著名传记史学家，普鲁塔克则是挺立于西方的同样是当时世界四大强国之一——罗马帝国的传记史学家。

普鲁塔克处于公元 1—2 世纪初，而公元 1—2 世纪初正是古罗马历史上空前绝后的繁荣昌盛时代，特别是公元 1 世纪有一个专门的称呼，史称"公元一世纪的繁荣"。经过长期战乱后建立的罗马帝国，国家一统，政治稳定，经济发达，文化交融，整个帝国呈现出一派前所未有的上升的景象。这一时期的历史状况成为罗马人和其后西方人长期怀念并努力重塑的一个重要的时代，但同样让西方人遗憾的是，这又是一个空前绝后的时代。了解这一时期的历史人物的真实状况对于了解整个罗马帝国的初期的社会历史具有重要的作用。

而司马迁所处的西汉时期，正是中国历史上空前强盛的汉武帝时期，这时汉朝内部的隐患——在汉初实行的分封诸侯所造成的内忧，经过汉武帝的继续努力，也已经消除，而外部长期存在的以匈奴为主的侵扰和威胁也已解除，这一时期的历史境况，正如司马迁之父，时任太史司马谈所说的，那是"今汉

---

① 刘家和先生指出："比较研究（Comparative study）就是对于不同对象进行的互为参照的研究，在一般情况下多用来说明对同时并列的诸对象的研究。'比较'一词，英文作 Comparison，法文作 Comparaison，德文作 Komparation，皆来自拉丁文 Comparo，这个字由 com 和 paro 组成，前者意为'共同'，后者意为'并立'、'平列'等，原有不同事物之间的'联结'、'结合'的意思，引申而为'比较'、'对照'的意思。在中国文字里，情况也很相似。'比'字在甲骨文和金文里与'从'字不分，都是两个'人'字并列，所以'比'字原意本是'并列'；《说文解字》把'比'字和'从'字分开（只是两个'人'的方向与'从'字相反），解释说'比，相次比也'。这也就是并列的意思。而'较'字却是'对照'的意思，例如，《老子》第二章：'长短相形'，王弼本作'长短相较'。'形'与'较'（与'校'相通）在这里都是对照、参校的意思。所以，在中国语言里，'比较'也是由并列而引出对照、比较的意思来的。"参见刘家和：《历史的比较研究与世界历史》，《北京师范大学学报（社会科学版）》1996 年第 5 期，第 46 页。

兴，海内一统"①的伟大的历史时代，所以从两者的传记史学比较中不但可以看到双方丰富而深刻，且又独具特色的史学、传记史学观念，而且还可以看到更多具有重要影响的中西社会历史的内容，因此，对两者的比较具有明显的重要意义，也更值得比较。

其三，从两人的思想背景来看，也有相同之处，从司马迁本人言，其家学渊源深厚，父司马谈为太史令，长期掌管天文历法人文历史，虽然，司马迁在《报任安书》中对其家世作了一个让人有点费解的释读："仆之先非有剖符丹书之功，文史星历近乎卜祝之间，固主上所戏弄，倡优畜之，流俗之所轻也。"②在司马迁看来，似乎太史令之职在当时的政治架构中属于无关紧要之职，当时的人们对这一职位并不予重视，甚至有轻视之嫌，但从另一角度言，这一职位因与宗教和学术相关，特别是史职，长期被中国文化所重视，既然如此，那么，司马迁为何发出此种感言呢？原因可能是，在司马迁时代，其时正是中国古代中央集权专制统治形成的时代，传统的各种国家机构的权力在皇权下都显得软弱无力，而文化领域中，在"罢黜百家，独尊儒术"的文化政策下，司马迁也深感其史官所具有传统的话语权力也受到了很大的限制，以此来看的话，有可能的是，司马迁以此言委婉地表达对汉武专制统治的残暴性的一种抗议吧。

但有一点很明确，就是司马迁之父司马谈是当时汉王朝的大学问家，同时还具有明晰且宏大的政治理念，他对中国古代的百家学说都有自己的研究和看法，而且认定司马迁必定会继承他的遗志，担任太史公并完成自己的夙愿——写就一部反映中国三千年历史重大变化和发展的史学著作。为达此目的，司马谈将司马迁刻意栽培，不断地将自己的看法和学说传授给司马迁，这在《史记·太史公自序》中都有明确的记叙。

综合上述，《史记》不是内容单一的传记史学著作，而是涵盖长达近三千年历史的具有百科全书性质的宏大通史巨著，它本身又包含着极其丰富而宝贵的哲学、伦理学、文学艺术等等思想内容，因此，司马迁不仅是著名的传记史学家，还是中国历史上最重要的思想家之一。同样，特别需要指出的是，在普鲁塔克身上不仅明显地汇聚着希腊和罗马两种文化内涵和特点，而且还表现出将这两者文化相融合的历史发展成果和重要趋向，因而，普鲁塔克的《名人传》鲜明地表现出罗马帝国处于强盛时代的文化背景，同时，作为一个传记史学

---

① 《汉书》卷 62《司马迁传》，第 2716 页。
② 《汉书》卷 62《司马迁传》，第 2732 页。

家,他从历史的进程中,也发现了这种形势具有不可逆转性,他所能做的就是从理性的角度,尽可能促使罗马给予希腊以更多的尊重,从而促进希腊与罗马更加和睦相处。因此,《名人传》不仅包含着普鲁塔克丰富的学术目的,而且也还包含着他丰富的思想政治目的。

当然,还要强调的是,普鲁塔克其实和司马迁的学术思想架构很相似,普鲁塔克不仅是一个杰出的传记史家,而且还是当时著名的哲学家,因此,《名人传》也远非普鲁塔克全部文化成就的总和,事实上,在《名人传》的背后还有其坚实而丰厚的道德思想基础的载体——《道德论丛》,其中汇聚了他作为斯多葛派著名哲学家的丰富而深刻的观念和人生体会。因此,如果将《名人传》和《道德论丛》两者相联系来探讨普鲁塔克传记史学观念的话,将会获得更多丰富而广泛的历史文化内容。

因此,对司马迁和普鲁塔克两人传记史学观念的比较不仅可以反映出中西两大史学、传记史学流派的相同和相异的史学特色,还可以从中反映出中西两大文化流派的深刻而广泛的思想文化特质。所以从史学比较的观念来看,具体来讲,以中西史学比较的观念来看的话,作为中西古典时代典范的这两大传记史家不但具有明显的可比性,而且这种比较的成果应该表现得十分丰富,也更有启示意义。

三、司马迁与普鲁塔克传记史学比较的意义

当代著名的历史学家刘家和先生在论述中国古典史学对世界史学的影响和贡献时,认为运用史学比较这一重要的研究方法可以较好地加深对这一问题的正确认知。刘家和先生是这样说的:"在世界史学史的园地里,中国古典史学无疑是一朵自有异彩的奇葩。要阐明中国史学对于世界史学已经做出的贡献,我们不能置我国古典史学于不顾。同时,作为一种传统,我国古典史学对于后世以至当代史学不可能没有多方面的、人们意识或不曾意识到的影响。因此,要发展我们当前的史学和史学理论,以求对世界史学做出更多的贡献,我们也不能不对中国古典史学从理论上进行深入反省。这种反省既可以结合纵向的前后历史阶段的比较来作,也可以结合横向的与外国古代史学的比较来进行。"[①]刘

[①] 刘家和:《对于中国古典史学形成过程的思考》,《古代中国与世界——一个古史研究者的思考》,武汉:武汉出版社,1995年,第255页。

家和先生的这一观点不仅深刻指出了中西史学比较的重要性及其必要性,而且对于我们更好地从事中西史学比较,特别是对于本课题司马迁与普鲁塔克传记史学比较具有重要的指导意义。

从现代文化研究和现代史学研究的趋向来看,比较研究具有明显的时代气息,它处于国际学术界学术研究的前沿。

这表现在,进行比较研究是现代学术发展的内在要求,同时,也是现实社会对学术发展的客观要求。世界本身就是复杂多样的矛盾统一体,而要对斑驳陆离的历史现象进行研究,获得新知,其途径不外乎两条:一条即分析;另一条是概括。所谓分析,就是将一个研究整体分成若干部分,对其中的各个部分进行具体的研究,以了解整体研究对象的所包含的具体内容。但这样做的结果,仍达不到对事物本身的全面且深入的研究,因为任何事物都是一个有机体,如果要达到对整个研究对象的了解和认识的话,还必须将各个部分的认识汇集起来,但汇集却代替不了认识,这时候就需要一种新的更高层次的认识方式,那就是概括,概括就是要对普遍现象进行抽象,以达到对事物的本质认识。现在要说明的是,不管是分析或是概括,其中的重要的研究方式都是要运用比较方式,但比较方法的本体性原因,乃在于事物本身就是同与异二者间的对立与统一,它客观地存在于事物之中,不管我们是否意识到它,或者认识到比较,它都是以历史本体的方式存在着,因此,"同"与"异"的对立与统一,是历史现象的存在方式,而比较就是认识这种方式的最佳方法。由此,刘家和先生指出:"比较研究意在认识事物的本质,在这个意义上,我们甚至可以认为,没有比较,就没有认识。"①

从"没有比较就没有认识"这一观念出发,本论题具有以下意义:

其一,具体于本论题而言,比较的研究观念具有重要的现实意义。因为只有通过对司马迁与普鲁塔克传记史学观念的比较,对两者进行同与异的辩证的比较研究,才可清楚地发现中西两大传记史学发展的相同点和不同点,才可以真正发现古今传记史学的联系和区别,才可以更好地融通中西、贯通古今的史学观念,最终以促进中西传记史学和中西史学的共同发展。因此,从比较史学的角度来看,将两者进行历史比较研究极具学术意义。

其二,如果将这种比较研究集中于中西两者文明之中的史学成就,在对两

---

① 刘家和:《历史比较的逻辑思考》,《史苑学步:史学与理论探研》,北京:北京大学出版社,2019年,第185页。

者进行共时性的比较研究的基础上，进一步与历时性的比较研究结合起来，对于探讨中西古典史学发展的特殊性和内在规律性，加深对中西史学发展道路的深刻理解，显然是一种很有意义的研究领域和一种很有前景的研究方法。

其三，当然，历史比较研究之所以能够在现代史学研究中得到广泛应用，是因为它充分体现了文化和历史本身的多样性和其本身所追求的普遍性及规律性的发展特征，是一种求同存异以共同发展的具有时代感的思想方法，因此，中西传记史学的比较研究对于深入而具体揭示人类轴心期文化成就这一宏大的世界性问题具有重要意义，同样的，以人类轴心期文明的整体历史揭示自然也有利于对众多不同的文明形态的进一步理解和认识。

总之，中西史学成就是人类文化宝库中的一个重要的组成部分，都在中西历史发展的进程中发挥了重要的作用，因而两者之间具有明显的可比性，杜维运先生则认为："发展数千年的中西史学，是世界史学最大的遗产，两者各为史学建立了金碧辉煌的宫殿，两者互相比较之后，能自其上建立更辉煌的史学宫殿。"[①]

现在的问题是应该如何进行中西古典史学比较呢？

从中西史学比较的历程来看，应紧紧抓住以下两个方面的内容，这是顺利进行中西史学比较的根本。

一方面，弄清楚史学比较的基本理论，将中西史学比较中的"同"与"异"辩证地统一于中西历史发展的进程中。从现代哲学来看，对于中西史学比较而言，如果不系统地、有目的地研究和披露个别历史现象的真与伪，比较的结果就会变成一个抽象的概念而丧失其具体特点和存在的价值；另一方面，如果不研究人类历史上的重复性以揭示普遍规律性，中西历史比较就将成为具有无数多样事实的简单堆积。正因为如此，历史科学的目标，就是要把普遍规律性同特殊性结合起来。而要达到这一目的，就必须把中西历史看成一个有机的统一体，借助于逻辑抽象，经过否定或扬弃的过程，由感性认识上升到理性认识；然后再以辩证的方法，由抽象上升到具体，"就是从同中再看出异来，看出那些各异的部分是怎么样既互相拒斥又互相渗透地构成为有机的一体的"[②]。

换言之，具体于中西古典史学比较来说，在中西史学发展的特殊历史进程中探索其所具有的普遍性和共性，这只是我们史学比较研究的一方面，而绝非

[①] 杜维运：《变动世界中的史学》，北京：北京大学出版社，2006年，第44页。
[②] 刘家和：《论通史》，《史学史研究》2002年第4期，第10页。

全部。还要继续努力探索的是，在这一共性的比较成果的基础上进一步深入，在"同"中再求"异"，以期对东西方不同的历史思维特点给予清晰的具体理解和更为深刻的认识。而要达此目的，其重要的途径之一就是要努力探讨形成东西方文化不同特质的历史背景和源远流长的文化源头，以彰显各自的历史的特殊性。因此，马克思在强调探讨历史的共性的同时，还着意强调了这一方法："如果把这些演变中的每一个都分别加以研究，然后再把它们加以比较，我们就会很容易地找到理解这种现象的钥匙；但是，使用一般历史哲学理论这一把万能钥匙，那是永远达不到这种目的的。"①这样看来，要最终达到理解中西史学异同的目标，其唯一途径就是史学比较的个性与共性的探讨，辩证地统一于中西历史发展的真实而动态的进程中。也就是说，在这一中西传记史学的比较中，一定要运用"大历史观"的思维，将众多的具体的历史认识，最终统一于中西历史发展的真实而具有本质的历史运动中。其实，这也正是中国传统史学的一个突出优势，更是司马迁"通古今之变"史学观念的真谛之所在。因此，在史学比较中，掌握史学比较内在的普遍性与具体的辩证关系具有重要意义。

另一方面，要弘扬中国史学经史致用的优秀传统，将中西传记史学的比较研究，同现实的中西社会历史发展问题结合起来，而在这一过程中，要注意借鉴西方现代"问题史学"的理论成就，科学地运用哲学诠释学的理解意识，不断挖掘中国史学"成一家之言"的史学内涵，不断提升中国史学借鉴意识的理论水准和实际效用，不断加强对中西史学比较赋予现代的史学意识。

不言而喻，古希腊文明之所以长期而不断地受到后人的广泛赞誉，自然有其重要原因：一个原因是历史上古希腊的古典时代是一个文明辉煌的伟大时代，它给后人留下了丰饶而珍贵的精神遗产，对人类的文明和历史，特别是对西方的文明和历史产生了广泛而深远的影响，使人无法忘怀，这应该是古希腊文明永葆青春的根本性原因；另一个重要原因就是不同时代的人们都试图利用古希腊发达而典雅的精神文明成果来丰富其自身的文明和文化，因而使古希腊古典时代的文明和文化一直同其后西方历史的新发展保持着重要的内在关联，与时俱进，历久弥新，从而使西方长期以来的希腊罗马文化的古典学研究一直具有明显的时代意识。当代著名的历史学家刘家和先生在论述古典文明史与现代文明史的内在关系时曾精辟指出："如果以狭隘的实用眼光来看，世界古代文

---

① 中共中央马克思恩格斯列宁斯大林著作编译局：《马克思恩格斯选集》第3卷，第342页。

明史的内容从时、空两方面说都很遥远；如果以面向世界、面向未来的眼光来看，它又在眼前。"①

刘家和先生的这一观点深刻指出了中西史学比较所具有的现实意义，对于我们更好地从事中西史学比较具有重要的指导意义。因为，"中国世界史研究的真正动力，在于对当代中国、当代世界复杂的现实问题的思考"②。因此，如果从年鉴派的"问题史学"出发的话，就会发现，在当前中西文化交流不断加深的大背景下，进行中西古典史学比较，所要面对的重要问题，那就是一定要从求真求实的科学态度出发，在比较史学理论的具体指导下，加强中西史学比较的现代意识，以体现古今一体的史学特征，以突出经史以致用的治史效用。这才是历史比较能够永葆青春的根本所在。

西方著名的历史理论家，意大利人贝奈戴托·克罗齐在其《历史学的理论和实际》一书中提出了一个著名的格言："一切历史都是现代史"③，说的就是一切的历史性都不可避免地具有现代性。不可讳言，我们在现代之所以比较研究中西古典时代的传记史学，之所以探讨其异同，绝非发思古之幽情，其根本目的是在古今一体的历史认识基础上，将中国古典时代西汉时期的传记史学观念同古希腊、罗马发达的传记史学观念相比较。通过比较，以汲取中西古典传记史学的营养，以使中国悠久而发达的传记史学在新时代，在和西方史学的交融中，得到新启发，获得新发展。这样一来，中西古典时代虽然距今甚远，两者间音讯未通，文化发展的轨道各异，但中西古典时代所具有的各呈异彩的发达的传记史学成果，特别是中西古典时代的传记史学都具有的与现代意识紧密相关联的文化特征，却在中西历史不断发展的洪流中又由于我们的现代史学认识，将两者在对立中统一起来了。这其实就是我们研讨中西古典史学的最为根本的原因和最为重要的意义所在。

需要说明的是，贝奈戴托·克罗齐的"一切真历史都是当代史"观念确实反映了西方历史学界在进入现代社会后，在历史学的观念方面所取得的重要成就，自然有其重要的现实意义。但对于中国史学来说，我们还需要从中国的历史学传统对这一观念进行诠释，否则只是东施效颦，其效果也就南辕北辙。

事实上，中国史学从一开始，就具有明显的现代意识，比如，从中国史学

---

① 刘家和、廖学盛主编：《世界古代文明史研究导论》，第20页。
② 于沛：《史学思潮和社会思潮：关于史学社会价值的理论思考》，第141页。
③ ［意］贝奈戴托·克罗齐：《历史学的理论和实际》，傅任敢译，北京：商务印书馆，1982年，第2页。

开端的标志——《春秋》编年史著作中就已经明显地表现出来,其中最为突出的,也就是人们所熟知的"《春秋》之义"观念,孟子言"孔子成《春秋》,而乱臣贼子惧"①,以古鉴今,古今相通,这是中国史学较之于西方史学而言的一个突出优势和特点所在。从近代以来,随着中西文化和中西史学交流的增多,中西史学比较就在中西文化交流中扮演了一个重要角色,不管是从增加人们了解西方文化和历史的学术角度,还是从充分发挥了扶危图强、振兴中华的史学现实目的角度,中国史学都在其中发挥了重要的现实作用。张广智先生曾明确指出:"百年来的中西史学交汇的历史也是色泽丰富与颇具开拓性的学术课题。中西史学无论对哪一方面来说,都为对方提供了一个不可多得的价值参照系,这就为两者的比较研究创造了前提。"②显然,中西传记史学的比较在中西整个文化和历史的比较中,无疑是一个极具可比性的重要历史课题,也是一个极具现代意义的现实课题。因此,对中西古典时代的传记史学进行比较研究具有极其重要的现实意义。

小　　结

如上所述,中西史学比较得以可能的问题是中西史学比较研究的根本性问题,而通过诠释学来对中西史学比较这一问题进行诠释以及我们对其再诠释,不仅增强了对中西古典时代传记史学观念进行比较研究的合理性,而且无疑有助于我们对司马迁与普鲁塔克传记史学观念的现代理解。

其一,从诠释学的时空理论出发的话,即我们首先应该承认马克·布洛赫的历史比较理论和观点所具有的历史合理性,这一合理性是建立在其所处的特定的时代背景下。在20世纪20年代,世界上各民族和各地区的联系还不是很紧密,中西史学比较的观念也刚刚开始,而要真正进行远距离的大跨度的中西史学比较的事业,从理论和实践上也需要一个逐步地由局部到全局的发展积累过程。对此,马克·布洛赫论述道:"全面的比较只能放到后面去做;没有初步的地方性的研究,全面比较就是一句空话;但是只有全面比较,才能从杂乱

---

① 杨伯峻:《孟子译注》,北京:中华书局,2008年,第116页。
② 张广智:《关于深化西方史学研究的断想》,《社会科学》1992年第3期,第48页。

的、臆测的原因中理出那些具有某种普遍作用的、真正的原因。"①而这一过程用诠释学的话来讲就是:"我们必须从个别来理解整体,而又必须从整体来理解个别。"汉斯-格奥尔格·伽达默尔将其称之为"诠释学的准则"。②具体于中西史学和文明的研究,"我们要进行比较的研究,要看出纵向发展与横向发展之间的内在关系,其坚实的基础不在于宏观的思维,而在于现实的微观的研究。古代世界文明研究不等于各个具体文明研究之和,却离不开个别文明微观研究之基础。"③这对于中西史学比较的研究而言,其情形何尝不是这样的呢?

其二,我们还应该看到,中西史学比较研究,具体于司马迁与普鲁塔克传记史学观念的比较,它不仅是一个历史认识的方法问题,也不是一个单纯的"视域融合"的理论问题,更重要的是一个需要长期进行的历史实践问题,它的产生和发展,归根结底是东西方人民努力进行社会历史实践而产生的重要历史研究结果。由此我们可以深切感受到,变化发展的中西史学比较观念,其实包含了极为丰富而具有生命力的社会历史的实践内容。据此观点分析诠释学及其历史观念可知,诠释学的理解观念及其历史的观念绝对不只是一种概念游戏过程,或是在游戏中灵机一动的神来之笔,也不仅仅是观念逻辑演绎的产物,它是深沉而厚重的社会历史本身不断推动而逐渐形成的历史硕果。

因此,对诠释学和中西史学比较背后的这一社会历史文化内容的深入探讨,不但会使我们深刻感受到社会文化发展的历史性,还可以显示出观念的产生或变化的内在的质的规定性,即马克思所讲的"人应该在实践中证明自己思维的真理性,即自己思维的现实性和力量"④。也就是说,只有将中西古典时代的传记史学比较的观念建立在中西历史实践的基础上,才能够有效地克服诠释学中,诸如由于忽视或淡化空间的地位和作用而产生的相对主义和主观随意性的种种弱点;才能构建起坚实而严密的中西史学比较的理论体系,从而使中西史学比较不仅成为可能,并在现实的历史进程中促进中西史学比较获得更好的发展。显然,这不仅是中西史学比较的诠释学意义之所在,更重要的是中西史学比较的历史唯物论的实践意义和历史借鉴效用之所在。

其三,时空距离是历史学本身的内在矛盾,更是中西史学比较成为可能的

---

① [法]马克·布洛赫:《比较史学之方法——论欧洲社会的历史比较》,齐建华译,项观奇:《历史比较研究法》,第117页。
② [德]汉斯-格奥尔格·伽达默尔:《真理与方法:哲学诠释学的基本特征》上卷,洪汉鼎译,第376页。
③ 刘家和、廖学盛主编:《世界古代文明史研究导论》,第18页。
④ 中共中央马克思恩格斯列宁斯大林著作编译局:《马克思恩格斯选集》第1卷,第58页。

难题之一。哲学诠释学的相互理解和历史效果意识观念，赋予了时间距离作为历史研究和比较的前提条件这一新的重要意义，对深化时空间距的理解具有积极意义。同时，哲学诠释学的观念和方法也表现出通过弱化空间距离，将空间距离消融于时间观念中，以解决时空矛盾的弱点，并最终导致某些相对主义的趋向。因此，运用现代哲学理论和历史理论对诠释学的时空距离理论进行再诠释，使时空两者在真实的对立的基础上又有机地统一起来，最终统一于现实可靠的社会历史发展变化的进程中，这对于丰富和完善中西史学比较的理论方法体系，对于深入研究司马迁与普鲁塔克传记史学观念之异同，并将这种表现为异同的历史比较成果最终落实于中西史学比较的社会效用上，自然具有突出的积极意义。

  总之，司马迁与普鲁塔克传记史学比较本身具有极其深厚的历史关联和逻辑关系，也具有重要的现实意义。所谓的历史关联，指的是两者传记史学观念的产生和异同不仅与中西史学和中西哲学的发展进程相关联，更重要的是因为它建立在中西历史发展的基础上，最重要的表现为西汉王朝和罗马帝国本身是雄踞中西古典时代的两大强国，同时也是两个文化大国，对两者的传记史学观念的揭示，有助于丰富现代中西传记史学的深入发展；其中的逻辑关系表现在，中西史学比较，具体于司马迁与普鲁塔克传记史学观念之比较，从哲学诠释学的角度来看，其本身就是一个历史的理解过程，这一理解过程又通过历史比较得以实现，因此，诠释和比较在司马迁与普鲁塔克的中西传记史学的比较中有机地融会贯通；而其现实意义在于，其与现代中西社会历史进程中重要而深刻的演变紧密相连，与"大历史观""通变史观""问题史学"观念紧密相关。通过历史的关联、逻辑的关系和现实的关注这三维的分析和概括，将有助于我们对中西史学比较，特别是对司马迁与普鲁塔克传记史学观念的本质有一个更为深刻的思考与把握。

第二章

实质主义与"通变"观念之比较
——传记史学的历史观

古希腊百科全书式的杰出思想家亚里士多德,在其名著《形而上学》中深刻指明,科学得以建立的最终根据还在于探讨第一原理的哲学——Ontology("它研究'实是之所以为实是'"[①])。在亚里士多德看来,第一原理是任何学科之根,是其赖以存在的理论基础,因此,它包含了各门科学的基本原理,并由此制约和引导各门科学的发展,换言之,任何企图对具体科学思想的探讨都必然超越了其科学本身而进入了与之相关的更高层次的哲学领域,所以亚里士多德认为,任何称之为科学的发展,其实都不能脱离对第一原理,即哲学的探讨。毫无疑问,亚里士多德的这一观点是在深刻总结了古希腊发达的学术成就的基础上提出的真知灼见,这对于我们研究古希腊的哲学和科学的发展具有重要的指导意义。同时,用现代诠释学的理论来看,亚里士多德这一思想的最重要的积极意义还在于强调了哲学本体论对具体学科发展的重要引导作用。对此,波兰现代著名的历史理论家托波尔斯基(Jerzy Topolski)就认为,如果"没有那种本体论上的认识,历史学就不可能超越对过去的一般性描述"[②]。

显然,对历史理论的深刻理解和认知是我们理解和认识历史学、传记史学的前提和基础,从这一观念出发,即首先从史学理论的维度来对我们所要研究的对象进行深层挖掘,对于我们深刻理解和认识司马迁及其《史记》的史学价值和历史地位而言,具有重要而现实的指导意义,同样,对于我们进一步理解

[①] [古希腊]亚里士多德:《形而上学》,吴寿彭译,北京:商务印书馆,1959年,第56页。
[②] [波]托波尔斯基:《历史学方法论》,张家哲等译,北京:华夏出版社,1990年,第24页。

和认识希腊罗马的传记史学而言,比如,普鲁塔克的传记史学《名人传》和其历史地位来说,也是如此。

司马迁在《报任安书》中揭示了其著史的宗旨为"究天人之际,通古今之变,成一家之言"①,事实上,这一崇高的学术目标不仅是《史记》的基本纲领,还成为后人研究《史记》史学理论的出发点,同时也是其理论的落脚点。这一史学纲领揭示了司马迁探索历史的目的、方法及根本途径——"变易"的世界观和"通变"的史学观。其"变易"的世界观为其"通变"的史学观奠定了坚实的理论基础,而其"通变"的史学观,又进一步奠定了中国古代史学学科的基本范式或范型,这一范型深深影响了中国史学的发展,并和西方的史学观念形成了明显的不同。而这一"通变"的历史观意在强调,只有将历史置于运动、变化的进程中才有可能掌握历史发展、变化的真谛,由此,"通变"就成为其后中国古代史学的基本特征。因而,《史记》本身并不仅仅是对中国早期三千年历史进程的简单叙述,而是在极其深刻而丰富的历史学理论指导下对漫长的历史进程的深入研究,而其研究成果,也极具浓厚和睿智的历史理论色彩。正如梁启超所指出的"盖迁实欲建设一历史哲学,而借事实以为发明"②。清人赵翼更是直指《史记》之鸿的:"司马迁参酌古今,发凡起例,创为全史。……自此例一定,历代作史者遂不能出其范围,信史家之极则也。"③

与司马迁时代相近的普鲁塔克,不仅是罗马帝国初期的著名传记史学家,而且与司马迁相类似的是,他还是古罗马时期著名的斯多葛派哲学家,因而其《名人传》不仅与《史记》一样包含了丰富而发达的传记史学观念,而且也包含了普鲁塔克深刻且系统的历史哲学观念和人文思想观念。正是因为有这些丰富而重要的史学理论内容的存在,才使得《名人传》不仅成为传记史学中的杰作,大大加深了其传记的思想深度和高度,而且还从整体上挥发出普鲁塔克思想体系本身和《名人传》中所具有的淳厚而感人的人文情怀,使人们从众多希腊罗马的名人的经历中,所了解的不仅是他们在矢志不渝、发愤图强进程中的成与败,还获得了许多极有价值的人生教益。更重要的是,在这些名人的历史进程中包含了普鲁塔克对人生极具深刻意义的研究成果,因而从中还可以获得更为深刻的哲理上的启迪。基于此,本章拟以亚里士多德对本体论的探讨为依

---

① (南朝·梁)萧统编,(唐)李善注:《文选》,长沙:岳麓书社,2002年,第1276页。
② 梁启超:《中国历史研究法(外二种)》,石家庄:河北教育出版社,2002年,第23—24页。
③ (清)赵翼著,王树民校证:《廿二史札记校证》,第3页。

据，再以亚里士多德所指出的学术研究方法论为原型，从中西古代哲学发展史的角度，也就是对理性不断地认识和探求的角度，通过分析其理论思维特质的途径，探讨司马迁与普鲁塔克历史思维的发展及其特点，以期对两者的传记史学观念进行深入了解。

第一节　普鲁塔克"实质主义"史观的内涵及其特征

诚然，普鲁塔克享有盛誉的传世之作是《名人传》，而非其所撰写的《道德论丛》，甚至有一些人还不知普鲁塔克还有一部探讨世界、宗教、伦理和人生态度的综合性著作《道德论丛》。实际上，如果试图对普鲁塔克的传记史学观念进行深入探讨的话，就必须对其这一著作的思想和倾向进行研究。究其原因，这不仅是因为《道德论丛》荟萃了普鲁塔克的伦理思想、宗教观和世界观，更重要的是，对它的研究实际上是有助于我们了解其所处的具体而丰富的历史时代背景、道德风尚与行为准则等方面的详细内容。当然，其意义还不止于此，因为《道德论丛》的思想和哲学理论是与普鲁塔克的传记史学观念直接关联的。这具体表现在，对于普鲁塔克本人而言，其撰写希腊罗马的《名人传》的初衷，与其说是为了写历史，不如说是通过对这些人物的行为进行撰写与评述，尽情发挥和宣扬其身体力行的哲学伦理思想。正如专攻普鲁塔克著作的学者特伦奇所说："可以毫不过分地断言，普鲁塔克著作的两个部分——《名人传》和《道德论丛》，是互为补充，相辅相成的。前者向我们表明古代世界在行动领域里取得了什么成就；后者则以同样的方式表明……古代世界在思想领域里想要达到什么目标和取得什么样的成就。"[①] 显然，普鲁塔克传记史学观念与其哲学伦理观念之间的关系问题，既是研究普鲁塔克传记史学思想观念的一个难点，也是我们准确把握普鲁塔克传记史学观念的一个重点，还是其传记史学观念的一个突出的特点。换言之，以《道德论丛》为代表的普鲁塔克的世界观思想和以《名人传》为突出代表的历史观思想二者是相辅相成的有机联系体，如果试图深化在这一问题上的认识的话，就必须突破《名人传》本身所设立的局限，进而将其《名人传》中的人物传记思想观念同其哲学观念和整个思想体系联系

---

① Plutarch, *Plutarch's Lives*, Trans. Perrin B., p.xiii.

起来，如此一来，就可以对普鲁塔克的传记史学观念有一个恰如其分的了解。

对于普鲁塔克而言，他的历史观念首先是建立在古希腊罗马理性主义世界观的基础上，而其对历史的认识则主要表现为被英国著名历史理论家 R.G. 柯林武德所指出的"实质主义"历史观。

众所周知，希腊罗马的史学是其后西方史学发展的滥觞，但事实上，其史学的产生和发展也和西方哲学的"理性"有不解之缘。从古希腊整个哲学发展史的角度来看，在古希腊罗马的文化和哲学体系中，理性是一种形而上的哲学范畴，是宇宙的自我运行原理或自然变化的法则；换言之，理性就是世界的本原，或者是人性的全部世界，因为在世界万物中，只有人才具有认识这种理性的能力；理性是潜在于人自身，需要人们用智慧去探索、去把握，并和理性相符合，只有这样，最终人才能够、也应该成为具有认识这种理性的思维的人。如恩格斯指出："自然界不能是无理性的，这对于希腊人已经是不言而喻的了。"[1]对于万物之灵的人而言更是如此。古希腊具有传奇色彩的哲学家赫拉克利特（Heraclitus）就这样说："'逻各斯'（Logos，即理性），永恒存在着……万物都根据这个逻各斯而生成"[2]，"逻各斯是灵魂所固有的，它自行增长"[3]。其后，阿那克萨戈拉（Anaxagoras）就在多种学说的基础上，进一步提出了"理性"这一概念。这一概念最早提出者可能不是阿那克萨戈拉，但亚里士多德认为阿那克萨戈拉较乎其"前人的虚谈确乎较为明朗"[4]。"理性——在动物中是这样，在全宇宙也一样。万物的秩序与安排皆出于这个原因……这主张说明了这一原理：事物所由成其善美的原因，正是事物由始其动变的原因。"[5]而亚里士多德则进一步认为，人的心灵包括两部分："一为内涵理性；另一，内无理性，而蕴藏着服从理性并为之役使的本能。"[6]而黑格尔对阿那克萨戈拉"理性统治世界"观念的理解就是"理性不是自觉的'理性'的智力，也不是一种精神，我们必须把两者明白地区别开来……这样一种的思想——说理性就在'自然'之中，说'自然'永远遵从普遍的法则——并不使我们有什么惊异……据历史上的教训，他们并不是自古到今，无时无刻都存在于世界，相反的，这种

---

[1] 中共中央马克思恩格斯列宁斯大林著作编译局：《马克思恩格斯全集》第20卷，北京：人民出版社，1971年，第564页。
[2] 苗力田主编：《古希腊哲学》，北京：中国人民大学出版社，1989年，第38页。
[3] 苗力田主编：《古希腊哲学》，第39页。
[4] ［古希腊］亚里士多德：《形而上学》，吴寿彭译，第10页。
[5] ［古希腊］亚里士多德：《形而上学》，吴寿彭译，第10页。
[6] ［古希腊］亚里士多德：《政治学》，吴寿彭译，北京：商务印书馆，1965年，第388页。

思想却是在人类精神的历史上划了一个新时代"①。正因为如此,赫拉克利特将研究的目光转向人自身,强调"寻求自己"。

显然,这种理性主义的价值观念成为希腊人文思想的核心。在现代历史哲学家 R. G. 柯林武德看来,它"是以人在本质上是一个有理性的动物这一观念为基础的……只要任何特定的人发展那种[理性]能力,并且实际上而不是潜在地变成有理性的,他就会使得他的生活成功;按照希腊的观念,他就成为政治生活中的一种力量并成为历史的一个创造者;按照希腊罗马的观念,他就在一个野蛮而邪恶的世界里由于他自身理性的庇护而变成一个能够生活得很智慧的人"②。所以,对希腊罗马而言,理性一直是其透过世界的外表而进入世界宇宙底层的根本存在,是希腊罗马文化核心之所在,更是希腊罗马人在文化上的终极追求目标,而为了实现他们的这一崇高文化目标,希腊人特别地创造出一种影响极其深远的极具希腊文化特色的关于智慧的学问,即所谓"哲学"。那么,哲学的作用是什么呢?其实,在希腊人的文化体系中,其哲学的重要作用就在于要合理地运用智慧去"挖掘"这种属于事物、人生本质和底层的理性,以认识理性,并最终和理性相符合。

就古希腊哲学发展史而言,亚里士多德对哲学的产生有这样的看法,"初期哲学家大都认为万物唯一的原理就在物质本性。万物始所从来,与其终所从入者,其属性变化不已,而本体常如,它们因而称之为元素,并以元素为万物原理。所以他们认为万物成坏,实无成坏,这一类实是毕竟万古常在"③。可是由于诸种原因,"他们对于这些原理的性质和项目,所想并不一致"④。希腊哲学最初是以泰勒斯(Thales)为代表的米利都学派对自然的研究为基础,他们观察自然现象,把万物的发生和变化的"本原"或"始基"归结为物质性的东西,而不归之于神灵,"这类学说的创始者泰勒斯说'水为万物之原'(为此故,他宣称大地是安置在水上的)"⑤。而泰勒斯的弟子阿那克西曼德(Anaximander)则认为,万物的本原是无限。那么,无限是什么意思呢,亚里士多德是这样理解的:"因为无限不能是没有作用的,而且除了作为根源而外它也不能起别的作

---

① [德]黑格尔:《历史哲学》,王造时译,第 11—12 页。
② [英]R. G. 柯林武德:《历史的观念》,何兆武、张文杰译,北京:中国社会科学出版社,1986 年,第 47 页。
③ [古希腊]亚里士多德:《形而上学》,吴寿彭译,第 7 页。
④ [古希腊]亚里士多德:《形而上学》,吴寿彭译,第 7 页。
⑤ [古希腊]亚里士多德:《形而上学》,吴寿彭译,第 7 页。

用。因为任何事物如果不是根源就是由根源产生的。"①因为"无限是神圣的东西,因为神圣的东西是不会灭亡的,如阿拿克西曼德和大多数自然哲学家所说的"②。

但阿那克西曼德的著名弟子阿那克西美尼(Anaximenes),"也同阿那克西曼德一样主张自然界的基质是唯一的、无限的,可是他不同意把它说成不定的,因为他主张这基质是气"③。阿那克西美尼则认为万物的世界是由气构成,其有名的格言是"气的凝聚和稀释造成万物,(1)使物体凝聚和浓缩的是冷,使它稀薄和松弛的是热。(2)我们的灵魂是气,这气使我们结成整体,整个世界也是一样,由气息和气包围着"④。对此,亚里士多德也指出:"阿那克西米(美)尼与第欧根尼论为气先于水,气实万物原始的基体。"⑤

与此同时,在古希腊还存在着另一重要的哲学流派,它就是以萨摩斯人毕达哥拉斯(Pythagoras)为代表的以唯心和神秘宗教为特征的数学哲学派别。亚里士多德说:"在这些哲学家以前及同时,素以数学领先的所谓毕达哥拉斯学派不但促进了数学研究,而且是沉浸在数学之中的,他们认为'数'乃万物之原。在自然诸原理中第一是'数'理,他们见到许多事物的生成与存在,与其归之于火,或土或水,毋宁归之于数。数值之变可以成'道义',可以成'魂魄',可以成'理性',可以成'机会'——相似地,万物皆可以数来说明。他们又见到了音律的变化与比例可由数来计算——因此,他们想到自然间万物似乎莫不可由数范成,数遂为自然间的第一义。"⑥

由上所述,可以看到,早期希腊的哲学无论是泰勒斯所开创的朴素的唯物思想——米利都学派或是数学家毕达哥拉斯所开创的唯心学派,虽有明显的具体不同性,但也都具有明显的相同性。

(1)都强调了世界宇宙的复杂表面现象中存在着一种最基本的元素,并且这种元素的功能和作用就在于把这些众多的现象统一起来。恩格斯对古希腊早期朴素唯物哲学进行了深刻的总结,指出了它"把自然现象的无限多样性的统一看作不言而喻的,并且在某种具有固定形体的东西中,在某种特殊的东西中

---

① [古希腊]亚里士多德:《物理学》,张竹明译,北京:商务印书馆,1982年,第77页。
② [古希腊]亚里士多德:《物理学》,张竹明译,第77页。
③ 北京大学哲学系外国哲学史教研室编译:《西方哲学原著选读》上卷,北京:商务印书馆,1981年,第17页。
④ 北京大学哲学系外国哲学史教研室编译:《西方哲学原著选读》上卷,第18页。
⑤ [古希腊]亚里士多德:《形而上学》,吴寿彭译,第8页。
⑥ [古希腊]亚里士多德:《形而上学》,吴寿彭译,第12—13页。

去寻找这个统一,比如泰勒斯就在水里去寻找"①。

（2）都发现了世界现象存在的矛盾,比如,赫拉克利特所说:"弓的名字是生命,但职能却是死。"②"当他们踏入同一条河流,不同的水接着不同的水从其足上流过。"③"反者必合,极致的和谐来自方向相悖之物,万物皆从争斗出。"④而且都在这种矛盾中努力探求将对立的双方统一起来的途径和方法。对于毕达哥拉斯学派,亚里士多德认为这学派中另有些人说原理有十,分成两系列:

有限　奇　一　右　男　静　直　明　善　正
无限　偶　众　左　女　动　曲　暗　恶　斜⑤

当然,在这一重要学派的内部,也同米利都学派一样,其观点和侧重点有所不同,比如,"阿尔克迈恩似乎也曾有同样的想法,或是他得之于那些人,或是那些人得之于他;总之他们的学说相似,他说人事辄不单行,世道时见双致,例如白与黑,甘与苦,善与恶,大与小。但他的'对成'与毕达哥拉斯学派又稍有不同,他的对成随手可以拈来,不象毕达哥拉斯学派有肯定的数目与内容。从这两学派,我们得知'对成'为事物之原理;至于对成的节目则我们应向各个学派分别请教"⑥。接着,亚里士多德认为:"从这些旧说,我们已可充分认取古人所云'自然为多元素所成'的真义。"⑦

（3）希腊的哲学思维一开始就表现了一个重要的思想倾向,即努力在传统的宗教和神话之外去探讨自然的真实的奥妙,因而具有理性直观的特点。亚里士多德在论述上述的矛盾和对立状况接着指出,尽管不同学派的许多学者都论述了上述的矛盾和对立,"可是这些原理怎样能与我们所述诸因相贯通,则他们并未说明;似乎他们将这些要素归属于物质;照他们所说,凭此类要素为内含成分就可以组合而范造本体"⑧。

不过,随着希腊城邦历史进程的不断深入,其文化和哲学也获得了进一步发展。具体于哲学而言,其哲学的形态和内容也发生了诸多重大变化,这些哲

---

① 中共中央马克思恩格斯列宁斯大林著作编译局:《马克思恩格斯全集》第20卷,第525页。
② [古希腊]赫拉克利特:《赫拉克利特著作残篇》,楚荷中译,桂林:广西师范大学出版社,2007年,第60页。
③ [古希腊]赫拉克利特:《赫拉克利特著作残篇》,楚荷中译,第22页。
④ [古希腊]赫拉克利特:《赫拉克利特著作残篇》,楚荷中译,第18页。
⑤ [古希腊]亚里士多德:《形而上学》,吴寿彭译,第13—14页。
⑥ [古希腊]亚里士多德:《形而上学》,吴寿彭译,第14页。
⑦ [古希腊]亚里士多德:《形而上学》,吴寿彭译,第14页。
⑧ [古希腊]亚里士多德:《形而上学》,吴寿彭译,第14页。

学的重大变化，对以后希腊、再后的罗马哲学和文化的发展产生了极其深远的历史影响。

在公元前 5 世纪初期，从诞生在爱利亚（Elea，南部意大利沿岸的希腊城市）的古希腊哲学家巴门尼德（Parmenides of Elea）——前苏格拉底哲学家中最有代表性的人物之一开始，古希腊的哲学发展进程出现一次重大转型。这主要表现在以下三个方面。

（1）研究方法一改先前"自然（哲）学"强调流变和具有对立统一色彩的思维方法，而把不变性、确定性、无矛盾性当作哲学寻求本原和世界的根本特征。巴门尼德在《论自然》中借女神之口为人们指出了真理之路。"存在者存在，它不可能不存在。这是确信的途径，因为它遵循真理。另一条是：存在者不存在，这个不存在必然存在。走这条路，我告诉你，是什么都学不到的。因为不存在者你是既不能认识（这当然办不到），也不能说出的。"① "所以只剩下一条途径，就是：存在者存在。在这条途径上有许多标志表明，存在者不是产生出来的，也不能消灭，因为它是完全的、不动的、无止境的。它既非过去存在，亦非将来存在，因为它整个在现在，是个连续的一。"② 归根结底，巴门尼德认为："因为能被思维者和能存在者是同一的。必定是，可以言说，可以思议者存在，因为它存在是可能的，而不存在者存在是不可能的。这就是我教你牢记在心的。这就是我吩咐你注意的第一条研究途径。然后你还要注意另一条途径：在那条途径上，那些什么都不明白的凡人们两头彷徨。因为他们的心中不知所措，被摇摆不定的念头支配着，所以象聋子和瞎子一样无所适从。这些不能分辨是非的群氓，居然认为存在者和不存在（者）同一又不同一，一切事物都有正反两个方向。"③

显然，巴门尼德这一思想是对以赫拉克利特为代表的早期希腊直观理性的辩证认识方法的批评，在他看来，前者的认识方法只是说明了事物表面的复杂性和多样性，但对于事物的本质的认识却是似是而非，让人无所适从，从而阻塞了人们认识真理和理性的道路。这样一来，他转而要求人们摆脱对事物表面的对立和复杂多样性的认识，转而对事物进行一个确定的具有本体的认识进程，而要达到这一点，就必须将认识的事物置于静态，以便于人们从中获得根

---

① 北京大学外国哲学史教研室编译：《西方哲学原著选读》上卷，第 31 页。
② 北京大学外国哲学史教研室编译：《西方哲学原著选读》上卷，第 32 页。
③ 北京大学外国哲学史教研室编译：《西方哲学原著选读》上卷，第 31—32 页。

本的理性认识，从而使人们的认识真正成为可能。显然，巴门尼德哲学思想转变的实质是，希腊思想从生动感性自然的水平向着严格确定的理性逻辑水平方面实现了一个重要的突变。它的意义在于确立了一种前所未有的求真的思维方法，并规定了希腊哲学发展的方向。巴门尼德提出了对本体的研究，进而成为后来哲学研究的基本范畴。希腊人的求真理性和智慧，就集中体现在对这一本体的穷根究底的理解、探求和分析研究上，并创造了一整套确切严密的方法和科学研究的能力：首先研究分析一切事物的真正依据，即希腊人称之为原因，它是该事物之真，而最终的原因就叫本原；然后依据事物的真相，即对象本身和它的原因，来审查、讨论、分辨、判断各种意见（命题）的理由（对原因的陈述）以辨别真假，排除各种虚假和表面现象的干扰，最终达到无矛盾、无对立的认识境界，而这一境界也就是达到了对事物本原的理解和认识。这就是让-皮埃尔·韦尔南（Jean-Pierre Vernant）所指出的"希腊理性不是在人与物的关系中形成的，而是在人与人的关系中形成的，它的发展不是得力于那些对世界发生作用的技术，而是得力于那些对他人发生作用的技术，这些技术的共同手段就是语言，它是政治家、修辞家和教师的艺术。希腊理性是这样一种理性，它以实证的、反思的、系统的方式影响人，而不是改造自然。"[1]需要说明的是，对于其后的罗马而言，它的突出成就表现在军事、建筑和法学等方面，但在思想领域，古希腊的伟大创造对他们产生了重大的影响。

（2）哲学研究的对象由早期主要研究自然转到重点研究人的社会道德，即由"知物"而转向"识人"，并且认为伦理生活问题是哲学的最重要的课题。如普罗泰戈拉斯（Protagoras）的名言："人是万物的尺度，存在时万物存在，不存在时万物不存在。"[2]甚至，普罗泰戈拉斯还有在当时使人们感到震惊的言论："关于神，我们是不知道的。既不知道他们是否存在，也不知道他们具有什么样的形状。有许多东西阻碍着我们的认识，如问题的晦涩及人生的短促等。"[3]据第欧根尼所说，就是由于普罗泰戈拉斯在演讲中的这段开场白，他被雅典驱逐出境，因为雅典是一个宗教社会，他的著作也被放在广场上烧毁了，以惩罚他对神灵的不敬罪。但与众不同的是，著名的苏格拉底却对普罗泰戈拉斯大加赞

---

[1] [法]让-皮埃尔·韦尔南：《希腊思想的起源》，秦海鹰译，北京：生活·读书·新知三联书店，1996年，第119页。
[2] 苗力田主编：《古希腊哲学》，第183页。
[3] 苗力田主编：《古希腊哲学》，第186页。

赏，认为他是一个非常聪明的人。在苏格拉底看来，普罗泰戈拉斯等哲人心目中，"万物都是运动变化和彼此混合所产生的；这个变化，我们把它不正确地称为存在，其实是变化，因为没有什么永远常存的东西，一切事物都在变化中"①。事实上，在古希腊哲学发展史中，苏格拉底和普罗泰戈拉斯一向被视为希腊哲学的转向路标，这种路标的意义最集中地表现在，"他们二人把人的存在提到了第一位，这就明显降低了甚至排除了神对人的统治，这是古代所能达到的最高的人道主义"②。从西方古代哲学的发展进程来看，朱本源先生的这一评价是恰如其分的。

（3）由巴门尼德所开启的古希腊哲学这一转变的成果在苏格拉底身上表现得非常突出。

其一，苏格拉底所关心的是人事，而不是自然界的奥秘。苏格拉底的弟子色诺芬在《回忆苏格拉底》时曾这样说："他并不像其他大多数哲学家那样，辩论事物的本性，推想智者们所称的宇宙是怎样产生的，天上所有的物体是通过什么必然规律而形成的。相反，他总是力图证明那些宁愿思考这类题目的人是愚妄的。首先，他常问他们，是不是因为他们以为自己对于人类事务已经知道得足够了，因而就进一步研究这一类的题目，还是因为尽管他们完全忽略了人类事务而研究天上的事情，他们还以为自己做得很合适。"③ "至于说到他本人，他时常就一些关于人类的问题作一些辩论，考究什么事是敬虔的，什么事是不敬虔的；什么是适当的，什么是不适当的；什么是正义的，什么是非正义的；什么是精神健全的，什么是精神不健全的；什么是坚忍，什么是懦怯；什么是国家，什么是政治家的风度；什么是统治人民的政府，以及善于统治人民的人应当具有什么品格；还有一些别的问题，他认为凡精通这些问题的人就是有价值配受尊重的人，至于那些不懂这些问题的人，可以正当地把他们看为并不比奴隶强多少。"④ 色诺芬在此对苏格拉底的回忆，清晰地表明了苏格拉底哲学思想的人文倾向性，而不是他之前希腊哲学的自然主义倾向性。

其二，苏格拉底的主要贡献是定义和归纳。亚里士多德是这样论述苏格拉底的学术成就的："当时苏格拉底专心于伦理道德的析辩，他最先提出了有关伦

---

① 北京大学外国哲学史教研室编译：《西方哲学原著选读》上卷，第56页。
② 朱本源：《历史学理论与方法》，第209页。
③ ［古希腊］色诺芬：《回忆苏格拉底》，吴永泉译，北京：商务印书馆，1984年，第4页。
④ ［古希腊］色诺芬：《回忆苏格拉底》，吴永泉译，第5页。

理诸品德的普遍定义问题。早先的自然学家德谟克利特只在物理学上为热与冷作了些浮（肤）浅的界说，于定义问题仅偶有所接触；至于毕达哥拉斯学派在以前研究过少数事物——例如机会，道德或婚姻——的定义，他们尽将这些事物连结于数。"①在亚里士多德看来，"两件大事尽可归之于苏格拉底——归纳思辨与普遍定义，两者均有关一切学术的基础。但苏格拉底并没有使普遍性或定义与事物相分离，可是他们……却予以分离而使之独立，这个就是他们所称为意式的一类事物"②。亚里士多德在此指出了古希腊治学的基础有两个，一个是归纳思辨，简称归纳；一个是普遍定义，也就是演绎。而苏格拉底的学术特点，则是努力将归纳与演绎两者相结合起来，从而与当时及其后希腊学界的治学方法有着明显的不同。在亚里士多德看来，苏格拉底时代的其他学者的治学之途一般为二者，一些人，是"凭大略相同的论点，这当然会引致这样的结论，一切普遍地讲述的事物都得有意式，这几乎好像一个人要点数事物，觉得事物还少，不好点数，他就故使事物增加，然后再来点数"③。另一些人，则是相反，即运用"通式"这一演绎的思想方法，"通式实际已多于个别可感觉事物，但在寻取事物的原因时，他们却越出事物而进向通式上追求。对于某一事物必须另有一个脱离本体的同名实是……不管这些'多'是现世的或超现世事物"④。显然，亚里士多德在此已经认识到两种认识方式的客观性，并在此基础上，也在一定程度揭示出两种认识方式相联系的必然性和合理性。

其三，苏格拉底试图将自然和人文两者统一起来，当然，是将自然统一于人文的基础之上。苏格拉底能够这样思考的原因在于他已经发现了辩证法的重要认识价值，开始运用这一方法来思考认识的对象，同时，他也注意克服辩证法本身的一些相对主义的思想倾向，即他在承认一切事物具有相反相对的一面同时，还注意运用这一方法去探讨相反相成事物的本质和本原之所在，并且努力将两者统一于人自身的智慧之中，而不是人的智慧之外。苏格拉底著名的格言"知识就是美德"，就是其思想具体体现。由此，为古希腊传统的形而上学注入了强劲的人事的理论和内容，极大地丰富了古希腊的哲学，并大大影响了古希腊哲学的发展趋向。

---

① ［古希腊］亚里士多德：《形而上学》，吴寿彭译，第266页。
② ［古希腊］亚里士多德：《形而上学》，吴寿彭译，第266—267页。
③ ［古希腊］亚里士多德：《形而上学》，吴寿彭译，第267页。
④ ［古希腊］亚里士多德：《形而上学》，吴寿彭译，第267页。

苏格拉底在以伦理道德问题为中心研究哲学时，从不给人一个现成的结论，而是通过平等的生动的对话，让对方根据事实和理性自己否定其原有的错误和有局限性的观念，"自知其无知"，从而开启了让人重新开始观察、思考、检查、追寻真正的善的道路。借用苏格拉底的话就是"认识你自己吧！"从而努力将自然与人事，知识和实践结合起来。当然，是将这一切都结合人们自身的生活实践中，结合于人自身的心灵和智慧之中。正如柏拉图回忆苏格拉底时所叙述的："我既然在研究真正的存在方面失败了……所以我想不如求助于心灵，在那里去寻求存在的真理。我这个比方也许不太确切，因为我的意思决不是说，通过思想媒介来研究存在的人只从影子看存在，会比从实际作用看存在的人看得更清楚。可是我所采用的就是那种方法。我首先看准一种我认为最强的道理，不管是原因方面的，还是别的方面的，然后肯定：凡是我觉得合乎这个道理的，我就把它看成真的，凡是不合的，就把它看成不是真的。"①显然，苏格拉底将知识判断的终极真理标准由人们难以理解的自然物，转而诉诸人们主观世界的观念和共相，强调了人们在认识事物过程中的主观能动性，彰显了人的认识，即哲学的人文色彩，而且还试图在不抛弃自然哲学的基础上将自然哲学和人事统一起来。

当然，苏格拉底的学术思想的特点、学术意图，以及之所以能够这样做的重要学术原因，乃在于苏格拉底所运用的学术研究方法——辩证法。对此，亚里士多德是心知肚明的，因为，亚里士多德对辩证法也进行了许多研究，比如，他就探讨了辩证法所包含的基本方式。但在苏格拉底时代，辩证法对于雅典人来讲，与理性的形而上学的思维方式是尖锐对立的，其思想观念与异端邪说相差无几，其实，也正是这一点造成了后来苏格拉底个人悲剧性命运的重要原因。亚里士多德在总结苏格拉底后来的悲剧命运时将其与苏格拉底所处的时代联系起来，并与苏格拉底时代的雅典学术发展状况联系起来。由此，苏格拉底最后的人生结局，亚里士多德是这样说的："这是自然的，苏格拉底竭诚于综合辩证，他以'这是什么'为一切论理……的起点，进而探求事物之怎是；因为直到这时期，人们还没有具备这样的对勘能力，可不必凭依本体知识而揣测诸对反，并研询诸对反之是否属于同一学术"②。

这样看来，苏格拉底所提出"知识即美德"的这一伦理学命题，在西方哲

---

① 北京大学外国哲学史教研室编译：《西方哲学原著选读》上卷，第64—65页。
② ［古希腊］亚里士多德：《形而上学》，吴寿彭译，第266页。

学史上确实具有重要的意义。因为这一命题中，苏格拉底不仅强调了求真在求善过程中的重要作用，而且还试图开辟一条将两者联系起来的桥梁，将真与善结合起来，从而揭示了其后西方哲学发展的道路和终极目标。卡西尔是这样概括苏格拉底的思想："人是一个对理性问题能给予理性回答的存在物。人的知识和道德都包含在这种循环的问答活动中。正是依靠这种基本的能力——对自己和他人作出回答（response）的能力，人成为一个'有责任的'（responsible）存在物，成为一个道德主体。"①但是，如上所述，由于时代的局限，苏格拉底所试图作出的回答并不完善，无法真正克服两者之间所存在的矛盾。正如亚里士多德所正确指出的："苏格拉底并没有使普遍性或定义与事物相分离，可是他们……却予以分离而使之独立，这个就是他们所称为意式的一类事物。"②也就是说，苏格拉底的突出特点在于强调了事物的本质与事物现象相联系，但如何说明这种联系，这种联系的依据到底是什么？如果说是人的心智，但问题又出现了，因为心智有其明显的不确定性和变化性，因此，将两者统一起来的意图并没有真正实现。其后，由苏格拉底所提出的、其自身已经进行了一些重要探索的这一哲学难题成为苏格拉底学生们和其后古希腊学界探讨的重要课题，而在对这一哲学难题继续研讨的过程中，似乎和苏格拉底原先的期望和研究路径相反，并不是致力于将两者统一起来，而是沿着理性主义的思维发展逻辑，不断丰富和发展苏格拉底哲学思想中的不同内容，并逐渐分化为自然主义和伦理主义两大哲学派别。

对于亚里士多德而言，他在柏拉图的"理念"基础上，所发展的主要是苏格拉底学说中的求真方面，即主要在知识、逻辑即思辨的理性领域。在亚里士多德时期，随着希腊社会历史已经发生了许多重大的变化，社会生活内容也已经渐趋多元化，且由于人们对理性的认识较之于前已有了更为丰富和深入的理解，过去的单纯的局限于思维的理性已经不能适应社会历史进程的发展需要了，于是，亚里士多德对理性的内容加以新的理解。在他看来，理性应该分为两种，一为"理论的理性"，一为"实践的理性"③，前者要求认识论与事实相符合，从而做出真假的判断，以求真；后者则要求行为与正确的愿望一致，做出善与恶的判断而求善。但两者的关系如何呢？亚里士多德认为，理论理性是

---

① ［德］恩斯特·卡西尔：《人论》，甘阳译，上海：上海译文出版社，2004年，第9页。
② ［古希腊］亚里士多德：《形而上学》，吴寿彭译，第267页。
③ ［古希腊］亚里士多德：《政治学》，吴寿彭译，第388页。

优越于实践理性的，因为理论理性的指向为具有本源性质的"智慧"，而善的实现最终是需要智慧加以认识和把握的。在此基础上，亚里士多德对苏格拉底和柏拉图的伦理思想进行了批评：苏格拉底"他把德性当作知识，其实这是不可能的"，柏拉图"他也出了差错。因为他把德性和善混在一起论述了；这是不正确的，因为不恰当。在说明有关存在和真理的问题时，不应该涉及德性；既然二者无任何共同点"[①]。

显然，亚里士多德在古希腊哲学方面已经做出了自己的贡献，他看到了苏格拉底时期对理性认识和理解的局限，努力充实并扩展理性的内容，由此他提出了实践理性的这一概念，理性被分为两大部分：一方面是理论理性，另一方面则是实践理性。亚里士多德试图以此来克服苏格拉底哲学中所存在的矛盾，但事实上，遗憾的是，他和苏格拉底一样，仍然无法从理论上克服两者之间的矛盾，在经过摇摆之后，最终他将实践理性置于理论理性之下。显然，古希腊哲学中的长期的自然主义和人文主义的对立并没有解决，只是在一种更为精致的哲学理论体系中继续进行。

亚里士多德的崇尚理论理性的思想观念自然受到了犬儒学派及后来的斯多葛派的（如爱克比泰德）强烈批判，形成一个同亚里士多德相对立的实践哲学派别，这是一个以苏格拉底的"认识自己"为自身突出特点的重要哲学流派。这一学派在希腊化和整个罗马时期对苏格拉底的哲学和伦理实践理性深入思考，将注意力特别集中于伦理问题，重点探讨什么是善？什么是人生的目的和意义？概言之，斯多葛派伦理学的要义为二：其一，为"顺自然之性而生活"，即把道德看为顺乎理性的生活，当然这一观念并非斯多葛学派所独创，柏拉图和亚里士多德也有这样的观点，但斯多葛派不像亚里士多德那样承认感情欲望在人自身中的某种地位，只是把情感、欲望看作是和理性根本冲突的对立物，并且，斯多葛派认为道德既然是建立在理性之上，换言之就是建立在知识之上，按逻辑言，科学、物理学和逻辑学自然就应该成为道德的基础。因此，在斯多葛派看来，智慧是最高的德，智人和善人是同意义的，人若有智慧则必然兼有一切美德，无智慧则必然一无所有，同样，世界只能分为善和恶两种人，善则全善，恶则全恶。这样看来，斯多葛派的伦理理性观念与亚里士多德的理论理性是根基的观念正好相反。这种相反性表现为，在斯多葛派看来，道德或

[①] [古希腊]亚里士多德：《大伦理学》第1卷，徐开来译，苗力田主编：《亚里士多德全集》第8卷，北京：中国人民大学出版社，1994年，第242页。这类批评还有多处可见。

实践理性若与理论理性相较的话，道德理性是最为重要的，不应该是实践理性必然依附于理论理性，而应该是理论理性必须依附于道德理性、实践理性。其二，斯多葛派发展出了一个重要的伦理观念，这就是世界主义的观念。在斯多葛派看来，宇宙是统一的完整体系，被一个理性定律所支配，虽然人们所处的环境并不相同，但却分享理性，因而便同属于一族，而应该成为一个国家。"人类之分成许多敌对的国度，实是全不合理，荒谬之极。智人决非这一国或那一国的国民，他是世界的公民。"① R. G. 柯林武德指出："把整个世界作为一个单一的历史单位的观念乃是典型的斯多噶派的观念，而斯多噶主义则是希腊化时期的典型产物，它是创造了普世历史观念的希腊主义。"② J. W. 汤普森也认为，形成普世史学的"部分原因是罗马的'世界霸权'，另一部分原因是斯多噶派哲学家'四海之内皆兄弟也'这个概念"③。

古希腊的理性主义世界观和方法论对希腊罗马的历史观产生了重要而直接的影响，而实质主义和形而上学的方法论则是这一历史观的突出特征。不言而喻，希腊也有其发达的辩证的智慧和哲学，如赫拉克利特的"活火说"到德谟克利特的"原子论"。但其作用却落实在逻辑学，而在历史学的领域内总的思想是一种形而上学的理论范畴。恩格斯在《反杜林论》中指出："古希腊的哲学家都是天生的自发的辩证论者，他们中最博学的人物亚里士多德就已经研究了辩证思维的最主要的形式。"④比如亚里士多德的《范畴篇》中，就集中论述了多种认识的方法和范畴，比如，思想范畴的八种对象，也已经初步论述了事物之中的绝对性和相对性的特性及其关系，还论述认识进程中所存在的普遍性和特殊性的关系。亚里士多德在《范畴篇》中指出："一种善的相反者是一种恶，这一点是能用归纳法证明的：健康的相反者是疾病，勇敢的相反者怯懦，依此类推。但是一种恶的相反者有时是一种善，有时是一种恶。例如，不足乃是一种恶，它有过度作为它的相反者，而过度也是一种恶；持中是一种善，它却同样地是两者的相反者。不过，只有在很少的场合，我们才看到这样的例子，在最大多数场合，一种恶的相反者乃是一种善。"⑤显然，这种论述和思维充满了辩证法的智慧，而和传统的古希腊的理性主义思想有着明显的不同。托波尔斯基

---

① [英] 斯塔斯：《批评的希腊哲学史》，庆泽彭译，上海：华东师范大学出版社，2006年，第279页。
② [英] R. G. 柯林武德：《历史的观念》，何兆武、张文杰译，第37页。
③ [美] J. W. 汤普森：《历史著作史》上卷第1分册，谢德风译，北京：商务印书馆，1996年，第151页。
④ 中共中央马克思恩格斯列宁斯大林著作编译局：《马克思恩格斯选集》第3卷，第358页。
⑤ [古希腊] 亚里士多德：《范畴篇 解释篇》，方书春译，北京：商务印书馆，1959年，第45页。

也因此而指出:"古代哲学中,很明显地表现出了变化和运动这样的概念,譬如在亚里士多德的著作中",但却让人们感到意外的是,亚里士多德所论述的辩证法观念"却几乎一直没有渗入到历史编纂学中去"①,表现在历史领域中,却是形而上学的观念。

实际上,亚里士多德有很多反历史的议论,如他以"目的"来解释世界的必然性,认为每一物体都有自己的目的,变化不过是迈向这些目的实现阶段和工具,其本身并无真实意义。对此观念,如 R. G. 柯林武德所指出的:"他们十分肯定,能够成为真正的知识的对象的任何事物都必须是永恒的;因为它必须具有它自己某些确切的特征,因此它本身之内就不能包含有使它自己消失的种子。如果它是可以认识的,它就必须是确定的;而如果它是确定的,它就必须是如此之完全而截然地是它自己,以致于没有任何内部的变化或外部的势力能够使得它变成另外的某种东西。"② R. G. 柯林武德还举出柏拉图对于"真知"与"意见"的区分作为自己的论据。在柏拉图的理念知识体系中,所谓的"知识"的对象是由先验的理性对于不变的实质——"理念",即"共相的实体化"的真知实见,从而具有永恒性和不变性。对此,柯林武德指出:"真正的知识不仅是此时此地而且在任何地方都永远是有效的,而且它根据可以证明的推理并且可能通过辩证批评的武器来找出错误和扬弃错误。"③而"意见"则是对应于变动不居的现象的感性认识而已,它只具有瞬间性,不具有任何真实性,由于人们对这种瞬息万变的事物的瞬间感觉不可能由发达的形式逻辑来证明来认识,所以"意见"只能处于柏拉图所规定的"比知识阴暗,比无知明朗"④的尴尬的中间状态,而不可能是科学的对象或基础。正因为如此,R. G. 柯林武德认为希腊罗马史学的思想方法是"实质主义"的。

所谓"实质主义",根据 R. G. 柯林武德的观点,它是建立在一种形而上学体系的基础之上,其根本点在于"它蕴含着一种知识论,即只有不变的东西才是可知的"。因而对于希腊罗马而言:"历史学是关于人类活动的一门科学:历史学家摆在自己面前的是人类在过去所做过的事,而这些都属于一个变化着的世界——在这个世界之中事物不断地出现和消逝。这类事情,按照通行的希腊

---

① [波] 托波尔斯基:《历史学方法论》,张家哲等译,第69页。
② [英] R. G. 柯林武德:《历史的观念》,何兆武、张文杰译,第22—23页。
③ [英] R. G. 柯林武德:《历史的观念》,何兆武、张文杰译,第23页。
④ [古希腊] 柏拉图:《理想国》,郭斌和、张竹明译,北京:商务印书馆,1986年,第223页。

形而上学观点，应该是不能认识的，所以历史学就应该是不可能的。"所以 R. G. 柯林武德认为实质主义的认识论表现了"希腊思想的反历史倾向"①。而这种反历史主义思想方法的必然结果，就是希腊罗马的史学长期必须依附于哲学而无法独立存在。因而对于希腊的哲学家来说："历史似乎是植根于一个野心与情感的无常世界，而哲学的目的是要把人类从中解放出来。"②

在"实质主义"历史思想的指导下，古希腊史学编纂方法的特点是努力用自己的思想对前人的历史进行反思，历史研究是以历史学家的时代思想去反思古代历史的结果，思想观念决定历史进程。具体于历史研究的过程而言，历史学家是按照自己的思想去寻找与他的目的有关的历史资料，并以自己的目的作为取舍资料的唯一标准，用黑格尔的话来说就是古典时代的历史学家"用了他自己的精神来从事这种整理工作，他这一种精神和材料内容的精神不同"③。黑格尔举例说，罗马的历史学家李维是以自己的精神写以往古代历史，给人们叙述历次战役，仿佛他当真在场旁观。可是他这些对战场的历史叙述其实可以适用于任何时期的战役，并没有也无法勾勒出真实发生的历史特性；而为了克服这一弱点，在黑格尔看来，古典时代的历史学家只能采取这样一种历史叙述的方法：即"著史的人必须真正地放弃对于事实的个别描写，他必须用抽象的观念来缩短他的叙述。这不但要删除多数事变和行为，而且还要由'思想'来概括一切，借收言简意赅的效果"④。正因为如此，R. G. 柯林武德称这一方法为"剪刀加糨糊"的史学编纂方法。在 R. G. 柯林武德看来，这是晚期希腊—罗马世界所运用的唯一的历史学方法，这种建立在实质主义的古典"历史学不能解释一个行动者是怎样产生的或经历过任何性质上的变化；因为行动者既是一种实质，就永远不可能产生也永远不可能经历任何性质上的变化，这是形而上学的公理"⑤。由此可见，古典时代的史学缺乏独立性，必须依附于哲学而存在。

不言而喻，我们对西方古典时代的历史观念的评价是借助于 R. G. 柯林武德的观念来加以论述的。当然，作为西方现代历史学理论家，R. G. 柯林武德更多的是通过现代西方的历史观念来分析和理解古典时代的历史观念，其认识和观念自然有着明显的时代性，当然，这也不奇怪，R. G. 柯林武德有其著名的历史

---

① [英] R. G. 柯林武德：《历史的观念》，何兆武、张文杰译，第 22 页。
② [英] F. I. 芬利主编：《希腊的遗产》，张强等译，上海：上海人民出版社，2004 年，第 182 页。
③ [德] 黑格尔：《历史哲学》，王造时译，第 4 页。
④ [德] 黑格尔：《历史哲学》，王造时译，第 5 页。
⑤ [英] R. G. 柯林武德：《历史的观念》，何兆武、张文杰译，第 49 页。

名言，即所谓"一切历史都是思想史"，强调了人们的思想是历史进程的重要内容，而且这一内容又对历史进程以极其重要的影响。因此，他的思想对于批判和克服兰克史学的实证主义史学倾向是有着重要的积极作用，但也存在夸大了人们的思想观念对历史进程作用的弊端，因而对于 R. G. 柯林武德的观念必须加以科学、全面的分析。这样看来，R. G. 柯林武德对于古典时代西方史的看法也未必完全正确，其中一些重要观点还需要进一步探讨，比如，他用"实质主义"这一概念来概括复杂多样的古典时代的历史观念是否合理，是否正确，这其实在学界也有着不同的意见。尽管如此，R. G. 柯林武德对古典时代历史学的核心观念是建立在他对古典史学长期研究的基础上，虽不能说观点完全准确全面，但其观点对于促进我们进一步正确认识古典时代的历史观念的特点和作用方面还是有着重要的启发作用。正是基于这一认识，我们认为，R. G. 柯林武德对古典时代史学的基本特点用"实质主义"来加以概括还是有着积极的学术意义。

如上所述，希腊罗马传统的理性主义世界观与其"实质主义"历史观的产生和作用二者之间存在着一个紧密的相互影响的逻辑关联，特别要强调的是理性主义世界观深深地影响了其实质主义的历史观的产生。现在我们将进一步探讨在古典时代普遍流行的世界观和历史观其对普鲁塔克的世界观和传记历史思想产生了哪些重要的影响，并进而成为其传记史学观念的基础。

普鲁塔克的世界观的思想主要来源于柏拉图"理念至上"和"哲人治国"等理论，兼取亚里士多德、斯多葛派以至毕达哥拉斯各家之说。在对当时罗马帝国境内的各家学说加以综合、兼收并蓄的基础上，形成了自己的以宿命观为特色的世界思想体系。

其一，从哲学观点看，普鲁塔克是一个以柏拉图学说为基础的折中主义者，在其《道德论丛》中，普鲁塔克对当时罗马境内的各种哲学的基本教义都有所评述。在《柏拉图式问题》《论提米乌斯著作中灵魂的创造》中，他不仅阐明了他对柏拉图灵魂不灭说的体会，并对柏拉图的思想试图加以深入思考，并提出了许多看似离奇、烦琐但又值得深思的问题，比如，普鲁塔克提出的"柏拉图说上帝用得上几何学，是何意义？""秋天的梦何以最不真实？""先有鸡，还是先有蛋？"等等。他既反对以伊壁鸠鲁（Epicurus）为代表的希腊罗马的唯物主义思想，如在《追随伊壁鸠鲁教义不可能快乐地生活》《反科罗提斯》等文章中，他猛烈抨击伊壁鸠鲁派关于人生主要目的在于寻求快乐的观点，当然对于伊壁鸠鲁的快乐观，反对者往往有意或无意曲解为放荡或只追求人的外在欲望的满足等,对此,伦理主义者普鲁塔克难免受到这一看法的影响,因而对伊壁鸠鲁的具有唯物主义思想的快乐观进行猛烈的批判。同时,尽管他毕生服膺该学派关于幸福来自德行,承认德行的内在价值在于遵守宇宙法则的根本教义,但他也对斯多葛主义的一些观点不以为然,认为斯多葛派的某些主张缺乏生活的真实性和人生勇气,由此,他也写了多篇文章批评斯多葛派关于泛爱人类或动物无理智等论点。①

当然,普鲁塔克批评两者的原因,在于他认为斯多葛学派和伊壁鸠鲁学派包涵一些消极遁世的思想观点。虽然普鲁塔克属于高远思辨的柏拉图哲学学派一员,本人又积极参加宗教祭祀,比如,普鲁塔克晚年一直担任德尔菲神庙祭司,但是他并没有因此抛弃真实的人性元素而"出世"。从他的内心深处,他对昔日创造光辉灿烂文化的希腊已经作为罗马帝国一部分的这一严峻现实是乐于接受的,并致力于希腊与罗马文化的合流与交融,但这并不意味着普鲁塔克会毫无保留地接受罗马文化而无视希腊文化的传统价值及其在罗马帝国社会发展进程中所具有的重要作用。而是相反,他认为,在罗马帝国一统的历史环境下,罗马的统治者应该重视希腊文化和文明的作用,而不是弱化和淡化希腊人和希腊的文化,甚至放任希腊的衰败和希腊人精神的萎靡不振。在他看来,古希腊的文明和文化应该、也能够在罗马帝国的社会历史进程中发挥更为积极的建设性作用。对此,J. W. 汤普森是这样评价普鲁塔克的:"他钦佩罗马文明和帝国的政治团结,但他爱的是他的故国,他对罗马漠然置之的种种影响却很敏感。"②正因为此,普鲁塔克多次对斯多葛学派和伊壁鸠鲁学派试图从政治中抽身退出、而不敢面对现实问题的懦弱行为——"鸵鸟心态"提出批评,认为这会破坏他所推崇的人类的共同体理想,其实质也就是直接破坏了希腊与罗马的团结。由此普鲁塔克反复地强调:政治是人类生活中极为重要、极为关键的事业。对社会公共生活参与及其所拥有的快乐,这是"最高尚的和最伟大的。我们甚至可以合理地推想,诸神从中获得他们唯一的或主要的乐趣。这些是发自善良行为和高贵活动的快乐"③。

普鲁塔克虽然认为应该积极投身于社会政治生活中,但他还认为,人生的

---

① 这些争论散见于普鲁塔克的许多文章中,主要集中在《道德论丛》第 13 卷下的几篇文章中。如《论斯多亚派的自相矛盾》《斯多亚派的荒谬多于诗人》《对斯多亚派一般观念的批判》。
② [美] J. W. 汤普森:《历史著作史》上卷第 1 分册,谢德风译,第 159 页。
③ Tim Duff, *Plutarch's Lives: Exploring Virtue and Vice*, Oxford: Oxford University Press, 1999, p.4.

一切活动最终应当受理性的节制，取中庸之道，他既颂扬罗马主神朱庇特的无上权威，也赞扬希腊阿波罗的智慧，取诸神之长而合称为神性，提倡以仁爱待人，修身克己，崇尚朴素谦和，不慕荣华为美德，而摒除贪婪残忍、奢侈过激、野心过盛、放纵情欲等恶行。在关于神谕的两篇论文中，他尊崇神性，信奉天意，他深信生命之无常与灵魂之不朽。因此，在普鲁塔克的晚年，他又热衷于神秘主义的一些活动，据说曾参加膜拜酒神狄奥尼索斯的秘密会社，提倡灵魂转移和生命轮回的秘教学说。

其二，在普鲁塔克的思想体系中，其所信奉的理念已开始走向神灵。在柏拉图主义的思想体系中，所谓"理念"，在一定意义上说，就是"典范"，是万物企图模仿、分有、追求的典范。最高的理念就是所谓的"神"，"与神相似"这是柏拉图主义的道德口号。显然，在古希腊传统的理性主义的哲学思考中，尽管对人的探讨，尽管其哲学的人文特色非常鲜明，但这并不意味其已经堵塞了与神灵相交的通道，事实上，通向神灵的大门一直都是打开的。正是在这一思想的基础上，普鲁塔克的理念思想开始向宗教神灵迈进。而这一过程的途径就是他将理念存在物分为逐渐向神灵迈进的不同等级。具体而言，他将理性分为四种等级：人—英雄—精灵—神。值得注意的是，在神与人二者的等级之间，普鲁塔克认为有一种中间状态的存在，这一中间状态他时而称之为"精灵"，时而称之为"魔障"，或"亚神"。在普鲁塔克看来，优秀人的灵魂可以上升为英雄，再从英雄上升为精灵，再经过更漫长的灵魂纯化修炼可以分享完全的神性，从而达到神的境界。但是，那些不节制自己、屈服于诱惑的灵魂则会重新沦为肉体凡胎，过一种暗淡无光的悲惨生活。[①]

显然，在普鲁塔克那里，人与神之间的鸿沟正在被置于其中的两个环节而彻底填平，从人上升为神灵的道路更为通畅，也更具有可能性。普鲁塔克说："如柏拉图所说，神把自己作为最好的模型提供给所有事物模仿，因而神也是人类德性的典范；神以德性同化人，德性使所有愿意追随神的人能够接近神。宇宙一开始是处于混沌状态的，正是由于它模仿神的样式，分有神的形式，所以才开始了世界的起源。我们的灵魂的眼睛被神照亮以后，才看到了天上的美妙神奇，才开始接受、珍视上天的秩序，并厌恶自身的无序和非理性，避免无目的性和偶然性，这就是要弃恶从善了；因为对人而言，最大的福音莫过于摹仿

---

① Plutarch，*Moralia*，p.379.

神的德性、立志向善了。"①这就是说,"世上的人如果一生树德行善,根除邪恶,死后就会上升为精灵,犹如他心目中的'护法神'苏格拉底先师一样。之后如继续发扬其美德,则将升天变成真神;如因作恶而失去光洁,则将堕入红尘,轮回转世"②。当然,到了精灵这境界,并不意味着必然将进一步成为神,其实也存在着一些变化的因素,阻塞了精灵进一步上升的道路,而无法进步成为神。因为从普鲁塔克的伦理观念出发,由人向神的每一个阶梯的上升,所伴随的必然是个人心性和业绩的不断进步,这当然是一个长期的修身养性、不断进取的过程,其间若由于种种原因影响了自己的心性和业绩的话,自然就无法向上而进入更高的等级了,即使到了精灵这一等级,如果出现了一些违反人性等方面的缺点或罪恶的话,也只能与成为神的目标失之交臂了。因为精灵也有善恶之分,强弱之别,因而神谕也有时显验,有时失灵。③表现在《名人传》中,成就伟大或立功建业如梭伦(Solon)、卡米卢斯(Camillus),或功败垂成如尼基亚斯(Nicias)、克拉苏(Crassus),莫不与神谕有关,也无不显示精灵或魔障的无边法力。

显然,在普鲁塔克的思想中,世界的根本性乃在于其所存在的神性,人世的一切所作所为归根到底并非人们自主自足的人的活动,而只是神灵所操控的表现方式。这是普鲁塔克唯心史观宿命论的核心,其中含有很大的迷信成分,但也显示了他在评价历史人物时善恶因果报应的伦理思想。

在这里,如果将普鲁塔克的世界观同历史学家波里比阿的思想相比较的话,明显地可以看出两者所具有的不同点。在波里比阿那里,人类社会所发生的事情都是有其原因的,而历史学家的使命就是努力对其发生的原因加以深入探究。但由于有些历史现象的原因十分复杂,而一时人们又难以得到有效的解释,在此背景下,波里比阿认为将命运引入历史研究体系中,也不失为一个解决问题的办法,因为对那些历史现象发生的原因的探索"是不可能的或困难的,这样我们归之于神或命运使然,以摆脱困难,或许是合理的"。④如波里比阿所说的:"命运完全可以用一种出乎意料的行为冲击人们合理的愿望。"⑤"这

---

① Plutarch, *Moralia*, p.195.
② [古罗马]普鲁塔克:《希腊罗马名人传》上册中译本序,陆永庭等译,北京:商务印书馆,1990年,第7页。
③ 参看普鲁塔克《道德论丛》之《苏格拉底守护神》《论阿波罗神谕》《论神灵的失灵》等篇。
④ F. W. Walbank, *A Historical Commentary on Polybius*, Oxford: Clarendon Press, 1957, Vol.1, p.16.
⑤ F. W. Walbank, *A Historical Commentary on Polybius*, Vol.1, p.16.

就是说，波里比阿把历史事件归于神或命运使然，是从人事上作出解释感到困难时所为。"①用 J. W. 汤普森的说法就是："在波里比阿，这种解释只是一种例外，只是在最后无法进行分析时的一手段。"②但明确地强调"这种作用的功能是严格受限制的"③，也就是说，是限制在为人们所利用的范围之内。但在普鲁塔克那里，他并没有从波里比阿所表现的人们利用命运的基础上前进，其历史观反而明显后退，这主要表现在，他努力使人们难以掌握的命运真正成为人类历史的主宰，由此，命运也进一步走向了人格神。因此，在普鲁塔克这里，可以比较清楚地看到理性与神灵怎样开始融合的。从某种意义上可以说，普鲁塔克的道德理性思想是从命运走向人格神灵的重要的中间环节，换言之，是从希腊罗马的理性史学走向基督史学的过渡环节。

当然，虽然普鲁塔克的世界观在《道德论丛》中表现出理性同神性走向统一的特点，但普鲁塔克毕竟是普鲁塔克，其还具有突出的个性，即他不愿看到希腊在罗马帝国内处于庸碌无为而被漠然置之的窘境，他努力使希腊在罗马帝国的社会历史进程中发挥重要作用，建功立业。因此，他并没有像通常的希腊哲学家，特别是斯多葛派哲学家所常常做的那样贬低人世间的功业、命运遭际的价值，而是十分看重"成功"，看重求胜意志，他对人们在追求政治"事业"中的种种得失还是那么地看重，那么地期盼，他为英雄的业绩一唱三叹，为他们的悲剧命运感慨不已。他对于人性中的种种脾气、爱好、优秀品质津津乐道，对于人性中的错误表现出不满、惋惜乃至宽容。正因为如此，《道德论丛》的文章并不是简单地对希腊罗马的众多哲学家的道德评判，而是在一定程度上反映了人类生活本身的道德发展历程。也正是从此出发，《名人传》所表现的希腊罗马的历史名人同其在《道德论丛》中所出现的哲学家一样有相似之处。也就是说，希腊罗马的众多名人其实早已由命运、理性和神灵所操纵，名人们的种种人事活动只不过是神灵和理性的表现方式和工具而已。像这类的故事充斥于《名人传》各个传记人物的重大的历史场合之中，普鲁塔克总是不厌其烦对此加以叙述，而其效用也屡试不爽。比如，在《卢库卢斯传》中，普鲁塔克记叙传主在远征小亚时：

一日忽梦见有个人在他身边说："卢库卢斯啊，再向前走一点，奥托吕

---

① F. W. Walbank, *A Historical Commentary on Polybius*, Vol.1, p.16.
② [美]J. W. 汤普森：《历史著作史》上卷第 1 分册，谢德风译，第 80 页。
③ [英]R. G. 柯林武德：《历史的观念》，何兆武、张文杰译，第 46 页。

科斯来了，他希望见到你。"①

其实，卢库卢斯当时并不了解梦中的含义，但后来发生的情况和梦中的话语是相符的，面对这一事实，普鲁塔克这样叙述道：

> 卢库卢斯他马上想记起苏拉在回忆录中的指示："要相信梦中的预示，因为再没有比它更可靠和更确实了。"②

同样，在《卢库卢斯传》中，普鲁塔克这样记叙道：

> 卢库卢斯在访问特罗阿德时，他将营帐设在阿佛洛狄特圣殿中，当夜间睡熟时，梦见女神站在身边对他说："伟大雄狮啊，为什么要睡觉呢？小鹿她就在你身边呢，等着你去捕捉它。"③

按照神灵的指点，卢库卢斯果断出击，果然取得了重大战果，而神意也得到了完美的实现。因此，在谈到卢库卢斯获得累累战功的原因时，普鲁塔克认为："军队在其中是起着不小的作用，但幸运却发挥了最主要的作用。"④在《客蒙传》中，普鲁塔克记载着这样的一件令客蒙（Cimon）匪夷所思的事情：

> 现在一切事务都准备齐备，士兵即将上船出战，客蒙忽得一梦，他梦见一只发怒的母狗向他吠叫，吠叫声中竟夹杂着人语："来吧，因为你是我和我的小崽的朋友。"⑤

其实这正是神发出的客蒙即将死去的谶语，虽然当时客蒙并不知其中的真实含义，甚至还派人到各地寻找神庙祭司以探知其中的底蕴，但最终却不能违背神意而病死在战场上了。这一切，正如唐斯所说的："普鲁塔克不仅喜欢传说与神话，他对异兆、凶兆和神灵也有坚定的信仰。他认为超自然的力量对人们的日常生活不断发挥着影响，死亡和灾难、好运和胜利总是有预兆的。因此，征兆和神谕在普鲁塔克笔下的英雄身上起着决定性作用。"⑥

尽管如此，在《名人传》中，普鲁塔克还是比较全面地反映了希腊与罗马名人的历史轨迹，着力突出表现了浓郁的人的活动气息、人的丰富而复杂的思

---

① Plutarch, *Plutarch's Lives*, Trans. Perrin B., p.543.
② Plutarch, *Plutarch's Lives*, Trans. Perrin B., p.545.
③ Plutarch, *Plutarch's Lives*, Trans. Perrin B., p.507.
④ Plutarch, *Plutarch's Lives*, Trans. Perrin B., p.569.
⑤ Plutarch, *Plutarch's Lives*, Trans. Perrin B., p.461.
⑥ [美] 罗伯特·宾厄姆·唐斯：《塑造文明和心灵的巨人及其思想》，王宏方等译，第152页。

想和人的充沛感情,在其中,我们常常所看到的是无法一目了然的是非评价,而是包含着一些复杂的价值冲突问题,尽管这些冲突大多局限在道德范畴之中。如英国散文家罗伯特·林德(Robert Lynd)所指出的:"在普鲁塔克笔下的英雄人物身上,神与鬼互相冲突地存在——鬼是指罪恶与不完美的品质。"①也有许多评论家说:"普鲁塔克太仁慈了,指责他对笔下的英雄所犯下的罪行如杀人、对婚姻不忠、发假誓、酗酒和自杀等等,不是辩护就是开脱,要么就是视而不见。"②对此,提姆·达夫(Tim Duff)在《普鲁塔克的名人传德性和恶性探究》中是这样说的,普鲁塔克阐述道德问题的方式是"引起读者的沉思。它并不只是简单地推出一系列价值观念,而是把价值问题留给读者思考。在大部分传记中,道德和德性被置于发人深省的问题情景和不确定性中,虽然有些核心价值观念未经如此置疑"③。或许,这一看法并不一定很准确,但这一看法却是很有见地的。

第二节　司马迁"通变"史观的内涵及其特征

与古希腊罗马的史学传统恰恰相反的是,中国自古就建立了比较优秀的史学传统,刘家和先生在比较中西早期史学的异同时,精辟地指出:"中国古代思想家认为,真理不能在永恒不变中去寻求,而只能从变化不居中去把握。……万物并无抽象不变的实质……古代中国人所选择的是与希腊人相反的思想路径,即反实质主义或历史主义。"④所以对于司马迁而言,他是在继承中国传统文化的基础上并加以发展,从而形成了自己独具特色的哲学思想和世界观,并在这一哲学思想和世界观的指导下创立了自己"通变"的史学观念。

第一,司马迁在历史学方面的贡献首先在于,他在"继《春秋》"的基础上,通过"究天人之际"的方法论,来探究历史学得以存在的理由,以确立历史自身的客观进程,并在这一客观进程中探讨历史学的本原,从而将中国传统的与道德伦理紧密相关的历史学观念,向前迈进了一大步。

---

① 转引自[美]罗伯特·宾厄姆·唐斯:《塑造文明和心灵的巨人及其思想》,王宏方等译,第153页。
② [美]罗伯特·宾厄姆·唐斯:《塑造文明和心灵的巨人及其思想》,王宏方等译,第153页。
③ Tim Duff, *Plutarch's Lives: Exploring Virtue and Vice*, p.54.
④ 刘家和:《论通史》,《史学史研究》2002年第4期,第8—9页。

同希腊罗马一样，中国的传统文化长期将人事和神事的关系问题作为探讨的中心问题。在春秋时期，古老的神权政治日趋没落，而人的作用日益得到体现并受到重视，这在《左传》的记述中已有较为充分的反映。在《左传》的记事中，就记载了许多生动史实，明确地表达了民重于天、神的观念，表达了民重君轻、民为邦本、乃至于民为神之主的见解，明显地体现了在《国语》基础上所取得的思想进步。如季梁鲜明地提出："夫民，神之主也。是以圣王先成民而后致力于神。"①以民为神之先，这是较为明确的以人为本的思想；而在襄公二十三年，鲁国的闵子马则明确提出了"祸福无门，唯人所召"②的观点，更是强化了民本主义的观点；而郑国杰出的政治家子产更是认为："天道远，人道迩，非所及也，何以知之？"③这实际上是以不可知论的观点来否定天命和神权。这些见解无疑是对天命、神权思想的背离，意味着民本主义思想的不断深入发展，真实而历史地体现了《左传》的进步思想倾向。

再就中国思想史上产生了极其深远的历史人物孔子而言，其世界观固然是一个极其复杂的矛盾体，但其趋向在于努力淡化天命，排斥神事，以突出人事的作用，形成了以人为中心的民本主义历史观。与西方早期的理性主义思想方式的不同之处在于，孔子的民本主义历史观是侧重于将宗教性人格神意义的"天"转化为含有哲学意义的道德形上之"天"，天命高度统一在人事之中，如孔子曰："天何言哉？四时行焉，百物生焉，天何言哉？"④结果，与西方古典近代的哲学相较的话，一方面孔子的世界观确实避免了西方主客二元的矛盾所带来的理论弊端，事实上，这一理论弊端长期困惑着西方的学术界；但另一方面，孔子思想中所呈现的将天人高度统一的趋向又难以从理论上将主客分界，因而这种统一又不可避免地带有朴素性。孔子的人性由于缺乏充分的理论论证，而难以真正立足，人性仍然受到神性的威胁。事实上，董仲舒就是利用孔子学说的这一弱点，试图将儒学改造成为天人感应的宗教神学。正因为如此，司马迁在《报任安书》中指出了"欲究天人之际，通古今之变，成一家之言"的《史记》思想总纲。这一总纲揭示了他探索历史的目的、方法及根本途径。这一总纲表明：司马迁提出了治《史记》首先要解决的问题是"究天人之际"，以

---

① 杨伯峻著：《春秋左传注》，北京：中华书局，1981年，第111页。
② 杨伯峻编著：《春秋左传注》，第1079页。
③ 杨伯峻编著：《春秋左传注》，第1395页。
④ （魏）何晏注、（宋）邢昺疏：《论语注疏》，（清）阮元校刻：《十三经注疏》，北京：中华书局，1980年，第2526页。

此为世界观方法论，以正本清源，从而将历史观建立在世界观这一坚实的理论基础上。而在这一过程中，司马迁首先以"正《易传》"为其方法论的出发点。

何谓"正《易传》"？《说苑·建本》把《春秋》中的"正"训为"见证"，并且解说为："明智，智不明，何以见证？多闻而择焉，所以明智也"。司马迁对《易传》"多闻而择焉"的回答是："《易》著天地阴阳四时五行，故长于'变'……《易》以道化"①。众所周知，在汉代，学者常把《易》与《春秋》对举，认为前者谈天道，即所谓世界观，后者论人道，即所谓历史观，如班固所言："《易》与《春秋》，天人之道也。"②而对于天人之道的内在关系，诚如章学诚所言："《易》以天道而切人事，《春秋》以人事而协天道。"③这样看来，司马迁"究天人之际"的理论体系是取法于《易》与《春秋》的内在关联，即两者是相辅相成的辩证关系，因而，对《易传》思想的正确理解和认识构成了司马迁著史的方法论原理。

众所周知，自东汉郑玄始，学者们将《易》的含义归纳为三个方面：其一为"易简"，其二为"变易"，其三为"不易"，俗称"三易"。第一易为哲学方法论问题，第二易和第三易为本体论问题。但司马迁在三易中仅取"变易"为其世界观方法论，可谓切中要害，并为其治《史记》的哲学依据，更是高屋建瓴。根据著名历史学家朱本源先生的研究成果，《易传》中最突出的思想成就是在其中提出了"变易"的哲学世界观④，《易传》将这个世界观概括为："观乎天文以察时变，观乎人文以化成天下"⑤，显然，在这一世界观思想体系中，其突出特征在于"变"和"化"这两个范畴的产生及其具体运用。司马迁所取之于《易传》者主要也就是这两个哲学范畴。

如果人们对《易传》中所蕴含的内在的世界观理论体系加以现代诠释的话，就会明显看到，《易传》中的"易"是富有活力的生机主义的哲学概念："生生之谓易"，对此，孔颖达在《周易正义》中是这样解释的："生生，不绝之辞，阴阳变转，后生次于前生，是万物恒生谓之'易'也。前后之生，变化改易。"⑥这意味着，《易传》将整个自然和人类社会看成一个生化的持续变易的客

---

① 《史记》卷 130《太史公自序》，第 3297 页。
② 《汉书》卷 21《律历志上》，杭州：浙江古籍出版社，2000 年，第 390 页。
③ （清）章学诚撰，叶瑛校注：《文史通义》，北京：中华书局，1985 年，第 20 页。
④ 参看朱本源：《孔子历史哲学发微》，《史学理论研究》1996 年第 1 期。
⑤ （魏）王弼注、（唐）孔颖达疏：《周易正义》卷 3，（清）阮元校刻：《十三经注疏》，第 37 页。
⑥ （魏）王弼注、（唐）孔颖达疏：《周易正义》卷 7，（清）阮元校刻：《十三经注疏》，第 78 页。

观系统。这一观念正如恩格斯在论述古希腊世界观时所指出的："当我们深思熟虑地考察自然界或人类历史或我们自己的精神活动的时候，首先呈现在我们眼前的，是一幅由种种联系和相互作用无穷无尽地交织起来的画面，其中没有任何东西是不动的和不变的，而是一切都在运动、变化、产生和消失。这个原始的、素朴的但实质上正确的世界观是古希腊哲学的世界观，而且是由赫拉克利特第一次明白地表述出来的。"①当然，作为世界观，首先要回答的问题就是客观的天与地的由来这一根本性的难题，而对这一问题的思考和所给出的任何答案，就必然涉及变易和生化这一整个世界的最终的"第一推动力"问题。于是，《易传》在《系辞传》把"阴"和"阳"这两个范畴作为万物生化的致动因，以此作为探讨世界本源的认识论原理。

当然，"阴"和"阳"问题是中国学术界争议了两千年的问题，但从哲学角度来看，它们是两个最高的、最具思辨性的哲学范畴，即所谓："一阴一阳之谓'道'……生生之谓易，成象之谓乾，效法之谓坤。极数知来谓占，通变之谓事，阴阳不测之谓神。"②所以《易传》中的宇宙观，其特征是把世界上一切存在经过抽象后，归结为若干个形而上学的逻辑范畴，这种逻辑范畴就是《易传》所说的形而上的"道"，但这个道的产生却是由"阴"与"阳"两个概念作用而成的。这样看来，《易传》中"阴"与"阳"两个概念是构成"变易""生化"的宇宙观的形而上学的根据，从而具有理论的完整性，其更重要的意义则在于，正由于这个基于思维的逻辑概括，《易传》中所呈现的宇宙观就不是神学的，甚至也不是"自然神论的"（deistic），而是充满了人文精神的人道主义世界观。

那么，这一充满人文精神的人道主义世界观包含哪些内容呢？

在朱本源先生看来，这一世界观包含了两个方面：一为"时变"的天文观（自然观），一为"化成"的人文观（历史观）。就时变而言，这是从对自然现象的直观而获得，如云："法象莫大乎天地，变通莫大乎四时"③，自然观是以"时变"为坐标，时间是绝对的变量，所以《易传》的人文历史观也以"时变"为特征。但是，自然现象是自然而然地"以顺动"，人文现象则有待于人的意志

---

① 中共中央马克思恩格斯列宁斯大林著作编译局：《马克思恩格斯全集》第20卷，第23页。
② （魏）王弼注、（唐）孔颖达疏：《周易正义》卷7，（清）阮元校刻：《十三经注疏》，第78页。
③ （魏）王弼注、（唐）孔颖达疏：《周易正义》卷7，（清）阮元校刻：《十三经注疏》，第82页。

和真实行动来化成,所以《易传》说:"圣人久于其道而天下化成。"①程颐《周易程氏传》解释云,"圣人以常久之道,行之有常,而天下化之以成美俗也"。所以,化成不过是时变在人文世界的体现。"就是指人类的社会发展,化成是一个历史过程,也就是'历史'。"②这样看来,《易传》中的"变易"世界观是把天文与人文现象当作一个有机的整体,是把自然观和人文历史观统一在"时变"的范畴中,从而推导出历史发展的规律性:"穷则变,变则通,通则久。"③这样看来,《易传》在探讨了世界变化的必然性的同时,又突出了人事在世界变化中所能发挥的重大作用。但这种作用在《易传》看来则取决于变化所提供的客观条件"时",因而《易传》认为人事活动应因时而行。《艮》卦象辞说:"时止则止,时行则行,动静不失其时,其道光明。"④《乾·文言》说:"君子进德修业,欲及时也。"⑤因而贯穿于《易传》的主题就是人们如何把握时机,以促进事物的发展、转化,以道德与事业的成功来证明自己的价值。如果将《易传》的这一思想运用于历史撰述、历史解释之中的话,就必然会产生如司马迁在叙述其著述列传人物时所说的写作旨趣:"扶义俶傥,不令己失时,立功名于天下,作七十列传。"⑥显然,司马迁在《史记》中很看重人的活动与"时"的内在关系,意在赞颂那些"不失时"并在"时"中借势上升,最终功成名就的历史人物。

  需要强调的是,如朱本源先生所说,《易传》的世界观虽然具有逻辑性和人文性,但从其思维模式而言,仍属于思辨哲学或形而上学性质,尽管如此,但它却是司马迁"天人之际"理论的渊源。司马迁所谓的"《易》长于变"的"变",就是指"观乎天文,以察时变"的"变",他所谓的"《易》以道化"的"化"就是"观乎人文以化成天下"的"化",至于司马迁所提出的"王迹所兴,原始察终,见盛观衰"⑦的疑难问题,正是《易传》中所试图解答的问题。《天官书》中所说的"终始古今,以观时变"正是《贲·象传》中的"观乎天文以察时变"的翻版。所以,司马迁所谓的"通古今之变"的历史研究取向,显然是来源于"穷则变,变则通,通则久"的历史观。即使在今天,这一历史观

---

① (魏)王弼注、(唐)孔颖达疏:《周易正义》卷4,(清)阮元校刻:《十三经注疏》,第47页。
② 刘家和:《论通史》,《史学史研究》2002年第4期,第10页。
③ (魏)王弼注、(唐)孔颖达疏:《周易正义》卷8,(清)阮元校刻:《十三经注疏》,第86页。
④ (魏)王弼注、(唐)孔颖达疏:《周易正义》卷5,(清)阮元校刻:《十三经注疏》,第62页。
⑤ (魏)王弼注、(唐)孔颖达疏:《周易正义》卷1,(清)阮元校刻:《十三经注疏》,第16页。
⑥ 《史记》卷130《太史公自序》,第3319页。
⑦ 《史记》卷130《太史公自序》,第3319页。

仍在许多方面为人们所称道。

但随着时代的发展变化,特别是春秋战国、秦汉历史的剧变,《周易》中思辨的形而上学的理论体系不可避免地受到了现实社会的冲击,而人在社会历史发展进程的作用也表现得更为突出,这一切都明显地影响了人们对历史的看法。

从中国史学史来看,从战国至西汉,是一些史学家着力摆脱"天命"的时代。一部《战国策》,从头至尾全部反映的都是历史人物的智慧、权谋的巨大威力、国力的强弱在历史成败中所起的重大作用,而昔日神圣不可违犯的"天命"的威力在人事权谋面前变得软弱不堪。刘向对战国时代作了这样的描述:

> 战国之时,君德浅薄。为之谋策者,不得不因势而为资,据时而为。故其谋,扶急持倾,为一切之权,虽不可以临国教化。兵革救急之势也。皆高才秀士,度时君之所能行,出奇策异智,转危为安,运亡为存,亦可喜,皆可观。①

显然,战国时代,这是一个人谋决定一切的时代。

那么,在司马迁时代,"天命"的影响在《史记》中到底表现在什么地方呢?

对此,我们可以明显地看到,其一,司马迁对传统的天命观明确表达了疑问、不满,比如,在《史记》多个地方发出了这样的声音:

> 或曰:"天道无亲,常与善人。"若伯夷、叔齐,可谓善人者非邪?积仁洁行如此而饿死!且七十子之徒,仲尼独荐颜渊为好学。然回也屡空,糟糠不厌,而卒蚤夭。天之报施善人,其何如哉?盗跖日杀不辜,肝人之肉,暴戾恣睢,聚党数千人横行天下,竟以寿终。是遵何德哉?②

又说:

> 余甚惑焉,傥所谓天道,是邪非邪?③

第二,司马迁又在许多场合对天命论进行了直接批评。如在《史记·项羽本纪》中司马迁就对项羽在其面临覆灭时将失败的原因归之于"天之亡我,非战之罪也"④的错误观念进行了直截了当的批评,并在《史记·项羽本纪》中,

---

① (西汉)刘向:《战国策》,上海:上海古籍出版社,1985年,第1198页。
② 《史记》卷61《伯夷列传》,第2124—2125页。
③ 《史记》卷61《伯夷列传》,第2125页。
④ 《史记》卷7《项羽本纪》,第334页。

从汉楚对立、交锋、失利的历史进程中总结出项羽失败的真正的原因：

> 羽背关怀楚，放逐义帝而自立，怨王侯叛己，难矣。自矜功伐，奋其私智而不师古，谓霸王之业，欲以力征经营天下，五年卒亡其国，身死东城，尚不觉悟而不自责，过矣，乃引"天亡我，非用兵之罪也"，岂不谬哉！①

是啊，秦以力征天下，卒经二世而亡，但项羽对眼前刚刚发生且自己亲身经历的这一重大变革缺乏基本的认知，仍"自矜功伐"，其结果仍践秦之后尘。司马迁用"尚不觉悟而不自责，过矣"以完全代替神学的解释，其分析和观点鞭辟入里，发人深省，从而表明了他浓郁的人文主义理性历史观。

当然，司马迁对项羽至死不觉悟的愚顽所进行的批评，其意义并不局限具体的楚汉争霸胜败的事件上，更可贵的是，它表明了司马迁的史学观念和思想达到一个新的高度，因而具有重要的思想和史学意义。正如著名历史学家瞿林东先生所指出的："在关于天人关系的认识上，司马迁是一个伟大的怀疑者和变革者，更重要的是，司马迁的《史记》写出了大量的历史人物，从多方面说明了人在历史活动的主体作用，从而奠定了中国古代史学在历史观念上的人本主义传统。从这个意义上说，司马迁开辟了天人关系说走向理性时代的道路。"瞿林东先生的这一评价并非溢美之词，而是合乎中国史学发展逻辑的。事实上，如果将司马迁"究天人之际"的学术追求置于中国传统文化特别是孔子学说的基础之上，就会发现司马迁"正《易传》""究天人之际"这一命题的真实旨趣乃在继承孔子天道说，从现代的术语来讲，就是从理论哲学的高度总结了宇宙发展变化的规律，以《易传》的"变易"世界观为其历史观方法论，着力摆脱孔子世界观的局限，既看到"天"与"人"二者的统一性，在历史学的实践中努力将两者真正统一起来；又探讨二者的差别，在着力探讨并论证两者差别的合理性和真实性的前提下，用"变"与"化"这两个重要范畴和方法论，把自然观和人文历史观统一在有差别的"时变"之中，把整个历史进程看作是一个客观的有生有灭、不断变化发展的有机的整体，把漫长的历史长河作为一个客观发展的进程，将自然变化和社会变化统一在他的人文意识中，并在这一客观的历史发展进程中去运用自己深厚的历史思维意识去认识其内在本质关系，用司马迁的话就是去"通"，以探索历史进程的真谛。②也正是在这一形而上的历

---

① 《史记》卷7《项羽本纪》，第339页。
② 参看朱本源：《孔子史学观念的现代诠释》，《史学理论研究》1994年第3期。

史观念的指导下，司马迁对中国近三千年的历史进行了深刻的总结，即"考其行事，综其终始，稽其成败兴坏之纪"①，在他看来，历史进程的内在理性法则"是以物盛则衰，时极而转，一质一文，终始之变也"②。从而形成了"原始察终，见盛观衰"③的历史观。

当然，《史记》在对天命发出怀疑、不满乃至于斥责的同时，对历史发展、变化的原因也提出自己的看法。这一看法的主要表现之一就是司马迁一再使用"理""道""势""时"这些内容丰富且具有宏观哲理的重要范畴，将历史进程中具体而特殊的现象、事实同该历史现象、事实所处的时代背景和发生的具体历史处境紧密结合起来，以解释事物变化的根本性原因，表现了极其深刻的历史观念。司马迁在《史记》中写道：

> 太史公曰："楚灵王方会诸侯于申，诛齐庆封，作章华台，求周九鼎之时，志小天下；及饿死于申亥之家，为天下笑。操行之不得，悲夫！势之于人也，可不慎与？弃疾以乱立，嬖淫秦女，甚乎哉，几再亡国！"④

> 太史公曰：韩子称"长袖善舞，多钱善贾"，信哉是言也！范雎、蔡泽世所谓一切辩士，然游说诸侯至白首无所遇者，非计策之拙，所为说力少也。及二人羁旅入秦，继踵取卿相，垂功于天下者，固强弱之势异也。然士亦有偶合，贤者多如此二子，不得尽意，岂可胜道哉！然二子不困厄，恶能激乎？⑤

再如，司马迁指出秦的灭亡原因为

> 外攘夷狄，内兴功业，海内之士力耕不足粮饷，女子纺绩不足衣服。……犹自以为不足也。无异故云，事势之流，相激使然，曷足怪焉。⑥

显然，司马迁在这里所说的"事势""势"，是指事物所处的状态和不可阻挡的客观形势，它包含着明显的客观规律和历史发展的必然性。也就是说，历史学家在考察历史过程时，不能不着眼于一定的社会环境，从而得到比较合理而深刻的说明。从"事势之流，相激使然"这一重要论述来看，司马迁认为的

---

① （南朝·梁）萧统编，（唐）李善注：《文选》，第1276页。
② 《史记》卷30《平准书》，第1442页。
③ 《史记》卷130《太史公自序》，第3319页。
④ 《史记》卷40《楚世家》，第1737页。
⑤ 《史记》卷79《蔡泽传》，第2425页。
⑥ 《史记》卷30《平准书》，第1442—1443页。

"事势"或"势"并非静止的,而是矛盾运动的,其中自然包含有趋势之意。而且司马迁认为这种趋势或变化的真正动因存在于客观事物的内部,是客观事物相互作用的结果,而非其他。

但在此需稍加解释的是,在古今联系中,古今之间是否有变化?《易传》强调"穷、变、通、久",但"变"是这一理论体系的核心问题,而这一核心问题的焦点又在于人们怎样看待"变"的方向。这也是古代历史观念和司马迁《史记》研究中的一个根本问题,当然,所谓"变"的方向和轨迹:一般有发展的、倒退的或循环的三种趋向。但具体于司马迁思想体系的学术探讨中,学界争论的主要问题是集中循环论或是发展论二者之间。

众所周知,中国古代的历史循环论——五德终始说是战国时期阴阳家提出来的,阴阳家将春秋战国时期出现的阴阳五行说的形式加以神秘化,把朴素的唯物主义的四时、五行说蜕变为唯心主义的五德终始说,成为历史循环论的突出代表。五德终始说出现后,其观念不仅迎合各诸侯的政治需要,而且在秦始皇统一后受到特别的推崇,并在之后的学术界也产生了重要影响。当然,从《史记》的内容来看,司马迁历史观也不能不受到这一思想观念的某些影响,但总体而言,司马迁对五德终始说是持批判态度的。

比如,他在论述三代夏、殷、周——主忠、主敬、主文的三统论时认为:

> 夏之政忠。忠之敝,小人以野,故殷人承之以敬。敬之敝,小人以鬼,故周人承之以文。文之敝,小人以僿,故救僿莫若以忠。三王之道若循环,终而复始。周秦之间,可谓文弊矣,秦政不改,反酷刑法,岂不谬乎?故汉兴,承敝易变,使人不倦,得天统矣。①

由于有了这样的忠、敬、文三者的循环,礼的变化常规或法则就有了一个明确的表述。"当然,这样的变化常规或法则的表述,是有其明显的缺陷的。"② 他还批评"秦政不改",称道汉代为"承敝易变",其意在倡导历史中的"变",但这个具体问题上的"变"在司马迁看来是"三王之道若循环,终而复始"的"变"。因此,有一些学者依据上述所论,认为司马迁史学的实质是历史循环论而缺乏发展的历史观念。

---

① 《史记》卷8《高祖本纪》,第393—394页。
② 刘家和:《论司马迁史学思想中的变与常》,《北京师范大学学报(人文社会科学版)》2000年第2期,第31页。

第二章 实质主义与"通变"观念之比较——传记史学的历史观

其实作为史学世家出身,且身怀高才的杰出史学家司马迁,再加上发生在他人生历程中惨痛的经历,都促使他深刻认识到人道世事之变故,并能从理性角度对历史上的重大变革进行思考,从而体现了他与众不同的史学见识。比如,在《史记》中,司马迁对汉初的凋敝到汉武帝富庶的巨大社会经济变化面貌作了叙述:

> 至今上即位数岁,汉兴七十余年之间,国家无事,非遇水旱之灾,民则人给家足,都鄙廪庾皆满,而府库余货财。京师之钱累巨万,贯朽而不可校。太仓之粟陈陈相因,充溢露积于外,至腐败不可食。众庶街巷有马,阡陌之间成群,而乘字牝者傧而不得聚会。守闾阎者食粱肉,为吏者长子孙,居官者以为姓号。故人人自爱而重犯法,先行义而后绌耻辱焉。①

但其后,汉朝的社会历史却发生了明显变化,骄溢奢侈盛行,豪党霸于乡曲,司马迁是这样说的:

> 当此之时,网疏而民富,役财骄溢,或至兼并豪党之徒,以武断于乡曲。宗室有土公卿大夫以下,争于奢侈,室庐舆服僭于上,无限度。②

那么,武帝时期和汉初相比为什么会发生这样大的变化呢?司马迁认为这应归之于"物盛而衰,固其变也"③这一内在规则。而且司马迁还在《平准书》最后又联系"《书》道唐虞之际,《诗》述殷周之世",做出他的历史总结:

> 农工商交易之路通,而龟贝金钱刀布之币兴焉。所从来久远,自高辛氏之前尚矣,靡得而记云。故《书》道唐虞之际,《诗》述殷周之世,安宁则长庠序,先本绌末,以礼义防于利;事变多故而亦反是。是以物盛则衰,时极而转,一质一文,终始之变也。④

司马迁在这里是通过对人们深层次的社会经济生活的观察和总结,以展示社会发展的现象及其变化的内在原因及其必然性趋势,其结果,"丰富和深化了先秦时期的变易观点,不论从朴素的唯物的方面来讲,还是从朴素的辩证法方面来看,都达到了很高的理论认识层次"⑤。

---

① 《史记》卷30《平准书》,第1420页。
② 《史记》卷30《平准书》,第1420页。
③ 《史记》卷30《平准书》,第1420页。
④ 《史记》卷30《平准书》,第1442页。
⑤ 瞿林东:《中国史学通论》,武汉:武汉出版社,2006年,第61—62页。

再如，对于汉朝历史上分封制的兴衰这一问题，司马迁就借古鉴今，不拘泥于传统的观念，将汉的分封制同历史上早期长时间存在的分封制联系起来加以讨论，从而对分封制在汉的没落给予了合乎情理的解释。

　　余读高祖侯功臣，察其首封，所以失之者，曰：异哉所闻！书曰"协和万国"，迁于夏商，或数千岁。盖周封八百，幽厉之后，见于《春秋》。《尚书》有唐虞之侯伯，历三代千有余载，自全以蕃卫天子，岂非笃于仁义，奉上法哉？汉兴，功臣受封者百有余人。天下初定，故大城名都散亡，户口可得而数者十二三。是以大侯不过万家，小者五六百户。后数世，民咸归乡里，户益息，萧、曹、绛、灌之属或至四万，小侯自倍。富厚如之。子孙骄溢，忘其先，淫嬖。至太初百年之间，见侯五，馀皆坐法陨命亡国，秏矣。罔亦少密焉，然皆身无兢兢于当世之禁云。

　　居今之世，志古之道，所以自镜也，未必尽同。帝王者各殊礼而异务，要以成功为统纪，岂可绲乎？观所以得尊宠及所以废辱，亦当世得失之林也，何必旧闻？①

也就是说，在司马迁看来，当初中国历史上所谓数千年实行的分封制确有其历史合理性，而汉初实行的分封制也有其历史合理性，但后来汉朝分封制却在一个较短的时间内日渐衰微，难以存在，最终消亡是有其内在的原因的。那么，造成汉初分封制难以长久存在的原因是什么呢？根本的原因在于什么呢？在于汉代的封国后代们日益骄横，目无王法，扰乱社会民生，不能发挥其应发挥的屏藩天子、保护国家安定的正面作用，反而成了危害国家统治、祸害百姓民生的负面因素。比如，在汉景帝时期出现的吴楚"七国之乱"就是典型例证。吴楚等七诸侯国，发重兵武装反叛中央，对汉中央皇权造成了极大的威胁，虽然，汉朝中央政府仅用三个月就平定了叛乱，但通过这一重大的政治事件，汉朝统治者也清晰地意识到，汉早期设想和实施的分封制已经无法继续下去，汉朝分封制的衰落和消亡也自有其历史的合理性。

因此，司马迁认为，对于国家的政治统治而言，过去历代的制度只可以作为借鉴，决不能照搬，由于各代的帝王所处的时代不同，相适应的就必须针对不同的情形采取不同的政治制度和措施，但判定政治制度或措施优劣的根据在于是否有利于稳定各个王朝的政治统治和促进民生经济的发展。司马迁说得

---

① 《史记》卷18《高祖功臣侯者年表》，第877—878页。

好!"要以成功为统纪,岂可绲乎?"因此,在司马迁看来,分封制在汉的建立和消除这一重要变化不仅从理论上讲是合理的,而且从社会现实讲也是政治统治和百姓民生所需要的。

显然,司马迁对历史的客观发展变化进程充满了真实的历史感,而建立在这种历史真实基础上的历史观很难说是循环论的。因此,在我看来,当代著名历史学家刘家和先生的研究成果,对我们如何正确看待司马迁历史观这一重要问题无疑具有重要的指导意义。

刘家和先生在深入研究了《史记》对历史之"变"的论述后指出:"只要看一看《高祖功臣侯者年表序》中对于三代的封建与汉初的封建之间的异同所作的分析,我们就不会相信司马迁是真正的历史循环论者了。"[①]由此,刘家和先生认为,"如果把上述忠、敬、文的常规不解释为封闭的圆圈而解释为螺旋线,那也许会更为准确一些"[②]。

而在刘家和先生的一篇短文《"岂非天哉"的三重解读》[③]中,更是详细说明了他对司马迁思想由表入里的深入认识过程。客观而言,刘家和先生的这一认识过程对我们以正确的观点和方法去认识司马迁的史学思想极具教育意义。故对此稍加叙述。

刘邦起于巷闾,出身布衣,躬逢其时,手持三尺宝剑,毫无凭借,但在秦末大起义中,却能三年亡秦,五年灭楚,一统天下,成就帝业。因而在汉初,强秦为何土崩瓦解,刘汉为何由弱到强,并最终成就一统大业,自然成为当时最重要的政治和学术问题。对此,司马迁在《史记》中也对这一重大问题进行了深刻而详尽的分析。当然,刘家和先生对司马迁历史观点和思想的理解也有一个不断深化的过程。

刘家和先生说,他早年在读司马迁《史记·秦楚之际月表·序》中如下评论的感受是比较简单的。司马迁是这样说的:

> 故愤发其所为天下雄,安在无土不王。此乃传之所谓大圣乎?岂非天哉,岂非天哉!非大圣孰能当此受命而帝者乎?[④]

[①] 刘家和:《论司马迁史学思想中的变与常》,《北京师范大学学报(人文社会科学版)》2000年第2期,第31页。
[②] 刘家和:《论司马迁史学思想中的变与常》,《北京师范大学学报(人文社会科学版)》2000年第2期,第31页。
[③] 刘家和:《"岂非天哉"的三重解读》,《史学集刊》2003年第2期。
[④] 《史记》卷16《秦楚之际月表》,第760页。

刘家和先生说他当时以为这段话是司马迁对刘邦的颂词，意思说刘邦是接受天命的大圣人，由神灵保佑和圣德所感而得天下自在情理之中。稍后，刘家和先生再读《高祖本纪》《项羽本纪》等篇，联想到上述司马迁的评论，便产生了疑问：司马迁笔下的刘邦起兵时原是沛县偏僻小地方的一个劣迹斑斑的无赖之辈，在秦末农民起义中，被起义浪潮卷入其中，但起兵后却因胆识过人逐渐扶摇直上。楚汉相争时期，目睹父老妻小落入项羽之手而无动于衷；遇难时将其儿女踢下车，令人心寒；鸿沟为界，不守信义，无诚信可言；对其有功之臣猜忌、屠杀、灭族，无所不用其极；但其最终竟然不仅合兵推翻了强秦，其后又打败不可一世的西楚王项羽，建立了汉王朝的帝业。其功成业就之后，踌躇而满志的小人心态暴露无遗，所有这些，怎堪受大圣之名？既然如此，那么太史公何以用"岂非天哉，岂非天哉"来评价刘邦呢？

带着这个问题，刘家和先生在读到司马迁专门叙述刘邦病重的一段对话时，又有新的感受。

> 医入见，高祖问医。医曰："病可治。"于是高祖谩骂之曰："吾以布衣提三尺剑取天下，此非天命乎？命乃在天，虽扁鹊何益！"遂不使治病，赐金五十斤罢之。[1]

原来司马迁是借刘邦自己的嘴道出，所谓"岂非天哉，岂非天哉"，是说"他得天下不是凭借力，不是凭借自己的道德才能，而是靠了运气（天命）"[2]。显然，这一认识较之于开始时的字面认识而言是一个较为深刻的认识。刘家和先生也认为"这样的理解，大概可以说是见到了《史记》所展现的第二个层面，也就是问题的背面"[3]。

再后来，刘家和先生在反复阅读《史记》之余，觉得司马迁用"天命"解释历史时并非仅仅是为了讽刺、挖苦某个历史人物，而是另具深意，而这一点人们恰恰不易看出来。《史记·六国年表·序》也曾说：

> 秦始小国辟远，诸夏宾之，比于戎翟，至献公之后常雄诸侯。论秦之德义不如鲁卫之暴戾者，量秦之兵不如三晋强也，然卒并天下，非必险固

---

[1] 《史记》卷8《高祖本纪》，第391页。
[2] 刘家和：《"岂非天哉"的三重解读》，《史学集刊》2003年第2期，第101页。
[3] 刘家和：《"岂非天哉"的三重解读》，《史学集刊》2003年第2期，第101页。

第二章 实质主义与"通变"观念之比较——传记史学的历史观

便形势利也,盖若天所助焉。①

为什么说秦"盖若天所助"呢?

刘家和先生在文中这样分析,据《史记·六国年表》可知:"六国为了各自的利益,相互之间战斗不休,而结果不是实现了六国的利益,而是在客观上为秦灭六国扫清了道路。"②这正符合孟子所说的:"莫之为而为者,天也;莫之致而至者,命也。"③因为,从表面看,秦灭六国,废诸侯,行郡县,江山一统,本是为了巩固自己的统治,以达万世之功,结果却为后来者扫清了道路,这也是莫之为而为之、莫之致而致之的天命啊。原来司马迁所讲的"岂非天哉"的意思是要说明"历史发展的客观趋势,有时并非人的主观所能决定或意料。刘知几的认识未能及此,所以就批评他要离开人事而谈天命。殊不知司马迁讲的都是人事,只不过这种人事的后果是人的主观所始料不及的;而这种始料不及的现象正好像是莫之为而为、莫之致而至的","所以这里的天命就是指不以人的主观意志为转移的客观发展趋势"。④

读到这里,刘家和先生认为,他对这一问题又有了更深的理解:刘邦之所以能交上这一份好运,还得从其所处的历史时代特点与他个人具体特点的关系角度来考虑。司马迁是这样论述这一时期的列国政治形势的:

> 三国终之卒分晋,田和亦灭齐而有之,六国之盛自此始。务在强兵并敌,谋诈用而从衡短长之说起。矫称蜂出,誓盟不信,虽置质剖符犹不能约束也。⑤

所以,刘家和先生指出:"综观中国古史,战国秦汉之际正值历史巨变时期,先秦的旧贵族在这个时代大潮中先后纷纷落马,他们的旧贵族习气适应不了新时代;在刘邦身上简直看不出任何旧贵族习气的影子,也许可以说他的流氓习气就是他能制胜的条件——别人作不出来的事他都能做得出来,他毫无顾忌。如果从这个角度看,司马迁所讲的那些像是讽刺挖苦刘邦的话,那不就是说明他最没有贵族习气吗?我们不妨把司马迁的那些话当作是对刘邦的讽刺挖苦,同时也不妨把那些话看作正是对刘邦之所以为'大圣'受'天命'的解

---

① 《史记》卷 15《六国年表》,第 685 页。
② 刘家和:《"岂非天哉"的三重解读》,《史学集刊》2003 年第 2 期,第 101 页。
③ (清)焦循:《孟子正义》,《诸子集成》第 1 册,北京:中华书局,1986 年,第 382 页。
④ 刘家和:《"岂非天哉"的三重解读》,《史学集刊》2003 年第 2 期,第 101 页。
⑤ 《史记》卷 15《六国年表》,第 685 页。

释"①，对于刘家和先生上述的解释，如果借用康德的话就是"大自然的历史是由善而开始的，因为它是上帝的创作；自由的历史则是由恶而开始的，因为它是人的创作。"②

显然，刘家和先生对司马迁关于刘邦评语的认识经过了一个不断深化和反复的过程，最终透过现象达到了对这一评价的本质性的历史认识。对此，蒋重跃教授也是这样认为的。他指出："这样，刘先生对'岂非天哉'的理解，经过了正、反、合或否定之否定的三个阶段，既完成了客观分析的一个循环，也对刘邦何以成就帝业和司马迁何以'成一家之言'达到了双重的内在理解。"③应该说，这样的解释可能更具说服力，更接近司马迁历史观和世界观的真实底蕴。

如果用此观点来看战国末期魏国灭亡的原因，其理解同样可以深刻一些。对于战国七雄魏国灭亡原因，有一种观点是归因于魏国的国王没有重用魏公子无忌，最终导致灭国惨剧。但司马迁并不同意这种观点，他认为这是天意的缘故：

> 说者皆曰魏以不用信陵君故，国削弱至于亡，余以为不然。天方令秦平海内，其业未成，魏虽得阿衡之佐，曷益乎？④

历史上，魏公子无忌胸有大志，腹有谋略，热心为国，不耻下交，名冠诸侯，"当是时，诸侯以公子贤，多客，不敢加兵谋魏十余年"。⑤

但终因魏王处处防范、猜忌，一直未能为国发挥作用，最终郁郁而亡。

> 秦闻公子死，使蒙骜攻魏，拔二十城，初置东郡。其后秦稍蚕食魏，十八岁而虏魏王，屠大梁。⑥

这样看来，关于魏国灭亡的原因司马迁应该是讲清楚了，其结论也是合理的，能够站住脚的。但实际上，这一问题是一个长期争论不休的难题，在历史上屡屡引起学术诉讼。

比如我国唐代著名的历史理论家刘知几就对司马迁的观点提出异议。作为历史理论家，刘知几深知历史运动的主角是人，历史是人的历史过程，由此，他就以此为据对司马迁的历史观点提出了貌似正确的批评。他是这样论证的：

---

① 刘家和：《"岂非天哉"的三重解读》，《史学集刊》2003年第2期，第101页。
② [德]康德：《历史理性批判文集》，何兆武译，北京：商务印书馆，1990年，第68页。
③ 蒋重跃：《结构·张力·历史——刘家和先生学术思想述要》，《高校理论战线》2007年第1期，第37页。
④ 《史记》卷44《魏世家》，第1864页。
⑤ 《史记》卷77《魏公子列传》，第2377页。
⑥ 《史记》卷77《魏公子列传》，第2384页。

夫论成败者,固当以人事为主,必推命而言,则其理悖矣。盖晋之获也,由夷吾之慁谏;秦之灭也,由胡亥之无道;周之季也,由幽王之惑褒姒;鲁之逐也,由稠父之违子家。然则败晋于韩,狐突已志其兆;亡秦者胡,始皇久铭其说;糜弧箕服,彰于宣、厉之年;征褰与襦,显自文、武之世。恶名早著,天孽难逃。假使彼四君才若桓、文,德同汤、武,其若之何? 苟推此理而言,则亡国之君,他皆仿此,安得于魏无忌者哉?[①]

　　刘知几这一段话的核心意思为,历史的诸多变故其实都是一些人为的结果,其中存在着一个明显能够被人理解的因果逻辑关系。如果将这些变故推之于人事之外的话,那么这个历史革故就让人无法理解,那样就太荒唐了。

　　当然,刘知几在此对司马迁观点的批评确实有失公允。究其原因,一失之于其英雄史观的局限性,二失之于他只是看到了司马迁评论的表层意思,并没有看出司马迁在天意外表所包含的更深一层的历史观念。司马迁在此所讲的天意实际指的是当时战国后期历史发展进程中,已经明晰地呈现出不可逆转的秦灭六国一统天下的大趋势而已。那时的战国,虽有七雄,但秦居七国之首,经过商鞅变法之后的秦国,目光长远,经过百余年的苦心经营,早有吞并六国的远大志向,更有兼并六国而一统天下的强悍的军事实力,秦军被六国称之为令人生畏的虎狼之师;而此时的关东六国,却个个身怀异志,心怀鬼胎,为求自保。他们对即将到来的危机,缺乏正确的应对方略:不是在内以锐意改革,以凝聚人心、振奋国力;不是对外持唇亡齿寒之理,联手以御强秦。而是相反,或者祸水外引,以图坐收渔翁之利;或就以邻为壑,嫁祸于人,最终却祸及自身,悔之晚矣。因此,六国的覆亡实为当时历史发展的必然趋向,而面对这种大势所趋的历史发展轨迹,绝不是一两个或一些有才干的历史人物所能阻挡的,尽管在这一历史发展进程中,也确实曾出现过一些包括诸如秦军失利的小插曲,或者六国捐弃前嫌结为联盟的小浪花,但充其量只能残喘一时。所以司马迁对刘邦建立不世之功的人生评价确实展现了其具有的超乎常人的深刻历史洞察力。

　　因此,只要深入研究司马迁的《史记》纲领,就会发现,司马迁从其发达而深刻的世界观出发,对历史的理解和看法较之于他之前的中国史学家具有突出的进步,这主要表现在他所具有的《史记》灵魂——"通变"的历史观。当

[①] (唐)刘知几著,(清)浦起龙通释:《史通通释》,上海:上海古籍出版社,2009年,第433页。

然，司马迁"通变"的历史观内容非常丰富，是一个结构严密、内容严谨的思想体系。从目前的学术态势来看，学者们不仅深入探讨了司马迁"变"的内涵及其途径等问题，而且对相较于变得"不易"或"常"的历史内容进行了深入探究，更需要指出的是，学界在此研究基础上，还进一步将"变"与"常"两者联系起来加以探讨，由此，获得了"通变"的全面而深刻的内容。在这一学术领域，刘家和先生的观点特别令人耳目一新。

刘家和先生指出："司马迁在《史记》中几乎处处都在写历史之变，因为历史本身就是在不断变化之中的；司马迁不仅这样写了，而且对变取了肯定的态度。这一点正是许多研究者所以赞扬他的地方。不过，司马迁也并未否认历史上有常，更没有看轻常在历史上的作用。"①刘家和先生还认为："在司马迁的史学思想中，人类求富之常情与人类礼义之常理是维持社会平衡的两根支柱，也是保证历史运行的两个车轮。所以，他十分重视这两种历史的恒常因素。"②刘家和先生的这一段话语，其意在指明，《史记》中所强调的变易，并不意味着司马迁就否定了"不易"或"常"的存在，而是相反，正是因为有"常"的存在，所以才显得"变"的重要和有意义，因而对于变化的研究是不能脱离"常"这一重要因素的，两者的关系并不是有你就没我的绝对对立的关系，而是一个既对立但又相辅相成的统一关系。推而广之，从历史本身来看，任何一个社会制度或王朝如果企图能够真的长久地存在下去，都必须保证其处在动态的稳定之中，唯有如此，它才可以避免僵化，或者被革命而改朝换代。由此出发，刘家和先生认为，司马迁"通变"的最深刻的学术意义还在于，他较好地处理了"变"与"常"二者的有机联系，从而才使他的学术思想真正地达到了"通古今之变"的高度。具体而言，如刘家和先生在文章中所指出的，在司马迁的史学思想体系中，"人心向背就作为一个政权兴亡的恒常因素，在从尧、舜到商、周以至于秦之统一的长期变化过程中一直都起了作用。所以，在这种变里是有常的，而且常正是以不断变化的形式起了作用"③。因此，在刘家和先生看来，"司马迁发现并说明了历史上的由变而通而常，这就是他做到了通古今之

---

① 刘家和：《论司马迁史学思想中的变与常》，《北京师范大学学报（人文社会科学版）》2000年第2期，第28页。
② 刘家和：《论司马迁史学思想中的变与常》，《北京师范大学学报（人文社会科学版）》2000年第2期，第30页。
③ 刘家和：《论司马迁史学思想中的变与常》，《北京师范大学学报（人文社会科学版）》2000年第2期，第32页。

变,因而也就是成了一家之言"①。而且,也"正是在贯通'变'与'常'这一点上,他显示出了自己的出色的史学思想"②。

不言而喻,刘家和先生通过对司马迁和《史记》中"变易"与"不易"或"常"的辩证的历史认识,大大加深并拓宽了对司马迁和《史记》整体史学观念的认知,这一成果标志着中国学界对司马迁和《史记》的史学研究取得了新的重大突破。

显然,司马迁在中国史学积淀的优秀传统的基础上,进一步发扬光大,将中国的史学观念推进了一个新高度,形成了其以"通变"为突出特征的进步而发达的历史观。也正是基于这一进步而发达的历史观,司马迁以恢宏壮阔的气魄,对中国在汉武帝之前三千年的历史进行了全方位的研究,从而在中国史学史上树立了一个令人瞩目的里程碑。表现在《史记》中,司马迁对历史探求的目的和其史学依据的对象,从时间上来讲是"古今"漫长的时代,从内容上讲是广博多样的,从本质上讲是追求客观、变化的原因;不仅如此,司马迁探求历史真谛所采用的思想方法,即主体在客体的变化发展中寻求历史规律的辩证方法和求真以致用的学术途径,是全方位的,而不是单一的,即它是一种综合的具有辩证色彩的研究思想,而不是形而上学的片面的理性的历史观念。这具体表现在,司马迁史学研究的动机,既是基于现实政治所产生的动力,但又不局限于现实政治的短期需求;既是为了探索现实的治国方略,但又把目光转向常人无法企及的未来,使漫长的数千年昔日的历史、汉朝当时残酷而复杂的政治现实和人们对未来的期许和探求三者,"述往事,思来者"③,在寻求规律中有机地统一起来,浑然一体。现代科学哲学家卡·波普尔(Karl R. Popper)指出:"被普遍规律所描述的有关规则性的因果解释,多少不同于有关单一事件的因果解释。"④在我们看来这两种不同性并不是一些可以用数量来加以解说的内容,而是说,被普遍规律所描述的历史事件要比单一事件的因果解释更为深刻和全面。因此,我们完全可以说,司马迁在其《史记》中所表达的历史观念已经达到中国古代史学观念的高峰。

---

① 刘家和:《论司马迁史学思想中的变与常》,《北京师范大学学报(人文社会科学版)》2000年第2期,第32页。
② 刘家和:《论司马迁史学思想中的变与常》,《北京师范大学学报(人文社会科学版)》2000年第2期,第26页。
③ 《史记》卷130《太史公自序》,第3300页。
④ [英]卡·波普尔:《历史主义的贫困》,何林、赵平译,北京:社会科学文献出版社,1987年,第145页。

不言而喻，司马迁的《史记》是一个丰富而复杂的思想体系，由于其所处历史时代的局限性、个人文化构成的规定性和人生经历的特殊性，也存在着一些由于个人的好恶而表现在历史叙述中的情感表现。人们研究《史记》中众多历史人物时，常常会读到司马迁在其中所倾注的极具情感性的描述、叙述和论述。同时，司马迁的思想中不可避免地混杂着一些天命和迷信的色彩。显然，这是司马迁历史观研究中的难题，对此，我们稍加解释。

第一方面，即《史记》中关于司马迁个人情感的流露，这在《史记》中比比皆是，其间表达的自己真情实感，爱之深，而恨之切。爱憎分明，令人印象深刻。

以司马迁对孔子和晏子的感受为例：

诗有之："高山仰止，景行行止。"虽不能至，然心乡往之。余读孔氏书，想见其为人。适鲁，观仲尼庙堂车服礼器，诸生以时习礼其家，余祗回留之不能去云。天下君王至于贤人众矣，当时则荣，没则已焉。孔子布衣，传十余世，学者宗之。自天子王侯，中国言六艺者折中于夫子。①

其中对孔子崇敬，溢于言表，令人动容不已。再如，司马迁对晏子的处世能力和为臣之道颇为赞赏。而对晏子在齐庄公被刺身亡后的表现更是赞叹有加：

晏子伏庄公尸哭之，成礼然后去，岂所谓"见义不为无勇"者邪？至其谏说，犯君之颜，此所谓"进思尽忠，退思补过"者哉！假令晏子而在，余虽为之执鞭，所忻慕焉。②

以上两个人，可以真切感受到司马迁并没有克制自己内心的强烈认同和赞美感受，将内心的真挚情感和盘托出，着实令人感动不已。而与此述相对立的一些人物的历史境遇，司马迁同样表达了自己的感情，但却是斥责和愤怒。

如蒙恬在赵高的密谋下，被秦二世下令自裁，蒙恬感到实为不解、实在无奈：

蒙恬喟然太息曰："我何罪于天，无过而死乎？"良久，徐曰："恬罪固当死矣。起临洮属之辽东，城堑万余里，此其中不能无绝地脉哉？此乃恬之罪也。"乃吞药自杀。③

对此，司马迁却对蒙恬之死做出这样的解释，这种解释却表达了他自己的

---

① 《史记》卷47《孔子世家》，第1947页。
② 《史记》卷62《管晏列传》，第2136—2137页。
③ 《史记》卷88《蒙恬列传》，第2570页。

内心感受。

> 吾适北边，自直道归，行观蒙恬所为秦筑长城亭障，堑山堙谷，通直道，固轻百姓力矣。夫秦之初灭诸侯，天下之心未定，痍伤者未瘳，而恬为名将，不以此时强谏，振百姓之急，养老存孤，务修众庶之和，而阿意兴功，此其兄弟遇诛，不亦宜乎！何乃罪地脉哉？①

显然，在司马迁看来，蒙恬在秦统一后的所作所为，已经背离了做人臣的本分，已脱离了百姓的民生之本，所以蒙恬死固当然，不足为奇。司马迁的这一解释，显然与常人的判断有着明显的不同。从常人的角度言，一般都对蒙恬被迫自杀感到同情，因为他是秦二世和赵高在夺取皇权道路上的障碍，而不得不除掉，蒙恬成为秦胡亥夺权争斗的牺牲品，因此，人们普遍对蒙恬的死感到无奈，甚至觉得蒙恬真的很冤枉。但司马迁在此的评价已经超越了秦王朝内部的权力争夺层面，而是从人臣之道和民生之道的国家政治角度来对蒙恬的历史命运加以解说的。从这个角度言，更是清晰地表明了司马迁对蒙恬不忠人臣本义，不惜民力的一种强烈不满。

再如，对于韩信之死，司马迁也表达了他个人的真实感受，既有怜惜之情，又有无奈之意。太史公曰：

> 吾如淮阴，淮阴人为余言，韩信虽为布衣时，其志与众异。其母死，贫无以葬，然乃行营高敞地，令其旁可置万家。余视其母冢，良然。假令韩信学道谦让，不伐己功，不矜其能，则庶几哉，于汉家勋可以比周、召、太公之徒，后世血食矣。不务出此，而天下已集，乃谋畔逆，夷灭宗族，不亦宜乎！②

司马迁在此用的词为"不亦宜乎"，这句话既代表了司马迁对韩信命运的历史理性的判决，同时也是司马迁对韩信命运的情感判决。

而在《酷吏传》中，司马迁叙述了酷吏产生和发展的过程后，在最后的评语，对酷吏的恶行不满溢于言表，表达了内心的强烈不满。太史公曰：

> 自郅都、杜周十人者，此皆以酷烈为声。……然此十人中，其廉者足以为仪表，其污者足以为戒，方略教导，禁奸止邪，一切亦皆彬彬质有其

---

① 《史记》卷88《蒙恬列传》，第2570页。
② 《史记》卷92《淮阴侯列传》，第2629—2630页。

文武焉。虽惨酷，斯称其位矣。至若蜀守冯当暴挫，广汉李贞擅磔人，东郡弥仆锯项，天水骆璧推咸，河东褚广妄杀，京兆无忌、冯翊殷周蝮鸷，水衡阎奉朴击卖请，何足数哉！何足数哉！①

从"何足数哉！何足数哉！"这两句重复话语，就可以真实地感受到司马迁内心深处对酷吏的所作所为是多么愤怒，但又是多么无奈，以至于他无法用语言来表达自己的情感啊。

公允而言，司马迁的《史记》较之于中国其他的国史而言，以"继《春秋》"为己任，"夫《春秋》，上明三王之道，下辨人事之纪，别嫌疑，明是非，定犹豫，善善恶恶，贤贤贱不肖，存亡国，继绝世，补敝起废，王道之大者也"②，其中褒贬分明，是非昭然，因而在《史记》中，包含了司马迁本人对历史事实的真情实感和对历史真实的深切赤诚的情怀，而且这种情感是一种自然的流露，爱之深，恨之切，不以胜败论英雄。他不是只注重对历史人物命运轨迹的因果关系方面的探讨，而在人物命运因果关系探讨的基础上，又对历史人物的命运进行了价值判断，并在这种价值判断中增加了自己的情感因素，这在其中突出地表现了《史记》所具有的义薄云天的精神力量。这也是《史记》之所以长久震撼人们心灵的魅力之所在。

当然，《史记》的这一特点早在中国古代就受到了一些历史学家的非议，其中，最具有代表性的观点，即班固在《汉书》中就认为司马迁"是非颇谬于圣人"③，旨在批评《史记》所表现的价值观和情感态度。其实班固的这一态度长期成为一些批评司马迁历史观念的依据，而《史记》在中国历史上的一些起伏也与其对历史的情感态度有着直接的关系。尽管如此，中国史学的主流形态，对司马迁和《史记》持正面的态度，而其中的情感、爱憎成为《史记》最耀眼夺目的光环，其所弘扬的自强不息、不屈不挠、奋发有为、建功立业精神，已成为中华民族精神的重要组成部分。

再从西方史学史来看。在西方的古典史学著作中，其叙事史学，也就是在其史学主流倡导下的历史理性研究方法指导下的历史研究，其研究的对象和结果是不能涉及个人情感的，如果涉及个人情感的话，那就只能是个人传记。但

---

① 《史记》卷122《酷吏列传》，第3154页。
② 《史记》卷130《太史公自序》，第3297页。
③ 《汉书》卷62《司马迁传》，第2737—2738页。

在他们的历史观念中，个人传记是不被纳入历史的范畴之中的。而到了近代，在兰克史学观念中，历史学家的个人情感同样是不能出现在历史著作中，"不动情"是他们治史的金科玉律，以此来彰显其历史研究的客观性和真实性。但其史学进入现代后，所产生的一个重要进步，就表现在他们对近代史学客观性的反思上，而这种进步的最主要的表现，就是发现了情感在历史学研究中的重要作用，由此出现了诸如"元史学"等其他重要流派，其核心乃在于强调人们的思想和情感在历史研究中的合理性和重要性，其结果，情感成为历史观念必要的、合理的组成部分。由此，学术界在人们所熟知的历史认识论的基础上，进一步产生了历史的价值论，其效用是为了在历史中运用价值判断，为进行历史分析提供理论根据。因此，历史价值论的出现，不仅丰富了历史观念的内容，而且为历史学发挥其思想和价值的作用开辟了道路，从而大大扩展了历史观念的内容。

第二方面，关于一些学者所指出的，在司马迁的历史观念中、在《史记》的历史论述中，似乎存在或者说是混杂着一些天命和迷信色彩的问题。

不言而喻，上述问题的确是学术界关注的一个重要问题，也引起了一些学者对这一问题的讨论。尽管学界有多种观点，但其根本的认识还是较为一致的。其一，从司马迁的职业来讲，正如司马迁在《报任安书》中所说的"仆之先人非有剖符丹书之功，文史星历近乎卜祝之间"[1]，中国的史学正是从这种卜祝之中逐渐走出的，其自身在文化传统上不可避免地要打上这种文化烙印。其二，从司马迁所创立的史学体例而言，《史记》的核心为人物传记，而要进行人物的叙述，与对重大历史事件的叙述有着明显的不同。宏大历史事件有着各种历史材料作为依据，进行选择，而历史事件中人物思想和性格方面的内容，从朝廷的档案和其他文献方面是无法寻到的，只能诉诸田野考察，也就是说，这种情节和细节的考察只能从历史人物早期生活的社会环境中获得。所以，司马迁在《自序》中就说到其在少壮时游历全国各地的经历和心路历程，并从这种经历中获得大量有价值的历史田野材料，从中确实可以获得许多传记名人早期的成长轨迹，但其内容往往是理性与迷信相交织的地方，因而传记名人的这种轨迹自然又都充满了各种迷信或宗教观念。这样来看的话，在司马迁《史记》中出现这样一些与神意或迷信有关联的记叙就不奇怪了。其三，重要的是，司

---

[1] 《汉书》卷62《司马迁传》，第2732页。

马迁在《史记》中记叙与神意有关的事例，并不意味着司马迁就全然相信这样的事例，更大的程度在于他是用这些材料来叙述、阐明人物的心灵和性格而已，以获得对人物思想和心灵的生动而准确把握。这其实是传记史学的一个重要特点，司马迁是这样的，普鲁塔克更是这样，中西概莫能外。

综上所述，虽然在史学史上曾经对司马迁和《史记》中所表现的某些天命或迷信的内容进行过诸多讨论，但结论总体而言则趋向一致。即不管怎样讲，《史记》中所表现的某些天命或迷信的内容，绝非司马迁思想体系的本质之所在，其影响后世且被后世所看重的、最能代表其思想精华的，当然就是被他高度浓缩而被后世广泛推崇的《史记》研究纲领——"究天人之际，通古今之变，成一家之言"。《史记》的灵魂就在于其所具有的这一"通变"史观。正是在这一史观指导下，司马迁以如椽之笔，独具慧眼，对从传说的黄帝到秦汉的三千年历史进行了整体的考察，开创性地将黄帝作为中国文明史的开端，奠定了中国历史的基本框架，因而有首创之功；而且司马迁在历史的运动中，将"变易"与"不易"或"常"相联系，并在历史矛盾运动中将其汇于胸中，熔为一炉，终"成一家之言"。因而司马迁所探求的历史本质是基于历史过程本身，而不像希腊罗马史学是基于世界本原的形而上学的理性，而且司马迁所把握的历史本质是在历史过程中产生，并在历史过程中不断变化的，既有其恒定性，同时也有其变化性，不像希腊罗马的理性那样是永恒不变的，是预先设定于历史的进程中，并预定了历史发展的方向和结果。当然，从现代史观来看，司马迁这一"通变"的方法论还是比较粗糙和朴素的，在《史记》中也还不时地闪烁着一些让他无法理解的问题，也出现了某些超自然的光环。但这并不足怪，从现代史学发展的观念来看，这是古代世界人文主义思想家的通例，是人文历史发展进程中所必须经历的一个重要阶段。正如意大利著名历史理论家贝奈戴托·克罗齐所说的："古代思想把命运、神性、不可思议的事物留在其人本主义的边缘，结果，甚至在最严肃的历史家中，奇谈怪事也没有被根除——至少，门户是敞开的，它可以回来。"①固然，我们在此承认贝奈戴托·克罗齐的说法是有道理的，但我们还要强调的是，在整个古典时代的文化氛围中，司马迁的历史观已经是出乎其类而拔乎其萃了。

---

① ［意］贝奈戴托·克罗齐：《历史学的理论和实际》，傅任敢译，第160页。

第三节　传记史学观之比较

综上所述，希腊罗马史学的发展与其理性的哲学密不可分，"认识自我乃是哲学探究的最高目标"①。对于中国史学而言也不例外。中西史学都具有发达的理性观念，而且这一理性思想都对中西史学思想的产生和发展具有深远而重要的影响。

其实，对于历史学而言，最难处理的就是如何面对历史进程中的"变"与"常"这一对矛盾。而面对和解决这一矛盾的不同方式，也自然造成了中西历史观念间的重大差异。亚里士多德曾指出，在苏格拉底之后，"意式论的拥护者是因追求事物的真实而引到意式上的，他们接受了赫拉克利特的教义，将一切可感觉事物描写为'永在消逝之中'，于是认识或思想若须要有一对象，这惟有求之于可感觉事物以外的其它永恒实是。万物既如流水般没有一瞬的止息，欲求于此有所认识是不可能的"②。因而，对于"可感觉事物以外的其它永恒实是"的追求，使希腊的哲人们最终对历史采取静止的不动的形而上学的历史观，而在这一历史观指导下，西方古典史学举步维艰，最终使希腊罗马的历史学几无存身之地。

蒋重跃教授在总结刘家和先生的史学思想中指出："中国传统认为真理不能从静态中把握，只能从动态中把握，所以最好的论证就是历史的论证。但希腊人的传统不是这样的，希腊哲学家认为历史的证据是不能证明永恒真理的，因为它昨天是这样的，今天可以不是这样的，所以必须作逻辑的论证。总之，中西文明之分，不在于一方有理性、有哲学，而另一方则没有。双方都有高度发达的理性，是其所同；而西方的发展主要表现在逻辑理性上，中国的发展则主要表现在历史理性上。在西方古代文明的理性结构中，逻辑理性居于主导地位；而在中国古代文明的理性结构中，则历史理性居于主导地位。"③

显然，中西历史学的发展各有其内在原因，对于希腊罗马史学而言，自巴门尼德以后，希腊哲学最终找到并确定了自己发展的独特道路，而到亚里士多

---

① [德] 恩斯特·卡西尔：《人论》，甘阳译，第1页。
② [古希腊] 亚里士多德：《形而上学》，吴寿彭译，第266页。
③ 蒋重跃：《结构·张力·历史——刘家和先生学术思想述要》，《高校理论战线》2007年第1期，第37页。

德时，这一哲学理论和方法达到顶点，形成了一个严密的以探求本原——理性为目的的形而上学体系。在此思想背景下，对于西方史学而言，其最引以为豪的就是他们早在希腊罗马时代就把历史看作一个具有理性的实践活动，排斥否定神灵对人事的影响，从而树立起人文主义的历史观，并对古希腊历史学的产生和发展产生了深远的影响。对此，朱本源先生深刻阐述了古希腊哲学和历史学的内在关联及其影响关系，他指出："值得我们注意的是，最早的散文家们与最早的哲学家都诞生在米利都和小亚细亚的其他城市。虽然散文家们出现的时间晚了半个多世纪，而且两者感兴趣的领域并不相同，比如哲学家们探索天道（自然界的起源和变化）、散文家（'历史学家'）叙述人事，但是两者都表现出了一个共同的倾向：即在宗教和神话以外去探讨自然或历史的本来面目，虽然散文家远不及哲学家彻底。"①一般而言，学界认为希腊的史学是以"历史之父"希罗多德的《历史》为标志而创立的，R. G. 柯林武德认为，这一历史观的根本特点在于："它是试图对人们认识到自己所不知道的那些问题作出明确的答案。它不是神权主义的，而是人文主义的；所探究的问题不是神事，而是人事"②，"它是人类历史的叙述，是人的事迹、人的目的、人的成功与失败的历史"③。当然，古希腊的史学成就与其哲学的发达紧密相连，因此，朱本源先生指出："毫无疑问，希腊理论思维的这一趋向，是公元前5世纪希腊社会经济急剧变动的反映，是雅典民主政治生活蓬勃发展的客观要求。"④但其弱点，则在于希腊罗马史家们是从理性的实质主义思想出发，不是从历史本身中去寻找历史的真谛，不能够从长远的历史多样性本身中去寻找历史的内在联系和历史发展的真谛，只是用复杂的历史现象来证明某种哲学的或政治的或宗教的论题，因此史学无法揭示出其自身所存在的历史理性，只能是理性的历史，因而历史无法真正自立并独立出来，必须依赖于哲学而存在。

对于普鲁塔克而言，其《名人传》宣扬的是他所信仰的实践理性这一思想观念，即将道德理性作为世界的主宰，世界的一切都是其道德理性的外化形式，因而其《名人传》中的人物归根结底所表现的并不是真实的希腊罗马的历史人物，而是他心目中的希腊罗马人物的形象，而且这种形象更多地表现为道

---

① 朱本源：《历史学的理论和方法》修订本，北京：人民出版社，2012年，第222页。
② ［英］R. G. 柯林武德：《历史的观念》，何兆武、张文杰译，第19—20页。
③ ［英］R. G. 柯林武德：《历史的观念》，何兆武、张文杰译，第46页。
④ 朱本源：《历史学的理论和方法》修订本，第226页。

德形象，也就无法真正揭示希腊罗马真实的千年历史进程，不能体现希腊罗马历史的全面性、多样性和复杂性，最终所看到的只是希腊罗马历史的单一性、抽象性和道德性。所以，普鲁塔克在《名人传》中的历史观念只能是他自己对希腊罗马自身历史发展的一种认识，并深深打上了他自己历史观念的烙印，事实上和其所研究的希腊罗马的真实的历史过程、真实的历史人物还有较大的距离。

同希腊罗马一样，中国的传统文化长期将人事和神事的关系问题作为探讨的中心问题，从中国思想史来看，司马迁的贡献之一就在于他把殷周以来的天人理论从神学发展为形而上的理论体系。对这一形而上的理论体系，我们可以借助孔德（Auguste Comte）的理论来加以说明。在法国实证主义哲学家孔德看来，人类精神经过了三种发展阶段，在近代科学兴起之前，人类思想的最高成就是由神学阶段发展到形而上学的阶段，他所谓的形而上学的思想方式，即用抽象观念代替各种人格神。如果将司马迁的这一形而上的理论体系以孔德的标准来衡量的话，它和西方古代的形而上学的理论体系确有相通之处，但也有不同之处，这种不同之处主要在于司马迁的形而上的理论体系包含更多、更真实的社会历史内容。

正是在中国传统的"变易"的社会历史文化思想的基础上，司马迁对中国的传统文化特别是孔子的历史思想进行了理性的思考，为中国传统文化的求善模式注入了更多求真的理性的成分，从而超越了孔子的"道德理性"的史学模式，形成了独具特色的司马迁的史学范式。这一史学范式被清代郑樵誉为"百代而下，史官不能易其法，学者不能舍其书"[①]。当然，这一史学范式的核心则是其中所蕴含的"通变"的要义。可以说，"通变"的历史思想总结并揭示了司马迁探索历史的目的、方法及根本途径。对此，我们可以对其再加以论析。

其一，司马迁对历史总体把握的世界观为"变"，即所谓"正《易传》"，"《易》著天地阴阳四时五行，故长于变"，因而说明司马迁的历史观是发展变化的观点。即司马迁把整个历史进程、整个世界看作是一个客观的不断运动和生产的有机体系，把漫长的历史长河作为一个客观发展的进程，而司马迁正是在这一客观的历史变化发展进程中去"通"，去探索历史的真谛，且在通变的过程中，还特别注意到了"常"这一历史范畴的重要因素，并在历史进程中将"变"与"常"两者有机地统一起来。其结果，不仅使其"通变"的历史观具有

[①] （宋）郑樵：《通志》第1册，北京：中华书局，1987年，第1页。

极其重要而深刻的社会历史内容,而且也使得司马迁的史学观念包含了极其深刻而发达的历史意识。这不仅是普鲁塔克所不及的,也是古典时代任何希腊和罗马史家所无法比拟的。比如,在贝奈戴托·克罗齐看来,"修昔底德叙述过去的事件是为了从中预测未来的事件,那些事件都是等同的或相似的,是人类命运的不断反复"①。也就是说,修昔底德是从静止、孤立的观点来看待历史进程的,而不是从矛盾运动中来考察伯罗奔尼撒战争,寻求历史的启示,因而他的历史观用现代术语来讲是形而上学的。其实,这不仅是修昔底德的弱点,也是古代西方史学的通例。

其二,司马迁《史记》并非孔子以其《春秋》为标志所创立的断代史,也并非《名人传》所叙述的近千年的人物传记历史,也不是希腊、罗马史家所创建的重大事件的历史,而是叙述了上自黄帝下至汉武帝三千年的以编年为背景、以叙事为基础、以人物的思想为中心的"通史"和"全史",并在这一"通史"和"全史"中提炼自己的历史意识和传记史学意识,从历时性和共时性两个维度对客观而丰厚的历史进程、种类繁多的历史人物和复杂多样的历史现象进行诠释。因而,司马迁所探索的历史源流之深远,历史视野之宏阔,历史人物形象之丰富、生动和多彩多姿,并将这一切都包容进其进步的"通变"的历史观中,具有鲜明的历史感,这远非希腊、罗马的叙事史家和传记史学家,比如普鲁塔克所能及。

其三,司马迁对三千年的历史长河进行了多方位、多角度的探讨,政治、经济、军事、思想、文化等无所不包,是一部跨度漫长的"百科全书",并对各领域之间的关系、历史发展的终极原因方面都有深刻的见解。从现代史学来看,司马迁探求历史真谛所采用的方法,即主体在客体的变化发展中寻求历史规律的方法和途径,使得他的史学目的意识是全方位的,而不是单一的,既是为了现实政治,但又不局限于政治。表现在传记人物中,司马迁虽然将叙述的重心置于政治军事方面,但已在许多方面突破了传统的、狭隘的政治军事历史局限,博采众长,从社会的各行各业中萃取代表性人物,载于《史记》之中,展现他们在各个领域的突出性成就和复杂而真实的内心世界。《史记》中的人物包括面极广,上至帝王将相、皇亲国戚,下至学者、商人、游侠、卜者、倡优、医生,还有众多少数民族首领、农民起义领袖。这就远远超出了普鲁塔克

---

① [意]贝奈戴托·克罗齐:《历史学的理论和实际》,傅任敢译,第155页。

的人物传记所描述的政治军事领域人物这一狭隘的传记范围，也同样远非希腊、罗马任何史家所能企及的，这就是"究天人之际"的真实社会历史内涵。

其四，司马迁在历史发展的进程中，进行"概括"（借用西方史学家的术语），其实质在于寻求社会发展规律，这就是"成一家之言"，也正是在这一点上，最集中地体现了司马迁历史意识的高度。无论中国史学史或是西方史学史都表明，历史学正是在不断概括、不断寻求其内在的发展规律中兴旺发达起来的。马克思主义认为，历史研究目的和旨趣固然很多，但如果从根本性来讲，还是为了探求社会历史发展的规律，从而指导人们的历史实践；历史学不仅是为了现实，而且也是为了了解未来；历史学不仅是陈述事实，而且也是解释事实；历史研究的难点是如何把对过去的历史认知、现实社会问题的解决和对未来社会历史发展趋向的把握，这三者统一起来，把陈述、解释和应用三者有机结合起来。而西方现代史学家一概否认历史发展的规律，并认为对规律性的探寻是西方实质主义的思辨残余，由此否定了历史本身运动是历史认识的基础作用，转而采取了分析主义的历史方法。尽管如此，分析和综合是相辅相成的关系，分析还是不能离开综合而独立存在，因此，他们在一边批判"规律"的同时，也都自觉或不自觉地进行"概括"，都在自觉或不自觉地进行解释，探讨其中的因果，并从中预测未来。可见寻求历史发展的规律是史学发展的内在趋向，如果从史学发展的这一趋向来看司马迁的"一家之言"，我们可以毫不夸张地说，司马迁的史学意识已达到世界古代史学的高峰。

当然，在此我们还是以著名史学家刘家和先生的研究成果作为这一问题的结论。刘家和先生指出："在古代世界史上，只有中国和希腊的史学得到了充分的发展。在古希腊，史学是在实质主义的或反历史的思想环境中成长起来的；由于与总的思想环境的矛盾，希腊史学的发展不能不受到深刻的影响与限制。而在中国，史学是在人文主义与反实质主义相结合的最适当的环境里发展起来的；由于没有古希腊人所面临的那种矛盾，所以史学得以日益发扬光大起来。"[①] 这是刘家和先生对中西史学深入研究后所得出的真知灼见。

现在的问题是，如果将司马迁的这一"通变"史学思想进一步置于西方史学发展史来比较考察的话，其结论如何呢？

古希腊罗马史学的第一发展阶段就是被黑格尔称为原始史学的时期，以希

---

① 刘家和：《史学在中国传统学术中的地位》，《史学、经学与思想：在世界史背景下对于中国古代历史文化的思考》，北京：北京师范大学出版社，2005年，第88—89页。

罗多德的《历史》和修昔底德的《伯罗奔尼撒战争史》为其主要代表。在 R. G. 柯林武德看来，古希腊原始史学最突出的缺点便是在"实质主义"的方法制约下，历史学者的历史作品只是对他们亲身经历的行动和事件的一种直接的记载，也就是所谓的"当代史"。如希罗多德在其《历史》中所指出的那样，他"所以要把这些研究成果发表出来，是为了保存人类的功业，使之不致由于年深日久而被人们遗忘"①。而修昔底德之所以撰写《伯罗奔尼撒战争史》巨著，是因为他"相信这次战争是一个伟大的战争，比过去曾经发生过的任何战争更有叙述的价值"②。由于原始史学必须借助于第一手材料的运用和记载的真实可靠性，所以其叙述的范围也只能局限于历史学家的个人经验，其时代也只能局限于史学家个人的人生跨度，即此史学记叙属于所见史的一种直接记载，用我国史学理论家刘知几的话来讲就是"国史所书，宜述当时之事"③。当然，在刘知几等人看来，这种对当代史的记叙相对容易操作，也较容易反映其所处历史时期的真实性，因为当时有许多人，包括历史学家自己都是历史事实的目击者。这样，历史学家的眼光自然无法伸展到更古的时代和更远的地方，只能写当代、当地的历史。

但问题是，只要仔细深入思考的话，就会发现这一观念其实存在着许多问题，最重要的问题就表现在这一观念没有认识到历史本身所具有的一个非常重要的特点，即历史本身所具有的不断发展变化的历史过程性。这一特点的内涵就是历史现象本身是一个发展过程，由于其过程性，所以历史现象本身蕴含的许多问题和影响并不会马上表现出来，它需要一个过程的渐变，只有到历史现象所包含的内容和影响充分展开时，人们才能对原先的历史事件做出较为深入的判断。这一点修昔底德在写作时已经发现了。④修昔底德也认为希腊人"不但对于记忆模糊的过去，而且对于当代的历史，有许多不正确的猜想"⑤。即使对于历史事件的目击者的证词，修昔底德仍然感到失望："不同的目击者对于同一个事件，有不同的说法，由于他们或者偏袒这一边，或者偏袒那一边，或者由于记忆的不完全。"⑥也就是说，即使就是当时代的人，当事人，也对当时

---

① [古希腊]希罗多德：《历史》，王以铸译，北京：商务印书馆，1959年，第1页。
② [古希腊]修昔底德：《伯罗奔尼撒战争史》，谢德风译，北京：商务印书馆，1960年，第2页。
③ (唐)刘知几撰，(清)浦起龙释：《史通通释》，上海：上海古籍出版社，1978年，第59页。
④ [古希腊]修昔底德：《伯罗奔尼撒战争史》，谢德风译，第16页。
⑤ [古希腊]修昔底德：《伯罗奔尼撒战争史》，谢德风译，第16—17页。
⑥ [古希腊]修昔底德：《伯罗奔尼撒战争史》，谢德风译，第18页。

第二章　实质主义与"通变"观念之比较——传记史学的历史观　99

发生的事件有不同的看法，很难定论。面对此种窘境，修昔底德借助其深厚的希腊理性文化底蕴，另辟蹊径，借助考证，运用史料批判这一重要的史学方法试图消弭这一矛盾，这由此成为《伯罗奔尼撒战争史》的突出特点。但在实践中，修昔底德发现这一方法对于那些缺乏史料考证的历史事实也有明显的局限性，于是他又转而利用自己的想象、回忆努力复原历史的真实。比如，《伯罗奔尼撒战争史》所记叙的大量精彩的演讲词中的相当部分，就是他对演说家发表的演讲词进行大力复原的结果。难能可贵的是，修昔底德以其突出的求真精神在书中叙述了他复原演讲词的缘由和具体方法。他是这样说的：由于他已经记不清楚他亲自听到的演说词的真实词句，在调查当事人和目击者的过程中，被调查者也同样遇到了他所碰到的困难，面对当时确实难以克服的困难，怎么办？"我的方法是这样的：一方面尽量保持实际上所讲的话的大意；同时使演说者说出我认为每个场合所要求他们说出的话语来。"① 显然，修昔底德是用自己的主观的想象来弥补时空的差距，努力与发生的历史真实相符合，这一事例清晰表明了从古希腊时期开始，即使最杰出的历史学家修昔底德对历史所持的一种相当灵活的态度，而这种态度与中国传统的历史观念迥然不同。

　　当然，在修昔底德时代，古希腊的历史观念开始建立不久，历史学家所研究的就是他们本身所熟悉的时空、有限的城邦或希腊种族的历史，黑格尔称其为"原始的历史"，其特点在于"他们的叙述大部分是他们亲眼所看见的行动、事变和情况，而且他们跟这些行动、事变和情况的精神，有着休戚与共的关系"②。所以，在修昔底德时代，虽然人们已意识到这个问题，但时空距离对历史研究的影响有限，历史学家可以通过其他途径而达到求真的目的。随着历史研究的不断深入，希腊人及后来的罗马人也开始研究与他们历史大不一样的其他国家和民族的历史，时空矛盾开始较明显地表现出来了，如普鲁塔克就曾在《伯里克利传》中对此难题感慨不已："看来，叙述历史，要掌握好事实很不易，因为，如果是后来人，时间对认清事实会是个障碍；而如果是叙述同时代人物和生平，那么，或者由于怀恨，或者由于逢迎，又会对事实加以损害和歪曲。"③ 而到了希腊化和罗马帝国时期，由于帝国疆域的扩大，人们视野的开阔，各地联系的紧密，开始出现专业的历史学家和新的历史体裁，即指那种超

---

① ［古希腊］修昔底德：《伯罗奔尼撒战争史》，谢德风译，第17页。
② ［德］黑格尔：《历史哲学》，王造时译，第1页。
③ Plutarch, *Plutarch'Lives*, Trans. Perrin B., p.47.

越"目力所及"和个人感知的时代局限,并从普遍历史的角度,对以往的历史文献进行批判考察而写作的历史体裁——普世史。普世史家"大都目的在于一个民族,或者一个国家,或者整个世界的全部历史——简单的(地)说来,就是对于我们所谓普遍的历史,考查它的梗概"①。R. G. 柯林武德认为,由于亚历山大帝国的建立,世界由一个地理概念变成一个历史概念。"整个的亚历山大帝国这时共享有一个希腊世界的单独历史。潜在地(的),则整个'普世'都共享着它。"②普世史学由此产生。而其后的罗马史学家则继承了这一普世的历史观念,把罗马史作为历史现实的普世历史,"因为罗马这时就像亚历山大的帝国一样,已经就是全世界了"③。"在这里,最重要的一点,是历史资料的整理。进行工作的人是用了他自己的精神来从事这种整理工作,他这一种精神和材料内容的精神不同。"④历史学家所采取的方法就是用自己的历史观念来概括他们所知道的世界历史,使其他国家地区的历史适应希腊罗马的历史观念,其实质仍是用自己的思想和观念来弥补历史时空的差距。黑格尔认为较之于原始史而言,普世史是一种反省的历史,所谓反省的历史,其真实的意义乃在于他们开始有了古代史的概念,换言之,他们的历史观念开始摆脱只有现代史的史学樊笼,开始向一个时间更为漫长,古今开始产生联系的新的史学发展阶段进步。

不言而喻,普世史学较之于原始史学来讲是一个巨大的进步,它超越了原始史学狭隘的时空局限性,使原先地理意义上的世界变为一个具有历史意义的世界,使人们可以从更为广阔的历史层面上和更为长久的历史时间中去了解人类自身比较复杂的历史内容,也就是他们的世界历史,从而也标志着希腊罗马的史学观念已经发展到一个新的历史阶段。不言而喻,普世史在许多方面,同司马迁的《史记》体例以及《史记》所表达的史学观念等方面有相同之处,但如果同司马迁的《史记》相比较的话,其突出弱点如下。

普世史的出发点是以不变的理性为依据,继承和发展了实质主义的思想方法,将希腊史、罗马史和"世界史"等同起来,将世界民族的历史多样性统一于希腊罗马的历史品格之中。如罗马史学中的杰出人物波里比阿,他以一部四十卷的《历史》巨著,记载了罗马与地中海范围内的罗马世界的历史,也就是

---

① [德]黑格尔:《历史哲学》,王造时译,第4页。
② [英]R. G. 柯林武德:《历史的观念》,何兆武、张文杰译,第36页。
③ [英]R. G. 柯林武德:《历史的观念》,何兆武、张文杰译,第42页。
④ [德]黑格尔:《历史哲学》,王造时译,第4页。

他所知道的"世界"的历史。其目的是要解决"罗马人究竟运用什么方法、凭借何种制度在短短不足五十三年的时间成功地将近乎整个有人类居住的世界吞并到她的单极政府的统治之下"①这一激动人心的主题。而为了达此目的,他第一次提出了"普遍史"的概念,在他看来,"在此之前,世界历史的发展,正如人言,是分散的,它们在不同地区演进着各自不同的起源与结局;但是,从那一天起,历史变成了一个密不可分的整体:意大利和阿非利加的事件已与希腊和亚细亚的紧密相关。所有的这一切都指向同一个终点,这便是我记述历史的起点"②。波里比阿认为产生这一重大变化的根源是"命运之神",因为,"命运之神已经将世界上全部事件的发展引向了同一方向,并驱使它们汇向同一终点,一个历史学家有责任以广阔的视角把命运之神完成她既定目标的行动展现在她的读者面前"③。人们在如此巨大、猛烈的命运面前是无能为力的,只能顺其自然,而无法抗拒。即如罗马帝国时期著名的斯多葛派哲学家塞涅卡(Lucius Annaeus Seneca)名言:"服从命运的,跟着命运走,不服从命运的,命运拖着走!"④

李维所撰写的《罗马史》142卷,记叙了罗马建城到奥古斯都统治晚期,上下共700年,这在罗马史上是空前的。较之于希腊史学而言,他有着一些与希腊人不同的历史意识,他试图以综合的方法将漫长的罗马史在更广阔的背景和更长远的历史时代中去叙述,去概括。需要指出的是,这种普遍的历史的含义和司马迁的"通变"思想并不相同,它主要是在外延上突破了古希腊狭隘的时空局限,而在更广阔的背景和更长远的历史时代中去叙述历史。尽管这种反思的历史较之于原始的历史来讲是一个大的进步,但其思想观念仍然是希腊的形而上学的思想观念,历史学家只是努力地用自己的精神对于前人(古人)历史进行反思,历史成果仍是以今人思想去反思古代历史的结果,历史成为一种"以文字描绘的肖像画展"⑤,或者是"半历史、半游记的东西"⑥,由此黑格尔在分析普世史的特点时说:"在这里,最主要的一点,就是历史资料的整理。进

---

① Polybius, *Histories*, Trans. W. R. Paton, Cambridge: Harvard University Press, 1922.
② Polybius, *Histories*, Trans. W. R. Paton, p.2, pp.3-5.
③ Polybius, *Histories*, Trans. W. R. Paton, p.2. "命运之神(τυχη)",这里波里比阿对"命运之神"的观念是认为她属于一种普遍存在的,随心所欲实现着她对人类的控制的作用力,同时她也是一个以人类命运为蓝本的剧作者。
④ 转引自《欧洲哲学发展史》编写组:《欧洲哲学发展史》,重庆:重庆出版社,1984年,第121页。
⑤ [美] J. W. 汤普森:《历史著作史》上卷第1分册,谢德风译,第115页。
⑥ [美] J. W. 汤普森:《历史著作史》上卷第1分册,谢德风译,第118页。

行工作的人用了他自己的精神来从事这种整理工作；他这一种精神和材料内容的精神不同。"①黑格尔还以李维为例，说他以自己的精神写往古历史，让古代的历史人物说起话来就像他那个时代的人一样。②

表现在普鲁塔克的《名人传》中，虽然其撰写的历史名人时间上下近千年，空间主要横跨希腊罗马（还包括了若干波斯国王），但对人物的叙述方面，其思想观念仍属于实质主义范畴，对人的思想和观念有明显的现代化塑造的痕迹，没有真实地反映出历史上不同国度和时期名人生活的真实历史状态，并由此引起了人们对《名人传》性质不断的探讨，即《名人传》到底是属于文学作品还是历史作品的长期争论。当然，对此问题如果从历史理论的角度加以评论的话，其基本问题就在于如何正确地处理好历史进程中历史人物和历史事件中的"变"与"不易"二者间的辩证关系。

到了近代，历史研究中的时空观念及其两者间的关系在历史中的重要性问题才越来越明确地表现出来，开始被人们所重视。也就是说，随着研究范围的扩大，历史研究中所出现的问题不仅是如何能够历时性地叙述历史发展的环节，而且还包括如何从共时性的不同空间角度来加以叙述和展现各个地区的不同的真实历史状态，而不再是希腊史或者是罗马史的放大版。由此可知，历史研究中的时空距离问题既是历史研究发展进程中所出现的结果，也是历史研究进一步发展需要解决的重要问题。对于这一问题的解答，在黑格尔看来，历史本身已经无能为力了，只有历史哲学，即理性和世界精神通过概括的极富哲学特色的方法才能完成这一任务，但这一结论又与历史本身的特点和目的相背离。与此相适应的是，在近代历史研究领域中，这一难题不仅没有随着时代的进步被解决，反而与客观主义史学观念体系之间的矛盾变得更为尖锐，难以调和。在近代史坛上，客观主义史学家为了在史学研究中获得所谓真正客观的历史原意，时间和空间的距离感又成为他们必欲除之而后快的消极对象，当然，他们最终通过否定历史过程的方式以探求所谓的历史真实的必然结果，只能以否定历史本身而告终。因此，只有通过新的方法论才能解决这一矛盾，而这一理论的重担则落在了现代哲学和现代历史学的肩上。

---

① ［德］黑格尔：《历史哲学》，王造时译，第4页。
② ［德］黑格尔：《历史哲学》，王造时译，第5页。"一部历史如果要想涉历久长的时期，或者包罗整个的世界，那么，著史的人必须真正地放弃对于事实的个别描写，他必须用抽象的观念来缩短他的叙述。这不但要删除多数事变和行为，而且还要由'思想'来概括一切，借以收言简意赅的效果。"这就是说，李维的《罗马史》虽然时贯古今，其精神却都是李维时代的。

第二章　实质主义与"通变"观念之比较——传记史学的历史观　103

　　在西方，只是从堪称近现代"人文科学之父"的意大利的维科（Giambattista Vico）起，才开始了寻求历史的发展与变化这一本质特征的历程。维科在《论我们时代的研究方法》中批判了笛卡儿的唯理论，明确提出理性的证明和推理并不能穷尽一切知识，从而对这种形而上学的思维模式进行批判，并努力在历史的内部寻求其发展变化的原因和其所以存在的依据，由此开始了真正意义上的历史哲学的探索进程。在此基础上，黑格尔用辩证法代替了形而上学作为方法论来研究世界历史，在黑格尔历史哲学的庞大体系中，其核心思想是理性这一概念，即他所说的："'理性'是世界的主宰，世界历史因此是一种合理的过程。"①如 R. G. 柯林武德所说的"一切历史都是思想史"。但这正如恩格斯所批评的："黑格尔所代表的历史哲学，认为历史人物的表面动机和真实动机都决不是历史事变的最终原因，认为这些动机后面还有应当加以探究的别的动力；但是它不在历史本身中寻找这种动力，反而从外面，从哲学的意识形态把这种动力输入历史。"②恩格斯还接着说："例如黑格尔，他不从古希腊历史本身的内在联系去说明古希腊的历史，而只是简单地断言，古希腊的历史无非是'美好的个性形式'的制定，是'艺术作品'本身的实现。"③可见在大力倡导辩证法的黑格尔那里，古希腊的理性思想传统还是明显存在的。

　　虽然从黑格尔之后，西方的历史哲学出现了较大的发展，在世界历史的研究方面也取得许多重要进展，但仍然无法从根本上摆脱建立在西方文化轨迹上的所固有的弱点，即历史的存在不是从历史本身中得到依据，而是有意无意地从哲学中加以寻求，因而历史也就难以成为一个真正自律的科学。正是在这一思想背景下，从 19 世纪末西方出现了沃尔什（William Henry Walsh）所认为的由思辨哲学向分析哲学的转变。这种转变所伴随着的就是对传统理性主义思想或倾向的历史学的反思、批判，由此开始了现代史学的理论与实践的活动。比如贝奈戴托·克罗齐认为，历史学发展的结果必然伴随着原先所具有的本体论意义的历史哲学的解体，"连同其它超验的概念和形式"④。当然，在贝奈戴托·克罗齐看来，我们之后所使用的"历史哲学"这一名词的含义已和其原意大不相同了，这时的"历史哲学"的含义将是哲学化的历史，也就是历史学，

---

①　[德] 黑格尔：《历史哲学》绪论，王造时译，第 9 页。
②　中共中央马克思恩格斯列宁斯大林著作编译局：《马克思恩格斯文集》第 4 卷，北京：人民出版社，2009 年，第 303 页。
③　中共中央马克思恩格斯列宁斯大林著作编译局：《马克思恩格斯文集》第 4 卷，第 303 页。
④　[意] 贝奈戴托·克罗齐：《历史学的理论和实际》，傅任敢译，第 60 页。

其研究的对象则是历史认识论。因而西方近现代史学的最突出的特征乃在于打破理性主义哲学对历史学的桎梏，并努力用辩证的方法将史论两者有机地统一起来。如恩斯特·卡西尔指出："伟大历史学家们的才能正是在于：把所有单纯的事实都归溯到它们的生成（fieri），把所有的结果都归溯到过程，把所有静态的事物或制度都归溯到它们的创造性活力。"①所以对司马迁史学范式的比较研究，即对司马迁宇宙观和历史观的研究，不但使我们对司马迁"通变"的思想观念有了更为深入的理解，更重要的是有助于我们深刻理解《史记》中人物的人生历程和人物思想与性格，而且对于我们自觉地运用这一观念进行历史研究，以丰富和完善现代传记史学思想体系无疑具有极其重要的现实意义。

小　结

　　总之，本章是以现代史学理论发展的趋向为依据，以中西史学比较的方法，从史学理论与史学史结合的维度，全面地探析了司马迁和普鲁塔克传记史学观念的内涵和基本特征，指出了具有浓厚的辩证思想——"通变"史观和以理性主义思想为基础的"实质主义"历史观，分别为司马迁和普鲁塔克传记史学的灵魂，在此理论观点的指导下，本章努力客观、系统地指出这两种史学观在传记史学诸多重要问题中的具体作用及其表现形式。本章所要表达的核心观点就是：普鲁塔克从其理性的"实质主义"史学出发，所探讨的主要是历史人物的表面和横断面，而无法深入到历史人物真实的思想和历史环境内部，以掌握历史人物心灵和性格发展的根本原因，以获得对历史人物所处历史时代的深切感受；而《史记》在其"通变"史观指导下，着力从历史的纵横联系中，以众多不同层次、不同类型的历史人物为载体来探讨中国历史发展的内在原因，从而将丰富多彩的中国三千年的历史以"和而不同"的方式联系起来，较之于建立在理性基础之上的"实质主义"史学，能更深刻地了解历史人物和历史进程发展、变化的本质。如果从西方史学史来看的话，西方近现代史学最突出的特征就在于打破理性主义哲学对历史学的桎梏，并努力用辩证的方法将史与论、人与事有机地统一起来，以体现历史独特的发展变化性，并在这一过程中以体现

---

①　[德]恩斯特·卡西尔：《人论》，甘阳译，第255页。

历史的真实性,由此来看,司马迁的"通变"史观具有更多的历史合理性。

当代最有影响的美国科学哲学家托马斯·库恩(Thomas Kuhn)在其名著《科学革命的结构》一书中,提出了著名的"范式"(Paradigm)理论。库恩认为,科学的发展在其内在逻辑的支配下,在一定时期内总会形成学界所公认的包括理论与方法的研究途径,以规范、促进和制约着科学的发展,这个具有模式意义的研究成果,就是"范式"。范式的出现一般而言是学科成熟的主要标志。库恩认为,在自然科学发展史中,"许多著名的科学经典就起着这一类似的功能。亚里士多德的《物理学》、托勒密的《天文学大全》、牛顿的《原理》"等名著,这些成果都为后继者的研究"规定了一个研究领域的合理问题和方法"。①所以,在库恩看来,可以这样认为,自然科学的发展进步最终表现为科学研究范式的建立。显然,库恩的范式学说有其内在的合理性,其理论不仅在科学史界有指导意义,就是在人文学界也受到了广泛的关注,因而产生了普遍的方法论意义。具体于为我们研究司马迁的《史记》与普鲁塔克的《名人传》二者间传记史学观念异同课题而言,库恩的"范式"(或"范型")理论也为我们提供了一个方法论原型,同时,这一方法论无疑会推动中西古代传记史学比较研究的深入发展。

司马迁同普鲁塔克的传记历史观的比较研究结论说明,中西史学发展道路不同的根本原因在于中西所具有的明显不同的史学模式,而这种史学模式不同的关键在于其依据的世界观不同。司马迁不仅为我们提供了创立史学"范式"的成功范例,而且他还指出了超越史学范式和范例的方法和道路——"通变"的史学思想。"通变"思想是中国传统史学的精华,虽然历经二千余年,仍然是我们进行历史研究的最基本的思想方法论。这一方法不仅在我国受到史学家的重视,就是在西方,尽管其现代史学的理论百花齐放,史学方法异彩纷呈,但其共同点仍是强调要将历史研究的基本点置于真实的历史发展进程中,仍然是强调历史研究中主体的重要性,在主客矛盾的运动中去把握历史的真谛,以探求历史发展的趋势,其思想实质仍在向中国史学的精华"通变"方向迈进,这是因为"通变"观反映了历史研究的本质要求和学术目标。比如,现在全球流行的斯塔夫里阿诺斯(Leften Stavros Stavrianos)的《全球史》(被翻译为《全球通史》)就比较明显地表现出了中国"通史"的某些色彩,并获得了国际学术界

---

① [美]托马斯·库恩:《科学革命的结构》,金吾伦、胡新和译,北京:北京大学出版社,2003年,第9页。

的强烈关注。由此我们可以深切地体会到司马迁史学纲领的历史哲学的深邃思想内涵，这种对本源的不懈探求不仅仅为司马迁冲破孔子史学模式的束缚提供了锐利的思想武器，也为其建立"通变"的史学范式提供了方法论，从而使司马迁的史学思想高出于希腊罗马的传统史学观念，其史学成就也高出希腊罗马史学家的史学成就，而且还就其基本点上，也同西方史学发展的趋向一致；而更重要的意义在于司马迁的史学思想是一种开放的思想体系，它具有超越时空的普遍的方法论意义。在当代，中西方的史学都处于重要的转型时期，建立现代的史学体系为当务之急，而要完成现代史学体系的重建，按照库恩的指点，就必须对中外史学范式，包括传统的司马迁和古希腊罗马的史学范式进行反思，从而将司马迁和普鲁塔克传记史学观念的研究向前推进一步，这是丰富和完善现代史学思想体系的必由之路。

第三章

中西古代史传的灵魂
——人文精神的异同

传记史学的产生和发展在中西史学发展史中具有重要的意义。一方面，它是中西史学的重要组成部分。中国史学发展的逻辑性表现为，它是从编年体史学发展到叙事史学，即从《春秋》发展到《左传》；而后则在叙事史学的基础上进一步产生了将人与事相结合为一体的传记史学，并以《史记》的产生为突出的标志。显然，传记史学的产生和发展是中国史学不断深化的表现和成果；另一方面，对于希腊史学而言，其传记史学发展途径与中国史学发展的途径和成果有着明显的不同：它是在叙事史学已经产生的背景下，在对人物生平的叙述中逐渐发展出来的一种与叙事史学分庭抗礼的史学类型，二者长期并行不悖，并对西方的历史，特别是近现代史学的发展和变化产生了深远的影响。

显然，传记史学的产生是中西史学发展的重要成果，具有重要的史学进步意义：一方面，它丰富了史学体裁的类型。另一方面，则表现在它集中展示了历史运动的主体——历史人物在历史进程中所发挥的主导地位，并自觉地从历史的真实角度来探讨历史人物发挥作用的原因，因而它能够从观念上更为深刻地揭示史学的内涵和效用。

换言之，即传记史学的出现标志着人们已将过去所发生的历史事件越来越紧密地同历史事件中的人的思想、人在历史事件中的主体性、人在历史进程中的主动选择性结合起来了，并在这一结合的过程中，考察和体现了历史运动中人的主体性本身所包含的丰富而多彩的人文精神内容，展示了完整的历史运动表面下难以发现的人自身的深刻文化内容，其真实效用则在于发挥历史学经世致用的同时,更为突出地发挥了传记史学的借鉴作用,从而不断提升人的道德品格。

因此,在中西人文思想史上,中西传记史学的出现是一个重大的历史进步,如果同叙事史学相比较的话,中西传记史学的特点在于,它是将历史进程中的人与事进行了不同程度的结合,从而大大加深了历史研究的深度,拓展了史学研究的范围;因此传记史学既是一种对人自身有意识的认知和深刻的反省,也是中西史学发展到一个新高度的重要标志,并且它对于中西早期传记史学的代表人物司马迁和普鲁塔克传记所包含的人文精神的揭示,有其突出的意义。这表现在两个方面:一方面,两者的人文精神本身就是传记史学的一个非常重要的内容,甚至是两者传记史学的核心文化内容。另一方面,深入探讨中西传记的人文精神,对于深刻认识中西传记史学的特质和作用,特别是认识两种传记史学的特质和作用具有重要的意义。

第一节　中国传记史学的人文精神

中国传记史学的人文精神既是中国史学、中国传记史学赖以产生的思想渊薮之所在,同时也是中国传记史学的重要成果和灵魂之所在,更是中国文化根本特征之体现。因此,研究这一问题具有极其重要的意义。但具体于中国早期传记史学的突出代表——司马迁而言,若要对其传记史学的人文精神进行探讨,就必须从其基本内容与突出特点着手,才能真正了解它本身所蕴含的丰富的历史价值。唯有在此基础上,才可能与普鲁塔克传记的人文精神进行比较,才有可能对两者人文精神的异同进行合理的具有深度的探讨。

一、中国传记史学人文精神的内涵及其特点

传记史学的人文精神是传记史学的根本性问题之所在。究其原因,乃在于它直指传记史学的核心命题——情与理、人与事、文与史的关系,它突出地表现了人文的本质,这种本质性集中体现了传记史学是以历史人物为中心的突出特征。换言之,较之于其他类型的史学,比如编年史学或叙事史学而言,传记史学对人物思想和心灵的重视与探讨,是其所具有的独特性和优势之所在,也

是其本身所具有的重要意义之所在，因为它真实而具体地体现出了其中蕴含的浓郁的人文精神。

（一）中国传记史学与人文精神的关联

传记史学的意义集中表现在它体现了历史学的核心价值和其所发挥的重要引领作用，特别是彰显了人们在复杂多样、艰难万险的历史进程中，人的精神境界可以引导人们不断激浊扬清、克服困难、勇于进取，以实现自己的人生目的这一重要效用。可以说，传记中所体现出来的最珍贵的内容就在于其所彰显的浓厚而高尚的人文精神，这也是传记史学的灵魂之所在。因而传记史学的人文精神在中西文化史、中西史学史上，特别是中西传记发展史上具有重要的地位。因此，在传记史学领域中，传记的人文精神确实是一个值得我们深入研究的重要问题。

那么，对传记史学人文精神探讨的路径是什么呢？当然，其基本路径就是要正确认识传记史学的本质是什么这一问题。从这一根本问题出发，对传记史学人文精神的内涵及其结构的探讨必然要涉及以下三个重要问题：中西传记史学所体现的人文精神的内容和突出特点是什么？它所发挥的作用、影响是什么？造成中西传记史学人文精神异同的原因是什么？

所谓传记史学人文精神的内容和特征，则要探讨在这一文化价值体现中，其所表现和所倡导的核心的人文理念是什么；它所发挥的作用和影响指的是传记史学所具有的独特功能及其实效是什么；所谓造成传记史学人文精神产生和发展进程异同的原因，指的是造成传记史学人文精神产生和发展的历史条件，重在探讨两者异同所产生的必然性和偶然性的原因，以及两者之间的有机联系，一句话，探讨的是两者既有相同点又有其独特性的传记史学人文精神所具有的客观、真实的因果关系。

显然，以上所述的三者间关系既有联系也有区别。三者相联系的一面表现在，不管是从传记史学产生的原因来说，还是从其突出特征来说，或者从传记史学的作用和影响来讲，都强调了这一史学类型的重要作用，即发挥并展示其引领现实人生不断向上提升的道德效用。当然，对于这种对人生的指导作用，亚里士多德从其道德伦理观出发，认为应该将人们的现实活动引向善和幸福的境界。亚里士多德说：

> 幸福即是灵魂合于德性的现实活动。品质的现实活动是必然要行动，而且是高尚的行动。幸福生活本身即是令人快乐的。幸福必以外在的善为补充。①

这显然也是传记史学的人文旨趣之所在。此外，上述三者又有其各自的侧重点，具体表现在探讨传记史学人文精神的内容和特点，以及产生的原因这一方面的内容，实际上其所强调的是传记史学所具有的客观性的一面；而传记史学的作用和影响，其侧重点指的是在将客观性和主观性加以结合起来的基础上，人们对其在社会历史进程中所发挥作用的一种评价。

其实，在这里讨论传记史学的人文精神这一问题的主观性和客观性的问题并非无的放矢，而是意在强调传记史学人文精神的产生是双向度发展的成果，即这一成果既有客观性原因，也有主观目的性原因；既有内在必然产生的一面，也有主动性选择的另一面，二者最后在历史进程的洪流中辩证地统一起来，即将历史的客观性和主观性二者统一于人的历史发展进程之中，形成一种勇于开拓、顽强不屈的人文素养，并成为激励人们在历史运动中不断创造历史、推动历史不断进步和强大的精神力量。

这样一来，势必会出现一个问题，即传记史学的人文精神和传记史学的价值判断二者之间的关系问题。其实两者在许多方面都是相同或相似的，但两者之间也有一些不同之处。不同之处主要表现在传记史学的人文精神侧重于传记史学共性的深层次的原理，具有更多的普遍性；而价值判断则是在传记精神的基础上侧重于对具体的一个人或一些人精神层面的评价或判断，与历史学家的个人价值观有着较多的关联。

（二）中国人文精神的内涵

被西方学界称之为"人类学之父"的英国著名学者爱德华·泰勒认为，文化是一个复杂的有机整体，它"包括全部的知识、信仰、艺术、道德、法律、风俗以及作为社会成员的人所掌握和接受的任何其他的才能和习惯的复合体"。②也就是说，人类从长期经验中所创造的共同生活方式，包括物质与精神

---

① [古希腊]亚里士多德：《尼各马科伦理学》，苗力田译，北京：中国社会科学出版社，1990年，第31页。

② [英]爱德华·泰勒：《原始文化：神话、哲学、宗教、语言、艺术和习俗发展之研究》，连树声译，桂林：广西师范大学出版社，2005年，第1页。

两方面的内容，共同构成了他所理解的文化。显然，这一文化的概念指的就是人们的生活方式，而人文精神就是贯穿于人们生活方式最深处的思想观念，生活方式则是这一精神的外化形式。一般而言，人文精神通常被看成是一种文化品格和人生的哲学观，其特点不仅在于强调人在世界中的主体地位，更重要的是强调了其在人文观念中的核心地位。但从中外人文观念的研究来看，较多的学者还是认为，这种因人而生的品格和价值观固有其普遍性，但从现实性而言，其根本还是基于各民族的自身特性，并且其内容还具有明显的历史性。

在中国文化史中，传记史学所具有的独特而深厚的人文精神可谓是中国传统文化人文观念中最主要和最鲜明的特征。众所周知在中国传统文化中，"人文"[①]一词原是与"天文"一词对举为文的。"天文"指的是自然界的运行法则，"人文"则是指人类社会的运行法则。所谓"人文"，即文明，特别指的是以国家为突出代表的社会制度的创立。在古人看来，研究"天文"和"人文"，可以了解自然和社会变化的奥妙，才有可能"更好地从事农业生产和文明创造，这才是人生的价值所在"[②]。可见，所谓人文，标志着人之所以为人的文化本性之所在，标志着人类文明时代与野蛮时代的区别。刘勰在《文心雕龙》中曾言："心生而言立，言立而文明，自然之道也。"显然，在中国文明早期，"人文"的主要内涵是指一种以礼乐为教化天下之本，以及由此建立起来的一个人伦有序的理想文明社会。故有"中国有礼仪之大，故称夏；有服章之美，谓之华"之说[③]。但是，这里对于人文精神与人文两者的异同问题有两点需要加以说明。

一是人们所讲的"人文精神"一语，无疑与上述"人文"一词有关。《周易·象传》"贲卦象传"曰："刚柔交错，天文也；文明以止，人文也。观乎天文，以察时变；观乎人文，以化成天下。"[④]但"人文精神"一语的含义，又显然要比《周易·象传》中"人文"一词的含义丰富得多。

二是在中国传统文化中，人文精神的出现和展开显然要比"人文"一词的出现早得多，远则可以追溯至中国文化的源头，近也至少可以推溯到殷末周

[①] 需要说明的是，这里所说的中国传统文化的人文精神与现在所谓的"人文主义"或"人本主义"等概念不完全相同。
[②] 张岂之：《中华人文精神》增订本，西安：陕西人民出版社，2007年，第3页。
[③] （周）左丘明传、（晋）杜预注、（唐）孔颖达正义：《春秋左传正义》，（清）阮元校刻：《十三经注疏》，第4664页。
[④] （魏）王弼注、（唐）孔颖达疏：《周易正义》，（清）阮元校刻：《十三经注疏》，第37页。

初。具体地说,根据司马迁《史记》的叙述,中华人文精神发端于炎黄时代,但夏代由于资料的缺失,早在司马迁时代就难以对其进行有系统的叙述,而较之于夏代而言,殷商时代有一些较为可靠的史料,特别是甲骨文的出现,使殷商的历史线索更为清晰了。但相较而言,从古至今,人们都把中国文化和人文精神研究的重点置于殷周之际和周的文化系统中去探讨。

究其原因,其一,王国维先生在《殷周制度论》中指出,公元前11世纪周朝代替殷商是中国历史上制度文化发生剧变的时期,他提出了"中国政治与文化之变革,莫剧于殷、周之际"①的著名论点。这一剧变的内容对于了解殷商的灭亡和周朝的建立具有重要的意义。其二,周代"不但有丰富的资料可供我们选用,而且这个时候的人文精神才具有了足以影响后代的完整理论体系和实践价值"②。其三,其后的中国历史发展证明,中华人文价值观的内核和形式与周的文化有着紧密的历史关联,而且构成了其后中华人文思想不断发展的基础。因此,研究中华人文精神是不可以忽略这一历史转变时期的。

如上所述,在中国传统文化中,"人文"一词最早见于《周易·象传》。这是中国经典对人文概念最早的也是最经典的解释。这一解释表明人文具有以下三个重要意义:其一,人文是与自然相对而言的,天文指天道自然法则,人文指社会人伦秩序,两者相依并存。其二,人文和天文有着紧密的关系,人们是生活于自然界之中,人们的生活、生产和国家的治国都必须观察天道自然的运行规律,之所以这样,是因为一方面人们要明白耕作渔猎之时序,另一方面还必须把握现实社会中的人伦秩序,将两者统一于人们的社会生活之中,从而使人们的行为摆脱野蛮状态,合乎文明礼仪,并进而推及天下,以成"化成"境界。其三,人文的着眼点是进行精神教化,它有突出的文治和教化作用,因而它不同于宗教崇拜,也不同于武力征服,更有区别于野蛮和愚昧。

可见,所谓人文,标志着人类文明时代与野蛮时代的区别,标志着人之所以为人的人性之所在。魏王弼对此解释说:"刚柔交错而成文焉,天之文也;止物不以威武,而以文明,人之文也。观天之文,则时变可知也;观人之文,则化成可为也。"③唐孔颖达补充解释说:"观乎天文,以察时变者,言圣人当观视天文,刚柔交错,相饰成文,以察四时变化。……观乎人文,以化成天下者,

---

① 王国维:《观堂集林(外二种)》,石家庄:河北教育出版社,2001年,第231页。
② 张岂之:《中华人文精神》增订本,第13页。
③ (魏)王弼注、(唐)孔颖达疏:《周易正义》,(清)阮元校刻:《十三经注疏》,第37页。

言圣人观察人文，则诗书礼乐之谓，当法此教而化成天下也。"①宋程颐的解释则是："天文，天之理也；人文，人之道也。天文，谓日月星辰之错列，寒暑阴阳之代变，观其运行，以察四时之速改也。人文，人理之伦序，观人文以教化天下，天下成其礼俗，乃圣人用贲之道也。"②

在中国早期典籍《尚书·泰誓》中，就已出现了这样的话语："惟天地万物父母。惟人万物之灵。"③即"人"是天地所生万物中最灵、最贵者的思想。战国末期的荀子对天人关系的探讨取得了突出成就，因而其思想为学界所关注。

荀子之前，西周初年讲的是"敬天保德"，孔子、孟子、庄子说的是"畏天命""知天""达于天"，到了荀子则直接说出"唯君子不求知天"，荀子的言外之意是"知人"，关注的焦点由"天"到"人"，思考人类本身的问题，即人性问题和社会制度问题。荀子用比较的方法，从现象上说明了为什么天地万物中人最为贵的道理。他说："水火有气而无生，草木有生而无知，禽兽有知而无义，人有气、有生、有知，亦且有义，故最为天下贵也。""天地生君子，君子理天地。君子者，天地之参也，万物之总也……无君子则天地不理。"④在荀子的观念中，人与天地虽有关联，但人却成了天地的核心。

显然，在中国学术史上，荀子是由求"知天"向求"知人"转变的重要标志，其思想观念影响深远。比如，其后的西汉大儒董仲舒则继承荀子思想，亦极言人与天地并为万物之根本。如董仲舒说："何谓本？曰：天地人，万物之本也。天生之，地养之，人成之。天生之义孝悌，地养之以衣食，人成之以礼乐。三者相为，合以成体，不可一无也。"⑤该句的意思是说，什么是根本？天、地、人，是万物的根本。一方面天生长了人，地抚育了人，人成就了自己；另一方面天赋予了人孝悌的品质，地提供给人衣食，人用礼乐成就了自己。所以这三者是相互依存、合成一体、缺一不可的关系。

在荀子和董仲舒等人的论述中，应当说都蕴涵着这样一层意思，即在天、地、人三者中，人处于一种能动的主动地位。如果从人的生养与万物的关系来讲，其源于天地，天地当然是其根本，然而从人的发展进程而言，其与万物的

---

① （魏）王弼注、（唐）孔颖达疏：《周易正义》，（清）阮元校刻：《十三经注疏》，第37页。
② （宋）程颐：《伊川易传》卷2，上海：上海古籍出版社，1989年，第85—86页。
③ （汉）孔安国传、（唐）孔颖达疏：《尚书正义》，（清）阮元校刻：《十三经注疏》，第180页。
④ 方勇、李波：《荀子·王制》，北京：中华书局，2011年，第126—127页。
⑤ 《春秋繁露·立元神》，董仲舒对此还有许多论述："人下长万物，上参天地。"（《春秋繁露·天地阴阳》）"唯人独能偶天地。"（《春秋繁露·人副天数》）"唯人道为可以参天。"（《春秋繁露·王道通三》）

关系则表现出另外一面，即人又是能动的，操有主动权。将两方面联系起来加以解说的话，人在天地万物之中是处于核心的地位。事实上，从中国人文发展史来看，中国传统文化的人文精神始终把人的道德情操的自我提升与超越置于首位，特别注重人的伦理精神和艺术精神的养成等，正是由于对人在天地万物中这种能动、主动的核心地位的确认，中国的人文观念不但能被确立起来，而且还能得到不断的丰富和发展。

（三）以人生为中心的理性伦理体系

对于中国早期社会中对人的社会地位的尊崇这一重要的社会现象，学者们从多个角度进行探讨，以求获得中国早期社会的基本特点。朱本源先生认为《尚书·洪范》篇蕴藏着许多中国文化发展的特别重要的内容，他对此进行了深入研究，并对其所蕴含的重要意义进行了令人耳目一新的解读。[1]他认为早在殷周之际的一些杰出思想家，如殷商的贤人箕子即对殷灭而周兴的原因进行了理性探讨，从而为周的社会、政治文化架构进行了精心设计，对周的政治稳定和文化发展、兴盛做出重要贡献，并对其后的中国历史产生了深远而重要的影响。

《尚书·洪范》的开篇就叙说周武王灭商之后访问殷的贤人箕子，开门见山，提出周代殷之后的治国方略问题："维天阴定下民，相和其居，我不知其常伦所序。"[2]意即，上天本意是保护世间百姓、使他们和睦相处的。但我不知那些恒定不变的法度秩序该如何制定。显然，对于用武力取代殷商统治的周朝而言，当务之急是确定建立一个什么样的社会政治制度和如何建立这一问题。箕子用其丰富的政治经验对其本身所经历的剧烈的历史变革体验进行了深刻反思，提出了一整套的治国大计。

箕子的治国方略是这样的："在昔鲧堙鸿水，汩陈其五行，帝乃震怒，不从鸿范九等，常伦所斁。鲧则殛死，禹乃嗣兴。天乃锡禹鸿范九等，常伦所序。"[3]箕子说的是，从前鲧用堵塞的办法治理洪水，违反水性，搅乱五行，于是惹怒上天，不给他九种治政安民的大法，因此那恒常不变的法度秩序被败坏了，鲧也因此被诛而死，禹才继其位而兴起，天帝便赐给禹九种治国安民大

---

[1] 朱本源：《〈洪范〉——中国古代文明的活的灵魂》，《陕西师范大学学报（哲学社会科学版）》1996年第1期。

[2] 《史记》卷38《宋微子世家》，第1611页。

[3] 《史记》卷38《宋微子世家》，第1611页。

法，于是恒常不变的法度秩序便有了。其具体内容表现在这几个方面："初一曰五行；二曰五事；三曰八政；四曰五纪；五曰皇极；六曰三德；七曰稽疑；八曰庶征；九曰向用五福，畏用六极。"①

箕子所说的天赐洪范九畴意味着，在周朝的统治下，一切居民天生都是周王的子民。箕子认为天赐"洪范九畴"不过由他发现而已，其旨趣并不为了证明上帝存在的神正论，这样看来，在"洪范"中所表现的对上天的崇拜与后世发达的宗教崇拜有着明显的不同，其至多相当于西方宗教学中的敬上帝而远之的对"自然神"的崇拜，这一观念自然是中国思想上的一大进步。这一进步被朱本源先生概括为："把宗教经验合理化为'常伦所序'"，或者说是把"把宗教经验理性化（rationalized）为伦理·政治文化"②。

至于箕子所讲的以下这些范畴，全是现实社会的各个方面的真实内容，而与后世的宗教有着较远的距离。具体而言，"五行"——"一曰水，二曰火，三曰木，四曰金，五曰土"，这些都属于物质文明要素；"五事"——"一曰貌，二曰言，三曰视，四曰听，五曰思"，这些内容显然是精神文化诸要素；"八政"——"一曰食，二曰货，三曰祀，四曰司空，五曰司徒，六曰司寇，七曰宾，八曰师"，这八种内容所说的都是国家的政治组织制度体系和宗教仪式；"五纪"——"一曰岁，二曰月，三曰日，四曰星辰，五曰历数"，这里说的是天文历法；"皇极"讲的是国家的政治哲学，是对天子的政治和伦理要求："曰天子作民父母，以为天下王"；"五福"——"一曰寿，二曰富，三曰康宁，四曰攸好德，五曰考终命。"显然，五福讲的人们日常生活中所存在的美好的一面；"六极"——"一曰凶短折，二曰疾，三曰忧，四曰贫，五曰恶，六曰弱"③，这"六极"讲的是人们社会生活不好的一面，当然也是当政者和人们都需要加以防范并努力避免的内容。

显然，作为看到殷代宗教文化衰微和殷王朝灭亡的思想家和政治家，箕子以杰出政治家的远见卓识，在人类思想史上首次提出了"王道正直"文化哲学的概念。箕子这种唯理主义的人本主义的政治文化纲领，被周王朝的缔造者周武王接受和实践后，开拓出中国古代最光辉灿烂的周代文化，其特征为"尊礼

---

① 《史记》卷38《宋微子世家》，第1611页。
② 朱本源：《〈洪范〉——中国古代文明的活的灵魂》，《陕西师范大学学报（哲学社会科学版）》1996年第1期，第21—22页。
③ 《史记》，第1612—1620页。

尚施，事鬼敬神而远之"①，由此，周文化与人事建立了紧密的关系，而和殷商的重上天文化内容拉开了较大的距离。从后来孔子的思想发展来看，其观念应该受到箕子影响甚大，孔子的政治道德最高原则为"中立而不偏倚"②的中庸之道，他对宗教的态度是"务民之义，敬鬼神而远之"，他的社会经济政策原理是在《论语·季氏》提出的"不患寡而患不均"③和"节用而爱人，使民以时"④，他所发现的"君以民存，亦以民亡"⑤的观念，强调的是君民相互依存的辩证法则等，这些观点显然是对箕子皇极论的继承和发展。因此，朱本源先生对《洪范》在中国古代文化史的历史地位是这样评价的：

> 《洪范》所蕴含的文化科学的意义：它把传统的宗教经验合理化为伦理文化；它指明了文化的五种物质要素和五种精神要素；它通过对殷代的宗教和政治的历史反思，创立了以"社会公正"为理想的政治哲学。《洪范》成为殷周之际的时代精神的精华和中国古代文明的活的灵魂。⑥

公允言，经历商朝的衰落历程并目睹其灭亡的箕子，在经过历史反思后向武王所提出了治理国政的完整、系统的王道哲学和措施，其思想是深刻的，其精神是进步的，其措施是正确的，其影响当然更为深远。其后孔子的思想就是汲取了"洪范"的基本精神，并成为其创立儒家基本学说的思想源头之一，由此，朱本源先生认为："箕子、孔子的政治文化哲学赋予了中国古代文明以非宗教的伦理·政治文化的特色，使它在世界文化史上独树一帜。"⑦显然，朱本源先生对《洪范》的历史地位予以高度评价。仔细思考后，可以肯定，朱本源先生对《洪范》的这一评价是合理的，恰当的。因此，箕子、孔子的文化哲学观念对中国早期的文化，包括司马迁的传记史学观念有着重要的影响，并对以后中国历史和文化的进一步发展产生了深远的历史意义。

当然，如果试图从更为广泛的社会历史背景中，比如与希腊文明建立的历程和方式相比较，来看待中国早期形成的文化品格的话，中国早期的人文传统

---

① （汉）郑玄注、（唐）孔颖达疏：《礼记正义》卷54，（清）阮元校刻：《十三经注疏》，第1642页。
② （汉）郑玄注、（唐）孔颖达疏：《礼记正义》卷52，（清）阮元校刻：《十三经注疏》，第1626页。
③ 杨伯峻：《论语译注》，北京：中华书局，2006年，第195页。
④ 杨伯峻：《论语译注》，第4页。
⑤ （汉）郑玄注、（唐）孔颖达疏：《礼记正义》卷55，（清）阮元校刻：《十三经注疏》，第1650页。
⑥ 朱本源：《〈洪范〉——中国古代文明的活的灵魂》，《陕西师范大学学报（哲学社会科学版）》1996年第1期，第18页。
⑦ 朱本源：《〈洪范〉——中国古代文明的活的灵魂》，《陕西师范大学学报（哲学社会科学版）》1996年第1期，第25页。

自然带有鲜明的民族性、历史性和独特的文化精神内容，而与西方的早期古典文明精神有着明显的不同。众所周知，中国早期进入文明的方式与希腊罗马进入文明的方式有着诸多不同点。

就希腊而言，其有许多重要的早期城邦国家，而雅典就是其中一个典型。雅典最初建立的政治制度以"提秀斯改革"为标志，建立了贵族政治这一最初的国家形态，其后又经历了多次重要改革，想方设法斩断社会内部的血缘关系，向着成熟的国家形态发展。其中，特别重要的是梭伦改革奠定其基础，而最终通过克利斯蒂尼的改革完成雅典国家制度的重建。在这一过程中，他们是以彻底打碎旧的建立在血缘关系的方式，而建立起纯粹的以地域为基础的新型国家制度。该制度建立的同时，雅典的文化和思想观念自然与昔日以血族关系为纽带的思想观念相脱离，由是，新兴的雅典文化着意远离了他们传统的具有明显血缘关系的共同体文化，代之而起的却是基于观察"天道"自然的自然文化，即希腊早期的自然哲学，而其核心则是人们熟知的具有批判特点的理性文化传统。这一文化传统深深影响了其后的罗马乃至后来整个的西方文明。

从中西文化发展史来看，中国在早期的国家建构中，也是通过了一系列改革方式建立国家制度和文明制度，它和希腊建立国家制度方式相比较的话，有许多明显的不同点，但最主要的表现在以下三个方面。

其一，中国早期国家制度的建立虽然非常复杂，有些地方至今仍争论不休，但有一点是大家公认的，即早期国家建立的方式是在一定程度上保留并利用血缘关系，将地域关系与之融合起来，建立起新型的社会政治制度——国家制度。因此，新的国家制度与旧的治理形态、旧的国家政治制度并不是相互对立、彻底否定的关系，而是在过去治理形态或国家政治制度的基础上，通过恢复和改革，以发挥或提升过去的政治制度的作用。这样来看的话，中国历史上所谓的"汤武革命"或许还可以进行一种更为全面的诠释，即其所谓的革命，真实的目的并不是对前朝的全面否定，反之，是对前朝先王早期政治制度和政治理念的诸多合理性的再次肯定和回归。《尚书》中有"殷鉴不远，在夏后之世"，其意义也就在于此。正基于这一原因，董仲舒曾谓三代之更替"有改制之名而无异道之实"。因此，"汤武革命"表面上看是改朝换代，但从另一角度而言，却是一种"顺天应人"的重要政治举措，是天命的合理性和人间正义的回归。

其二，最典型的就是周朝在继承夏商文化成就的基础上，形成了影响深远的中华人文精神。中国历史上的"周公建制"，其内容就通过分封制度和宗法制度，建立起具有家国同构的政治国家体制，将家与国、传统与现实有机地联系和统一，并形成了具有家国情怀特点的文化传统。并以此为基础，形成了中国文化传统中以人为中心的人文精神。

中国的文化精神是一个具有包容性、连续性和人文性的文化系统。子曰："殷因于夏礼，所损益，可知也；周因于殷礼，所损益，可知也。其或继周者，虽百世，可知也。"①在孔子看来，三代文化是一个承继的发展历程。商文化是继承夏文化的，而周文化是承继商文化的，在三代文化的发展进程中，贯穿其中的是连续性、继承性和包容性，从而构成了中国文化代代相传承的突出特点。需要强调的是，这一人文传统深深地影响了其后的中国文化进程。

其三，如果和希腊罗马人文精神相比较的话，中国文化传统中人文精神最突出地表现在以下两点：第一，由于中国文化的基础是基于地域与血缘二者关系的融合，由此，其所构建的政治共同体自然也不会仅仅基于利害关系，同时在其中也建立了较为紧密的感情纽带，所以在中国传统文化中，人的感情是一个合理性的存在，并和理性形成了相互补充的关联。因此，从文化品格而言，中国的人文观念具有更多的世俗化倾向，故人们对宗教绝对神圣的观念较为淡薄，重视君权师教而淡化神权；正是由于重视人际的关系，就必须建立道德伦理关系，而要真正建立起合理的道德伦理关系，那就必须直面情与理二者，处理好情与理的关系。由此，中国文化所走的道路和西方文化道路的轨迹就有一些明显的不同。第二，对于希腊罗马而言，他们的倾向是通过宗教的方式来调节、处理情和理之间的关系的，是以宗教为根基来排斥情感的，由此形成并保证了理性主义文化的发展。而中国由于情感有其合理的存在性，因此，中国处理二者的关系时没有去否定情感价值，而是使情感与理性两者相统一。具体而言，"性者，天之就也。情者，性之质也。欲者，情之应也。以所欲为可得而求之，情之所必不免也。……欲虽不可去，求可节也"②。这就是"以理节情"，由此，道德伦理观念在中国社会政治文化架构中的地位比较重要，且文化构成也比较发达，重视人格的自我完善，重视社会成员间和家族成员间的团结、和睦，并用智慧和伦理来抵御、节制物欲，预防内部的两极分化，以巩固内部的协作共生关系。

这也就是说，在中国传统文化的人文精神中，包含着一种上薄拜神教，下

---

① 杨伯峻：《论语译注》，第21—22页。
② 方勇、李波：《荀子·正名》，第369页。

防拜物教，坚持以人为本的持中庸和走中道的理性精神。显然，中国文化中的这种理性与希腊的理性相较的话，是不相同的。因为在亚里士多德的理性体系中，中国早期的这种人文性和历史性是属于其理性体系中的实践理性范畴，而实践理性较之于希腊的理论理性——即以理论的形而上学的方式来探讨世界的本原、体系而言，是层次相对较低的缺乏普遍适用性的一种文化价值类型。显然，希腊人的这种文化价值的分类观念的历史性和弊端是不言而喻的，本章在此强调的是中西两者在早期的文化价值架构上和价值选择上有着诸多不同性，而这些不同性自然影响了中西两者文化的发展走向。

总之，通过中西早期文化品格和中西人文精神产生的异同比较，可以明显看到，中西早期人文观念的基本内容和各自的突出特点。这些内容和特点不仅对中西其后的文化发展产生了极其深远且重要的影响，而且对于中西史学的观念也产生重要影响，同样的是，对于中西早期传记史学观念的异同也产生了重要的影响。

二、中国传记史学人文精神的核心

（一）自强不息、厚德载物是中国传记史学的灵魂

众所周知，当世界上大多数的民族尚处于蒙昧时代之时，中国则从夏开始，已经进入世界四大文明古国的行列，历经商、周的进一步发展，形成了极具中华文明特色的三代之治。在孔子看来，三代文明虽各有个性化的内容，但其共性则是"直道而行"[①]，即三代的发展都是沿着一个正确的发展道路在前进着。在三代文明的发展进程中，西周对中国文明做出了独特贡献。它在继承夏、商文化的基础上，创造性地将三代文明的共性高度提炼出来，使其上升为一种哲学观念。这一观念在《周易》中得到了充分表达："与时偕行"[②]，即与大自然本性相一致而不停地前行，这是周人的基本思维方法；而"天行健，君子当自强不息"，孔颖达疏谓："行者，运动之称……'天行健'者，谓天体之行，昼夜不息，周而复始，无时亏退，故云'天行健'。此谓天之自然之象。'君子以自强不息'，此以人事法天所行，言君子之人，用此卦象，自强勉力，不有止息。"而"地势坤，君子以厚德载物"则是《周易》的核心观念。这一核

[①] 杨伯峻：《论语译注》，第188页。
[②] 周振甫：《周易译注》，北京：中华书局，1991年，第7页。

心观念实际上包括两方面内容：一方面，它强调的是君子应在持久不息的变动中将重心置于自身的基础上，发挥不竭的创造力，自强不息；另一方面则倡导君子应效法大地的气势，厚实和顺，增厚美德，容载万物。而其核心的理念强调了君子唯有依靠自己力量的不断积累，将德行付诸实践，并经受岁月的考验，以不断磨砺自己的德行。因此，中华文明从一开始就强调通过自身的勤奋努力和不懈磨炼，使自己的道德修养不断提升，并倡导探索、实践，倡导永不停息的创造性，但又开放、包容万物。这一理念通过《周易》被固化为中华文明的发展基因。

在早于《史记》的《左传》中，曾记载如下重要的文化内容：

> 穆叔如晋，范宣子逆之，问焉，曰："古人有言曰，'死而不朽'，何谓也？"穆叔未对。宣子曰："昔丐之祖，自虞以上为陶唐氏，在夏为御龙氏，在商为豕韦氏，在周为唐杜氏，晋主夏盟为范氏，其是之谓乎？"穆叔曰："以豹所闻，此之谓世禄，非不朽也。鲁有先大夫曰臧文仲，既没，其言立，其是之谓乎！豹闻之：'大上有立德，其次有立功，其次有立言。'虽久不废，此之谓不朽。若夫保姓受氏，以守宗祊，世不绝祀，无国无之。禄之大者，不可谓不朽。"①

也就是说，他们在探讨人生的价值和意义时，看重的并不是外在的所谓世禄，而是将立德、立功、立言"三立"或"三不朽"置于人生价值和意义中心，这一认识当然是有人文教化深意的。这一深意表现在，"三不朽"的本质就是强调现实的人们，应该通过自身的大力作为，取得人生的成就，为后世的人们留下丰厚的文化或事业方面的遗产，这样一来，自然会得到后世的崇拜，获得以后虽死犹生的资格；相反，如果自身在现实的世界里碌碌无为，那么死后也不会受到后人推崇，虽谓生却犹死。所以，在人们身处的这个世界的生存延续之中，中国的文化传统总是将死放到生的历史系列中加以考察和阐释，使生与死成为一个不断转化的系统，而这一转化的关键就在于个体在其生存的世界中是否有作为或具有重要价值，从而给他生活的群体、家庭或后人做出贡献，或留下了念想等其他文化内容，由此使其死而复生。其结果，中国的传统文化将个体的生命价值、生活理想和人生意义，贯穿于整个现实世界中为实现人生价值和理想的艰苦奋斗、不断进取的过程中，并将个人的全部作为同生活其中

---

① 杨伯峻编著：《春秋左传注》，北京：中华书局，1981年，第1087—1088页。

的共同体的兴衰与荣辱紧密结合起来，《周易》所倡导的"自强不息""厚德载物"的人生哲学——就是中华先民人生经验的深刻总结，它体现了先民的人生智慧和昂扬的道德品格，具有极其真实而丰富的文化内涵。

在此需要说明的一点是，过去人们常常强调了儒学对入世的关注，孔子对现实的关切和追求等，以彰显儒学在中国文化发展史中的突出作用。其实客观而言，强烈的入世观念早在孔子之前就已经形成，只不过孔子继承了中国的这一文化传统。而后的中国文化系统中，儒学又占据了重要地位，孔子毕其一生，都在宣传和实践其所创立的儒家学说，且孔子在保存和整理中国古代早期文化原典方面有重要贡献，所以人们往往较多地看到了儒学在中国人世俗观念的原创性方面的贡献，而对孔子之前的文化传统和理念方面往往缺乏足够的关注。这当然有其历史原因，但这一现状却在启示着我们，需要加大力度，持续探讨孔子之前中国的文化内容和品格，这不仅利于我们从更为深远的文化历史进程中来理解中国文化传统，来探讨孔子思想的产生、内容和影响，而且也有利于从一个更深更系统的文化层次上，进一步理解中国文化的结构、内容和特点。显然，这一学术探讨是一个非常艰深的重大课题，其目的绝不意味着力图贬低孔子在中国文化史的重大贡献和历史影响，而只是想与时俱进，在更为宽阔、更为长远的中华文化发展史的进程中，更为全面和合理地说明儒学在中国文化传统承继中所发挥的重要作用。

对于春秋时代的孔子而言，他内心具有极其厚重的历史责任感，由此就出现了"君子病没世而名不称"[1]的深切忧虑。由上述可知，孔子的这一忧虑心境也正是中国人此生此世共同的精神焦虑，其挥之不去而必须认真面对的心理情结。司马迁对此的解释是这样的："子曰：'弗乎弗乎，君子病没世而名不称焉。吾道不行矣，吾何以自见于后世哉？'乃因史记作《春秋》……弟子受《春秋》，孔子曰：'后世知丘者以《春秋》，罪丘者亦以《春秋》。'"[2]

显然，司马迁认为，孔子是以著《春秋》力倡行王道而不朽于后世的：

> 余闻董生曰："周道衰废，孔子为鲁司寇，诸侯害之，大夫壅之。孔子知言之不用，道之不行也，是非二百四十二年之中，以为天下仪表，贬天子，退诸侯，讨大夫，以达王事而已矣。"子曰："我欲载之空言，不如见

---

[1] （魏）何晏注、（宋）邢昺疏：《论语注疏》卷15，（清）阮元校刻：《十三经注疏》，第2518页。
[2] 《史记》卷47《孔子世家》，第1943—1944页。

之于行事之深切著明也。"夫《春秋》，上明三王之道，下辨人事之纪，别嫌疑，明是非，定犹豫，善善恶恶，贤贤贱不肖，存亡国，继绝世，补敝起废，王道之大者也……《春秋》以道义。拨乱世反之正，莫近于《春秋》。《春秋》文成数万，其指数千。万物之散聚皆在《春秋》。《春秋》之中，弑君三十六，亡国五十二，诸侯奔走不得保其社稷者不可胜数。察其所以，皆失其本已。故《易》曰："失之豪厘，差以千里。"故曰："臣弑君，子弑父，非一旦一夕之故也，其渐久矣。"故有国者不可以不知《春秋》，前有谗而弗见，后有贼而不知。为人臣者不可以不知《春秋》，守经事而不知其宜，遭变事而不知其权。为人君父而不通于《春秋》之义者，必蒙首恶之名。为人臣子而不通于《春秋》之义者，必陷篡弑之诛，死罪之名。其实皆以为善，为之不知其义，被之空言而不敢辞，夫不通礼义之旨，至于君不君，臣不臣，父不父，子不子。夫君不君则犯，臣不臣则诛，父不父则无道，子不子则不孝。此四行者，天下之大过也。以天下之大过予之，则受而弗敢辞。故《春秋》者，礼义之大宗也。夫礼禁未然之前，法施已然之后；法之所为用者易见，而礼之所为禁者难知。①

由上引言，可以看到，司马迁认为诸经的要义都有所侧重，但对于《春秋》而言，其意旨宏大，但宗旨是"贬天子，退诸侯，讨大夫"，由此，司马迁是用大段话语来强调《春秋》所包含的丰富且强烈的政治伦理作用，来彰显《春秋》在治国安邦中所能够发挥的重要现实作用，正如孟子所言："孔子成《春秋》而乱臣贼子惧。"②孔子以恢复周初的礼乐制度为终身使命，欲"兴灭国，继绝世，举逸民"③，知其不可为而为之，"若丧家之狗"④，为此拼搏奋斗一生，虽被时人所嘲笑，但在司马迁看来，孔子著《春秋》，既是立德，又是立功，还是立言。因而，孔子成为司马迁崇敬的楷模。

(二) 光宗耀祖是传记史学的文化源头

人类早期的生活极端艰难，生存和发展一直是人们最重要的问题。当时的人们只能依靠以血族关系建立起来的社会共同体，在血族首领的带领下，依靠

---

① 《史记》卷130《太史公自序》，第3297—3298页。
② 郑训佐、靳永：《孟子译注》，济南：齐鲁书社，2009年，第107页。
③ 程树德撰，程俊英、蒋见元点校：《论语集释》，北京：中华书局，1990年，第1362页。
④ 《史记》卷47《孔子世家》，第1921页。

群体的力量生活。因此，在中国文化传统中，对列祖列宗的祖先崇敬具有重要地位。这一文化观念的产生有其明显的积极意义，这表现在它有利于激发共同体成员的个人才智和勇气，尽力为自己生存的共同体做出成绩，并为改善共同体的生活状态做出自己的努力和贡献。当然这一观念不仅是共同体存在和发展的客观需要，也是生活于其中的人们的共同追求和理想，更是共同体成员实践自身价值最有效的途径和方式。而光宗耀祖正是将个人与共同体紧密联结起来，并在两者之间建立荣辱与共、相互依存的道德观念。这一道德观其实也正是"自强不息"观念的具体表现。

从人类发展史来看，人们生活的共同体，从最初的血缘家族，再到较为发达的氏族、部落、部落联盟和国家，其重大的历史使命无非有两条，这就是恩格斯一再强调的人类从自身生产角度而言，可以归结为两种。恩格斯指出："根据唯物主义观点，历史中的决定性因素，归根结蒂是直接生活的生产和再生产。但是，生产本身又有两种。一方面是生活资料即食物、衣服、住房以及为此所必需的工具的生产；另一方面是人自身的生产，即种的蕃衍。一定历史时代和一定地区内的人们生活于其下的社会制度，受着两种生产的制约：一方面受劳动的发展阶段的制约，另一方面受家庭的发展阶段的制约。"①而且，恩格斯还认为："劳动越不发展，劳动产品的数量、从而社会的财富越受限制，社会制度就越在较大程度上受血族关系的支配。"②显然，两种生产的理论一条是维持人类自身的再生产，即人种的繁衍；再一条是以群体的力量来增加同自然斗争的能力，归根结底还是为了较好地维持本种族的生存，因此，试图成为所生存地方的主人是人们长期的梦想。即使进入氏族社会之后，人们发明了原始的农业和手工业，但人们当时的生活水平仍然是相当低下的，生存状况仍然是非常恶劣的，仍然受到自然的时时威胁，这一状态最明晰的表现是早期人类每一个成员都在忧心挂虑氏族共同体能否生存、延续的这一底线。再从人们生存的内部环境来看，人类在进入了野蛮社会之后，虽然生产工具和生产的水平已经有较大的提高，但随着向文明的日益迈进，不同家族、部落和种族之间的矛盾越来越多，冲突和战争日益成为当时社会的重大主题和重要事务，而战争的残酷性及其惨烈的后果都直接关系到人们生活共同体的存亡。如李泽厚先生所指出的，中国古代的兵法之所以发达，最根本的原因就在于早期中国地域辽阔，

---

① 中共中央马克思恩格斯列宁斯大林著作编译局：《马克思恩格斯选集》第4卷，第2页。
② 中共中央马克思恩格斯列宁斯大林著作编译局：《马克思恩格斯选集》第4卷，第2页。

所发生的战争特别频繁，规模特别大，后果也特别严重。"必须先计而后战，如果凭感情用事，用神灵指挥，可以导致亡国灭族，这是极端危险的。"①《孙子·用间篇》说："明君贤将，所以动而胜人，成功出于众者，先知也。先知者，不可取于鬼神……必取于人。"②中国古代就有"国之大事，在祀与戎"③的说法，也从另一侧面又印证了早期人们生存的内部残酷而危机四伏的环境。所以，在中国古代，"亡国灭种"一直是悬挂在人们头上的"达摩克利斯剑"，一直是人们尽全力避免的最为悲惨的命运。正是在如此现实而残酷的事实面前，人们的观念发生了重要变化，以适应现实的需要：人们自身的作为实际上同共同体的命运紧密地联系在一起。自身如果不能为共同体做出一些成绩的话，实际等于将共同体置于死地，那样的话，个人的生与以后的死又有多大区别呢？而自己如果能为本共同体做出一些贡献的话，虽然自己死了，但共同体却因为自己的贡献而可以长期存在下去，自身一直受到后代的爱戴与尊崇，其结果也就达到了自己所追求的理想境界——虽死犹生，永垂不朽。

显然，这些思想观念都是从不同侧面反映了中国人的历史文化观念，这一观念的形成对于巩固共同体意识，促进共同体的不断发展具有突出的积极意义，并深深地影响了中国人的文化历史观念。

当然，我们还可以运用文化人类学的方法对此作进一步的分析。从文化人类学的角度而言，对祖先的崇敬是人类最早最普遍的观念之一，而其核心内容就是对死亡者的悼念性活动，表现为宗庙祭祀和丧葬仪式。事实上正是通过这类活动，使一代又一代的祖先亡灵虽死犹生。这样一来，对死去先人的崇拜，实际上也就意味着后人对自己的崇拜，而自己以后能否得到后人的崇拜不取决于其他方面，而是自己在当世的所作所为。由此出发，从而体现出中国文化发展的两样性：一方面是勇于进取，自强不息，成为列祖列宗的人文追求情怀；而另一方面则又表现出返祖复始的保守倾向，从文化类型上讲，其所表现的就是"易"与"不易"两者的关系。当然，这两种趋向是祖先崇拜所产生的必然结果，经常通过矛盾运动同时在中国文化系统中发挥着重要作用，因而也具有明显的普遍意义。需要强调的是，在这两种倾向中，自强不息是其文化的主流，它对中国历史学的影响表现得更为突出。

---

① 李泽厚：《说巫史传统》，上海：上海译文出版社，2012年，第25页。
② 陈曦：《孙子兵法》，北京：中华书局，2011年，第230—231页。
③ 郭丹、程小青、李彬源：《左传》，北京：中华书局，2012年，第974页。

在此还要强调的是，中国传记史学的文化精神源头在于中国人最初对祖先的崇敬意识，而且这一崇敬意识又突出地表现在宗庙祭祀和丧葬仪式之中。通过这些仪式将生与死、古与今联系起来。从中国史学史来看，由祖先崇敬而孕育出来的中国式的历史意识，一开始就有时间长河观念，从而明显打上了中国史学的独特烙印。即以已经逝去的祖先之"古"，来体现此生此世的"今"，以祖先的死，来体现此时此地的生。由此，中国人对历史观念中时间概念的区分与识别，常常是以那些在某一特定时期内地位显赫、形象高大的祖先为标志。如殷人的先公先王之所以用纪时的天干和地支作为自己的名字，其原因正在于此，即彰显先祖的功德，以励后代。这也是中国后来的史书一直以帝王的庙号（在宗庙祭祀过程中所代表的顺序）作为历史纪年的原因之一。但与中华文化不同的是，古希腊是以奥林匹克运动会为其纪年的依据，罗马则以执政官为其纪年法。中西纪年内容、形式各有特色，这些特色其实反映了中西不同的人文观念。

在中国人的传统观念里，人生是一个发展不断的序列，而在这一连续的生生不息的链条中，人生最大的痛苦，其实并非全在于生命体自身的生、老、病、死，也不全在于命运的多舛和生活的艰辛，人们同时关注的问题是死后能否列入家族祭祀的祠堂之中，继续成为这一共同体的一员，享受祖先所应得到的荣耀——后代能否时时想念他们，常有敬畏之心。换言之，让他们最恐惧的则是由于种种原因，死后不能进入祖先行列，从而沦为孤魂野鬼，这对于他们而言，才是人生最大的不幸和真正的失败。因此，对中国人来说，人的生命价值并不仅仅表现在生命体本身，而且还表现在现实的生命肉体消亡时其灵魂能否同时"返回"共同体中，成为后人认可的祖先，让后人崇拜、祭奠、景仰，如此往返，生生不息，无穷尽焉。当然，随着历史的发展，这种根植于祖先崇敬基础之上的人生态度，逐步演变为中华文化"名垂青史"的价值寄托，自然深深地影响了中国人的历史观念，极大地丰富了人生的价值内容。

尽管在中华文化的这种价值体系中，生与死并非一种绝对的对立物，其中存在着重要的价值关系。但是决定这一关系的主导方面，却是人们今生的所作所为，这样一来，今生的行为不仅决定了个人在其生存期的荣耀和尊严，而且也决定了死后地位和尊严，生与死之间界限变得并非不可逾越，而是有机地联系在一起了。在《论语》中，"季路问事鬼神。子曰：'未能事人，焉能事鬼？'曰：'敢问死。'曰：'未知生，焉知死。'"①

上述孔子师徒二人的对话，人们往往只是将其作为孔子重视人生而努力远离天道的例证。但在钱穆先生看来，此段对话却具深意，值得细品。钱穆先生对此是这样解读的：

> 生人之事，人所易知，死后鬼神之事则难知。然孔子又曰："举一隅不以三隅反，则不复也。"盖人所不知，尚可以就其所知推以知之，故子贡闻一以知二，颜子闻一以知十。死生本属一体，蠢蠢而生，则必昧昧而死。生而茫然，则必死而惘然。生能俯仰无愧，死则浩然天壤。今日浩然天壤之鬼神，皆即往日俯仰无愧之生人。苟能知生人之理，推以及于死后之鬼神，则由于死生人鬼之一体，而可推见天人之一体矣。孔子之教，能近取譬。或谓鬼神及死后事难明，语之无益。又或谓孔子只论人生，不问鬼神事。似孔子有意不告子路之问，其实乃所以深告之，学固不可以跋等而求。②

在钱穆先生看来，孔子认为生与死的关系是一个难度极大的问题，既需要较高的学养，更需要一个人在现实人生的成就和事业。正是在这一现实背景下，人们的观念就产生了重要的变化。既然今天的生，就是为了明天的"名"，既然今生今世的价值，就与死后能否"复回"为祖先，留名于青史相关联的话，那么，昨天的亡人（悼念仪式中的祖先），当然只能在其死后由今天的人（悼念仪式的主持者）来为其立传。同样，今天的人当然也只能在其死后，由明天的人来为其立传。这样看来，"盖棺论定"之所以成为中国史传编修的一项重要原则，其重要的原因或许就在于此。在此需要顺便提及的是，古代希腊和罗马的传记史学的观念和传记精神也与此观念有着重要的直接关联。这一点已在前一章有所提及，将在下节重点阐述。

（三）家国一体的人文情怀

如上所述，对于当时的华夏古人来讲，其生存是与家族和共同体的命运紧密联系在一起的，　损俱损，一荣俱荣，"皮之不存，毛将焉附"或"覆巢之下，安有完卵"就是这一现状最好的注解。因此，传统的"光宗耀祖"绝不是

---

① 钱穆：《论语新解》，北京：生活・读书・新知三联书店，2002年，第285页。
② 钱穆：《论语新解》，第285页。

一句轻飘飘的理想式口号，而是有着极其现实而深沉的文化价值含义，即光宗耀祖不仅意味着家族对个人通过努力所获得荣誉的一种真诚赞美，更是强调了每一个家族成员对其共同体所应承担的最为崇高的历史使命，当然，这一观念彰显了人生的价值，正是这种价值性，它体现了人之所以为人的本质。

同时还要看到，光宗耀祖还具有的另外一层重要意义。即这一意义与建立在家族这一层次之上更大的社会组织——国家的紧密关系，即家族同国家之间存在着难以割舍的紧密关系。对于中国文化而言，即前文所论述过的，其所具有的一个突出的特点，就在于它在向文明过渡的进程中，在国家形成的漫长历程中，在国家形态不断发展的过程中，有意识地保留了许多血缘组织制度，设法将以血族关系为基础的宗法制度融进国家的政治制度中，致力于使这种血缘关系建立起来的传统宗法制度与以地域为纽带的崭新国家政治组织结合起来。其结果，家庭、家族就成为国家体系的一个分子，家国融为一体；家族成为国家体制中的有机组成部分，而国家则是家族利益的最高代表。由此形成了家国一体、相互依存的情怀和文化价值观念。

这样看来，所谓的家国情怀强调的就是家与国的利益直接相关联，国是家的代表，而家是国的成员，国和家既是一种血族的人伦关系，又是一种政治的组织制度，两者相辅相成，互为支撑。但在两者的关系中，国是其中主导方面，因此，在两者的辩证关系中，最终必须以邦国的利益为旨归。孔子曰："民以君为心，君以民为体。心庄则体舒，心肃则容敬，心好之，身必安之。君好之，民必欲之。心以体全，亦以体伤。君以民存，亦以民亡。"[①]

虽然随着国家的不断发展，血族关系的影响和存在呈现出不断减弱的态势，但作为文化形态却长期存在下来，并形成了一个重要的文化传统，在社会文化领域中发挥着重要作用。

对于中国文化传统的家国情怀，特别是两者关系的最终依归是国家的这一传统观念，其实并不难理解，这可以说是早期国家的通例。例如希腊，亚里士多德也在《政治学》中记载公民对城邦的生存、发展方面有着明确的要求，并认为这是公民和人的本质之所在：

> 我们见到每一个城邦（城市）各是某一种类的社会团体，一切社会团体的建立，其目的总是为完成某些善业——所有人类的每一种作为，在他

---

① （汉）郑玄注、（唐）孔颖达疏：《礼记正义》卷55，（清）阮元校刻：《十三经注疏》，第1650页。

们自己看来，其本意总是在求取某一善果。既然一切社会团体都以善业为目的，那么我们也可说社会团体中最高而包含最广的一种，它所求的善业也一定是最高而最广的：这种至高而广涵的社会团体就是所谓"城邦"，即政治社团（城市社团）。①

亚里士多德甚至明确指出：

> 对个人和对集体而言，人生的终极目的都属相同；最优良的个人的目的也就是最优良的政体的目的。②

19 世纪末到 20 世纪初，德国著名的宗教社会学的奠基人马克斯·韦伯（Max Weber）运用对比的方法对中国传统社会思想进行了深入的研究，其中不乏启发性的观点，但也存在着一些明显失误，这自然引起学界的争论。比如，马克斯·韦伯从西方当时的宗教学理论出发，认为："由于祖先崇拜，这对于中国人来说是一种可怕的不幸。"③显然，这一观点确为过激之言，这表明：其一，他是站在西方文化系统的立场上看待祖先崇拜这一文化现象的，他对祖先崇拜这一文化形态的了解未必全面；其二，韦伯是站在近代社会学的角度来审视这一文化现象所呈现的负面内容和影响，虽然他对此负面看法中也有一些深刻的洞见，却没有从历史的角度来发现这一文化现象产生的历史必然性，以及它曾经存在的历史合理性；其三，从整体和历史的角度而言，他没有看到由祖先崇拜文化所表现出来的具有更重要的催人奋进的积极历史层面，而这一面实际上是中国传统文化中最重要的文化内容。事实上，由祖先崇拜发展出来的家国情怀在不同的历史时代，经过不同时代文化的新诠释，一直在努力淘汰其中落伍的内容，与时俱进，以弘扬其中昂扬向上勇于牺牲的高尚品格，而这种为大家而舍小家的高尚品格一直激励着中国人在自己所处的时代，为家、为共同体、为国做出巨大的贡献。这其实也是中华文明和文化之所以能够生生不息的内在的重要原因之一。

显然，中西传统文化的结构是一个复杂的统一体，但如果取其文化核心或者非常重要的一个方面——建立在祖先崇拜文化基础之上的中华文化特征，与建立在自然崇拜基础之上的西方文化发展范型相比较的话，即西方十分重视个

---

① ［古希腊］亚里士多德：《政治学》，吴寿彭译，北京：商务印书馆，1965 年，第 3 页。
② ［古希腊］亚里士多德：《政治学》，吴寿彭译，第 392 页。
③ ［德］马克斯·韦伯：《儒教与道教》，王容芬译，北京：商务印书馆，1995 年，第 202 页。

体在脱离尘世后的灵魂拯救和在天国里的超升——基督文化发展范型相比较的话，中国文化的人世呈现为一个先后相继不绝的发展序列，这无疑为史学，特别是传记史学的发生和发展提供了有利的客观环境。当然，若要真正进入传记史学的天地，还需要其他的条件。不言而喻，祭祀和丧葬仪式所蕴含的思想观念和对先人的有关文字记录，虽然与中国传记史学的产生和发展有着不解之缘，但如果真正要使之成为历史传记，还必须与历史的时间观念结合起来，即与早期编年史观念相结合才能实现。其后的中西传记史学发展也证明，正是在对人的记录与编年史观念结合的过程中，传记史学应运而生了。尽管这是一个漫长而又曲折的过程，但如果将这些特点和西方希腊史学相比较的话，从史学角度来看，中华早期文化的品质和特点为传记史学在编年史基础上的产生和发展提供了有利的条件。

三、"立言"成为司马迁著《史记》和其传记史学人文精神之所在

显然，在中国的传统文化中，对列祖列宗的讴歌和赞美是中国人早期最重要且核心的观念，并具有相当浓厚的宗教情怀。这其实就是当时人们对生命最原始而真诚的诠释、感受和理解。可贵的是，古人不仅坚信这一观念，而且也在生活中尽力实践着这一观念，并且有许多仁人志士为这一信念奋不顾身，死而后已，成为人们念念不忘的榜样。这也是传记史学出现的最深层次的原因，也是司马迁创立《史记》"列传"体例的原初动机。事实上，《史记》中大量的传记人物都是一些曾身处逆境、绝境的历史人物，这些人物也曾困顿不堪，然与常人所不同的是，这些人物却能穷则思变，全力搏击向上，勇于不屈不挠，最后都在各自的人生领域内获得了常人难以企及的硕果，得到人们的尊重，虽死犹荣，从而荣幸地进入了传记系列，获得了不朽的人生价值和社会意义。毫无疑问，这一不朽的结果和其所具有的社会历史意义，表现在它不仅使人永远铭记这些人物所建立的丰功伟绩和所树立的高尚的道德楷模，更重要的是促使人们以这些非常人士的经历和成就作为榜样，在各自的人生历程中建功立业。这样看来，设立传记的意义不止于描述传主难得的经历和成果这一最初目的，最终目的还是呼唤更多的人去为家族、种族和国家做出自己的重要贡献，成为英雄式的人物而进入历史的传记之中，以获得人生的终极价值。亚里士多德认为："我们曾说政治的目的是最高的善，但它更多地着重于使公民形成一种品

格，即变得善良，能够实行高尚的行为。"①

本书的中心人物之一——司马迁就是持有这一观点的典型代表，他的作品体现了极其浓郁而厚重的传记精神情结。在《史记》中，司马迁虽然没有将自己列入传记之中，只是在书后以"太史公自序"的形式对自己的家世和人生经历作了较为完整的叙述，这使人们对他的家世、学术渊源和痛苦的心路历程有了一个基本的了解，该叙述成为人们研究司马迁个人历史的最重要的资料。不过司马迁可能没有料到的是，这一举措又引发了一个让后世争议的重要问题：《史记·太史公自序》是否为司马迁为自己撰写的传记？

对此问题历来众说纷纭：第一种意见认为《太史公自序》是司马迁"明述作之本旨"。颜师古在《匡谬正俗》卷五、牛震运在《史记评注》卷十二、章学诚在《文史通义》、董允辉在《中国正史编纂法》中皆持此论。第二种意见认为《太史公自序》是司马迁的自我传记。但凡稍微留意其所著的自序的话，就明显看出，其自序的体例完全是按传记体例来叙写的。正因为如此，无论是古代的学界或是现代学者的主流，都将《太史公自序》看作是司马迁个人的传记。在《史记评议》中，李景星说："盖《自序》非他，即史迁自作之列传也。无论一部《史记》，总括于此，即史迁一人本末，亦备见于此。"因为《太史公自序》中，司马迁选择了典型的材料表现自我，塑造了一个政治家、思想家、史学家、文学家集于一身的自我形象，具有伟大崇高的个性人格特征。他的理想、气质、情感无不打上那个时代的烙印。当然，司马迁的《太史公自序》除了在史学方面具有重要意义外，其在自传体文学发展过程中，也占有开创性的地位，对后世自传体文学的发展，更产生了深远的影响。

其实，对于司马迁的《自序》，只要我们不带任何偏见去分析的话，不管是从史料价值还是从传记精神来看，都不亚于其所列举的其他传记人物。再从司马迁的人生经历和《史记》中的叙述来看，整个传记体的创造和传记人物的叙述其实就是司马迁自己自强不息、光宗耀祖以求得人生永恒的最真实的人生价值体现。所以，将司马迁置入其所设定的传记体例"列传"中进行分析研究，对于《史记》的传记而言，对于中国的传记史学而言不仅当之无愧，而且还为中国的传记史学增光添彩。

具体而言，司马迁的伟大和卓绝之处就在于他用强烈的历史使命感，将其

---

① ［古希腊］亚里士多德：《尼各马科伦理学》，苗力田译，第31页。

人生之大不幸转化为立言于后世的强劲动力,用其自身的崇高信念、坚定的毅力和史学追求,最终战胜了封建暴政强加于其自身的残暴遭遇。事实上,司马迁在遭遇不幸后,竭其毕生精力,忍辱偷生,以血泪著就《史记》的重要动机之一就在于此。不仅在《报任安书》中司马迁剖析其内心的事业追求,还将他的这一观念深深地渗透在撰述《史记》的宏大事业中。太史公曰:"余闻董生曰:'周道衰废,孔子为鲁司寇,诸侯害之,大夫壅之。孔子知言之不用,道之不行也,是非二百四十二年之中,以为天下仪表,贬天子,退诸侯,讨大夫,以达王事而已矣。'子曰:'我欲载之空言,不如见之于行事之深切著明也。'"①

显而易见,司马迁撰写《史记》的指导思想,实与孔子和董仲舒的观念紧密相连。这就是说,司马迁著《史记》就是要以孔子为效仿的榜样,为后世留下"言",以求不朽。如在《伯夷列传》中,司马迁就对伯夷赞美不已:"君子病没世而名不称焉。贾子曰:'贪夫徇财,烈士徇名,夸者死权,众庶冯生。'"(《正义》对此这样解释:"君子疾没世后惧名湮灭而名不称,若夷、齐、颜回洁行立名,后代称述,亦太史公欲渐见己立名著述之美也。")②可谓一语中的。其实最能说明司马迁著《史记》的根本性目的就是其所揭示的"成一家之言"这一宏大的史学抱负。这一史学抱负既是司马迁撰写《史记》的根本宗旨所在,也是其史学传记的最高精神之所在,更是中国传记史学人文精神的精华之所在。

也正是因为司马迁有此远大的志向和卓绝的奋斗,完成《史记》巨作,成就中国史学的伟业,将其生死经历都融聚于其中,其结果使其能够超越生与死二者的对立,从而在《史记》的事业和志向之中,将生与死二者有机统一起来。当然,这一历史性的结果,如果只是用亚里士多德的观念是无法解释的,但这却是中华文明价值观的特点和突出优势之所在。

第二节　古希腊罗马传记史学的人文精神

对于古希腊罗马传记史学而言,由于其所处的文化环境和其文化诸要素间的相互影响,形成了他们具有文化特色的人文精神。重视人文精神建设是希腊罗马的文化传统,而入世的人文情怀和对外在功业的崇拜构成了其人文精神的

---

① 《史记》卷130《太史公自序》,第3297页。
② 《史记》卷61《伯夷列传》,第2127页。

两个客观方面,贯穿其中的见贤思齐观念则是其史学传记所传达的崇高目的。显然,上述这一切都构成了古希腊罗马传记史学丰富而深刻的人文内涵。由于普鲁塔克对古典时代传记史学的独特贡献及产生的深远影响,其《名人传》著作所体现出来的人文精神在古典时代占有重要地位,自然成为我们研究古典传记人文精神的重点内容。

一、公民人文精神的培养是希腊罗马传记史学的中心任务

(一)重视公民人文精神的培养是希腊和罗马的文化传统

如果以古希腊社会政治史为据的话,从苏格拉底的道德哲学到柏拉图的"理想国"理念,再到亚里士多德的政治哲学,其旨趣都在于培养城邦的公民意识,以维护城邦的独立与自由,并致力于城邦的长期存在和发展。比如,在《政治学》中,亚里士多德对一些学派所提出的用物质的满足可以来代替精神满足,可以代替人们对幸福的追求的庸俗观点进行了批评。他说:"城邦不仅仅是为了生活而存在。实在应该为优良的生活而存在。"[①]

那么,这种优良的生活是什么呢?亚里士多德指出了人们之所结成政治共同体,其目的并不是仅仅是由于社会生活,"而是为了美善的行为"[②],在他看来,作为一个真正无愧为"城邦"的公民,就必须将促进善德作为其生活的目的。显然,亚里士多德在此并没有否定平凡的社会生活,只是强调了公民不应该满足于平凡的生活,公民应该追求更高层次的社会美德与善的生活。

那么,公民应该如何获得美德和善的观念,并追求美德与善的生活呢?当时希腊罗马的一些知名人士常常宣称美德的获得是依赖于自身的自主选择,在这种选择过程中,理论理性起着决定性的作用,这已经足够了。因此,它压根就不需要其他外在强制的方式来获得美德。亚里士多德对此不以为然,虽然他也认可人类是理性的动物这一基本观点,但他却认为只是通过逻各斯(在这里指理性的劝说、谈话)就足以使他人获得美德的观点缺乏社会真实性。在他看来,不能对理论理性,即逻各斯的作用看得太高,人们获得美德的方式应该是多样的,即使对人施加外部影响也是获得美德的必要条件。对此,亚里士多德是这样论证的。

[①] [古希腊]亚里士多德:《政治学》,吴寿彭译,第137页。
[②] [古希腊]亚里士多德:《政治学》,吴寿彭译,第140页。

如果仅仅逻各斯就能使人们变得公道，那么讲述它的人就可以公正地，如塞奥哥尼斯所说，"获得大笔丰厚的报偿"了。而且，他们也应该讲授这种课。但是事实上，逻各斯虽然似乎能够影响和鼓励心胸开阔的青年，使那些生性道德优越、热爱正确行为的青年获得一种对于德性的意识，它却无力使多数人去追求高尚和善。因为，多数人都只知恐惧而不顾及荣誉，他们不去做坏事不是出于羞耻，而是因为惧怕惩罚。因为，他们凭感情生活，追求他们自己的快乐和产生这些快乐的东西……但是他们甚至不知道高尚和真正的快乐，因为他们从来没有经历过这些快乐。那么，何种逻各斯能够改变这些人的本性？用逻各斯来改变长期习惯所形成的东西是不可能的，至少是困难的。①

显然，在亚里士多德看来，逻各斯感到无力的领域，完全可以被外在力量和其他方式来弥补：

逻各斯与教育也似乎不是对所有人都同样有效。学习者必须先通过习惯培养灵魂，使之有高尚的爱与恨，正如土地需要先耕耘再播种……一般地而言，感情是不听从逻各斯的，除非不得不听从。②

在此，亚里士多德表明了他对理性认识的基本点，即理性实际包括理论理性和实践理性两个方面，而且理性的两个方面都有其侧重点，不可代替。在古希腊的哲学史中，逻各斯的主要作用在于认识世界的本原，而它并非提升公民的素养、美德与幸福思想观念的唯一途径，甚至都不是主要途径。但在这一进程中，实践理性却可以发挥其独特的重要作用。实际上，这一理论成为希腊罗马历史学，特别是传记史学家们撰述的最为强劲的动力和目标。正是在这一思想背景下，传记史学才应运而生，而且得以迅速发展。

较之于司马迁《史记》"究天人之际，通古今之变，成一家之言"历史通变观而言，普鲁塔克《名人传》的观念更为突出表现在伦理学领域，更多地发挥了对公民的思想教化的作用。具体于《名人传》而言，传记中的每一个传主的核心内容之一，都是用大量的篇幅来叙述、来揭示传主的道德情操，传主的人生境界和其人生的目标追求，而且这种叙述深入到传主人生的每一个阶段，具体到涉及传主性格的每一个趣事或心灵的细节中去。

---

① ［古希腊］亚里士多德：《尼各马科伦理学》，苗力田译，第230页。
② ［古希腊］亚里士多德：《尼各马科伦理学》，苗力田译，第231页。

在《名人传》中，普鲁塔克毫不隐讳地指出了这一创作意图和方法。他在加尔巴（Galba）国王传中说："详细叙述每个事件是正式历史的事，但我的职责要求我不应该对那些涉及帝王的不值一提的小事视而不见。"①

而普鲁塔克在《亚历山大传》（Alexander）中则说得更为清楚。他说：

> 在这一卷里，我将叙述马其顿王亚历山大和击败庞培的凯撒的生平。这两个人值得记述的伟大事迹为数太多，我不能不首先说明，我只能把他们一生当中的最为人称道的事迹简单地加以叙述，而不能对每项伟业都做详尽的记载。我现在所撰写的不是历史，而是传记。从那些最辉煌的事迹之中，我们并不一定能够极其清楚地看出人们的美恶品德，但一件不太重要的事情，一句笑话，或者片言只语，往往会比最著名的围城，最伟大的军备和死亡数以千计的战役更能使我们了解人们的性格。因此，肖像画家在作画的时候，特别用心描绘最能表现性格的面部和眼睛，而对于身体的其他部份则不必多加注意；同样，请读者们也容许我对于人们的灵魂的迹象多加注意，借此来描写他们的生平，而把他们的辉煌战绩留给其他作家们去叙述。②

而在《尼西阿斯》的传记中（Nicias）中普鲁塔克还说：

> 不管怎样，对于修昔底德和菲利斯托斯业已叙述过的事迹，我当然不能完全忽略不提，因为这些事迹显示了我的主人公深深埋藏在许多重大的苦难经历之下的气质和性格；但为了避免粗心怠惰的名声，我只想一笔带过省去不必要的细节，可是对于大多数作家没有注意到的，或是漫不经心地提到的，以及在古代祭祀铭文或公共文告中所发现的细节琐事，我都尽量予以搜集，采用那些有助于了解人物性格的资料；而不是单纯地堆砌那些没有研究价值的素材。③

显然，之所以造成《名人传》的这一人物叙述特点，其基本原因，乃在于普鲁塔克从一开始就将自己的《名人传》定位为人物传记，而非历史著作，而且在人物传记中，旨趣在于叙写人物的思想和性格，道德和伦理的内容自然就

---

① Plutarch, *Plutarch'Lives*, Trans. Perrin B., p.211.
② ［古希腊］普鲁塔克：《希腊罗马名人传》第2册，席代岳译，长春：吉林出版集团有限责任公司，2011年，第1195页。
③ ［古希腊］普鲁塔克：《希腊罗马名人传》第1册，席代岳译，第941页。

成为其论述的重点内容。

（二）对公民进行人文精神的培养是传记史学的中心任务。

有意识地对公民进行人文精神的培养和教育是希腊城邦和罗马国家的要务，更是希腊城邦和罗马帝国赋予传记的重要任务。

既然政治成为公民的基本内容和素养，因而对公民进行政治培养则成为国家的根本性任务，而培养的基本任务就是让公民能够正确地意识到城邦与公民二者之间的关系，其目的在于让公民明晰其所具有的义务和责任，从而能够充分地发挥好公民所应发挥的作用。

亚里士多德在其《政治学》中说：

> 凡隔离而自外于城邦的人——或是为世俗所鄙弃而无法获得人类社会组合的便利或因高傲自满而鄙弃世俗组合的人——他如果不是一只野兽，那就是一位神祇。①

当然，如何从理论和实践方面将两者有机统一起来？这是希腊罗马文化一直探讨的重大的理论问题。西方古代文化史告诉我们，尽管西方的哲人们对此进行了长期而艰深的研究，但因其本身所固有的形而上学的学术理念，导致了他们最终无法从理论上将两者统一起来，只能形成了二律背反的结局。当然，政治学的难题并不仅仅是一个理论问题，更重要的还是一个实践问题，尽管当时他们在理论上无法统一，即在希腊和罗马的自然哲学中这是一个难以解决的问题，但在现实生活中和人生经验中，两者却是较为自然地统一于一个人的政治实践之中。显然，这一经验性的结果为人们提供了解决这一理论问题的另一条思路。在此背景下，他们将这一问题转交给了城邦的社会实践，力图通过人生的道德实践历程来解决这一问题，这样一来，道德实践的社会作用便自然显现出来了。

这里出现了一个突出的问题，即普鲁塔克为什会对人的性格感兴趣？他为何将关注点放在传主的品性上呢？对此，普鲁塔克在《泰摩利昂和埃米利乌斯·保卢斯》的序言中是这样说的：

> 我最初为这些英豪写作传记的目的是娱乐他人，最终却惠及自身，并享受其中的乐趣。这些伟人的德行就像一面镜子，为我们的人生道路指点

---

① ［古希腊］亚里士多德：《政治学》，吴寿彭译，北京：商务印书馆，1983年，第9页。

迷津。①

显然，普鲁塔克认为从这些伟人的性格和道德中可以吸取教训。那么这些德行是如何对读者产生作用的？虽然在《名人传》中，每对传记的写作主题和模式都有所不同，但毫无疑问，普鲁塔克的主要写作目标聚焦于传主的品性，旨在为世人提供道德借鉴。他在《伯里克利和费边》的序言中指出，人们的心灵与生俱来就有观察和体会美好事物的能力，而最美好、最有价值的事物就是美德。

> 德行最大的优点就是会刺激人们，使人立即产生见贤思齐的冲动，这些榜样会影响我们的心灵和性格，对有关事实的记述，也可以陶冶和教化民众。②

从这一段颇具哲学意味的论述中可知，普鲁塔克将写作目标集中在揭示传主的德性，目的在于提升他自己以及读者的德性，因为只有历史中的伟人才能教会我们理解自我并最终提升自我。③

究其原因，就在于希腊罗马传记在培养公民意识方面具有独特的优势，这表现在：一方面，它可以较为直观、生动地展示传主内心世界的思和想，以展示公民所应具有的一些优秀的道德品质，从而迅速拉近了公民与传主之间的距离，为公民树立了一个个鲜活具体、值得去模仿、而且也能够学习的人生榜样。显然，这种具有情感交流的教育方式，与通过理论理性的方式对公民进行纯理论的说教方式相比较的话，其效用要明显得多。这实际上是在运用"润物细无声"的思想情操的教育方式来对公民进行教育，因此自然获得了时人的欢迎。当然，这种精神和思想的教育内容，主要集中在公民的素养和政治意识等重要领域，另一方面，希腊罗马的传记，尤其是普鲁塔克的《名人传》，也显示了一些传主的道德污点和卑劣的心灵，并贬斥一些所谓的名人在其人生中所做过的种种损害共同体的利益行径，如《德米特里乌斯和安东尼》传记，则描绘出了反面典型。普鲁塔克曾表明：

> 为免受恶习和劣行的影响，我还是要尽力避免描写下流、无耻和可憎

---

① Plutarch，*Plutarch'Lives*，Trans. Perrin B.，p.220.
② Plutarch，*Pericles*，New York：Washington Square Press，1968.
③ Joseph Geiger，The Project of the Parallel Lives：Plutarch's Conception of Biography，In Mark Beck，*A Companion to Plutarch*，West Sussex：Wiley Blackwell，2014，p.297.

的事迹，而叙述高贵的人物作为世人的模范和榜样。①

但他还是叙写了《德米特里乌斯和安东尼》这样的反面人物传记，因为在他看来，人们不仅要通过学习优秀的榜样来蓄养德行，还要了解与之相对立的应受谴责的言行，用这样丑恶的事例和人物形象来提醒人们要弃恶扬善，"如此才能以最大的热情去效法那些仁人志士"②。

因此，通过阅读普鲁塔克的《名人传》，会给读者以强烈而明晰的情感传导和心理暗示，传记人物真善已分，良莠已辨，高下已判，努力奋斗的目标已经显现，读者内心中所迫切需要的就是要不断地提升自身的道德和政治素养，追求真正的美德与善，从而使自己成为真正符合希腊城邦和罗马帝国发展要求的"善人"。

显然，希腊罗马的传记史学其实肩负着多重重要使命，但归根结底还在于对不同历史人物的叙述、比较和评价，其目的在于要教育公民以优秀的历史名人身上所散发的高尚的人文气息熏陶自己、感染自己，而在《名人传》中也有一些被普鲁塔克所否定的历史人物的传记，这些人物之所以会出现在《名人传》中，是因为普鲁塔克需要用这些人的丑恶言行作为反面教材，以彰显希腊罗马众多的历史名人在各自具体而真实的人生历程中所体现的崇高的人文精神，进而感召人们以这些名人的自我牺牲精神作为自身奋斗的楷模，以名人们英勇无畏的壮举作为参照，最终达到激励人们将个人的人生发展和道德要求融入城邦的整体性发展进程中，努力成为一个城邦或国家需要的合格公民这一真实目的。

（三）对公民政治素养的培养是传记史学的核心内容

亚里士多德在其《政治学》名著中曾提出一个重要的命题："人是天生的政治动物"，这一命题其实就构成了希腊以及其后罗马的人文精神的核心内容。

亚里士多德在此所说的"天生"，对于城邦的公民而言，是指从事政治活动是人的自然本性，或者说是基于自然而然的目的，即天经地义之事。在亚里士多德看来，希腊城邦的产生并不是神意的产物，其政治生活反映了人的自然本性和内在要求。但要从天性或本性这个层次达到对政治的深刻理解，并具体地

---

① ［古希腊］普鲁塔克：《希腊罗马名人传》第2册，席代岳译，长春：吉林出版集团有限责任公司，2011年，第1859页。

② Plutarch, *Pericles*, New York: Washington Square Press, 1968.

表现在实际的政治生活中的话,其实并不容易,因为那不是一个自然而然的过程,而是一个需要长期不断的努力才可以达到的一个新阶段。因此,亚里士多德这一名言的正确理解或许是这样的:人们应该在城邦的生活过程中,不断熟悉城邦社会的各种规则和制度,努力使自己成为一个合格的公民,并在此基础上,正确地运用城邦的法制、政策、方针等各种制度,对希腊人的共同体进行不断的维护和建设,并为此奋斗终生。

这样看来,亚里士多德的经典名言的内涵其实是非常丰富的。在亚里士多德看来,德性本身同时具有私人维度和公共维度,因此当人们追求真正的德性和幸福(非毫无理性的欲求)时,既能够最大限度地实现自己的利益,也能够最大限度地实现政治集体的利益。当然,对雅典人而言,如果试图使自己成为一个合格而优秀的城邦公民的话,还需要一个相对漫长的不断教育和从政的实践过程。之所以如此,这是因为希腊城邦的公民所面对的不仅仅是城邦内部的种种事务,这需要政治理论和观念进行认知,还需要一定的政治经验来具体运作。同时还要看到,公民虽然生活于某一个城邦,但其所面对的并非只是其中的一个孤立的城邦,而是林林总总的希腊城邦世界和非希腊的城邦或国家。即使在希腊,城邦与城邦之间的关系也是极其复杂且多样的,稍有不慎,便会面临城邦灭亡的厄运。因此,"人"成为"政治动物"的过程,一方面,它是人不断地从个人的小世界走向公民共同体的大世界——城邦的过程;另一方面,又是一个逐渐由城邦的公民走向希腊世界的过程,是以整个希腊世界的视野来看待城邦,来看待个人的公民意识,来安排、调整自己政治生活内容的过程。显然,政治的要义在于如何处理好个别与集体、城邦与希腊世界之间的关系问题。从此出发,亚里士多德的这句名言的旨趣并不只是指明人是天生的政治动物的这一事实,更重要的则是强调了公民应该在城邦中发挥其应有的政治核心作用。

事实上,在古希腊和古罗马时代,近现代意义上的抽象的独立于社会的人的概念还没有出现,其个人的本质都是属于其所生存的共同体,这个共同体就是城邦的政治本质之所在。因此,甚至可以这样说,不断加强城邦内部的团结,以维护城邦的生存和发展,便成为其人文精神的全部。

普鲁塔克在其《名人传》中,对具体的传记人物德性的评价恰恰是建立在国家或集体的利益之上的,他在《德摩斯梯尼》中说道:

一心以国家的兴亡为己任,这才是政治家的风范,是男子汉的作为，这样的人会永远着眼于国家的利益，通过为公众谋求福利来化解私人的悲愤。①

卢基乌斯·埃米利乌斯·保卢斯（Lucius Aemilius Paulus Macedonicus），是罗马共和国时期的一位杰出将领，他率军远征马其顿获得巨大胜利的同时，却接连遭遇丧子之痛。面对罗马同胞的安慰，他反而开导大家不要因他自己家庭的苦难而怀忧不安，而应以国是为重，坚持如期举行凯旋式。对此，普鲁塔克颇为赞赏，指出：

> 世人不仅需要抵抗刀剑枪矛的勇气和毅力，还需要勇气和毅力去承担命运的打击；用德行战胜罪恶，不因家庭生活中的悲痛损害公共利益，如此才能应对这样无常的命运。②

因此，政治观念一直与传记的人文精神有着紧密的联系。不管是希腊或者是罗马，其文化、思想和理论的核心就是政治。对于城邦的公民而言，政治观念是希腊罗马的基本观念。他们之所以重视政治问题，之所以要对公民进行不断的政治训练，就是因为，当时在城邦世界，客观上还存在着一个如何正确处理个体和城邦共同体利益的这一重大问题。因为，他们早已从理论和社会生活实践中发现了公民的个体利益和城邦的集体利益并不总是完全一致，两者之间是经常发生矛盾的。因此，对于城邦的政治家和社会精英而言，所要集中思考和解决的问题，就是如何最大限度地调节好城邦整体性利益和公民个体性利益这一根本性的矛盾，这其实是城邦能否长期生存的根本问题。由此，我们也就理解了亚里士多德为什么研究政治学的良苦用心了。

亚里士多德在其《政治学》中指出：

> 人类自然的应该是趋向城邦生活的动物……就我们个人说来以及就社会全体说来，主要的目的就在于谋取优良的生活。③
>
> 凡人由于本性或由于偶然而不归属于任何城邦的，他如果不是一个鄙夫，那就是一个超人。④

显然，如果从城邦的发展角度而言，政治成为其中的主旋律，但从政治的

---

① ［古希腊］普鲁塔克：《希腊罗马名人传》第3册，席代岳译，第1513页。
② ［古希腊］普鲁塔克：《希腊罗马名人传》第1册，席代岳译，第476页。
③ ［古希腊］亚里士多德：《政治学》，吴寿彭译，第130页。
④ ［古希腊］亚里士多德：《政治学》，吴寿彭译，第7页。

内容来讲，它又同军事紧密相连。政治和军事之所以纠结在一起，是因为政治的要务就是预防战争的发生，而军事则又是政治的另一表现形式而已。所以，如果只从罗马的传记名家奈波斯《外族名将传》说起的话，其传记仅仅是将人物传记局限于政治军事领域，所表达的都是其政治观念，他的传记记载的传主都是外族人（希腊名将）就明显揭示了这一趋向。其后的普鲁塔克的《名人传》和苏维托尼乌斯的《罗马十二帝王传》（又名《十二凯撒传》）也都是沿着这一途径继续前进。虽然在《名人传》中，也有一些影响后世的重要文化名人，比如罗马的哲学家、演学家西塞罗（Marcus Tullius Cicero）和希腊雅典的修辞学家和演学家德摩斯梯尼（Demosthenes），但普鲁塔克在这些人的传记中着重叙述的却是他们作为城邦的公民、城邦的重要政治家的所作所为——毕生致力于各自城邦安危的重大政治活动，而非他们在演讲和修辞学方面的突出成就。

在《德摩斯梯尼和西塞罗》对传中，普鲁塔克对德摩斯梯尼大加赞美，认为德摩斯梯尼品格高尚，他用自己的辩才，作为政治工具和反抗马其顿的武器，坚定地领导雅典对抗马其顿的统治，并勇于承担维护城邦独立自主的重任，虽然他最终因战败而被迫自杀，但死后却受到了雅典人的追思怀念，给予他诸多荣誉，而谋杀他的人最终都遭遇了极其悲惨的下场，对比昭然；同样的叙述逻辑，罗马共和国末期的西塞罗一生公正廉洁、天性仁厚，为国家计，粉碎喀提林阴谋，为罗马的稳定做出了重要贡献，却成了内战的牺牲品，被安东尼所杀，让人痛惜不已。但最终安东尼难逃历史的惩罚，他与屋大难在争权中兵败被杀，被元老院废除所有荣誉，身败名裂，甚至背叛西塞罗的释放奴也受到严厉的酷刑而亡。不一而足，在安东尼的传记中，作者再次抨击了他对西塞罗的屠杀和侮辱，指出他的残暴和傲慢，认为他根本不够资格享用军国大权，而西塞罗死后依然受人敬重，子孙兴旺。①在此，普鲁塔克所表达的不仅是个人的爱憎，而被普鲁塔克所看重的，还是西塞罗和德摩斯梯尼共有的一个最为重要的头衔——他们当时是长期掌管各自国家要务的有操守的著名政治家。无论其命运如何，这些杰出人物的德性都值得后人模仿。普鲁塔克指出：

"伯里克利之所以能够获得卓越的成就，并非仅靠高超的演说才华，而是如同修昔底德所说的，在于毕其一生所获得的声望和名誉——个人品德

---

① ［古希腊］普鲁塔克：《希腊罗马名人传》第3册，席代岳译，第1637页。

所建立的信心，廉洁所创造的认同，以及视金钱如粪土的态度。"①正如塞涅卡所说："要想成为那个最伟大的人，同时也必须成为一个最有德行的人！"

二、入世的人文情怀是希腊罗马文化的突出特点

在古希腊和罗马的文化结构中，其人文精神突出表现在他们所崇尚、同时也具有的理性精神方面。当然，对于希腊和罗马的理性精神，必须有一个历史的全面的理解。一般来说，一方面，理性精神表现在对神灵的排斥，努力摆脱神性的束缚以探求世界的本质内容；但另一方面，古希腊罗马的理性在其发展的过程中，从来也没有同神灵彻底决裂，而是一直与神灵间保持着若即若离的关系，甚至还往往表现为借助神灵以成就人事。因此，古希腊罗马的人文理念构成具有多样化的特点，人与神的关系也表现出颇为复杂多变的关系。这一人文特点在其传记史学的人文精神方面也突出地表现出来。

在古典时代的先贤柏拉图的"理念"系统里，"理念"是一个抽象的精神世界和模型，它是世界的本原和不变的本质所在。因此，无论是"理念"的内容或形式，一方面都与现实中人的性情、激情格格不入；另一方面它赋予了理性以重要的使命，那就是用"理念"来竭力遏制人所具有的个性和激情，以彰显理性的绝对主宰作用。因而"理念"实质上与人性、自然世界和现实世界存在着不可调和的尖锐矛盾，而其思想趋向也是其最终的任务，即要否定或消灭现实人们的世俗生活。此后，亚里士多德则在柏拉图"理念"论的基础上，对柏拉图的绝对"理念"与现实的人生实践进行了新的探讨，以调和绝对的"理念"世界与现实人生之间的尖锐矛盾。这样，使古希腊的理性哲学开始走出纯粹理性的囚笼，开始用人的眼睛而不是用神的眼睛来考察真实的世界，"理念"开始同现实社会相联系，并在一定程度上肯定了现实生活的合理性。如亚里士多德就认为，作为城邦的公民，就应该投身于城邦的活动，将自己的幸福和善德与城邦的善结合起来。他认为："凡以人们的善德衡量人们的幸福（快乐）者也一定以城邦的善德来衡量城邦的幸福（快乐）。"②

以此为据，亚里士多德还对当时雅典和希腊一些学派只是重视静修、专心沉思默想、喜欢探讨高深的理论问题、而不愿参加城邦政治及社会事务活动的

---

① Plutarch, *Pericles*, New York: Washington Square Press, 1968, p.15.
② ［古希腊］亚里士多德：《政治学》，吴寿彭译，第343页。

观念和做法进行了批评。他是这样说的：

> 这个学派把"无为"看得过高，竟然认为"无为"胜于"有为"，这是一个谬误。实践（"有为"）就是幸福，义人和执礼的人所以能够实现其善德，主要就在于他们的行为。①

在此，亚里士多德已经对原先希腊的理性思想体系做了进一步的反思，为原先的理性观念充实了社会生活和实践的内容，由此，理性的知识架构也就发生了较大的变化。理性是由两部分组成的，一个是理论理性，一个就是与理论理性相并行的"实践理性"这一重要理论成果，需要说明的是，正是在对"实践理性"深化和扩展的背景下，斯多葛派产生了。并以此为标志，古希腊的哲学进入了一个新阶段。

事实上，普鲁塔克正是在亚里士多德新的理性观念和斯多葛派思想的基础上，建立起自己具有浓厚实践理性的思想观念——道德哲学观念。这一道德哲学的特点是尽力将传统的理念与现实中人的生活、人的性情协调起来，特别是为传统的理性充实一些富有激情的内容，以肯定人的感情、激情在人的思想和行动中所占有的重要地位，使其合理化。而且，在亚里士多德理性论的指导下，普鲁塔克进一步探索和丰富理性的内涵，使理性的内涵和作用不只表现在对神灵或外在力量的排斥上，而且还表现在它能够深入人世，深入到人的心灵世界中，成为人们日常社会生活的重要组成部分。这样一来，理性的作用并不仅仅具体表现为对人自身性情的克制上，还表现在他已经认识到人的激情在现实社会生活中还具有某些积极作用。这表明了普鲁塔克对理性的理解和认识，更具有社会意义，其道德哲学的内容也日益丰富。

正是在这一道德哲学的基础上，普鲁塔克认为，无论如何理解，人之所以为人的根本在于人所具有的超越感官刺激的内在本性——理性，因此，这就要求人们应该过着一种有理性的生活。普鲁塔克的理性生活其实就是使自己不要被个人的感官需要所麻醉、所控制，公民的个人生活应具有高度的道德自律性。这种自律性道德要求的根本目的是个人具有一个远大而高尚的人生目标，并用自己的行动去努力实现这一人生目标。当然，对希腊罗马人而言，他们的人生固有其个人的追求，但更多的是与城邦和国家的福祉相关联的。

当然，在普鲁塔克看来，希腊和罗马的理性，不管是理论理性，或是实践

---

① ［古希腊］亚里士多德：《政治学》，吴寿彭译，第349页。

理性，其共同之处是潜在地存在于每一个人心中，通过教育可以获得。他认为，任何肉体性的快乐是不能与伟人的伟大行动成果相提并论的，从伟大行动中所获得的快乐是远远超越个人的感官享受的。当然，在普鲁塔克看来，这些伟人之所以能够成为伟人，是因为他们具有克制个人外在的感官欲望的能力，同时又有愿意为实现自己的伟大目标而不畏艰险、全力拼搏的决心、勇气和豪情。

这样看来，普鲁塔克所推崇的理性生活，其实是一种既遵循理性（当然是实践理性），又具有人的激情的生活，或者讲，这是一种在理性指导下的激情生活。其目的乃在于将高远的理性与真实的世俗生活两者之间的矛盾统一起来。当然，在普鲁塔克的道德哲学中，这种在理性节制下的激情的生活，绝不是为个人谋私利，或者纵欲放任的邪恶生活，而是建立在共同体的根本利益、众多公民的实际利益的基础上，每个公民所应该、也能够进行的社会生活。正是基于这种哲学思考，普鲁塔克从哲学进入现实生活，并积极参与现实人生，通过现实社会生活的成就，打开了体现个人崇高精神境界的大门。

对此，普鲁塔克写了大量的重要文章对他的这一观念进行论述，并对当时流行的两种哲学观念——已经沦为消极遁世思想、只注重外在享乐的伊壁鸠鲁派[①]和已经蜕化为只关心个人心灵安宁的斯多葛派哲学[②]，都进行了激烈批评。在《伊壁鸠鲁实际上使幸福生活不可能》这篇文章中，普鲁塔克就以希腊底比斯城邦的著名军事家和政治家伊帕密南达（Epaminondas）和马其顿国王亚历山大为例，对其观点加以论证。他是这样说的：

> 伊帕密南达对于参与一场豪华宴会表示拒绝，他评价道："我原本以为这将是一次神圣的祭祀与共享的晚餐，没想到却成了一幕令人发指的狂欢与过渡。"同样，亚历山大大帝也回绝了阿达斯赠送的厨师服务，他自信地

[①] 伊壁鸠鲁，古希腊唯物主义者和无神论哲学家，曾在小亚细亚的许多城邦教授哲学，后来在雅典的一个花园里建立了自己的学校，称为"伊壁鸠鲁花园"，逐渐形成了伊壁鸠鲁学派。伊壁鸠鲁继承和发展了德谟克里特的原子论，在承认必然性的同时又承认了偶然性。伊壁鸠鲁派宣扬无神论，认为人死魂灭，这是人类思想史上的一大进步，同时提倡寻求快乐和幸福。但他们所主张的快乐是排除情感困扰后的心灵宁静之乐，而绝非肉欲物质享受之乐。伊壁鸠鲁生活简朴、节制，目的就是要抵御奢侈生活对人身心的侵蚀。伊壁鸠鲁曾对政治生活相当厌烦，但这并不意味着要对现实世界漠然置之。他认为友谊是人生最大的幸福和快乐。伊壁鸠鲁的著作很多，但大都失传，现仅遗留三封信和一些残稿。其后，伊壁鸠鲁的一些弟子将他的一些观念引向遁世，追求个人的快乐，甚至纵欲主义。普鲁塔克在此批评的就是这一观念。

[②] 斯多葛哲学学派，（stoic，或称斯多亚学派，也被译为斯多阿学派）是塞浦路斯岛人芝诺（Zeno）于公元前300年左右在雅典创立的重要哲学流派；其得名于在雅典集会广场的廊苑（英文 stoic，来自希腊文 stoa，stoa 原指门廊，后专指斯多葛学派）聚众讲学。该学派是希腊化时代一个影响极大的思想派别，对后世西方的思想影响深远。

表示，自己已经拥有了更佳的调味品——艰苦的战斗是他的早餐，而简单的食物是他的晚餐。对于那些具有政治家气度和雄心壮志的人来说，他们所追求的内心满足和荣誉带来的快乐是如此的璀璨夺目，以至于在这种精神愉悦的照耀下，对于身体享受的渴求便显得微不足道。①

由此，普鲁塔克又写了许多文章批评后期伊壁鸠鲁派所倡导的消极无为的"退隐生活"，在他看来，将个人的修身养性与社会生活截然对立起来是不对的，因为那就等于放弃了公民的义务和责任。当然，普鲁塔克并不反对加强个人人格和修养的完善，而是强调了在个人修身养性的同时还需要兼济天下。同时，他把存在与不存在的本体意义上的非此即彼的单项选择概念加以深化，进而使其成为认识论的新内涵——呈现和遗忘，以彰显人们在世间积极进取、获得成就的合理性和重要性。

在此试举一些事实加以论证。比如，同样在《伊壁鸠鲁实际上使幸福生活不可能》这篇文章中，普鲁塔克这样说：

> 现在让我们像他们那样假设对往日幸福的回忆是快乐生活中的最大部分，当伊壁鸠鲁说他在巨大的痛苦和身体病痛中濒于死亡时，他的补偿是：对曾经享受过的快乐的回忆伴随着他的最后路程。

但普鲁塔克认为，这种话语是没有人相信的，因为人生最后时刻回忆的内容绝不是、也不应只是一些外表的愉快和一些微小事，事实上不管他本人是否情愿，"他是没有任何办法从自己的脑海中清除那些对伟大行动的记忆"②。他以征服波斯帝国的统帅亚历山大和指挥萨拉米大捷的雅典海军统帅泰米斯托克利（Themistocles）为例，对他们积极事功的现实人生观点加以说明："亚历山大什么时候能忘记阿尔柏拉、派罗达斯，泰米斯托克利什么时候又能忘记萨拉米。"事实上直到普鲁塔克时代，雅典人还在庆祝马拉松大捷，底比斯人还在庆祝留克特拉战役的胜利。由此，普鲁塔克以激情昂扬的言辞对其观点进一步加以说明：

> 我们中的任何人直到现在也不会在宴会中获得这些人所获得的那样的快乐，这些快乐是他们从其成就中所获得的真正的快乐。所以，我们可以

---

① Plutarch, *Moralia*, Vol.14, Cambridge: Harvard University Press, 1996, p.101.
② Plutarch, *Moralia*, Vol.14, p.103.

设想这些创造丰功伟绩人的心灵在一生中拥有多么巨大的欢快、愉悦和狂喜，即使五百年或者更长远的时间，对昔日的回忆依然不会丧失鼓舞人心的力量。①

另一方面，他又撰写了《斯多亚派人的观念比诗人的观念还荒谬》等论文，对斯多葛派的安身立命的观念同样进行了尖锐的批评。斯多葛派与伊壁鸠鲁派相类似的观点是，人们在生活中所迸发的激情是与理性彻底对立的，全是人们不应拥有的不良观念和行为。因此，在普鲁塔克看来，斯多葛派秉持流行的生活方式和世界观，只醉心于自身修养的消极遁世观念，其本意乃在于赞美不为世事所累、贬低人们对尘世所表现的热情，排斥人们有时在瞬间所迸发出来的人生激情。在普鲁塔克看来，斯多葛派的这一观念显然与社会生活本身格格不入。

由此，普鲁塔克对斯多葛派进行了辛辣的嘲讽，认为这些人只是外表上道貌岸然，但内心却猥琐不堪："这种作为就好像斯多葛派人往往大声叫喊：'只有我才是国王，只有我才是富人！'同时又经常在别人的门口说：'哎呀，请给我一件斗篷吧，希波纳克斯快冻僵了。哎呀呀，我的牙齿都在打颤。'"②

在普鲁塔克看来，斯多葛派过分重视个人修养的种种活动和作为，而不热心于现实社会活动的种种言行，已经足以表明了他们自己此时已不能为社会群体、为社会共同体——城邦或国家提供他们应该提供的支持力量，事实上他们也不愿为自己所生存的社会共同体发挥应有的作用。但令人遗憾的是，这些斯多葛派人物却对事实熟视无睹，竟大言不惭地声称自己具有很强的社会活动能量，这在普鲁塔克看来，是极其滑稽的。普鲁塔克认为斯多葛派观念和行为的最荒唐之处是口是心非、自相矛盾，如果将斯多葛派的观念同诗歌相比较的话，不像诗歌那样具有前后和逻辑的统一性。

显然，在普鲁塔克看来，人的理性和对理性的追求绝不仅仅局限于对自身品德的刻意磨砺，更重要的是应该诉诸现实的社会，为社会共同的根本利益服务，这才是理性的根本意义之所在。亚里士多德指出：

> 城邦作为自然的产物，并且先于个人，其证据就在于，当个人被隔离开时他就不再是自足的；就像部分之于整体一样。不能在社会中生存的东

---

① Plutarch, *Moralia*, Vol.14, p.103.
② Plutarch, *Moralia*, Vol.13, p.619.

西或因为自足而无此需要的东西，就不是城邦的一个部分，它要么是只禽兽，要么是个神，人类天生就注入了社会本能，最先缔造城邦的人乃是给人们最大恩泽的人。①

也就是说，在亚里士多德看来，在国家的范畴内，城邦是整体，城邦是城邦所有居民根本之所在。在城邦中，政治是最高的东西，政治权利是公民最重要的权利，也是其优越地位的标志。如果一个城邦的居民脱离了城邦和国家，他就不能被称为人了，或者他就是一只禽兽，要么他就是一个神灵。也正因为如此，亚里士多德得出结论："人是政治动物，天生要过共同的生活。这也正是一个幸福的人所不可缺少的。"②

由此出发，普鲁塔克在《名人传》中，对于以争取个人的政治自由和保卫共和传统的行动加以肯定，甚至有一些名人用刺杀的手段对付暴君这样的激烈行动，比如布鲁图（Marcus Junius Brutus Caepio）和卡西约（Gains Cassius Longinus）合谋刺杀凯撒，普鲁塔克也认为其行为属于勇敢的行动，而予以肯定。显然，正如学者所指出的，这些现象所表达的"难道不也是在质疑古典政治哲学中已然存在的'不为激情所动''内在精神自由高于一切'的倾向吗？"③

三、对建功立业的推崇是希腊罗马人文精神和传记史学的中心内容

存在于希腊罗马文化的一个重要特点，就是在人与自然的冲突中形成了对立的思维方式，如果用中国古代术语来表达的话，即为"天道"与"人道"二者之间的尖锐对立。这一尖锐对立的思维方式产生了两个重要结果：其一，从哲学的角度来说，它是通过确立外部世界的秩序来为人的世界寻求其内在的合理性，即探求理性之所在或根本，从而为人世建立了法则；其二，这一思维方式所反映的社会历史内容，即希腊罗马共同体，通过殖民、战争等手段不断地向外开拓，来获得新的地域、财富和奴隶，来扩展城邦的势力和影响，而在这一过程中，也彰显了个人的能量，并为自身赢得了英雄的美名。其实，这也就

---

① ［古希腊］亚里士多德：《政治学》，颜一、秦典华译，苗力田主编：《亚里士多德全集》第9卷，第7页。
② ［古希腊］亚里士多德：《尼各马科伦理学》，苗力田译，苗力田主编：《亚里士多德全集》第8卷，第205页。
③ ［古罗马］普鲁塔克：《古典共和精神的捍卫——普鲁塔克文选》中译本序，包利民、俞建青、曹瑞涛译，北京：中国社会科学出版社，2005年，第4页。

是希腊罗马文化的特点——英雄崇拜所产生的社会原因和它的内涵,而这一特点早在《荷马史诗》中就已经表现出来了,由此,成为希腊罗马文化的一个重要传统。这一传统在希腊的大殖民时代则表现得更为突出,但罗马的大征服则将这种传统发展到了登峰造极的地步。

对于普鲁塔克而言,他在哲学领域的重要贡献是沿着古希腊哲学发展的基本轨迹,并在其所处的罗马帝国时代背景下,着力将理性的内涵、意义与现实的人们生活结合起来,以及与共同体的根本利益结合起来。在他看来,在这一结合过程中,能够为城邦和国家共同体建大功、立勋业自然是理性最突出的表现形式。这样一来,努力获取外在的事功则是内在理性的要求,理性的内在规定性也与人的外在事功联系起来了。正是基于这一深刻的人文思考,普鲁塔克以极大的热情,对历史名人所做的重要贡献大加推崇,创作了享有盛名的《名人传》。需要说明的是,虽然,在普鲁塔克之前的古希腊和罗马时期的传记内容非常丰富,种类繁多,但具体于《名人传》所叙述的众多历史人物的特点而言,普鲁塔克所侧重的是对政治家和军事家的关注,这是其传记的核心内容。即使在《名人传》中也有一些在文化上做出重要贡献的人物,比如希腊著名的政治家、演讲家德谟斯梯尼(Demosthenes)和罗马著名政治家、思想家西塞罗,这两人在希腊文化和罗马文化史上都是不可或缺的重要人物。尽管如此,《名人传》所侧重的仍是这两人的政治和军事作为,也由此表现出了普鲁塔克传记史学观念中所具有的浓郁的建功立业情怀和不辍进取的人文精神。

普鲁塔克还在《名人传》之外,写了大量文章,他坚决反对将人的理性活动仅仅局限于自身人格的修养,或者只是满足于对人最基本的生存需要。因此,他对"从伊壁鸠鲁那里学会了怎样恰当地满足肚子的需求,这让我幸福又自信""肚子乃是包含了最高目的的地方"[1]这样庸俗不堪的观点进行了尖锐的批评。在他看来,这种生活方式其实是人的最低级的生活状态,而人们应该过一种能够为社会尽责、获得人们尊敬的社会生活。比如,他曾这样说:

> 伟大的君王气象的愉悦和产生高尚精神以及真正充溢到所有人的那种愉悦,是在光辉宁静中所产生的那种愉悦,那可真不是这些人所能得到的了;对于这些人来说,他们所认为的荣耀和愉快的生活只是一种自我封闭的生活,远离公共责任,对人类福利无动于衷。事实上,他们没有可能受

---

[1] Plutarch, *Moralia*, Vol.14, p.95.

到任何神圣火花的影响。①

而普鲁塔克所倡导的是另外一种成就人间功业的生活方式，这是一种让人激荡情怀的美好生活方式，它是这样说的：

> 灵魂追求来自丰功伟绩的伟大、荣誉和感激的种种奋斗。甚至可以这样说，对荣誉和行善的热爱走向永恒，因为他追求的是业绩和行善的桂冠，这会给他带来难以用言辞表达的快乐。即使一个好人竭力躲避，也躲不开从四处围拥而来的人们的感激，当大众在得到的恩惠中欢呼雀跃，正如《荷马史诗》中所描述的英雄那样："当他在镇里四处漫步时，大家注视着他就像仰望神一样。"②

为了进一步论证其对外在功业讴歌赞美的合理性，普鲁塔克费尽心智用多方面的材料加以论证、加以推崇，甚至强词夺理，通过贬低雅典的文化成就来证明其事功的伟大和神奇，这显然就走得有些远了。比如，在《雅典人的名声是赢自战争还是源于智慧》这篇文章中，普鲁塔克就别出心裁，对当时学术界流行的一些观念——认为雅典人的名声是由于其卓越的智慧和发达的文化成就进行了批评。在他看来，"没有了行动者的丰功伟绩，文人也就失去了书写和思考的对像"③，归根结底，雅典人的声誉来自雅典人在其历史上所建立的丰功伟绩。他举例说，如果没有伯里克利（Pericles）在雅典所推行的种种政治业绩，如果没有尼西亚（Nicias）对西西里岛进行远征、在叙拉古进行惨烈的战争，如果没有克里昂（Cleon）和伯拉西达（Brasidas）献身安菲波里战场的英勇壮举的话，"那人们就无缘拜读修昔底德的历史名著了"④。言下之意，雅典能够留给后人丰厚的文化遗产的根源在于雅典人的事功，而不是其所具有的发达的文化和艺术。他甚至这样认为，雅典的文人只是在雅典事功的基础上为自己脸上贴金，使自己沾光。

由此出发，普鲁塔克认为，古希腊所有的历史学家：

> 都是为他人作嫁衣裳——他们其实好像是戏剧中的演员，只是把帝王和将军们的事迹表演给大家看，在表演的过程中，他们将自己也融入传统

---

① Plutarch, *Moralia*, Vol.14, pp.95-97.
② Plutarch, *Moralia*, Vol.14, p.97.
③ Plutarch, *Moralia*, Vol.4, pp.493-495.
④ Plutarch, *Moralia*, Vol.4, p.493.

所记载的那些人物角色中,似乎可以分享几分伟人的光辉显赫。这些文人是以自己的文字为媒介,向读者展现出实践者们的种种事迹;这些历史学家仿佛是镜子,在折射出他人光辉形象的同时,也能沾得几分荣耀。①

最成功的历史学家,能形象地描绘人物和情感,将历史展现得如同画像一样生动。确实,修昔底德一直努力在文章中取得这种生动的效果,因为他期望能将读者变成观众一样,能使他们在阅读自己的作品时达到身临其境的效果,与那些亲眼看见战争的人们一样,感受到惊愕和惶恐。比如,他描述伯拉西达催促舵手将船驶上沙滩,急匆匆地奔向陆地,后者受伤并晕倒在前甲板上。书中描述了斯巴达人在海上与岸上的步兵交战,而雅典人则从陆地发起海战。②

事实上,史书的撰写者们也就如同传递伟大业绩的使者一般。只不过他们具有文学天赋,文笔优美有力,能够成功地写出美文。同时,这些作家对史实令人愉快的复述,还要归功于那些最初目睹并记录这些事件的人。我们可以肯定,人们由于那些成功的英雄而铭记作家,阅读他们的作品,于是这些作家才会受人赞美,因为语言不能创造事迹,相反,因为有了事迹,描述它们的语言便被认为值得一读。③

显然,在普鲁塔克看来:"叙述英雄事迹的人无法比肩那些亲自铸就伟业的人。"④

为了证明自己的观点,普鲁塔克甚至以其观念为准绳,对伊索克拉底(Isocrates)——这位昔日在雅典和希腊久负盛名的演说家和修辞学家,被罗马世界奉为修辞学宗师进行了批评,并对他的历史地位和文化成就重新进行评估。他是这样说的:

尽管伊索克拉底曾经宣称说那些在马拉松冒着生命危险战斗的人,仿佛灵魂并不属于他们自己似的,尽管他本人歌颂了他们英勇无畏、视死如归的精神,但他自己在年迈的时候,据说有人在问他近况如何的时候,他是这样回答的:"即使九十多岁的老人也会把死亡当成最大的坏事。"他没有在变老的同时磨快他的剑,磨尖他的矛头,也没有擦亮他的盔甲,更没

---

① Plutarch, *Moralia*, Vol.4, p.495.
② Plutarch, *Moralia*, Vol.4, pp.501-503.
③ Plutarch, *Moralia*, Vol.4, pp.501-503.
④ Plutarch, *Moralia*, Vol.4, p.509.

有奋力划桨，而是一直忙于将对立的命题、平衡的从句和谐音组合在一起，安排妥当，干的无非就是用凿子和锉刀润饰辞藻。此人害怕元音与元音互相抵触，也害怕说出因缺乏一个音节而破坏了平衡的词组，这样的人又怎能不怕刀枪的冲突和在步兵方阵间的对抗呀。

普鲁塔克接着指责伊索克拉底，当别人用生命进行战斗的时候，他却用了十二年的时间只是在写一本书，"这样一来，如果我们把演说家德摩斯梯尼的演说与将军德摩斯梯尼的事迹进行比较的话，哪一个更有价值呢？"①

普鲁塔克将创造了雅典引以为豪并傲视后人的文化成就——诸如神话、戏剧、历史学、诗歌、修辞等的文化名人，与为雅典建功立业的政治和军事人物进行了比较，其结论是想说明，雅典的这些文化成就、声誉是建立在雅典这些军政名人所创造的历史土壤上，与那些用生命来捍卫城邦和国家自由的士兵、将军相比，创造了文化成就的名人是微不足道的。

乍一看到这些言论，人们会对普鲁塔克的观点大吃一惊，怀疑这是否真的为其所言。作为一个有影响的罗马帝国时代的希腊文化名人，却发出如此贬损希腊发达文化的观点，这实在匪夷所思。不过仔细想来，普鲁塔克这些观念的产生却有其内在逻辑性，在很大程度上反映了他当时内心的真实观念——发达的文化观念只能以武力强大的国家为基础，繁荣发达的文化只能是对强大国家的真实写照。换言之，没有强大而独立的国家共同体，是不可能产生永驻人间的发达文化成就，即使有那些被人讴歌赞叹不已的文化成就，其实也无法长期保持下去的。这样看来，普鲁塔克的这一观念还是有其深刻道理的，他的本意似乎并不是在贬低希腊曾经高度发达的文化，而是另有所指，这在很大程度上是希腊人内心情感的真实流露，即有感于昔日被人称颂的希腊世界，其后却被"蛮族"的罗马征服，并归属于罗马、成为罗马的一个行政地区，普鲁塔克内心虽有起伏，但对此状况却无力改变。这真是普鲁塔克内心难以言说的无奈，但这种心境，并不仅仅局限于他个人，而是当时希腊世界相当一部分知识精英内心世界普遍的情感反映。

简言之，其一，希腊文化发达的基础确与昔日其强大的武力有着天然的联系，事实上也正如普鲁塔克在《道德论丛》和《名人传》中多次叙述的那样，古希腊特别是雅典发达的文化基础与希波战争的胜利有着直接关系。正是在希

---

① Plutarch, *Moralia*, Vol.4, pp.523-525.

波战争中，雅典人焕发了高昂的爱国热情，用自己的生命和荣誉捍卫了雅典和希腊的独立地位和人格尊严。比如，人们耳熟能详的马拉松战役，以少胜多，扬威名，血战温泉关，视死如归，千古不朽铸英魂。而后建立的"提洛同盟"实际是以雅典为中心的海上同盟，再后伯里克利就是以此同盟为基础，实行海上霸权，被学界称之为雅典的"海上帝国"，并凭借武力同以斯巴达为霸主的伯罗奔尼撒同盟相抗衡。这一历史阶段是雅典历史上最为辉煌的时代，同时也是全希腊文化史上最为绚丽多彩、辉煌灿烂的时代，用雅典著名的改革家伯里克利的话来说就是"我们的城市是全希腊人的学校"①。如果以此来看，普鲁塔克的观念是有其相当的合理性的。其二，如果将视野放得更开一点，普鲁塔克全部著述的基调并没有表现出贬低希腊文化成就的意图，相反，他只是通过与众不同的方式来赞美、来彰显希腊文化成就。所以，普鲁塔克的真实意图只是在说明，他是强烈希望不仅希腊人，还有罗马人都不要忘记，希腊人在其发达的文化艺术成就之外，还有一些已不大为人所熟悉，但曾经发生过的惊天地、泣鬼神的赫赫武功。其三，面对着当时人们似乎只看到了雅典文化成就的情形，普鲁塔克试图唤醒希腊人早已尘封的完整记忆，看到其文化成就背后残酷的战争和通过勇敢才获得的重大胜利，以及由此所获得的昔日的辉煌，盼望希腊人以昔日的英雄历史为镜子，促使希腊人从长期的萎靡中振作起来。因此，普鲁塔克对希腊文化表面的批评，其中隐含的却是恨铁不成钢的意味，这可能才是普鲁塔克写这些文章的真实意图。

但现在摆在普鲁塔克面前的问题是，通过什么的途径才可以使希腊城邦重振昔日雄风呢？

普鲁塔克非常注重理性的外现，强调了哲学家和人们应该将其智慧与社会的政治结合起来，以建立事功。但如何才可以将哲学和现实结合起来，并在短时期内取得明显的效应呢？对此问题普鲁塔克似乎别无选择，他所采取的仍是柏拉图开创的寻求"哲学王"的这一基本道路。但由于时过境迁，普鲁塔克的"哲学王"思路与柏拉图的"哲学王"思路，两者的内容并不完全相同，而且成效也有较大的区别。

在柏拉图的培养"哲学王"思想体系中，包含着一个重要内容，就是要从年轻人中，尤其从学生中，通过学院来培养一批具有哲学天赋的人才，作为

---

① [古希腊]修昔底德：《伯罗奔尼撒战争史》，谢德风译，北京：商务印书馆，1985年，第133页。

"哲学王"的候选人，并经过层层选拔，最终由最卓越者来做国王。当然，柏拉图的"哲学王"还有另一条路，即主动接触国王，用哲学来教育国王，使现行的国王具有哲学思想和智慧，从而改善其执政成效。但在普鲁塔克时代，柏拉图原先所设想的第一条道路已经完全走不通了，希腊已经成为罗马的一个行省了，而且柏拉图在这一方面的实践也没有成功的先例；而第二条道路即哲学家应该多与现实的当权者交流，用哲学来教诲这些当权者，并进而用哲学来感化他们，最终用智慧来驱除当权者的鲁莽和无知，使这些国王具有一定哲学思维，通过他们的智慧以造福于王国和人民。但这一道路在当时的希腊世界和罗马帝国环境中，其实也很难真正走通，但因为普鲁塔克是属于斯多葛派中积极进取的学者，他不会放弃这一发挥其公共职能、服务社会、建功立业的唯一可行的途径，尽管，他明知这一途径是属于"知其不可而为之"的人生选择。

这样一来，人们对普鲁塔克的思想和学术脉络的把握就比较容易了。初看起来，作为一个具有突出学术成就的专业学者，普鲁塔克的作品中很少专门谈到政治。在他的《名人传》中，他也一再表明自己是将政治和军事大事的叙述交给了历史学家，他只是专注于历史名人的心灵和个人趣事的叙写。实际上，从他的整个作品来讲，道德的政治哲学构成了其观念的核心，成为传达他对政治事务和政治观念看法的载体。

在《道德论丛》中有一长文，题为《哲学家是要和当权者交谈》。普鲁塔克认为这是一个将智慧和哲学快速转化为社会政治成果，使理性发挥作用的一个重要方式。为了证明自己的观点，他对伊壁鸠鲁学派只追求个人心灵感受的观念进行了批评：

  我不赞同这种心态，伊壁鸠鲁认为幸福存在于最深的平静之处，如同位于一个被山峦环抱、远离风浪的港湾里。[1]

这种幸福脱离了社会群体，因此普鲁塔克认为这种幸福是没有真正价值的。以此为据，普鲁塔克对自己的这一主张进行辩护：

  如果哲学家不与担任公职的私人交往的话，固然可以使自己温文尔雅地生活着，这些人也不会对自己造成伤害，但一个人若能驱除统治者性格中的罪恶，或者引导统治者的心智朝正确的方向发展，那他就可以说是为

---

[1] Plutarch, *Moralia*, Vol.10, pp.41-43.

了公共利益进行哲学工作，纠正改善统治一切的普遍权力……那些与统治者交往的哲学家却真的可能使统治者更加公正、更加温和、更加热衷好事，因此他们必定会更加欣慰。①

假设哲学家想到那些接受了教诲的政治家或统治者将会秉持公正、制定法律、惩治恶棍，让善良的人们兴旺发达起来了，从而给大家带去幸福和快乐。这时候，哲学家会对自己的教诲作何感想呢？②

显然，在此，普鲁塔克坚持的仍是"哲学王"的一些观念。

他在《致一位无知的统治者》文章中，对君王们发出了这样的劝诫：这些统治者以为，尽管他们举止粗野，生活上我行我素，无法和常人相处，但只要将自己的声音压低一些，表情严肃一些，就可以模仿高贵者的尊严和王家气派。尽管他们可模仿，但事实上，他们与那些外表勇猛神圣，内部只是泥土、石头和铅块的巨大雕像相差无几，所以在普鲁塔克看来，"君王首先要控制好自己，调整好自己的心灵，树立自己的品质，然后让民众符合他的典范"。"而他通过自己的德性，塑造了一座与神相像的雕像。"③

因此，普鲁塔克坚定地认为哲学在塑造良好的国王过程中所能发挥的重要作用。他甚至这样说：

> 唯有哲学的教诲，能在人心中植入这样的素养，使我们避免重蹈亚历山大的覆辙。④

显然，普鲁塔克将亚历山大在位期间所发生的许多错误，甚至暴行都归之于其哲学教养的相对浅薄。

对于亚历山大的名言"我要不是亚历山大，我就会是第欧根尼"⑤，普鲁塔

---

① Plutarch, *Moralia*, Vol.10, p.45.
② Plutarch, *Moralia*, Vol.10, p.47.
③ Plutarch, *Moralia*, Vol.10, pp.55-57.
④ Plutarch, *Moralia*, Vol.10, p.65.
⑤ Plutarch, *Moralia*, Vol.10, p.65. 第欧根尼（Diogenēs）古希腊哲学家，犬儒学派的代表人物。活跃于公元前4世纪，生于锡诺帕（Sinopeus, 现属土耳其）。尽管他的真实生平无法获知，但却留下了有关他的诸多轶事。第欧根尼强调禁欲主义的自我满足，鼓励放弃舒适的环境。据说，他居住在一只木桶内，过着乞丐一样的生活，是苦行主义的身体力行者。甚至有轶事说他会在白天打着灯笼在街上"寻找诚实的人"。一般认为，第欧根尼师承苏格拉底的弟子安提斯泰尼，以身作则发扬了安提斯泰尼的"犬儒哲学"，目的在于颠覆古希腊古典文明的传统价值。据说，第欧根尼从不介意别人称呼他为"狗"，他甚至高呼"像狗一样活着"。人们把他们的哲学叫做"犬儒主义"（Cynicism）。第欧根尼揭露大多数传统标准和信条的虚伪性，号召人们恢复简朴自然的理想状态生活。他的哲学思想成为古希腊古典文明衰落的一种反映。

克从其"哲学王"的思路出发,对其作了新的诠释。他说:"作为一名哲学家,他能够在性情上成为第欧根尼,但在外在命运上仍保持亚历山大的身份,并且正是因为他本就是亚历山大,他反而更加接近第欧根尼。"①

在此,可以明显看到,普鲁塔克所期待的已经不是将哲人培养成为国王,而是尽力使国王拥有哲学,以改善王国的治理水平,最终达到造福民众的目的。

因此,《名人传》中的人物,都是积极投身于各自国家军政大事的要员,也都是在人世间为各自共同体的利益而奋斗不休的国家要员。虽然他们生与死的方式并不完全一样,但都在人世间建立了常人无以建立的功业,留下了常人所不能留下的印痕;尽管其中的一些人在道德和品质方面有一些瑕疵,但他们对人间世事的强烈关注和积极参与,造就了他们与众不同的成就。在普鲁塔克看来,还是应该肯定的。

从以上所述普鲁塔克的多篇文章透露的信息来看,普鲁塔克与柏拉图两者在政治理念上有相同点,但同时两者在政治理念上明显不同。在此,我们对两者的区别作进一步的解释。

显然,将普鲁塔克的"哲学王"观念和柏拉图的"哲学王"相比较的话,柏拉图"哲学王"观念有着突出的乌托邦的观念,而这一观念在普鲁塔克那里,已经具有了许多基于当时现实而出现的观念,即不再遵循寻求用哲学去培养国王,而是用哲学的思想尽可能地影响国王,以此来实现自己的政治主张。换言之,在普鲁塔克看来,哲人与君王交谈,不是为了培育"哲学王",而是说,哲学家应当起到教育和劝导君王具有智慧和真心从善的作用,从而用这一方式来教化并塑造君王的心智,进而掌握政治家的灵魂,使政治家成为哲学家力图所达到真正目的的有力工具。由此,在普鲁塔克的多篇文章中,柏拉图用心良苦去叙拉古,以教化狄奥尼索斯国王的经典事例,则是普鲁塔克常用以说明其政治理念和哲学效用的典型事例。

当然,对于普鲁塔克而言,他已不再像柏拉图那样曾寄希望于通过训练一个精通哲学的人来当国王了,只是强调用哲学来影响君王的观念、提升君王的素质,以造福于王国和民众。

那么,造成这一重要差别的原因是什么呢?显而易见,这种观念的变化和差别,所表现的不仅是一种哲学和思想上的变化,更重要的是基于社会历史的

---

① Plutarch, *Moralia*, Vol.10, pp.65-67.

重要变化，并由此而产生的思想变化。

因为在普鲁塔克时代，罗马帝国已经稳固，并达到了繁荣的新阶段。在罗马帝国专制统治下，整个帝国已经弥漫着实用主义文化，对于帝国的统治而言，利用知识分子的影响力，即在实现他们自己的学问——哲学价值的同时，也可以实现帝国的政治意图，这对罗马帝国和哲学家而言，是一个极有意义的双赢选择。对于普鲁塔克而言，用具体鲜活且又通俗易懂的方式——历史人物的事迹来进行理性的陶冶和观念上的教化，以宣传自己的政治和伦理道德主张，较之于用高深的哲学来进行纯粹的理性教育，可以在更好地发挥哲学的政治效用的同时，以实现自己的人生价值和道德追求。

总之，造成柏拉图和普鲁塔克二者在"哲学王"方面差异的最重要的原因，乃在于社会真实的历史和文化环境已经发生了明显的变化，时过境迁，普鲁塔克所处的时代较之于昔日柏拉图所处的古典城邦时代，面临的社会生活更为现实，二者已不可同日而语了。

四、见贤而思齐既是罗马的人文目的，同时也是其传记史学的旨趣之所在

在罗马帝国的众多哲学家中，普鲁塔克的著作有其突出特点，即其内容阅读起来浅显易懂，以至于有"大众作家"之称，因为其想法和旨趣同样容易被人了解，因而受到了人们的广泛关注。那么，普鲁塔克的哲学和传记叙述想要发挥的政治作用是什么呢？

（1）传记的产生和发展标志着希腊罗马人文精神的不断深化。毋庸赘述，在苏格拉底学派中，色诺芬不仅以著作丰厚著称，还以率先进行传记创作而被后人所重视，《阿格西劳斯传》就是色诺芬的重要著作。在这一著作中，色诺芬将斯巴达著名的国王，也是色诺芬心中的偶像阿格西劳斯（Agesilaus Ⅱ）进行了详尽的叙述。虽然由于多种原因，学界公认色诺芬在其中对阿格西劳斯的撰述不乏相当多的溢美之词，但《阿格西劳斯传》仍对后来希腊罗马的传记和道德教育产生了重要影响。

色诺芬之后的希腊化时代，传记的作用更为人们所重视。因为希腊城邦的民主传统已经不复存在，而统治者个人的统治能力成为人们关注的一个突出问题。与这种突出问题相适应的是，君主的传记逐渐成为流行体裁。例如伊索克

拉底的学生、学园派的著名学者特奥庞普斯（Theopompus）创作了长达58卷的腓力二世传记，成为时人热议的话题。据戴奥尼苏斯的叙述，该著作的核心即以道德论为准绳，极尽讴歌之能事，这与色诺芬《阿格西劳斯传》的风格是一致的。特奥庞普斯的传记著作在希腊罗马世界一度被人们广泛阅读。

值得指出的是，由于色诺芬、特奥庞普斯等人的传记创作实践和成效，这种体裁已成为学园派哲学家宣传其道德观和人生价值观的重要手段，其作用越来越被人们所关注。不过，西方古代世界最有名的历史学家波利比乌斯出于其传统的叙事历史观念，对这种不加选择地美化君主的做法和传记并不以为然。比如，"他（指的是波里比阿，作者注）在介绍菲洛波门事迹的时候明确指出，后人美化这位英雄的一些文字属于传记或赞美诗，不属于历史；而历史和赞美诗在真实性标准方面是存在根本区别的。可见，在希腊化时代，传记文学和史学之间的鸿沟依然存在。"[①]

随着罗马的不断征服和希腊罗马文化的深入交融与发展，传记的重要作用已被罗马人发现，并开始效仿希腊人进行传记写作。朴实而实用的罗马人对这一通俗易懂的史学体裁心领神会，其虽起步较晚，但在这一领域中却后来居上，成果斐然，涌现出众多的传记史学家和传记史学著作。这一成果在罗马的拉丁传记史学领域，或者在其行省的希腊传记史学领域都取得了重要学术成果。普鲁塔克就是罗马帝国时期的一位卓越的希腊裔的传记史学家，他的传记不仅标志着罗马传记发展的新水平，同时也是希腊罗马人文精神的集中体现。这种人文精神主要体现在两个方面：一个方面是其传记的哲学理论，另一方面则是其传记中所蕴含的发达的人文观念。

（2）从效用上看，传记已成为以效法名人，进而提升自己品德和才干的生动有效的教具。普鲁塔克人文观的突出特征在于，不论是哲学思想或是传记史学思想都与当时的社会现实联系起来，其人文的思想观念具有浓厚的政治参与意识，并由于其身处罗马帝国时代，也受到罗马实用性文化的影响，从而表现出了相当程度的现实性。

当然，普鲁塔克倡导的这一参与意识的核心目的，就是要让人们从昔日希腊罗马的名人的美德和功业中获得教育，从整体上提升人们的品质和才干，以巩固包括希腊在内的罗马统治，以造福于帝国统治下的民众。对于普鲁塔克而

---

① 吕厚量：《从三篇阿格西劳斯传记的差异看奈波斯与普鲁塔克对西方传记史学的贡献》，《史学史研究》2011年第2期，第90页。

言，其人文精神的着眼点是用理性来提升人的思维，从更高的层次上来提升罗马民众积极参与罗马国家政治和社会生活的自觉性。而要达到这一目的，传记史学的发展在当时无疑是一个极好的形式和途径。

根据苏格拉底学派的道德哲学和亚里士多德的伦理学说观念，美德只能通过生活方式加以养成，借助"精神助产术"将人们的道德良知和智慧在不断的交流中加以发现、培养和提升，而不能用外在的强行灌输的方法来达到。这样一来，宣传仁人志士和英雄建功立业的生活经历和人生成就（也就是他们的人生传记），并将这些名人的经历作为生动而直观的教具，以达到潜移默化地塑造受教育者的性格和心理这一目的，自然成为希腊罗马哲学的意义之所在，也是哲学家的使命之所在。对此，普鲁塔克并不例外，他就生活在这一传统的文化环境中，因而对于他而言，他自己对通过传记这一方式以彰显人生的目的和意义不仅有着深切的人生体会，更有着清晰的理性认识。因而，传记史学的旨趣和作用不仅与希腊罗马理性观念的不断深化相适应，而且还是进一步弘扬名人英雄气概、激励时人在罗马社会生活中、实现自身人生价值的教具。

为此，在《道德论丛》中，普鲁塔克有感而发，在其中撰写了许多关于如何使人们提升自己境界，如何使自己不断进步的长文或短文。比如，在《人如何意识到自己德行的进步》这篇长文中，普鲁塔克是这样说的：

> 人们一旦开始敬仰杰出人物的话，犹如柏拉图所说，我们不仅为自律之人而幸运，"谁要听到这样一个人亲口说的话，那他也同样幸运"；而且我们崇敬他的习惯、步态、音容笑貌，我们渴望着与他一样，仿佛无形中将自己与他牢牢地结合在一起。这时我们自己就可以肯定在取得真正的进步。①

显然，普鲁塔克相信，如果人们以杰出人物为自己的榜样，努力实践，使自己努力达到一个高的水准，其结果是自己肯定可以取得重要进步。

对于希腊罗马文化中所存在的本质主义传统，即人的本性是不变的基本原理，普鲁塔克自然不能免俗，但他在坚持这一观念的同时，也在其力所能及的范围内进行了一些修订和变通，以证明人向好的方面变化是可能的，也合理的。

他在文中是这样说的："人们所拥有的热情如果使他哪怕面临可怕事物，仍感觉无忧无虑，心中充满崇敬之意，并加以效法，那就永远不可能离开光荣的

---

① Plutarch, *Moralia*, Vol.1, p.451.

事物了。"①

普鲁塔克在此似乎是从正面说明了实质的不变性。但他接着又讲：

> 在某种程度上，我们并不认为对变化的认识是不可能的，相反，我们认为这种变化是可以用多种方法来加以估量的。②

普鲁塔克还对此进一步阐释道：

> 形象地说，在诸如此类的镜子面前，他们打扮自我，或调整习惯，要么克制自己不说卑贱的话，要么阻止某种情感的爆发。……同样确定的是，对完美者的回忆立刻会在脑海中浮现，支持那些德行不断进步的人。在每一次情感爆发的开始，在一切困难中，这些回忆都让他巍然屹立，不屈不挠。因此，这也应当成为一种标记，帮人认出那些德行进步的人。③

显然，在普鲁塔克的道德观念中，人们的进步都是在道德高尚的人们感召下取得的，因此，人生的进步离不开一个高尚而杰出的人物感召。人们只有以这些高尚人物为自己效法的对象，或在与名人的反复对比中，才可以发现自己的不足。其实这种发现，就已经是进步了，如果再进一步以名人为模型，对自己的不足进行改正，就会发现自己是处在不断的进步过程中，最终臻于完美的境界。对此普鲁塔克这样认为，对于人性而言：

> 其表现首先是希望仿效我们赞扬的事物，渴望做我们推崇的事；另一方面，不愿做，甚至不愿容忍我们所责难的事物。……因此，只要我们对成功人士的敬仰只留于内心，尚不足以激励我们模仿他们，那我们……真正进步的人将自己与完美的人相比较，意识到自己的不足，深感刺痛，同时也喜出望外，因此他内心充满希望，充满一种永不停滞的欲望。④

> 他非常渴望使自己成为与完美者一样的人。如果我们极力模仿有些人的行为，爱他们的性格，而且在自觉地模仿他们中，并愿意分享他们一份荣耀，那么真正进步的特殊征兆就已经蕴含其中。⑤

显然，普鲁塔克的基本观点是用名人，即用杰出之人作为自己的榜样，作

---

① Plutarch, *Moralia*, Vol.1, p.453.
② Plutarch, *Moralia*, Vol.1, p.407.
③ Plutarch, *Moralia*, Vol.1, p.453.
④ Plutarch, *Moralia*, Vol.1, p.449.
⑤ Plutarch, *Moralia*, Vol.1, pp.449-451.

为观照自己的镜子，以促使自己的德行不断提升，进而促进自己的人生不断取得成果，这是人们不断进步的必由之路，也是传记史学重要价值的具体体现。

（3）《名人传》是普鲁塔克人文观念的集中展现。与色诺芬和奈波斯都不同的是，普鲁塔克将自己的作品定义为一种历史类的教育文本。在《提摩勒昂传》的序言中，普鲁塔克宣称："我是为了他人的缘故而撰写传记的，但我发现，目前我也是为了自己而继续这项工作，并且乐此不疲。"①而在《伯里克利传》的序言中，普鲁塔克则用了长篇大论来说明人们可以也应该学习模范人物的德行，从而努力达到提升自己德行的目的。在他看来，每一个有心灵活动的人都有主观选择性，而观察并学习好的高尚的事物可以使自己受益，这是人的天性，因为好的事物"能够激发模仿它的很大热情……从而将我们的心灵最终引向完善的境界"②。像这种例子在《名人传》中太多了。

其实历史上人们之所以一直对普鲁塔克有道德哲学家或道德史学家的称呼，究其原因是其传记中包含了极明显且浓郁的道德教育情怀。正是基于此原因，J. W. 汤普森认为，虽然"在古代，所有传记的写法都倾向于道德说教——把撰写对象写成应当钦佩和模仿的典范或谴责的目标"，但"传记行至世界古典名著之一普鲁塔克的《名人传》问世而达到顶峰"③。由此，J. W. 汤普森认为应当将普鲁塔克看作一位道德家，而不是一位历史学家。④

其实，在人物叙述过程中对其品格的重视，特别是在传记这类体例中应该是普遍的现象。比如，在罗马传记史上具有承前启后作用的传记史家奈波斯，在《阿格西劳斯传》中就公开表明了同样的看法，即他叙述人物传记的目的就是希望阿格西劳斯能够作为罗马将帅的榜样，并进而向其学习，从而提升罗马将领的道德水准和军事指挥能力。显然，普鲁塔克力图用《名人传》作为示范教育的用意，或者说是期望达到让人见贤而思齐的目的是非常明显的。与普鲁塔克几乎同时期的罗马史学家塔西佗的《阿古利亚传》，和同样为罗马的传记史学家苏维托尼乌斯的《罗马十二帝王传》中，同样包含了这样的意图，其他传记家也都是这样。如此看来，传记史学之所以在罗马时期有着明显发展，其重要的原因，乃在于当时罗马社会发展的内在需求。诚如古罗马的西塞罗的名

---

① Plutarch, *Life of Timoleon*, London: Palala Press, 2015, p.1, pp.1-2.
② Plutarch, Plutarch's Lives: *Life of Pericles*, London: Createspace Independent Publishing Platform, 2015.
③ ［美］J. W. 汤普森：《历史著作史》上卷第 1 分册，谢德风译，第 158 页。
④ ［美］J. W. 汤普森：《历史著作史》上卷第 1 分册，谢德风译，第 159 页。

言:"对任何人都给予应得的批评表扬,不予伤害",这句话用于评价这一时期——公元前1世纪和公元1世纪人们对传记的看法还是较为恰当的。

诚然,汤普森等人对普鲁塔克的看法有其合理性的一面,但正如前所述,如果从现代传记史学观念来理解的话,这其实也只是普鲁塔克传记史学的一个方面,是其所具有的局限性——时代的局限性或者文化类型所产生的局限性的一面。但如果将普鲁塔克传记的意义和作用局限于道德范畴的话,其意义和作用是极其有限的,因为毕竟没有事实为依据的道德信条只是说教而已,不会产生多大的塑造和培养、提升人的心灵作用。正是因为普鲁塔克意识到这一点,才采用了人物传记这一生动的表现形式,用重要历史人物作载体来表达自己强烈而执着的道德思想。对此,并不奇怪,因为中西概莫能外,比如我们前面已叙述过的中国史学典籍《春秋》《左传》和《史记》,或者用事件作载体,或者用人物做载体,但在其中所包含深意,以达到表里如一的精神示范效果。

事实上,正如前面所谈到的,作为公元1世纪希腊籍的罗马传记史学家,普鲁塔克的传记史学观念固然存在许多局限,但不可否认的是,其《名人传》中已出现了许多具有传记史学观念的本质性内容。这些本质性的内容集中在,他努力用真实历史名人的人生经历,来对人们进行历史的和道德的教育,以促进人们心智和事业的不断进步。需要强调的是,这些具有本质性的内容,一方面是普鲁塔克传记史学所力图表达的意图,另一方面也是其古希腊罗马传记人文精神的具体体现。显然,只有在充分重视普鲁塔克传记人文本质的基础上,才有可能对普鲁塔克的传记思想和人文思想进行更为全面且符合实际的评价。

比如,学界常常指责普鲁塔克的道德史观和名人性格固化这两方面的问题,其实,只要仔细比较一下普鲁塔克与色诺芬、奈波斯撰写的人物传记,就会发现,普鲁塔克其实对当时的社会历史状况的关注是相当多的,在其力所能及的范围内避免了古典传统传记的弱点:只论人不论事;同样,在人物的性格刻画上,普鲁塔克总是不厌其烦地叙述每个传主性格细微的一面,以求展示传记主人公的独特性格;正如学者所指出的:"在解释性格与命运的关系时,普鲁塔克同样超越了以往传记中人物脸谱化、命运固定化的弱点,他在《提摩勒昂传》中阐释了自己极富辩证精神的独特史观,认为人的命运是在内在品质、外部环境和命运力量共同作用下的产物。通过这些观念的革新,普鲁塔克在其传记中实现了道德说教、历史记载和文学创作的有机结合,为后世传记文学的史学化在理论基础和方法论上铺平了道路。正如深入研究普鲁塔克文本的学者们所看到的，普鲁塔克的传记在面貌上与赞美人物的颂词已存在本质区别。"①应该说，这一看法是有见地的。

显然，普鲁塔克已超越了之前的希腊罗马传记的观念，在继承前人传记精华的基础上，对传记的观念和结构进行了重要改革，更进一步加大了传记的真实性这一基础。正是因为有了这一基础，文学和史学之间长期存在的藩篱被打破了，空洞的道德哲学渗透到真实的人物历史之中，从而使文学生动且富有人性的描写、哲学伦理的品德培养和历史事实的真实性三者开始结合起来，昔日简单的讴歌式颂诗开始变为历史的传记，并在人们的生活中发挥了重要而持久的作用。

总之，古希腊罗马的传记史学是其人文精神的重要载体，传记人物则是展示其人文精神的窗口。因此，其传记观念不仅显示了一个人的思想观念和心灵世界的成长进程，也反映了希腊罗马人文精神的丰富内容。入世的人文情怀、对建功立业的追求和以名人为榜样、见贤思齐的精神，促进了人们道德情操的不断提升，则是其传记人文精神的核心内容。总体而言，普鲁塔克的传记史学观念不仅为西方的传记史学做出了突出的贡献，还拓展和丰富了希腊罗马传记人文精神的内容。

第三节 中西传记史学人文精神之比较

如上所述，中西传记的产生与其各自的文化传统息息相关，而中西早期传记又集中表现了各自的人文精神。仔细透过中西早期人文精神的表面，进而深入到两者精神的内在层面，我们就会发现中西传记的人文精神具有明显的相同点和不同点。如果再具体分析中西古典时代两个著名的传记史学家司马迁和普鲁塔克的话，我们自然会看到，他们产生于中西不同的文化结构中，在中西传记史学成果中突出地体现了历史人物的人文精神，并成为中西不同人文精神的突出代表。尽管如此，仔细分析，仍然能发现两人人文精神的种种不同点。因此，对于中西早期人文精神的深入考察，不仅有助于了解中西传记史学人文精神的异同，更有利于我们深刻理解司马迁和普鲁塔克传记史学观念的异同。那

---

① 吕厚量：《从三篇阿格西劳斯传记的差异看奈波斯与普鲁塔克对西方传记史学的贡献》，《史学史研究》2011年第2期，第91页。

么，中西早期人文精神的相同性和不同性有哪些表现呢？

一、相同性

（1）中西的人文精神都是与其外在的各种非人身可控的力量。比如，在与自然、命运、宗教神灵的斗争进程中，不断展现出的人之所以为人的特质和高贵的精神境界。

不言而喻，一方面，人是环境的产物，人的观念和其他方面与环境有着直接的关系，人是逐渐适应环境的。但另一方面，人在与环境相适应的过程中，又不断发挥自身的能动性，不断地改造环境。人是在与大自然，与外在各种力量的搏斗中，逐渐意识到自身的独立性，逐渐开始体现其主体性，并将这种主体性从观念的理解逐渐深入到真实的历史进程中来加以展示。

从希腊罗马人文思想史来看，古希腊的哲学家对人性提出过不同的见解，例如德谟克里特曾提出"人是一个世界"。当时，他看到人自身充满了复杂性。而普罗泰戈拉提出"人是万物的尺度"，则较明晰地意识到了人在世界中所具有的主体地位。其后的哲学家柏拉图则认为人是一个"理性的生物"，其意在强调理性在人与动物的区别上所起到的决定性作用。到了亚里士多德时，对人的认识已达到一个新高度，开始把人从生物，与概念和社会生活联系起来，并由此提出了一个崭新的观点："人是政治动物。"[①]但人们是如何进行政治活动，政治活动和人们真实生活之间的关系是什么，却是需要认真研究才能得到解释的问题。传记史学的出现则是展示其人的性格、主体选择性的心灵窗口和载体，在回答上述问题方面显示了其所具有的独特效用。由此，传记史学在希腊和罗马迅速发展起来了。

因此，在中西早期的传记史学中，具体于普鲁塔克和司马迁的传记中，其中的主体是有血有肉的真实的历史名人，但正是因为这些传记是真实名人的传记，因而在揭示这些名人的思想世界时，往往呈现的是一个复杂的多面体。简言之，在两位传记史学家的传记中，众多历史人物的内心世界与其外在的表现往往存在着尖锐矛盾：一方面主人翁个性十足，特点突出，或披坚执锐，勇不可摧，或文韬武略，出类拔萃，功成名就，光宗耀祖，令人仰目视之；另一方

[①] [古希腊]亚里士多德：《尼各马科伦理学》，苗力田译，苗力田主编：《亚里士多德全集》第8卷，第205页。

面主人翁却人生坎坷，或被命运束缚，前程未卜，或困顿无奈，心灰意冷，郁郁终生，令人叹息不已。其实，就传记人物的内心世界而言，匠心呈现的更是难以理解的复杂人文现象，真假集于一身，善恶并于一体，美丑相互交织。但也正是在这一尖锐矛盾的运动过程中，中西传记人文精神呈现出真实的一面。当然，中西传记史学人文精神的根基在于其传记内容的真实可靠性，尽管早期的部分传记在真实性方面有一些缺失，但其基本的历史核心还是存在的。这对于司马迁的《史记》而言，其求真的历史特征是古今学界公认的，毋庸赘言，对于普鲁塔克而言，即使其有意识地要求自己撰写的历史人物传记要与历史叙事拉开距离，但他对撰写《名人传》的基本要求也是努力将人物的真实性描写出来，这在其《名人传》中表现得相当明显。尽管如此，天命和自然的魔力并没有从人的活动中遁去，仍时刻围绕在人的周围。事实上，正是在人与天、人与自然、人与命运的矛盾进程中，人的核心和主体地位才得以越来越明显地体现，其实这也正是传记史学的效用和意义之所在。

（2）对国家前途命运的关注是中西传记史学的根本共同点。《论语·为政》中有孔子这样一段话，细细究之，意蕴深厚。

> 或谓孔子曰："子奚不为政？"子曰："《书》云：'孝乎惟孝，友于兄弟，施于有政。'是亦为政，奚其为为政？"①

即有人对孔子说："你为什么不参与政治？"孔子道："《尚书》上说：'孝呀，只要孝顺父母，友爱兄弟，把这种风气影响到政治上去。'这也就是从事政治了呀，为什么定要做官才算从事政治呢？"从这句话可以看到，孔子认为参与国家的政治很重要，但参与政治的方式是多样的，一个方式是自己直接从政，具体进行政治活动，这当然是最现实明了的方式。再一个就是过有伦理道德的生活，从生活的细节中来体现和彰显政治的要求和目的，这同样也是个人从政的表现。显然，政治既是一种管理国家事务的具体表现，又表现在普通人们日常秩序的生活关系中。政治和伦理道德之间固然不同，但两者能够有机地融合在一起。司马迁的《史记》里就包含着这样的政治、伦理思想和目的。而在普鲁塔克的《名人传》中，这一特点表现得更为明显。但毫无疑问，无论二者叙述的历史人物是属于何种类型，是好是坏，是成功或失败，在这些传记人物的历程和结局之中，实际上都渗透着两人明晰而坚实的政治观念。显然，政治是

---

① 杨伯峻：《论语译注》，北京：中华书局，2006年，第21页。

当时人们最重要的问题,因而也是当时中西有识之士思考的中心问题。

不言而喻,中西早期的文化结构有其各自特点,比如,中国文化偏重人自身,再从人自身向外拓展,是将内外结合起来以认识世界整体,因此具有整体性的思维模式;而希腊罗马则是在人自身与外在世界的对立中认识世界,并从外在世界的内在本质——理性这一认识成果入手,进而以探讨人自身世界带有规律性的内容,具有由外入内的文化特点。但传记史学较之于其他类型的史学形态,突出的优势在于它紧紧地展示了历史主体——历史人物的活动,彰显了人物活动对历史事件、历史进程的重要作用和深远影响。归根结底,对人世、对现实的关注是中西传主为之奋斗、建功立业的基本内容。而重视个人的尊严、重视家族的荣誉和国家共同体的命运是他们思考和叙述的核心问题,也正是在这一真实而重要的历史发展进程中,中西传记史学的人文精神也不断地呈现出来。

因此,中西传记的人文精神的具体内容都表现在:人从来没有也不可能以单独的个体而存在,只有结合在城邦和国家之中,人才能满足自己的需要,正是在这种共同体中,才能充分体现自己的本性。《名人传》和《史记》的传主都关注、热衷于现世间的共同体——城邦、罗马帝国和西汉王朝的事业,都对其自身所生存的共同体的前途命运付出了极大的热情,因而也为共同体的生存和发展做出了巨大的贡献,从而成为传主所处共同体的著名人物。在体现各自丰富而多样的人文精神的同时,中西的传主都把其关注的目光投射到国家的政治活动和多样的政治与伦理生活中。因此,在中西两大传记史家的著作中,传主们的突出共性表现在他们都是以不同的方式参与各自共同体政治、并在各自的国度中留下重要影响的人物。而对这些人物业绩和品格进行叙述,以唤起人们对国家共同体的关注,这正是传记史学的旨趣所在,也是传记史学得以发展的最为深沉而厚重的原因之所在。

(3)从传记精神来看,都重视传记对人所产生的示范和警醒作用。孔子说:"见贤而思齐焉,见不贤而内自省也。"[1]这句话的意思是:看见德行好或有才干的人的话,心里就要想着以这些人为楷模,向这些人学习;相反,看见没有德行或才干的人,那心里就要反省自己,内心要提防犯下与这些无才、无德之人一样的错误。这本来是我们熟知的中国传统伦理文化的基本内容。有意思的是,希腊罗马的人文精神也包括了这一重要的内容,并不约而同地找到了惩

---

[1] 杨伯峻:《论语译注》,第43页。

恶扬善，以利国家政治目的的好途径——传记史学。其后，中西传记史学的发展史也证明，传记史学事实上也正是在这一点上显示了其突出的作用。

不论是司马迁的《史记》或普鲁塔克的《名人传》，其中所叙述的大量人物都是各自国度历史进程中留下明显印痕的历史名人。其中相当数量的历史传记人物的生死与作为，始终与其共同体的生死存亡、繁荣兴衰紧密地联系在一起，在为其共同体根本利益的奋斗进程中，既表现了他们所具有的崇高的道德风尚，也表现了他们所具有的超越常人的大智大勇。这些事迹都让人内心在极度震撼之余，更催人奋发向前。显然，传记史学的重要意义不仅使人们铭记了他们所建立的丰功伟绩和高尚品格，而且更重要的是促使人们以这些名人为自身学习的楷模，激励自己向这些名人的优点看齐。至于他们中的一些人在品格或人文精神方面所呈现的一些不足，或者一些明显的弱点，乃至于一些丑恶的方面，其实都是传主人生历程所包含的反面内容，可以成为后人加以借鉴以避免再次犯错的难得的反面教材。

正是基于这种思考，从中西早期的传记思想观念来看，中西传记史学还存在一个共同的人文取向，即在叙述了这些名人功成名就的同时，又用相当多的篇幅探寻了众多传主做出许多常人所无法做出这些成就的原因，在赞美这些传主取得事业成就的同时，也对这些传主所专有的人生品格和精神加以讴歌。当然，在中西传记史学家看来，这些传主能够成功的根本原因之一在于，传主往往有着与众不同的人生品格，是具有多种品格的结合体，但在其中能够发挥主导作用的则是这些传主品格中的核心理念：不管是从感性上，还是从理性上都清楚地意识到自己在共同体中所应担负的责任，这种责任最突出地集中在他们对国家所担负的重要责任这一方面上。

二、二者间的不同性

如上所述，中西早期史学传记人文精神的突出共性表现在：探求并彰显人的主体性是中西人文精神的主旋律，对时人和后人所产生的示范和警醒作用是中西传记人文精神的突出特点，对国家前途命运的关注是中西传记史学的根本旨趣之所在。此外，还要看到中西传记人文精神发展的背景、进程还有相当大的差异，这一不同的发展背景和发展进程必然导致中西早期传记人文精神在内容、成果、特点和趋向等方面既有相似性又有不同性，而其中的不同性才是中西传记史学人文精神的本质差异所在,更需要我们着力探讨,以加深认识。正是基于此认识,对两者人文精神不同点的分析是探讨两者异同内容的重点。

具体而言,中西两者人文精神的不同性主要表现在以下几个方面:

(1)由于中国传记史学同历史叙事有着紧密的关系,因此,中国传记史学在探讨人文精神方面,有其突出的求真特点。比如,以司马迁为例,一方面,他将历史人物置于真实的社会历史关系的基础上,在人与人、人与社会的矛盾运动中来探讨传主的精神价值;另一方面,则是通过探讨人与天命的关系进一步表现出人文精神的内容。因而司马迁《史记》的人文精神突出体现在探求古今、天人的真谛,重视从理性的角度来探讨人与事二者的真实关系,从而突出了传记史学的求真特性。而古希腊罗马的人文精神及其突出特点则表现在人与自然、人与神、人与宗教、人与命运的关系进程,因而其传记史学人文精神产生和发展的重要原因,乃在于其传记所具有的具体示范性和构建伦理秩序的教化功能,更多地表现在展示传主的品格和鼓舞人们努力向上的效用。换言之,相较而言,中国早期传记人文精神彰显了传记人物的历史真实性,而希腊罗马传记的人文精神则侧重于传记人物的政治伦理作用和文学的色彩。

从中西传记史学的产生来看,由于在历史进程中,人的自我认识不断加强,以及人的作用越来越重要,因此传记史学不但得以产生,而且还发展成为史学领域中的一支重要的生力军,其重要原因,归之于传记史学所具有的突出的人文借鉴效用——历史、政治和伦理道德诸方面的借鉴效应。因而,传记史学一直得到人们的重视。

但与此相对照的是,从西方史学史来看,历史学在希腊罗马的地位却和人们想象的不太一样,长期无法独立存在,只能处于哲学的庇荫下。这在希腊时期特别典型,而到了罗马时期,历史学的处境稍有改善。究其原因,乃表现在一个根本性的问题上,即人们难以理解和认识历史学的作用和意义。其后的罗马,虽然有重视向希腊学习的一方面,但也有其自己的文化轨迹,即偏于实用、重视经验的文化传统。因此,罗马在向希腊历史观念的模仿和汲取的过程中,运用朴素的形象方法——借鉴,从而缓解了存在于希腊史学进程中的这一难题。这种借鉴效应在罗马史学中得到了明确而清晰的阐述,其不仅为历史学在罗马的发展开辟了广阔的空间,也为传记史学在罗马的发展提供了重要的认识论依据。由此,罗马的借鉴史学呈现出两种历史认识论:一种是以心理学和伦理学为依据,以探讨人的精神世界的传记史学,以奈波斯、普鲁塔克和苏维托尼乌斯为突出代表。另一种是以自然哲学因果关系为据,探讨历史事件内部和不断发展进程之间存在的历史逻辑关系,这以修昔底德和波里比阿的史学成果为代表。在两种史学流派的发展进程中,事实上都存在相互需要、相互补充、相互依存的状况。但问题是他们无法运用传统的理性思维工具将两者在对立中有机地统一起来,从而获得并丰富两种类型的历史理性内容。

相较于希腊罗马历史学和传记史学发展中的基本矛盾,中国史学的发展特点在于其从一开始就显示出朴素的整体性思维的优越性,显示了历史事件与人之间的紧密关系,树立了历史是人与事两者相统一的这一基本的历史观念。从而使历史的认识,比如说因果的分析,不仅表现在对历史事件的正确分析这一层面上,也不仅表现在对历史人物的性格和心理准确无误的分析这一层面上,而是努力、当然也有能力将两者统一于历史的认识进程中。这一突出的具有整体性的历史思维特点,使得中国的传记史学在出现之后仍然具有历史学的特征,遂也成为中国史学发展中最重要的史学类型。

具体于传记史学而言,中国早期传记史学在叙述人物的身世、成长、思想变化发展和传主结局的时候,顺理成章地导引出传主在历史事件和进程中的所作所为,以历史事件来说明人物性格和思想脉络。同时,也是更重要的,历史学家还要根据传主的性格及其行事的原因、过程和结果,最终对传主做出综合性的"终审判决"。这一审判结果所依据的不仅是呈现出因果性的历史事件,而且也是基于人文的精神价值而对历史人物的一种道德评判。显然,传记史学的历史认识不仅是一种感性的外貌描述,也不仅仅局限于个人心灵的观念评价,还有其具体、深刻和迫切的史学目的性,即以历史人物的评判作为现实历史进程的借鉴。也就是说,在传记史学中,其不仅探求人的事功、人的作为,同时还探讨人们获得事功的性格因素,以及与性格和行事结果有重要关联的人的品格因素,并对人的品格、情操予以评价。既倡导人们要建功立业,在册在典,但又不以成败论英雄,还探讨其成败的道德因素,其最终目标是要求人们将自己的事功与好的手段、好的道德品质结合起来,以体现人的历史价值性。

因此,中国早期传记中对历史人物的突出叙述特点是由内向外,再由外向内的反复的理性认知过程,是感性和理性的融通和统一。用司马迁的话来讲,就是"此人皆意有所郁结,不得通其道,故述往事,思来者。"[1]也就是说,人

---

[1] (南朝·梁)萧统编,(唐)李善注:《文选》,1276页。

们都是基于对一些现实问题的思考，而逐渐深入到历史进程中以寻求历史的借鉴，从而为解决现实问题提供一种解释的历史依据，最终达到"明是非，定犹豫"①这一现实目的。

正是在这样的目标下，《史记》列举了大量的历史事实，对在不同领域有作为的名人，具体分析了他们的成就及其成功的原因，并从道德上对他们进行评价。换言之，即使有的传主不择手段以求事功，且功也成名也就，但因其所为超越了人伦，所以理所当然地受到了司马迁的道德批判。比如吴起发现了社会变动的客观需要，企图立功名于世。但他却以杀妻取信这一非人道的方式，以达到博取功名的目的，确是他无法抹去的道德污点，因而长期受到人们的谴责。尽管如此，司马迁对吴起的最终评价，并没有拘泥于道德层面而否定了吴起变法所取得的重要事功，而是在这种历史事功中挖掘其合理的积极的人文精神一面，但对其有悖于人文精神的另一面进行了批判。"吴起说武侯以形势不如德，然行之于楚，以刻暴少恩亡其躯。悲夫！"②因而司马迁对吴起的评价是综合性的历史评判。

从传记史学的人文精神发展来看，如何正确地评价历史人物的历史地位，特别是将传记人物的心灵世界和外部的事功统一起来，以求对历史人物的地位进行合情合理的评判，这是传记史学长期以来难以解决的问题。之所以是难题，是因为传记史学的目的本来就是昭示人生的意义和本质，以发挥传记史学的模范和示例作用。而要真正达到这一目的，对传主的作为就不能仅仅局限于实践的层面，还要从理论上对其加以分析和评判，以探讨其内心深处的思想观念，但这里的问题，正如司马迁所说的，人们往往对自己的所作所为并不甚了解，"其实皆以为善，为之不知其义"③。用亚里士多德的话来对司马迁这一观念进行解释是恰如其分的：

> 愿望是有目的的，某些人所愿望的是真正的善，另一些人所愿望的则只是看来是善。选择如果不正确，可能事与愿违。④

也就是说，在具体的实践中，将对人性的理论认知与感性的表面作用两者结合起来是相当困难的。

---

① 《史记》卷 130《太史公自序》，第 3297 页。
② 《史记》卷 65《吴起列传》，第 2169 页。
③ 《史记》卷 130《太史公自序》，第 3298 页。
④ ［古希腊］亚里士多德：《尼各马科伦理学》，苗力田译，第 48 页。

司马迁通过专业而精深的历史研究和其特殊的人生经历，已深切地感受到对善的追求和理解其实绝非一个简单的问题，用司马迁自己亲身的惨痛经历和难以诉说的心理感受来讲就是，"然此可为智者道，难为俗人言也"①。司马迁在面对宫刑之辱时，经历了极其艰难的人生选择——是生还是死，最后他选择继续生存的具体而重要的原因，乃在于为了铸就《史记》伟业。然此选择，对于寻常人来说，其中所蕴含的伦理与是非实在难以理解。并且其意义只有那些具有真正高深水平的道德家诉说才可以理解，显然司马迁在此已经揭示了，如果只从伦理或经验的角度是无法来解释人们复杂的人生历程的，在其中发挥根本作用的必须是义理，也就是隐藏在个人行为背后的人的精神内容。这样一来，实际上就提出了一个命题，道德选择的结果必须与历史相结合，否则，道德往往无处安身。换言之，在司马迁看来，求善本身绝不是一个简单的修身养性的操守问题，而是一个需要历史性作为基础的实践问题，在这问题上，首先要解决的是"善是什么"这一问题，唯有如此，才可以真正把握住求善的真意，从而真正达到善的效果和目的。用亚里士多德的理性论来讲就是实践理性的内容必须以理论理性为依据。其实，历史上的许多悲剧往往都是尖锐矛盾的统一体，很多事例都表明，历史事件的主体往往都是以求善开始，却事与愿违，最终以作恶而结束，其中的重大变故和原因，让人喟叹不已。古罗马共和国末期的著名独裁者凯撒，在其自身的从政、治军再治国的经历中，对真善两者之间的复杂关系深有感受。他曾转述萨鲁特斯的一句名言来描述他对复杂的真善关系的辩证理解，"一切恶劣的行为都是从好的行为开始的"。可谓一针见血。

　　那么，为什么好的行为后来会转变为恶劣的行为呢？这一问题显然不仅是一个伦理的品质问题。因为从伦理的角度来讲，从好的愿望出发，应该得到好的结果，但在伦理学的实践中，却常常碰到悖论的结果。显然，对于伦理学的探讨是不能将其仅仅局限于理论之中，还需要人们在实践中加以思考。对这一问题的了解不仅需要一定的知识作为指导，还需要一些具体的历史人物的人生实践，为人们提供善与恶两个方面的鲜活而真实的事例，从而起到直观的榜样或发挥从中汲取教训的作用。由此看来，人物传记容易被人们理解，它是教人向上，不断进取的人生教科书。事实上人物传记不仅本身即具有这一方面的客观作用，史学传记的撰写者其实也具有明显的主观意图，从而使传记史学在现

---

① （南朝·梁）萧统编，（唐）李善注：《文选》，1276 页。

实生活中发挥极其重要的教育意义。比如，司马迁在《太史公自序》中所道出的撰写《史记》和传记的强烈而迫切的主观意图，特别是叙述自己为了叙写《史记》所展现的具有崇高的自我牺牲品质和顽强不屈的人生拼搏精神，更有不同流俗的个性特征。其人生的历程艰难异常，忍辱负重，自强不息，其成就无与伦比，惊天地，泣鬼神，都使得司马迁成为一个完美而高贵的人格载体，其人生鲜有的传奇经历也毫无疑问地向人们提供了认识和效法善与义的最好样板。再用亚里士多德的话来讲："贤德之人的生命是可贵的，但为了高尚的目的，他不惜生命。"①

这不仅是中西传记史学人文精神的最高境界，也是中西传记史学所要揭示的终极的人生意义。

（2）从古希腊罗马传记人文精神的内涵而言，其理性的人文精神存在着同宗教和神灵相矛盾的一面，但还有和宗教神灵相安无事的另一面，即在希腊和罗马传记人文精神中，并没有同其宗教和神灵产生尖锐的冲突；但中国早期的人文精神的一个突出特点在于，由于其固有的求真特性，使中国的传记人文精神不断地拔除存在于人间的神的迷雾，尽力归还传主本来的尘世面目。这一特点对中西传记史学人文精神的发展趋向产生了很大的影响，即希腊罗马的传记虽然有其突出的人文精神，但其后人文精神却往往和神学相统一，并最终走向了神学的大殿。比如，普鲁塔克的理性精神特征很突出，人文精神仍在闪光，但也得承认，不管在普鲁塔克的《道德丛书》或者《名人传》中，都存在着大量的各种神灵和命运在暗中操纵着人们的思想、行动和结果的事例。在某种程度上，甚至可以这样讲，普鲁塔克的观念和其传记其实也充当了另外一个重要的角色，即人物传记及其观念已成为希腊罗马文化从尘世走向宗教的阶梯；而与此相对照的是，中国传记的人文精神一直在人世间拓展自己的范围，以体现传主人生的真实性，进而体现中国传记史学人文精神的世俗性。

不言而喻，古希腊和罗马的传记从来都不是一个纯净的人间王国，而一直都是在迷信、神意、宗教的氛围中逐渐调适发展起来的。众所周知，从希腊罗马史学史来看，学界公认希罗多德是把《历史》描述的对象放到了希腊发达的神话之下——人的身上，正因为如此，《历史》才成为西方史学的开宗之学。但显而易见是，《历史》的史学叙述，不仅未能摆脱神对人事的干预，而且充满

---

① ［古希腊］亚里士多德：《尼各马科伦理学》，苗力田译，第59页。

了神事对人事的种种干预。这种干预的方法在先天上与希腊神话有着重要的关联，或者说是将希腊神话的一些叙述方式引入历史之中。其结果是《历史》这本西方史学的开山之作自然带有明显的文学色彩。之后的古希腊历史学家修昔底德则是彻底摒弃了以神秘的内容或直接以神意来解释历史的观念和叙述方式，转而以理性的乃至于无神论的观念来叙述他所理解的希腊内战，终于写就了《伯罗奔尼撒战争史》这部叙事史的巨著，这部著作不仅是西方史学史上一部典型的叙事体著作，而且也是其理性主义历史学精神的典型体现。

其后的公元前4世纪，个人传记在古希腊取得了一席之地。伊索克拉底的《埃瓦格拉斯》开启了希腊传记的先河，色诺芬的《阿格西劳斯传》为西方传记史学的发展奠定了基础。但在修昔底德之后的二百多年后，随着希腊最为辉煌时代的逝去，古希腊的人文思潮也发生了许多明显变化，传统的昂扬、乐观的古典人文精神随之消退，取而代之的是人们对未来的无奈和恐惧。对于他们而言，面对无法预知的命运的唯一办法，似乎只有保持内心的平静来加以应对这一途径，这一观念由此成为这一时期人文的新思潮。正是在这一背景之下，已被罗马征服的希腊，出现了西方古典时代最伟大的史学家——波利比乌斯。在波里比乌斯的名著《罗马史》中，他将"命运"引入历史研究，用来解释在他看来难以理解的重大历史问题，也是现实政治问题，即罗马这个蕞尔城邦是如何一步一步地通过战争，历经创伤，最终成为地中海霸主的。此后，"命运"成为人们解释一些难以理解的重大历史事件的基本理论。而距波里比乌斯百年之后的罗马土生传记史学家奈波斯也不例外，他的传记著作《外族名将传》也运用了"命运"这一重要的观念，同样将其作为解释传主人生变化的基本理论，从传记的角度体现了"命运"在人物的成长、成名和成功进程中所表现的巨大作用，彰显了"命运"的魔力，也充分体现了作者对"命运"的认识和观念。

到了公元前1世纪中期，"命运"一词的内涵发生了变化，即由事件发生的内在必然性的意思，转而成为"一种盲目的信仰或人类事务中随意的支配机会"[①]这一意义，开始在命运中渗透了一些当时人所具有的明显的宗教信念。毫无疑问，奈波斯的命运思想深受这一内涵的影响。在奈波斯时代，长期存在于罗马社会内部的矛盾急剧尖锐化，从公元前146年格拉古兄弟改革引起的内战到随后的马略（Gaius Marius）军事改革，从公元前82年的苏拉独裁再到公元

---

① 转引自 J. D. Jefferis, The Concept of Fortuna in Cornelius Nepos, *Classical Philology*, Vol.38, No.1, 1943, p.48.

前 60 年的"前三头政治",再到公元前 48 年凯撒的独裁,另外从公元前 43 年的"后三头政治"再到公元前 27 年屋大维(Gaius Octavius Augustus)建立"元首政治"——帝制。在这一较长的历史时期内,罗马国内,群雄并举,烽烟四起,传统的共和体制和道德信念,在新的社会历史变革面前,都荡然无存,个人和国家的命运,如巨浪翻腾,大起大落,这一在罗马从未出现过的空前剧烈的变化,让人无所适从。例如,凯撒在公元前 48 年击败了曾经不可一世的庞培(Gnaeus Pompey),集大权于一身,在罗马实行独裁统治,志得意满。然而只不过短短的四年辉煌,凯撒就被刺身亡,罗马也从独裁时期的短暂统一重新陷入了残酷的内战。奈波斯正处于罗马风云变幻的时期,深刻体会到无常的命运对个人的反复捉弄。因此,在其传记作品中,他的每一篇传记几乎都涉及命运。比如,在《特拉西布鲁斯传》中,奈波斯叙写雅典率军攻打叙拉古的军事统帅亚西比德(Alcibiades)时,论及其军事成功的原因是这样说的:"归根结底,指挥官必须与他们的士兵们以及命运共同分享每一个胜利,因为战斗一旦打响,胜负往往更依赖于士兵们的运气和战斗意志,而非单纯的军事技巧。"[①]

同时,奈波斯觉得还没有对"命运"的作用予以更为充分的肯定,于是他接着又写道:"士兵们当然有理由要求分享指挥官的荣光,而命运应获得更多的份额;事实上,命运女神甚至可以自豪地声明,在这些战事中,她的角色比指挥官的才能发挥了更具决定性的作用。"[②]

在奈波斯时代,罗马早已从一个意大利的罗马城邦成为地中海的霸主。虽然罗马的现实历史进程已经发生了天翻地覆的变化,但传统城邦的宗教神灵观念却无法适应这个已经产生的重大社会变化,旧的神灵无法解释这一新的变化,而新的能够保佑和操纵罗马新局面的神灵还在孕育之中。因此,传统的极具希腊文化色彩的朦胧的"命运"观念登上历史的殿堂,并成为历史解释的权威理论。在其后普鲁塔克的传记史学著作中,虽然社会思潮较之于奈波斯而言也有了较大的变化,但从根本上而言,内容含糊不清的"命运"观仍是解释历史的变革、人生变故的最好理论。

因此,在奈波斯所撰写的传记中,虽然表现出了强烈的"命运"观念,但他并未对命运的含义做出明确的解释,应该说,命运对于希腊人是熟悉的,而对于罗马而言,仍还是难名状的。尽管奈波斯在传记中并没有为"命运"一词

---

① Cornelius Nepos, *Epitome of Roman History*, Cambridge: Harvard University press, 1929, p.461.
② Cornelius Nepos, *Epitome of Roman History*, p.461.

给出明确的定义，但他在传记中考察了"命运"与个人际遇的复杂关系。奈波斯认为"命运"虽然能给个人的境遇以重大的影响，但是命运并不总能决定个人的一切，特别是对于一些伟人，判定他们是否伟大的标准只是美德，而不是其他。

在《阿提库斯传》中，奈波斯说到阿提库斯（Atticus）的秉性善良慷慨，从不随波逐流，他只是用自己的本性心灵为人处事。比如，当安东尼（Mark Antony）被放逐时，阿提库斯就不畏时局，出于本心，尽力保护了安东尼的妻子富尔维亚（Fulvia），因此，当安东尼回到意大利，重掌政局时，就没有伤害阿提库斯。显然，在奈波斯看来，阿提库斯之所以能在变局中独善其身，是阿提库斯以自己的品德成就了自己的命运，而不是其他因素。这些都明显地表明了奈波斯的思想观念虽然面临着时代的挑战，在其传记中，仍存在着大量难以真正解释的历史内容。尽管如此，他还是在努力坚持古希腊罗马传统的人本主义的理性传统。

如果说在奈波斯的传记史学著作中，既表现了理性主义思想观念的一面，又表现了许多威胁理性主义的神秘内容的话，在普鲁塔克的思想观念和传记史学著作《名人传》中，则同样表现了这一矛盾。不同的是，在普鲁塔克所处的公元1世纪中后期，随着罗马帝国的建立及其一世纪的繁荣，这种由"命运"走向神性的趋向表现得更为明显且更具有时代性，该时代的突出特征表现在古典时代的理性越来越向"命运"靠拢，理性呈现出同"命运"融为一体，命运越来越明显地趋向神性的历史发展趋向。

对于中国早期传记史学的人文精神而言，相较希腊罗马的早期传记史学观念，其记载的人物言行同样在很多方面受到神灵的重要影响。但明显不同的是，在中国早期传记中，出现更多的却是展现了历史人物同命运、同神灵相抗争，以达到自己真实人生目的的历史内容。比如，在《左传》的历史叙说中，我们确实看到了大量的具有神意的内容，这些内容后来都对历史人物的人生境遇产生了一些重要作用，但在其中明显体现的是人事的运筹、谋略的制定所产生的种种不同的历史结果。因而如果仔细看来，那些带有神意的内容其实都是人们所借助的以达到人事目的的道具，其本身已不具有真实而强大的魔力了。

《左传》之后的司马迁，却处在一个与《春秋》时代历史环境有着根本区别的时代和人文环境——大一统的汉朝时代。在此所谓的汉朝这一特定的文化环境，指的是中国社会历史进程已进入到一个新的阶段，即结束了长期的诸侯争雄、征战而进入了一个真正大一统的新时代。在这一重要的历史时期，中国的思想界同时出现了多种不同的思想、政治解释方案，其中就有神意的历史观，即试图用神意来为现实的中央集权专制统治提供神圣光环的文化思潮。在这方面，以董仲舒的天意观为突出代表，他认为，历史与文化来自"天意"，人们想要了解天意，必须要通过上天在人间的代理者——天子的教化方能理解。正是在这一社会历史文化背景下，一些已被巨大的社会变动所动摇和粉碎的宗教迷信观念又被装扮一新，粉墨登上了政治思想的舞台，成为人们关注的重要文化历史现象。面对当时历史思想的变化，作为历史学家的司马迁却没有刻意迎合当时这一重要社会思潮，而是坚持了从《左传》以来的求真历史传统，从人事的角度来解释汉朝大一统建立的历史进程和成果，将这一重大的社会发展成果归之于人的行为。具体表现在《史记》中，司马迁在对历史人物的叙述中，坚持的思想基础为"究天人之际"，在这一观念的指导下，他不仅突出了人物在历史运动，特别是在历史大变革中的主体作用，而且在其中还揭示了一些事实——人们是如何利用带有宗教性的手段来达到自己的现实目的。比如，对陈胜吴广起义中所运用的一些神秘的小伎俩就叙述得非常具体且生动：

  乃行卜。卜者知其指意，曰："足下事皆成，有功。然足下卜之鬼乎！"陈胜、吴广喜，念鬼，曰："此教我先威众耳。"乃丹书帛曰"陈胜王"，置人所罾鱼腹中。卒买鱼烹食，得鱼腹中书，固以怪之矣。又间令吴广之次所旁丛祠中，夜篝火，狐鸣呼曰"大楚兴，陈胜王"。卒皆夜惊恐。旦日，卒中往往语，皆指目陈胜。①

  司马迁在此揭示出了起义者把神意作为道具的真实动机，而陈胜吴广反暴秦的首义活动就是借助这种神秘活动发动起来的，并以此为标志，波澜壮阔的秦末农民大起义的大幕被他们徐徐拉开了。

  在此基础上，司马迁极力展示的却是基于现实主人公人生的个性——人性中爆发出来的不惧命运束缚而誓死抗争勇气，并在以必死之心进行的奋斗中所爆发的震撼人心的巨大创造力，最终在改变自己的历史命运时，也改变了历史发展的"命运"。因此，《史记》较之于普鲁塔克的《名人传》而言，其众多传主的个性更为突出，形象更为丰满，内心世界更为复杂细致，传主的人性长处描写淋漓尽致，人的弱点也和盘托出，从而展现出了活生生的人的历史进程。

---

  ① 《史记》卷48《陈涉世家》，第1950页。

其结果，司马迁传记中所彰显的人文精神同神化王权的宗教观念拉开了距离。

显然，在普鲁塔克所处的古罗马帝国和司马迁所处的西汉王朝，这时表现在历史发展中的一个重要特点就是，它们都在向大的国家共同体发展变化，这是当时中西社会历史发展的潮流，这也是当时世界历史发展进程值得进一步探讨的大事。与此潮流相关联的是，中西社会历史进程中的各种思想文化和社会政治制度都要适时调整以适应这一变化。因而中西古典时代的传记史学在其发展进程中，既表现出了二者人文精神内容的许多共同性，也表现出了二者人文精神发展趋向的诸多差异性。

（3）传记史学人文精神的多样性与具体性之间的关系问题。对于中西传记人文精神的内容而言，都存在一个重要的现象，即传记史学人文精神既具有多样化的一面，但同时又有具体性的一面。在这一对关系中，中西传记史学的人文精神，在表现了传主各自特点的前提下，又表现出群体传记所具有的明显、普遍的人文性，形成中西早期一个具有各自特色的完整的传记史学形态。

简言之，中国传记史学的人文精神核心是自强不息和厚德载物的人文品格，其重心虽在政治和军事领域，但在多样性方面的内容仍然丰富，有文学、思想，甚至达到社会经济生活领域中，在突出了人文精神核心的同时，又显示了社会生活的多样性。但希腊罗马传记史学人文观念的核心是理性认识，而其外化形式则是公民的政治观念，其精神的多样性则主要表现在政治军事领域，文化艺术方面的内容也经常涉及，但社会生活和经济活动等几乎不在其人文精神的领域内，或者在其中并没有发挥重要作用，从而形成了两者传记内容的明显不同点。

当然，中西传记史学人文精神的这一突出不同点与其各自的人文传统有着重要的关系。

中国传统文化的发展进程尽管漫长而复杂，若摘其要者，在总体上呈现出一种重视人伦教化、重视现实社会、以民生和人心为观照的人文精神，而这一社会人文精神的根基却是将家国置为一体、与时俱进、自强不息的情怀。这种人文精神不仅表现在思想文化的传统中，同时也跃动在史学、文学和众多其他学科的命脉之中，并且作为构成传统文化重要组成部分。在其中，传记史学更是集中体现了中国悠远文化的独特人文精神。

特别需要提出的是，中国史学的出现有其突出的特点。根据现代科学的研究考证，我国最早的历史记事的萌芽，可以追溯到殷商的甲骨卜辞。史官的设立始于殷,"惟殷先人,有册有典"①,所云册典,即属史官所记史籍。自商开国到灭亡,对重要的史事史官们都有所记录。从此开始,我国就有了连续不断的历史记载。但史学的产生却在中国东周的《春秋》时代,当时社会发生的剧烈变动进程,为人事的作用提供了广阔的空间,同样也为中国史学的产生及其观念特征提供了强大的社会力量。自孔子的《春秋》出世,中国史学宣告诞生,但在中国史学创立之时,经史未有明确分界,《春秋》既是经又是史,其后,虽然史学已经独立,但《春秋》仍具有经的特色②,遂而成为中国史学的一大特色,也构成中国文化的一个突出特征。

《春秋》虽为编年史著作,但人们明显能感受到其中所跃动的以孔子为代表的儒家独具特色的思想理念,即用其强烈的"克己复礼"理念以匡正现实"礼崩乐坏"的世界——混乱不堪的社会秩序的意图,所以在当时的"百家争鸣"时代就明显地打上了儒家的个性特色。而其后的《左传》,同《春秋》一样,虽然不是专门的传记作品,但其中复杂而重大的历史事件都已经同人的活动结合起来了。《左传》叙述或涉及的人物众多,但贯穿于众多人物的主线却是在历史大变动的时代背景下所展现的历史风貌——缜密的人事筹谋、坚定而果敢的政治和军事行动,浓郁而又广泛的人文精神,在其中,人的个性特征和意志、人性的优点和弱点都暴露无遗,历史人物的性格、品格也与其人生价值的实现和功业的达成都产生了紧密的联系。

而其后的司马迁则以家学史官为根,在继承了《左传》优良的叙事传统的同时,又发扬光大了《左传》所运用的对人物心理刻画的叙事手法,撰写了中国第一部传记体通史巨著《史记》。在《史记》的叙述中,传记主人公都被置于其所处的具体历史时代背景下,深刻剖析传记人物心灵深处的所思所虑和在思想观念指导下的所作所为,以彰显传记史学人文精神的个体性和特殊性,从而紧紧地将时代的人文精神与传主的个体性统一起来。同时,在《史记》中,司马迁还通过传主人文个性的展示,进一步凝练出中国早期传记人文精神的整体风貌。因此,在《史记》的传记体例中,不仅有军事家、政治家、思想家、文学家,还有经商的人士等,从而借助于个人的传记达到"管中窥豹"的效用,使历史的个体性特征与整体的时代人文精神融通起来。

---

① (汉)孔安国传、(唐)孔颖达疏:《尚书正义》卷16,(清)阮元校刻:《十三经注疏》,第220页。
② 这也是长期引起对《春秋》性质争论的一个重要原因。即《春秋》到底是政治学著作,还是伦理学著作,甚至是历史学著作的问题。

当然，在《史记》的人物传记中，其整体性的人文精神和极具个体风格的传主性格的统一，自有其坚实的社会历史基础，这一基础乃是真实而具体的中国三千年社会历史内容和流淌在其中的不断的人文发展过程，而对其中的普遍性和个性关系的正确把握乃在于司马迁所具有的历史发展观，即"通古今之变"的伟大的史学研究纲领。正是在这一纲领的指导下，司马迁能够将历史研究、传记史学研究的老大难问题——历史的绝对变化过程与相对的历史静态两者统一起来，将历史人物的历史性和现代性两者相通起来。需要强调的是，这是司马迁之所以能够将人文精神的整体性和个别性两者统一起来的根本原因。

对于希腊罗马而言，其传记史学人文精神的整体性和个体性之间的关系，一直是传记史学家关注的重要问题，不管是其发达的哲学或者是伦理学，都曾长期试图解决但是最终仍无法解决。同样，对于其史学，再具体于传记史学而言，这一问题仍是他们不得不面对，但又困惑不解的"老大难"问题。这一问题对奈波斯和普鲁塔克的传记史学而言，也是如此。所以，相较于司马迁《史记》中传记史学的丰富且深刻的人文精神而言，希腊罗马的传记人文精神具有明显的政治伦理性，而与真实的社会历史全貌有明显的距离。

如上所述，从苏格拉底的道德哲学到柏拉图的"理想国"理念，再到亚里士多德的政治哲学，其旨趣都在于培养城邦的公民意识，以维护城邦的独立与自由，并致力于城邦的长期存在和发展。比如，在《政治学》著作中，亚里士多德指出了人们之所以结成政治共同体，其目的并不是社会生活，"而是为了美善的行为"①，在他看来，真正无愧为"城邦"公民的话，就必须将促进善德作为其生活的目的。而为达此目的，纯粹的逻各斯是不堪重负的，但在这一进程中，实践理性却可以发挥其独特的重要作用。

实际上，这一理论成为希腊罗马历史学，特别是传记史学家们撰述的最为强劲的动力和目标。较之于司马迁的《史记》而言，普鲁塔克的《名人传》在这一重要的伦理学领域表现得更为突出。《名人传》的每一个传主的核心内容之一，都是用大量的篇幅来叙述传主的道德情操、人生境界和其人生的目标追求，而且这种叙述深入到传主人生的每一个阶段，具体到涉及传主性格的每一个趣事或心灵的细节中去。当然，之所以造成这一特点，其基本原因乃在于普鲁塔克从一开始就将自己的《名人传》定位为人物传记，而且在人物传记中，叙

---

① ［古希腊］亚里士多德：《政治学》，吴寿彭译，第140页。

写人的思想和性格，道德和伦理的内容自然就成为其论述的重点内容。

因此，通过阅读普鲁塔克的《名人传》，读者会得到强烈而明晰的情感传导和心理暗示，传记人物真善已分，良莠已辨，高下已判，努力奋斗的目标已经显现，读者内心所迫切需要的就是不断地提升自身的道德和政治素养，追求真正的美德与善，从而使自己成为真正符合城邦和罗马帝国发展要求的"善人"。

显然，希腊罗马的传记史学其实肩负着多重重要使命，但归根结底还在于对不同历史人物的叙述、比较和评价，其目的是要教育公民，以优秀的历史名人身上所散发的高尚人文气息熏陶自己，感染自己，以历史名人人生所体现的崇高人文精神作为自己追求至善的现实目标，以他们的牺牲精神为自己奋斗的楷模，以他们英勇无畏的壮举为参照，激励人们见贤思齐，将个人思想的发展和要求融入城邦的整体性发展进程中，努力成为一个城邦和国家需要的合格公民。

当然，在肯定希腊罗马传记史学所弘扬的劝善惩恶的人文精神的同时，如果从传记史学的角度来进一步分析的话，还要看到这一成果背后的一些需要进一步思考的重要问题。其一，古希腊罗马传记的产生，并不是从历史变化的角度对历史上的人物来展示其真实的全部人生，而只是侧重于传主人物的一些外在的、浅层次的、局限于精神风貌的品格展示，而难以深刻认识传主精神气质的深层次的原因及其变化过程。尽管罗马的一些哲学家、史学家，比如普鲁塔克也意识到事物发展中间具有变化的这一重要特点，但是却无法对其进行理论的说明，并在传记史学的实践中加以体现，因而对人物的传记叙述方法往往缺乏足够的历史感。其二，由于缺乏对变化观念的深刻认知，罗马的传记史学家在叙述人物的精神面貌时，虽然努力详尽地描述传主性格和心灵的各个方面，但无法从根本上突破其理性文化所固有的局限，将人的外部表现和其本质内外一体化。人们对传主的性格、精神的了解主要停留在传记最初出现时的状态，而对这一性格和精神状态形成的历史变化过程却很难深入了解。由此，长期被人们所诟病的诸如传记人物的性格相对呆板、精神气概较为固定、情节较为单一，有脸谱化之嫌也一直很有"市场"。其三，希腊罗马的传记史学家叙述人物的宗旨是为城邦的政治服务，政治品格、政治素养成为公民最为重要的品质，因而在传记中，传主所表现的功绩和精神内容也主要聚集在这一领域中，其结果，自然难以展现传主全部的社会生活内容，无法揭示传主丰富多样的精神风采。因此，希腊罗马的人物传记有政治传记之嫌。用施特劳斯（Leo Strauss）的话来讲:"西方传统的伟大观念或议题之一就是政治史学"[①]。此言未必全面、准确,但却具有启发性。

以上希腊罗马传记史学的突出特点在普鲁塔克的《名人传》中表现得非常明显。当然,之所以形成上述特征还与其自身所处的时代和特殊的思想环境有着重要关系。学界都认为,透过普鲁塔克的《名人传》和《道德丛书》,可以看出普鲁塔克其实具有强烈的"爱国"情怀,甚至可以说是一个强烈的"爱国主义者",这种爱国情怀包含着复杂的历史内容和现实内容两方面。

从历史角度而言,普鲁塔克是一个希腊人,他珍惜尊重希腊人的文化成果,也为希腊人所创造出来的杰出文化成就而感到由衷的自豪;但同样是历史事实,普鲁塔克出生时,希腊早已是罗马帝国的一个组成部分。众所周知,自罗马通过多次战争征服了希腊后,希腊与罗马之间的关系是一个较为复杂的问题。简而言之,在后来希腊的发展进程中,长期存在的一个基本问题就是希腊对罗马的认同问题。之所以说希腊对罗马的认同是一个问题,其重要的原因就是从西方文化史与文明史发展的历程而言,罗马曾长期是希腊人的学生,不断效仿希腊的文化和文明进程,并在这一过程中使自己不断成长,最终罗马人以武力征服了自己曾经拜为导师的希腊。这一结果对于罗马人而言自然是一种骄傲,但对于曾经长期拥有高度发达文明的希腊而言,内心的冲突和不安却长期存在。关于这一点从当时希腊人的著作中可以清楚地感受到他们内心深处难以言说的酸楚。因此,自认为是希腊文化传统继承人的普鲁塔克,自然打上这一历史发展所带来的文化烙印。

从现实角度而言,普鲁塔克生活于现实的罗马帝国统治下,身为一个罗马公民,他对罗马的政治效率和强大的军事威力有着深入了解,因而他对罗马能够征服希腊和其他地方,最终能成为地中海的主人具有现实的认同感。在他看来,任何试图让希腊独立于罗马的意图和行为都是不可取的,也是难以成功的。再从希腊的文化发展转型来看,早在普鲁塔克的前辈——波里比乌斯时期,希腊的文化已开始从抽象的哲学和理论探讨向实用主义方向发展,这种实用主义的核心就是从现实的角度来看待学术本身,使学术的发展尽力与现实的需要协调起来,而不是像波里比阿之前的希腊那样,以自然研究为其突出特征,远离人间的现实,并同现实人文社会对立起来。由此出发,普鲁塔克已经

[①] [德] 施特劳斯:《修昔底德:政治史学的意义》,彭磊译,刘小枫主编:《修昔底德的春秋笔法》,北京:华夏出版社,2007年,第3页。

深刻地认识到只有真正拥护罗马帝国的统治才是罗马人之福,也是希腊人之福。他的这一观念在其一篇名为《政制统治的规章》的文章中得到了充分说明。

该文是在教导青年人如何从政,并从中引出了自己的一系列的政治观点。普鲁塔克认为从政的当务之急是要了解什么是政治,政治的作用什么。在普鲁塔克看来,当时罗马帝国最大的政治任务就在于加强国家的统一,避免国家的分离。尽管从他的内心深处而言,似乎对这一新的帝国统治的现状持某种排斥的态度。但在这篇文章中,普鲁塔克表现了明显的对罗马帝国政治的深刻思考,这一政治思考的结果使得他超越了希腊传统的形而上学的哲学特点,表明了他自己是一个罗马帝国主义体制的现实拥护者。应该说,这一观念是他对希腊和罗马之间复杂关系的一种深刻的政治思考。当然,从理论而言,普鲁塔克的这一思考并没有脱离希腊的政治学原则,而是将希腊公民政治学原则付诸现实的结果,换言之,这种政治思考自然带有现实主义思想观念的重要内容。当然,普鲁塔克的这一现实主义的政治观念主要集中体现在他花费了大量心血,而写成的关于希腊和罗马传记的《名人传》之中。

显而易见,普鲁塔克传记史学的人文精神内容既同希腊城邦有着天然的情感,又和罗马的共和传统观念有着亲缘关系,更和现实罗马帝国有着直接的利害关联。尽管普鲁塔克的历史目光所关注的是希腊悠久而发达的文化传统和罗马社会所流行的共和理念,但他又不得不面对希腊已成为罗马帝国一部分这一真实的历史事实。虽然,从理论上他尚无法正确解释众多的城邦最终都汇聚于罗马帝国的这一历史进程,最终只能通过抽象的"命运"和神意或宗教观念加以解释。与此相适应的是,在不可预测的命运和神灵发挥重大作用下的众多传记人物,尽管他们的人生经历、成长进程、内心世界和生命的结局等等方面并不尽相同,但他们所呈现的人文精神在相趋同的同时,也明显地表现了一些突出的不足或局限性。比如,缺乏对具体人物个性风格的梳理和分析,较少令人感到铭刻于心的个性精神内容,较之于司马迁而言,无法真正展示个体人物复杂多变的精神世界,在其中无法体验到传主内心深处强烈的张力和真切的情感火焰,尤其是作品中众多的悲剧性历史人物,经过普鲁塔克具有希腊理性文化传统观念的抚慰后,人物的性格缺乏抗争性,较多地显示与命运和神意相适应的一面,从而与真实的人物历史相矛盾。需要特别指出的是,在诸多普鲁塔克的名人论述或文章中,其人物的性格和文风始终弥漫着一种虔诚、泰然的气质。

具体于普鲁塔克的《名人传》而言,书中诸多名人虽然都是一些勇于参与社会政治且成果卓著的历史名人，但这些人的一个共同特征就是对人世、对人生似乎都有一个清澈透底的认识，在人的精神世界和尘世之间来回穿越而无障碍，令人不由得产生敬佩之情。当他们入世时，这些人物会勇于拼搏，若处逆境时，这些人也能坦然面对。他们知命运、顺天时，呈现出超越世事的豁达气息，令人印象极其深刻。同时，普鲁塔克心目中的历史名人似乎也都是一些心有空闲有识之士，而非激越躁动的性情之人。

不言而喻，普鲁塔克的这番叙述，自然与真实的希腊罗马名人的人生历程有着明显的反差。不过在此需要说明的是，普鲁塔克之所以这样叙写，也有其现实的和文化的原因。因为《名人传》中历史人物的行为和操守，反映的其实正是希腊文化的传统品格，也是亚里士多德所倡导的人生方式。亚里士多德在《政治学》中认为：对于雅典的公民来讲，勤劳和闲暇的确都是必需的，但闲暇较之于勤劳更为高尚，那么为什么呢？在亚里士多德看来，人们全部生活的目的应是操持闲暇，因为只有人们能够闲暇，才有可能静下心来，对自己的性格、思想进行反思，以教育和提升自己，从而达到内心的真正快乐以求善，并有真正的能力来应对随时都有可能到来的战端。显然，这种闲暇的生活方式只是属于奴隶主阶级的，而与奴隶无关，因为在亚里士多德思想中，只有不参加具体体力劳动的自由民，才有条件和闲暇从事政治活动，从而培养健全的德性，也正是因为有这样一些具有德性的人，才能组成理想的城邦。由此，亚里士多德竟然这样说：

> 最优良的城邦型式应当是不把工匠作为公民的。在容许工匠入籍的城邦中，就不可能每一公民都具备既能被统治也能统治的良好品德，仅仅一部分不担任鄙俗的贱业的人们才具备这些好公民的品德。①
> ……古谚说，奴隶无闲暇②。

总之，普鲁塔克在其著作中所表达的观念和叙述的风格，明显带有希腊独特的达观文风，这些都在普鲁塔克善感的笔触、柔顺的文体和开朗的叙述中表现得淋漓尽致。当然《名人传》中众多人物所呈现出来的人文精神，并不仅仅是普鲁塔克所理解的希腊罗马名人的人文精神，同时也正是他自己的思想和心灵的真实写照。当然，这一切的产生也与其赖以存在的奴隶制社会的历史基础

---

① ［古希腊］亚里士多德：《政治学》，吴寿彭译，第127页。
② ［古希腊］亚里士多德：《政治学》，吴寿彭译，第393页。

紧密相关。

小　结

　　毫无疑问，中西的人文精神是中西传记史学的核心内容之一。对这一问题的探讨其意义不仅表现在对历史人物思想和心灵的研究方面；也不仅表现在它可以较为直观地展示传主具体而鲜活的完整形象方面，更重要的是，传记史学能够在直观地为人们提供学习的正面形象和供人们反思的反面事例的同时，还对历史人物产生的诸多人文内容和精神风貌的历史原因进行了深入的探析，显示了叙事史学所不能及的作用，表现了传记史学的教育功能，也发挥了伦理学所不能发挥的重要效用，突出地发挥了传记史学在人类文化和文明发展中的积极促进作用。

　　毫无疑问，对中西传记史学人文精神的探寻，只能从中西早期的文化架构和发展进程中加以探究，也就是说，对这一问题的探讨，既要在中西动态的人文精神的发展进程中加以考察，还要在其沉淀的人文成果中加以研究。以此为据，本章首先对西方早期人文精神的内容及其特征加以考察。

　　自不待言，西方文化在古代最突出的成果，就表现在其对世界有一个理性的认识。西方的理性精神在希腊城邦时代已经成熟，又在罗马城邦时代加以丰富，其形态和内容相对稳定。所以，在探讨希腊罗马传记史学的人文精神方面，我们可以以其理性的内容为标准，从而清晰地看出并理解他们的人文特点和基本内容。

　　当然，对于古希腊罗马传记史中所反映的人文精神的内容，还要考虑到从公元前2世纪中期开始，希腊本身已成为罗马共和国一部分的这一重要现实，并由这一现实产生了理性精神的新内容。换言之，希腊罗马理性的人文精神也随之发生了一些重要的变化。显然，这些变化也表现在普鲁塔克的传记史学观念中，集中体现在《名人传》里刻画的历史人物中，其思想观念同样在《道德论丛》中表现出来。

　　而对于中国早期的传记史学而言，其产生的发展与中国早期的历史发展进程有直接关联。经历西周的文化构建，再经"百家争鸣"的拓展与加深，中国文化和政治已经呈现出一种向大一统发展而不可阻挡的新趋向。在此要说明的，一方面，所谓的"百家争鸣"，从根本上讲，仍没有脱离周文化所提供的基本文化框架,"百家"都是从不同的侧面、不同的角度,对周文化加以反思,加以深化和发展,从而大大丰富了中国早期的文化内容;另一方面,在探讨中国早期传记的人文精神时,既要考虑到从战国向大一统国家发展的这一趋向,又要注意到司马迁所处的时代,即西汉中央集权制的政治统治已经建立起来,这都为司马迁传记史学的人文精神提供了展示的历史舞台。既给个性的人文精神提供了可以施展用途的机遇,又为人文精神的伸展和升华制造了一些桎梏。在这种看似不合情理的矛盾环境中,司马迁铸就《史记》,展示了中国早期传记人文精神的多样性和壮怀激烈、勇于进取的内在统一性。

中西传记史学人文精神的共同点表现在,都是从中西文化发展的历史进程中,在中西史学发展进程中逐步产生的一种有别于传统叙事史学的新型史学。中西传记史学都关注传主心灵深处复杂多变的内容,并从中着意揭示其所体现的代表中西文化和文明进步的人文精神,集中凝聚了中西人文精神的内容、特征和所发挥的突出作用。

中西传记史学存在着明显共性的同时,也存在明显的差异性。首先,中国传记史学的人文精神集中体现了由《周易》所倡导的将天与人相联系、自强与德行并重的文化传统上。这一文化结构的特点表现在它不是以孤立的静止的观点来看待人与社会的精神与风格,而是在天人的相互联系、不断变化中,来看待、体现人的文化和人类的文明进程与成果。所以中国早期传记史学的人文精神,总体上既呈现出整体性和综合性的特点,又呈现出个体人物的不同文化内容与个性。因此,在中国传记史学的发展进程中,其和叙事史学建立一种较为密切的联系,并进而将其统一于人物传记中。中国传记史学的产生和发展具有内在的文化发展逻辑性。

对希腊罗马的传记史学而言,其人文精神的突出特征在其具有明显的理性特征,特别是实践理性的特征,而且将这种实践理性着重表现在传主的政治性和道德性意识方面,以示范性和直观性见长,但诸如传记人物的性格和人文精神产生的原因,及其发展变化过程等问题,在其中却难以寻觅,且对于一些传主的政治和军事成功事例的记叙过于简单,甚至往往失之于片面,使人无法对传主全面评价。因此,古希腊罗马传记史学的人文精神和其传统的叙事史学着意拉开了距离。

需要强调的是,之所以会造成中西早期传记史学人文精神方面的差异,重要原因就在于中国的传统文化结构和传统史学一直所坚持的既要求真,进行因果判断，还要求善，进行是非评价。如果用西方文化的术语来讲，就是既要进行理论理性的探求，还要探求人的实践理性的由来，并在朴素的辩证法的指导下，将两者统一起来；而希腊罗马传记史学的人文精神主要源流是实践理性，其矛盾表现在展示传主的人文精神时，往往是突出了其整体的人文精神风格，即带有实践理性的共性内容，而对能真切体现出具体传主人物的一些复杂多样的精神内容也就自然地加以忽视了。这种传记人文精神观念上的异同在中西两大传记史学家司马迁和普鲁塔克的著作和观念中得到了清晰的表现。

总之，中西传记史学的人文精神，是中西传记史学研究的重要问题，其共性和相异性在司马迁的《史记》和普鲁塔克的《名人传》两部著作中表现得非常清楚。可以这样讲，两人的传记史学著作集中体现了中西传记史学观念的同与异。在《史记》中，众多的传记人物不失其时，各逞其雄，在各自大的时代和小的环境中，尽力施展自身的各种才华，踊跃地投身于社会历史的大变动中去建功立业。当然，在这一进程中，泥沙俱下，鱼龙混杂，但大浪淘沙，有的功成名就，却污点斑斑；有的洁身自好，却空有大志；有的矢志不移，终成正果。对此，司马迁对这些不同类型的人物进行了深入的分析，既显示其人文精神的整体性，又显示了其人文精神的具体性和复杂性。其结果，人们从中所获得的是真正建立在历史性基础上的浓郁的人性和精神追求，并将这一人文精神深入到社会生活的各个方面；对于普鲁塔克而言，他将希腊名人和罗马名人并列，旨在探讨希腊和罗马名人的人文风貌，以示范和启示人们对这些名人的成就和人文品格进行思考和效仿，以此来进行社会教化，提振人们的精神和思想，以达到维护社会秩序和美化当时社会风尚的现实目的。表现在《名人传》中，希腊和罗马的众多传主虽然身处不同的文化和历史环境之中，但在入世建立功业，在为城邦为国家尽心尽力方面都展示了高贵的人文品格，赢得了后人的称颂。同时，《名人传》也叙写了一些在心灵和节操方面有种种令人不堪的污点和恶行的传主，其目的自然在于鞭挞恶行，以警醒后人。

因此，对中西传记史学人文精神的探讨，对于深入了解司马迁和普鲁塔克传记史学观中所蕴含的人文精神的内容及其特征，并在此基础上，具体而深入地比较司马迁与普鲁塔克传记史学观念的异同与发展趋向，无疑具有重要意义。

第四章

"轶事"与"宏大叙事"的对立与统一
——传记史学的轶事观

历史既是一个大写的人不断变化和发展的进程,又是一个个具体的人展现其个性和特点的过程。从史学发展史而言,对历史事件的研究是历史学最早的主题,但在研究过程中,人的历史主体性地位被发现了,人的具体活动在历史过程中的作用越来越明显。由此就产生了这样一个重要问题:人在历史事件和历史进程中的地位和作用是什么?相应地,应该如何认识人在历史进程中的作用和地位则又成为历史研究的重要课题。而传记史学的出现,一方面是历史发展进程本身不断深化的结果,另一方面又是人们对历史进程认识不断深化的产物。显然,传记史学相较于历史学的其他研究对象而言,有其独特性。这种独特性主要表现在它是以历史人物为中心进行历史叙述的。因此,传记史学出现的重要意义在于,它既要满足人类对历史事件本身发展内在规律的探求,又要满足人类对历史的主体——历史人物的心灵世界了解的愿望,从而在更深的层次上增加对历史人物在历史中的作为和其历史地位的理解,这样一来,也加深了人们对整个历史全面且深入的理解。正如德罗伊森所说的:"在一切众多历史之上有一个唯一的历史(über den Geschichten ist die Geschichte)。"[①]

不言而喻,传记史学从根本上而言属于历史学的范畴,而历史学较之于心理学的重要不同在于,历史学是从历史本身出发,是运用历史事实来说明人的历史。在此即要说明人的思想、心灵的变化和特征,而说明人的心灵的历史事实与说明客观的历史发展进程的重大事实——史学界称之为宏大叙事则自然不

---

① [德]德罗伊森:《历史知识理论》,胡昌智译,第85页。

同。从历史叙事的角度来看,司马迁和普鲁塔克共同的突出特点之一就是将轶闻趣事引入其史学著作中,而《史记》和《名人传》所展现的轶事观念恰恰表现了传记史学的这一特色。

这样一来,《史记》和《名人传》中的轶事具有二重性:既是客观的历史事实,也是人们心灵的真切表现,更是将历史事实和历史人物心灵结合起来的有机统一体。于是,轶事观念作为刻画传记人物的性格和心理的重要手段,就成为了解人物心灵世界的重要窗口,以及《史记》与《名人传》传记方法论的重要组成部分。柯林武德说:"历史学的价值就在于,它告诉我们人已经做过什么,因此就告诉我们人是什么。"[1]可见,轶事观念能真切显示传记人物真实的思想动机及其在重大历史事件中的一些变化历程,不但能够较好显示传记史学观念发展的高度,同时能更好地反映历史全面而深刻的内容,还能大大丰富传记历史的厚度。

梁启超对《史记》评价甚高,认为《史记》实为中国通史的开山之作,是一部博大精深的求真巨著。在他看来,《史记》的突出特征在于其所设立的"列传"这一史学类别。在梁启超看来,"列传"的作用在于借人以明史这一学术旨趣,由是,《史记》将人与事相关联,浑然成一整体。《史记》之行文,于叙事,能条分缕析,缜密而清晰;于叙人,则可让人面目活现,心思灵动;其中事则有因果,人则有思想,更重要是,司马迁在《史记》中将人的思想和事件的因果结合起来,这是其传记史学最为成功之处。那么,司马迁是如何将人的思想与事件的因果结合起来的呢,这是传记史学的难点之所在,对此,司马迁特别在其中注意到轶事在绘人写事方面的作用。换言之,司马迁是用轶事作为联系人与事的桥梁,这样一来,人与事的对立在《史记》中又统一起来了。因此,梁启超认为,《史记》"文章又极优美。二千年来学者家弦户诵,形成国民常识之一部,其地位与六经诸子相并"。对于学人而言,极为重要,"凡属学人,必须一读"[2]。

但对于普鲁塔克而言,其传记史学中,对人的作用和地位的确立较之于司马迁而言,并没有产生多大的烦恼,因为在他的传记史学观念中,人与事是分开来的。"事"属于历史,而"人"属于传记。由此,普鲁塔克认为传记就是要叙述人的心灵和思想情感等内容,而要叙述这些关于人们内心深处的思想与情

---

[1] [英] R. G. 柯林武德:《历史的观念》,何兆武、张文杰译,第 11 页。
[2] 梁启超:《读〈史记〉法之一》,《读书指南》,合肥:安徽人民出版社,2013 年,第 89 页。

感内容，搜集和叙述轶事必然是他的不二选择，也是撰写希腊罗马名人传记的中心任务。由此，轶事观成为普鲁塔克传记史学中最为重要的观念之一，而对历史名人轶事的叙述和描绘成为《名人传》的核心内容，也是《名人传》最令人难以忘怀的突出特点。需要指出的是，《名人传》的人物轶事叙事模式，对西方的史学和文学均产生了深远的影响。

显然，轶事观念在司马迁和普鲁塔克的传记史学观念中都具有重要地位，而对两人著作中轶事观念的研究，不仅对于了解司马迁与普鲁塔克的人物叙述方法有着重要意义，而且对于了解两者传记史学观念的本质也有着重要帮助。归根结底，历史是人所创造的历史。

正是基于上述分析，本章拟通过对《史记》和《名人传》中的人物轶事运用和作用的比较分析，来探讨两人传记轶事观念的异同。

第一节 《史记》所表现的轶事观念

《史记》体裁是史学传记，因而历史人物的外在形象、性格和复杂多变的心理活动就成为其史学叙述的一个重要内容。由此，司马迁在《左传》已出现的叙事情节的基础上，着意记叙历史人物叱咤风云、惊天动地的历史大事的同时，还注重对人物一些小轶事的搜集和运用，在《左传》对人物心理和轶事叙写的基础上，将轶事大量、正式地引入《史记》人物传记中。轶事趣闻成为《史记》表现人物心理的一道引人注目的亮丽风景线。

什么是轶事呢？所谓轶（同逸）事指的是不见于正史记载，也不为世人尽知的有关传记主角的事迹。[1]《说文解字》解"轶"为"失也"，段玉裁则进一步训为"亡逸者，本义也，引伸之为逸游、为暇逸"[2]。诚然，在《史记》中，司马迁所记载的许多使人过目难忘的有关历史人物的种种轶闻趣事，的确未曾见诸其他正宗史籍，但却是他精心搜集的被人们广泛传颂的具有历史真实性的人物趣事。从司马迁著《史记》所着意选取轶事的表现手法，以及《史记》流传后人们对此表现手法的反应来看，这些轶闻趣事不仅与刻画人物性格和心

---

[1] 轶闻在英语里为"anecdote"，该词按照一般英文辞典的解释为"关于真人真事的短小的，通常是有趣的故事"。

[2] （汉）许慎撰、（清）段玉裁注：《说文解字注》，上海：上海古籍出版社，1981年，第472页。

理、体现丰富而完整的人物形象有着重要的关系，而且对于反映真实的历史也有着不容忽视的作用，遂成为《史记》的一个重要的特点，从传记史学的产生和发展史而言，具有重要的示范意义和方法论的意义。

（一）轶事的搜集和选用是司马迁编纂《史记》的重要组成部分

其一，司马迁著《史记》将文字材料的收集置于首要位置，如他在《太史公自序》中就明确地提出了他的史料学原则："厥协《六经》异传，整齐百家杂语"①，而"成一家之言"。同时，他又特别注重实地考察，以探索遗闻，以鉴别事实之真伪，以校勘典籍所载之正误荒谬，行万里路，著万卷书，正如他所说的："仆窃不逊，近自托于无能之辞，网罗天下放失旧闻，略考其行事。"②"余尝西至空桐，北过涿鹿，东渐于海，南浮江淮矣"③。由此可见，司马迁所选择的轶事绝非道听途说的笑料，而是有助于了解传记主人公的极其鲜活的历史资料。如德罗伊森所言："研究历史的人，必须从大大小小的遗迹中找材料；他要把历史说明得越详细的话，就越得依赖支离破碎的遗迹。"④显然，从现代学术观点来看，行万里路，置身于真实的历史现场以搜集资料、体验历史的背景，并对搜集的旧闻加以甄别，确定真伪，然后著书立说的做法实际上都属于历史人类学的范畴。但早在两千多年前，司马迁对此就进行了大胆的实践，并积累了丰富的历史经验，取得了传记史学上的重大成就，实属难能可贵。

其二，由于不同的历史人物有其不同的特点及资料条件的限制，司马迁在《史记》中对不同人物采取了不同的记叙方法。一般来说，对于有著作遗世的人物，因其思想和信念已被广为人知，他采取了重点记叙其轶事，以叙述其为人的风格和特点的手法。比如，在《管晏列传》中，司马迁就对两位杰出的政治家一生丰富而复杂的政治活动采取了画龙点睛的记叙手法，对管子的描述重点叙述了鲍叔对他的知人善任。

> 吾始困时，尝与鲍叔贾，分财利多自与，鲍叔不以我为贪，知我贫也。吾尝与鲍叔谋事而更穷困，鲍叔不以我为愚，知时有利不利也。吾尝三仕三见逐于君，鲍叔不以我为不肖，知我不遭时也。吾尝三战三走，鲍

---

① 《史记》卷130《太史公自序》，第3319—3320页。
② （南朝·梁）萧统编，李善注：《文选》，第1276页。
③ 《史记》卷1《五帝本纪》，第46页。
④ [德]德罗伊森：《历史知识理论》，胡昌智译，第24页。

第四章 "轶事"与"宏大叙事"的对立与统一——传记史学的轶事观

叔不以我为怯，知我有老母也。公子纠败，召忽死之，吾幽囚受辱，鲍叔不以我为无耻，知我不羞小节而耻功名不显于天下也。生我者父母，知我者鲍子也。①

显然，鲍叔知己甚为可贵，而管子也知鲍叔则更为难得，由此，管鲍互为知音的美名传遍天下。

而对春秋时期享有盛誉的齐国杰出的政治家晏子品质和性格的描写，乃通过正确吸纳越石父的怨言和其御者之妻对其的观察和口述表现出来，显得更为真实、贴切：

> 越石父贤，在缧绁中。晏子出，遭之涂，解左骖赎之，载归。弗谢，入闺。久之，越石父请绝。晏子瞿然，摄衣冠谢曰："婴虽不仁，免子于厄，何子求绝之速也？"石父曰："不然。吾闻君子诎于不知己而信于知己者。方吾在缧绁中，彼不知我也。夫子既已感寤而赎我，是知己；知己而无礼，固不如在缧绁之中。"晏子于是延入为上客。②

用孔子的话来讲就是"知错而能改，善莫大焉"。用晋士季的话来讲："人谁无过，过而能改，善莫大焉。"③

再比如：

> 晏子为齐相，出，其御之妻从门间而窥其夫。其夫为相御，拥大盖，策驷马，意气扬扬，甚自得也。既而归，其妻请去。夫问其故。妻曰："晏子长不满六尺，身相齐国，名显诸侯。今者妾观其出，志念深矣，常有以自下者。今子长八尺，乃为人仆御，然子之意自以为足，妾是以求去也。"其后夫自抑损。晏子怪而问之，御以实对，晏子荐以为大夫。④

此乃以小见大，微中知全，令人印象深刻。其实太史公也正有同感，因此他在《管晏列传》曰："吾读管氏《牧民》《山高》《乘马》《轻重》《九府》及《晏子春秋》，详哉其言之也。既见其著书，欲观其行事，故次其传。至其书，世多有之，是以不论，论其轶事。"⑤李晚芳对此亦评论曰：司马迁"在《赞》

---

① 《史记》卷 62《管晏列传》，第 2131—2132 页。
② 《史记》卷 62《管晏列传》，第 2135 页。
③ 杨伯峻编著：《春秋左传注》，第 657 页。
④ 《史记》卷 62《管晏列传》，第 2135 页。
⑤ 《史记》卷 62《管晏列传》，第 2136 页。

中开手，即一笔提全，点滴不露，寥寥轶事，遂令二人全身，活见于尺幅间，虽不详其平生言行，而平生言行无不毕见，是变仍不失其正者也"①。可谓识者略同。

《管晏列传》是这样，《孙子吴起列传》也是如此。其中，孙子有名著《孙子兵法》，其军事思想已广为人知，《史记》则主要选择了孙子练女兵的轶事，以说明孙武的治兵方略和杰出的军事才能。

孙子武者，齐人也。以兵法见于吴王阖庐。阖庐曰："子之十三篇，吾尽观之矣，可以小试勒兵乎？"对曰："可。"阖庐曰："可试以妇人乎？"曰："可。"于是许之，出宫中美女，得百八十人。孙子分为二队，以王之宠姬二人各为队长，皆令持戟。令之曰："汝知而心与左右手背乎？"妇人曰："知之。"孙子曰："前，则视心；左，视左手；右，视右手；后，即视背。"妇人曰："诺。"约束既布，乃设鈇钺，即三令五申之。于是鼓之右，妇人大笑。孙子曰："约束不明，申令不熟，将之罪也。"复三令五申而鼓之左，妇人复大笑。孙子曰："约束不明，申令不熟，将之罪也；既已明而不如法者，吏士之罪也。"乃欲斩左右队长。吴王从台上观，见且斩爱姬，大骇。趣使使下令曰："寡人已知将军能用兵矣。寡人非此二姬，食不甘味，愿勿斩也。"孙子曰："臣既已受命为将，将在军，君命有所不受。"遂斩队长二人以徇。用其次为队长，于是复鼓之。妇人左右前后跪起皆中规矩绳墨，无敢出声。于是孙子使使报王曰："兵既整齐，王可试下观之，唯王所欲用之，虽赴水火犹可也。"吴王曰："将军罢休就舍，寡人不愿下观。"孙子曰："王徒好其言，不能用其实。"于是阖庐知孙子能用兵，卒以为将。西破强楚，入郢，北威齐晋，显名诸侯，孙子与有力焉。②

这一轶事不仅让人对孙子联想丰富，意味无穷，反复回味，而且内容丰富，所叙写的不仅是孙子的治军才能，同时也对吴王阖庐的真实心迹进行了准确的描写。比如，孙子欲斩其爱妃，阖庐"大骇"，急派人极力拦阻，虽未达目的，但阖庐并未因此怪罪于孙子，而是以国事为重，以人才难得为重，仍重用孙子，终使吴国富强。可见，不仅孙子的才能超乎常人，吴王阖庐的才干也超

---

① 转引自杨燕起、陈可青、赖长扬：《历代名家评〈史记〉》，北京：北京师范大学出版社，1986年，第554页。

② 《史记》卷65《孙子列传》，第2161—2162页。

乎常人。一桩轶事联通了当时的许多重大历史事件，不仅使人从表面了解了当时的蕞尔小国吴国能够称霸的历史事实，也从更深的层次认识了吴国当时能够成为强国霸主的原因。这一轶事的效用真可谓"管中窥豹，可见一斑"。

而对同样作为著名军事家吴起的"吮卒病疽"的叙述也尤为典型：

> 起之为将，与士卒最下者同衣食。卧不设席，行不骑乘，亲裹赢粮，与士卒分劳苦。卒有病疽者，起为吮之。卒母闻而哭之。人曰："子卒也，而将军自吮其疽，何哭为？"母曰："非然也。往年吴公吮其父，其父战不旋踵，遂死于敌。吴公今又吮其子，妾不知其死所矣。是以哭之。"①

如果仅读此一轶事的话，也许会对这一老母的所言产生将信将疑之感，而对吴起在其所为中所包含的目的也不甚明了，但如果读了吴起的另外一些轶事的话，就会有恍然大悟之感。

吴起性情功利偏狭，因被乡党嘲笑，怒而杀人，并"与其母诀，啮臂而盟曰：'起不为卿相，不复入卫。'遂事曾子。居顷之，其母死，起终不归。曾子薄之，而与起绝。"②

此等心目中只有功利、毫无亲情的人的确让人担心其真实的用心。而其"杀妻取信"更是成为其人格抹之不掉的污点。

> 吴起者，卫人也，好用兵。尝学于曾子，事鲁君。齐人攻鲁，鲁欲将吴起，吴起取齐女为妻，而鲁疑之。吴起于是欲就名，遂杀其妻，以明不与齐也。鲁卒以为将。将而攻齐，大破之。③

读到这里，人们自然会对吴起功利的本性和心机有一个更为深刻的认识，自然会深深感到这一位母亲的担忧并不是无的放矢之举。

显然，通过这几个轶事，司马迁将军事家吴起的一生串联起来了。从军事才能而言，吴起确实超乎常人，但因其品性剑走偏锋，故对其行为无法按常规理解，难怪吴起所走之地，人们皆对其人品起疑，其一些作为，貌似仁慈关爱，但却暗含着明显的个人动机，难以让人敬重。这样，一个功利心极强，城府颇深而又善于收买士兵人心以效死力的将军形象就清晰地呈现在人们的脑海中了。如《史记》所云："太史公曰：世俗所称师旅，皆道《孙子》十三篇，

---

① 《史记》卷65《吴起列传》，第2166页。
② 《史记》卷65《吴起列传》，第2165页。
③ 《史记》卷65《吴起列传》，第2165页。

《吴起兵法》世多有，故弗论，论其行事所施设者。"①而在《司马穰苴列传》《孟子荀卿列传》《留侯世家》《张丞相列传》中所采取的叙述方法也同上述大体相同。

其三，轶事不仅在《史记》中成为叙述有著作的历史人物的重要手法，而且也成为司马迁叙述历史事件和人物心理的一个重要方法。以《史记》的人物数量来看，其人数达以百计，但重要人物个性鲜明，活灵活现，使人过目不忘：屈原的耿介高洁，项羽的粗犷直率，刘邦的无赖狡诈，张良的权谋，李斯的自私自利，范蠡的以智进退，樊哙的勇猛，等等。这些个性鲜明的人物，往往是某一社会阶层和社会现象的代表，具有典型化的意义。比如，老子和孔子是大思想家的代表，叔孙通和叔孙弘是阿谀奉承的典型，张释之和汲黯是刚直官僚的典型，白起和韩信是善于谋事而不善安身的典型，聂政和荆轲是刺客的典型，石奋是恭谨奉上的典型，杜周和张汤是酷吏的典型。从《史记》所叙述的历史事件、过程来看，上迄轩辕下至汉武，上下历时三千年，历史的事件丰富多彩，五光十色，历史的过程曲折多变，跌宕起伏。如司马迁对鸿门宴的叙述就饶有戏剧性和情节性，堪称经典佳作：鸿门宴虽称双雄相会，但其中暗藏机关，杀机重重，刘邦生死，全系项羽瞬间之念。这时的刘邦处于危境，项庄舞剑，意在沛公，稍有不慎，便喋血鸿门，因而鸿门宴整个过程，险象环生，步步惊心，剧情的发展扣人心弦，一波九折；最终老谋深算的刘邦在张良和项庄等人的鼎力相助之下，险中脱身，安然而返。这一结果确出人意料之外，从而使人们对刘项二人间的政治才干产生了新评价，并直接影响了其后二人全面对决的最终结果。

值得指出的是，司马迁并未参加此次具有重大影响的会晤，但他对鸿门宴具体场景的描绘使人有如临其境之感，对各个与会人物神态和形态的描述惟妙惟肖，生动传情，使人叹为观止，从而使这一过去单纯的重大政治活动活灵活现地呈现在人们的面前。鸿门宴不但气氛紧张让人窒息，人物命运让人担忧，而且由于叙述真切自然，人物形象生动鲜活，情节生动，其描写使得原本弥漫血腥的场面中趣味横生，回味无穷，颇具美感。

历史上有太多的政治活动，但鸿门宴却独享殊荣，传颂千古。究其重要原因之一就是轶事、细节在其中所起到的引人关注的重要作用。其间刘邦借机从

---

① 《史记》卷65《吴起列传》，第2168页。

间道返回军中，而托张良向项羽赠送白璧等礼品，《史记》是这样描述的："亚父受玉斗，置之地，拔剑撞而破之，曰：'唉！竖子不足与谋。夺项王天下者，必沛公也，吾属今为之虏矣。'"①

范增的"竖子不足与谋"话语在此处有画龙点睛之奇效。而后来刘邦与项羽二人争夺天下的结果正如此言，毫厘不爽。

显然，司马迁对历史情景和过程的叙述可谓简洁明快，这是《史记》的突出特点之一，因此，名家对司马迁文笔叙述的功力大加赞赏。比如，唐代柳宗元认为《史记》文章写得朴素凝练、简洁利落，无枝蔓之疾；浑然天成、滴水不漏，增一字不容；遣词造句，煞费苦心，减一字不能。柳宗元的评价确为中肯之言，但在此要强调的是，如果从传记的轶事角度而言，司马迁在《史记》中对人的叙写之所以如此简洁，其中一个非常重要的原因，乃在于对人情世故和历史过程中重要或关键环节、细节的精准把控和叙写。语言的简洁和具体细节的准确选择相结合，使《史记》在具有突出历史感的同时，还产生了直击人心的艺术感染力。

(二)《史记》中轶事的主要作用之一在于揭示人的性格

《史记》中的人物，个性突出，形象丰满，使人有如见其人、如闻其声之感，其中轶闻功不可没、效果突出。

《史记》对于商鞅的人生发端历程是这样叙写的：

> （商鞅少时）好刑名之学，事魏相公叔座为中庶子。公叔座知其贤，未及进。会座病，魏惠王亲往问病，曰："公叔病有如不可讳，将奈社稷何？"公叔曰："座之中庶子公孙鞅，年虽少，有奇才，愿王举国而听之。"王嘿然。王且去，座屏人言曰："王即不听用鞅，必杀之，无令出境。"王许诺而去。公叔座召鞅谢曰："今者王问可以为相者，我言若，王色不许我。我方先君后臣，因谓王即弗用鞅，当杀之。王许我。汝可疾去矣，且见禽。"鞅曰："彼王不能用君之言任臣，又安能用君之言杀臣乎？"卒不去。②

令人感到吃惊的是，事情的后续发展，果然不出商鞅所料："惠王既去，而

---

① 《史记》卷7《项羽本纪》，第314—315页。
② 《史记》卷68《商君列传》，第2227页。

谓左右曰：'公叔病甚，悲乎，欲令寡人以国听公孙鞅也，岂不悖哉！'"①

这一轶事借公叔座之口不但把商鞅的才干揭示得淋漓尽致，而且也显示出商鞅具有超乎常人的智慧和胆略。由此也可以理解其后商鞅入秦游说秦孝公，对症下药，并主政秦国，于公元前 359 年所实行的切中时弊的改革内容和常人难具的坚定的改革决心与执行力度。"法之十年，秦民大悦"②，正是由于秦国实行了商鞅变法，秦国由一偏僻的弱国一跃而成为战国七雄之一，并奠定秦最终一统华夏的基础。秦国由弱到强，可以由商鞅早期的一件轶事得到充分的逻辑铺垫。

对于战国时期，以三寸不烂之口舌而纵横天下的张仪，司马迁则选用这一有趣之轶事描述他特有的性格：

张仪已学而游说诸侯。尝从楚相饮，已而楚相亡璧，门下意张仪，曰："仪贫无行，必此盗相君之璧。"共执张仪，掠笞数百，不服，释之。其妻曰："嘻！子毋读书游说，安得此辱乎？"张仪谓其妻曰："视吾舌尚在不？"其妻笑曰："舌在也。"仪曰："足矣。"③

张仪游说列国新败，回家后其妻嘲笑不已，但他不甘失败，反而愈挫愈勇，不达目的决不罢休。这一轶事极其生动、形象地展现了张仪不屈不挠、务求功名的坚强意志和坚定决心。这样一来，人们对其最后的功成名就这一结果，自然不会感到奇怪了。

对于战国时期著名的四公子之一信陵君，司马迁通过他与魏王博弈之事以说明其聪慧的特点，但其结局却耐人寻味：

公子与魏王博，而北境传举烽，言"赵寇至，且入界"。魏王释博，欲召大臣谋。公子止王曰："赵王田猎耳，非为寇也。"复博如故。王恐，心不在博。居顷，复从北方来传言曰："赵王田猎耳，非为寇也。"魏王大惊，曰："公子何以知之？"公子曰："臣之客有能深得赵王阴事者，赵王所为，客辄以报臣，臣以此知之。"是后魏王畏公子之贤能，不敢任公子以国政。④

---

① 《史记》卷 68《商君列传》，第 2227 页。
② 《史记》卷 68《商君列传》，第 2231 页。
③ 《史记》卷 70《张仪列传》，第 2279 页。
④ 《史记》卷 77《魏公子列传》，第 2377—2378 页。

这一轶事，将一个具有政治才干、聪明绝顶，时刻在关心国家大事，但却不善藏锋露拙以自保的人格特征显现出来了。最后信陵君因秦用反间计和奸臣谗言而见疑于魏王，被罢黜官职，信陵君由是对魏前途绝望，"日夜为乐饮者四岁，竟病酒而卒"[1]。

信陵君的这一结局，不免令人唏嘘，但再仔细一想，对于信陵君而言，或许是他的最好结局，除此之外，还能有什么好的结局呢？

对于秦国的重要人物吕不韦，司马迁只是用一件轶事就将吕不韦的巨商本性揭示出来，十分传神："子楚，秦诸庶孽孙，质于诸侯，车乘进用不饶，居处困，不得意。吕不韦贾邯郸，见而怜之，曰：'此奇货可居。'"[2]

这一轶事真真切切地道出了吕不韦内心世界的商人品性，并为以后吕不韦从一个商人过渡到一个有能力的政治家的形象作了心理上的准备。当然，吕不韦这种商人的投机心理，也为其被秦嬴政逼迫自杀这一人生结局作了很好的铺陈。

对于汉朝的开国功臣陈平，司马迁刻意用"裸佐刺船"的故事来刻画其机智过人的性格特点：

> 居无何，汉王攻下殷王。项王怒，将诛定殷者将吏。陈平惧诛，乃封其金与印，使使归项王，而平身间行杖剑亡。渡河，船人见其美丈夫独行，疑其亡将，要中当有金玉宝器，目之，欲杀平。平恐，乃解衣裸而佐刺船。船人知其无有，乃止。[3]

陈平在这一轶事中的机智表现显示了他具有常人所不具有的审时度势、善于自保的突出才能，这与他后来在危机四伏的政治斗争中表现的足智多谋、趋吉避祸，并得以善始善终的形象是一致的。

对于汉初忠臣周昌的轶事，虽具生活情趣，但其实暗藏深意：

> 昌为人强力，敢直言，自萧、曹等皆卑下之。昌尝燕时入奏事，高帝方拥戚姬，昌还走，高帝逐得，骑周昌项，问曰："我何如主也？"昌仰曰："陛下即桀纣之主也。"于是上笑之，然尤惮周昌。及帝欲废太子，而立戚姬子如意为太子，大臣固争之，莫能得；上以留侯策即止。而周昌廷争之强，上问其说，昌为人吃，又盛怒，曰："臣口不能言，然臣期期知其

---

[1] 《史记》卷77《魏公子列传》，第2384页。
[2] 《史记》卷85《吕不韦列传》，第2506页。
[3] 《史记》卷56《陈丞相世家》，第2053页。

不可。陛下虽欲废太子，臣期期不奉诏。"上欣然而笑。既罢，吕后侧耳于东箱听，见周昌，为跪谢曰："微君，太子几废。"①

这一轶事将周昌"其人坚忍质直"②的品性暴露无遗，而后来奉刘邦密命，力图保全赵王如意，其虽已尽心也尽力，无奈官卑位微，赵王还是被吕后召至长安，"饮药而死。周昌因谢病不朝见，三岁而死。"③无法完成刘邦遗命。概因愧对重托，心气难平，不忍偷生而已。故"三岁而死"，是其品性使然。

《史记》对叔孙通的叙述，只是用了一个小小的历史细节，但却颇有意蕴。"汉二年，汉王从五诸侯入彭城，叔孙通降汉王。汉王败而西，因竟从汉。叔孙通儒服，汉王憎之；乃变其服，服短衣，楚制，汉王喜。"④

廖廖数语，点出了公孙通善变的特征，但这只是表象，更重要的是，他识大体，通时变，他的服饰之变中还包含了其不变的思想观念。汉定天下后，他力主用儒家的观念为汉定礼制，但此举却引起一些儒生的不满，史记载：

鲁有两生不肯行，曰："公所事者且十主，皆面谀以得亲贵。今天下初定，死者未葬，伤者未起，又欲起礼乐。礼乐所由起，积德百年而后可兴也。吾不忍为公所为。公所为不合古，吾不行。公往矣，无污我！"叔孙通笑曰："若真鄙儒也，不知时变。"⑤

其实，叔孙通在此所讲的"鄙儒"之语，实际上是源自孔子的观念。孔子曾对子夏说："女为君子儒，无为小人儒"⑥，按照钱穆先生的解释：

"儒本以求仕，稍后，儒转向任教。盖有此一行业，则必有此一行业之传授人。于是儒转为师，师儒联称，遂为在乡里教道艺之人。故孔子为中国儒家之创始人，亦中国师道之创始人。惟来从学于孔子之门者，其前辈弟子，大率有志用世，后辈弟子，则转重为师传道。子游、子夏在孔门四科中，同列文学之科，当尤胜于为师传道之任。惟两人之天姿与其学问规模，亦有不同，观子张篇子游、子夏辨教弟子一章可知。或疑子夏规模狭隘，然其设教西河，而西河之人拟之于孔子。其从学之徒如田子方、段干

---

① 《史记》卷96《张丞相列传》，第2677页。
② 《史记》卷96《张丞相列传》，第2678页。
③ 《史记》卷96《张丞相列传》，第2679页。
④ 《史记》卷99《叔孙通列传》，第2721页。
⑤ 《史记》卷99《叔孙通列传》，第2722—2723页。
⑥ 杨伯峻：《论语译注》，第59页。

木、李克，进退有以自见。汉儒传经，皆溯源于子夏。亦可谓不辱师门矣。孔子之诫子夏，盖逆知其所长，而预防其所短。推孔子之所谓小人儒者，不出两义：一则溺情典籍，而心忘世道。一则专务章句训诂，而忽于义理。子夏之学，或谨密有余，而宏大不足，然终可免于小人儒之讥。而孔子之善为教育，亦即此可见。""儒家强调的入世经世，此乃君子儒，而只抱残守缺，拘于典籍，乃小人儒也。"①

看来，叔孙通自认为其为君子儒，以应世道之变，从《史记》的叙述来看，司马迁也倾向于这一观点。通过叔孙通服式的"变"这一轶事不仅反映出其性格的变通和处世之道，更重要的是从这一细节中折射出历史和时代的巨大变化和民心之所归也，这一点的确耐人探寻。

对于武帝时期炙手可热的重臣卫青的品格，司马迁也追本溯源，做了有趣而深刻的叙述：

> 青为侯家人，少时归其父，其父使牧羊。先母之子皆奴畜之，不以为兄弟数。青尝从入至甘泉居室，有一钳徒相青曰："贵人也，官至封侯。"青笑曰："人奴之生，得毋笞骂即足矣，安得封侯事乎！"②

一副只重自身努力、并不务求外达，顺天知命的形象呼之欲出，但其后卫青"以外戚贵幸，然颇用材能自进"，③终建奇功立伟业，从而成为贵极一时被汉武帝所倚重的大将军。尽管如此，卫青处事仍极为谨慎，奉旨行事，如履薄冰，战战兢兢，不敢越雷池一步。究其原因，《史记》在传的最后揭开了谜底：

> 苏建语余曰："吾尝责大将军至尊重，而天下之贤大夫毋称焉，愿将军观古名将所招选择贤者，勉之哉，大将军谢曰：'自魏其、武安之厚宾客，天子常切齿，彼亲附士大夫，招贤绌不肖者，人主之柄也。人臣奉法遵职而已，何与招士。'"④

显然，卫青成名后的谨小慎微与其困厄时的知天达命的心态是一脉相承的。所以，轶事在《史记》中的运用，对于描述人物的性格有重要意义，而且从对人物性格的分析中，司马迁还进一步探索传记人物的思想和心理活动，展

---

① 钱穆：《论语新解》，第157—158页。
② 《史记》卷111《卫将军骠骑列传》，第2922页。
③ 《史记》卷125《佞幸列传》，第3196页。
④ 《史记》卷111《卫将军骠骑列传》，第2946页。

现历史人物精神活动的全面性和丰富性,也显示出他们性格和心理的复杂多样性。比如西楚霸王项羽,一方面,他有义斩宋义的勇气,也有破釜沉舟的豪气,更有力拔山兮气盖世的霸气;另一方面,他有鸿门宴的妇人之仁,又有垓下之围的儿女情长,还有自刎乌江以头颅赠旧友的侠气。因而在其传记中,历史人物往往集多重性格于一身,多重矛盾于一体,钱钟书先生对此有深刻评论:

> "言语呕呕"与"喑恶叱咤","恭敬慈爱"与"僄悍猾贼","爱人礼士"与"妒贤嫉能","妇人之仁"与"屠坑残灭","分食推饮"与"玩印不予",皆若相反相违;而既具在羽一人之身,有似两手分书、一喉异曲,则又莫不同条共贯,科以心学性理,犁然有当。《史记》写人物性格,无复综如此者。①

当然,钱钟书先生的这一观点也是学者们的共识。

正是在多重性格和多重矛盾的斗争过程中,《史记》所呈现出来的不仅仅是生动而鲜活的历史人物,也表现了历史真实却又复杂多变的特点。

(三)轶事成为联结人与事的桥梁

《史记》中人物的轶事,并不只是为了描绘人物性格而刻意使用的雕虫小技,而是具有更为重要的历史意义,即它是联结人与事的一个重要的中间环节和桥梁。《史记》载:"高祖常繇咸阳,纵观,观秦皇帝,喟然太息曰:'嗟乎,大丈夫当如此也。'"②

区区几句话,就将刘邦当时虽处社会底层但却具有雄心壮志描绘出来了。其后,历史的逻辑性就发挥了作用:刘邦在秦末加入农民义军,手持三尺宝剑,斩蛇起义、合力推翻秦朝,鼎力楚汉大战,最终建立汉朝帝业。虽然,刘邦建立帝业的过程艰辛,时间漫长,但贯穿其中的主线就是这个轶事。

在《李斯列传》中,司马迁首先用"仓厕观鼠"这一轶事来描述李斯心灵的本质:

> 年少时,为郡小吏,见吏舍厕中鼠食不洁,近人犬,数惊恐之。斯入仓,观仓中鼠,食积粟,居大庑之下,不见人犬之忧。于是李斯乃叹曰:

---

① 钱钟书:《管锥编》第1册,北京:中华书局,1979年,第275页。
② 《史记》卷8《高祖本纪》,第344页。

"人之贤不肖譬如鼠矣,在所自处耳!"①

司马迁之所以将"仓厕观鼠"这一轶事置于《李斯列传》的篇旨,是因为这个细节轶事最能深刻揭示李斯真实的思想动机,能彻底暴露李斯精神面目的卑污。可以说,这一轶事奠定了李斯一生思想行为的基调:利欲熏心,唯利是图,无正直的政治操守,即使他后来做了宰相,也仅仅知道保全富贵利禄,不肯坚持人臣之本。因而这一轶事揭示了李斯性格发展历程中的本质属性和一贯性。而奸臣赵高正是利用他的这一弱点,即看重名利的人生观去诱使他改诏换主,造成胡亥上台赵高专权的政治局面。

当然,李斯也曾风光一时,但追逐名利的结果不但使其付出了道德的代价,也付出了生命的代价。李斯为求私利而与胡亥、赵高沆瀣一气的所作所为,不仅加速了秦朝的灭亡,而且他个人也对自己的所作所为也付出了惨重的代价:身败名裂,贻笑千古。《史记》载:

> 二世二年七月,具斯五刑,论腰斩咸阳市。斯出狱,与其中子俱执,顾谓其中子曰:"吾欲与若复牵黄犬俱出上蔡东门逐狡兔,岂可得乎!"遂父子相哭,而夷三族。②

人之将死,其言也善,最终结果与原先预期造成如此强烈反差,令人辛酸,更发人深省啊!白寿彝先生认为:"通观列传全篇,在一定意义上,老鼠的故事简直就是李斯一生的缩影。司马迁对这个细节的描写,在全文中是占有一定地位的。"③

李斯追求富贵,但殃及池鱼,遭到灭门之灾。正如明代钟惺所说"斯为古今第一热中富贵人","盖其起念结想,尽于仓鼠一叹"。真可谓入骨三分。

对秦末农民起义的最重要领袖陈胜的传记,司马迁则用"辍耕太息"的轶事作为起首,颇具匠心:

> 陈涉少时,尝与人佣耕,辍耕之垄上,怅恨久之,曰:"苟富贵,无相忘。"庸者笑而应曰:"若为庸耕,何富贵也?"陈涉太息曰:"嗟乎,燕雀安知鸿鹄之志哉!"④

---

① 《史记》卷87《李斯列传》,第2539页。
② 《史记》卷87《李斯列传》,第2562页。
③ 白寿彝:《司马迁寓论断于序事》,《中国史学史论集》,北京:中华书局,1999年,第94页。
④ 《史记》卷48《陈涉世家》,第1949页。

"苟富贵无相忘",表现了陈涉当初对于劳动伙伴尚有同甘苦的情义;"燕雀鸿鹄"之喻则既显现出他的远大志向,又显现出他的高傲自负,意义深远。后陈涉揭竿而起,领导大泽乡农民起义,干出了一番惊天动地的伟业,可是随着地位发生重大的变化,为维护个人的王者尊严,陈涉竟不念旧谊,不顾诺言,杀害"言陈王故情"的昔时伙伴。《史记》载:

> 陈胜王凡六月。已为王,王陈。其故人尝与庸耕者闻之,之陈,扣宫门曰:"吾欲见涉。"宫门令欲缚之。自辩数,乃置,不肯为通。陈王出,遮道而呼涉。陈王闻之,乃召见,载与俱归。入宫,见殿屋帷帐,客曰:"夥颐!涉之为王沈沈者!"楚人谓多为夥,故天下传之,夥涉为王,由陈涉始。客出入愈益发舒,言陈王故情。或说陈王曰:"客愚无知,颛妄言,轻威。"陈王斩之。诸陈王故人皆自引去,由是无亲陈王者。①

白寿彝先生深刻指出:"这个故事是位置在陈涉起义、由首揭义旗到最后失败的全部叙述之后,好像是可有可无。但这在司马迁的笔下,却是决不可少的。"②因为在这个故事之后,司马迁马上就指出:陈胜的这一残忍无德之举,导致"诸陈王故人皆自引去,由是无亲陈王者"③的历史后果。"他是用这个小故事形象地写出了陈涉在取得初步胜利不久,即陷于严重脱离群众的泥潭里,成为他失败的重要原因。"④所以,陈涉"辍耕太息"这一轶事的重要性在于揭示陈胜个人所具有的胸怀大志品性,这对于后来陈胜揭竿而起首举义旗,具有重要的心理铺垫作用,而且司马迁选用这一轶事的另外一个重要作用,是从另一侧面道出了陈涉失败的根本原因。因此,白寿彝先生赞司马迁:"用小故事说明大问题,这是司马迁擅长的本领。"⑤

而对于灭秦的主要历史人物项羽的历史命运,司马迁也用了两件轶事对其性格加以揭示。其一观秦始皇出巡:"秦始皇帝游会稽,渡浙江,梁与籍俱观。籍曰:'彼可取而代也!'梁掩其口,曰:'毋妄言,族矣!'"⑥

如此斩钉截铁的果敢话语,不仅将项羽立志复仇灭秦的决心暴露无遗,更重要的是,为其后起兵反抗暴秦、果敢斩杀迁延不战的主帅宋义,以及破釜沉

---

① 《史记》卷 48《陈涉世家》,第 1960 页。
② 白寿彝:《司马迁寓论断于序事》,《中国史学史论集》,第 94—95 页。
③ 《史记》卷 48《陈涉世家》,第 1960 页。
④ 白寿彝:《司马迁寓论断于序事》,《中国史学史论集》,第 95 页。
⑤ 白寿彝:《司马迁寓论断于序事》,《中国史学史论集》,第 95 页。
⑥ 《史记》卷 7《项羽本纪》,第 296 页。

舟而进行巨鹿大战的坚强意志和最终建立西楚霸业的人生经历埋下了伏笔。这与刘邦"嗟乎,大丈夫当如此也"的豪言壮语,虽有异曲同工处,然又有缓急之不同,气势之不同,为二人后来的性格发展做了铺垫,不可谓非逸事记载之功。

其二为项羽学艺的往事。

> 项籍少时,学书不成,去学剑,又不成。项梁怒之。籍曰:"书足以记名姓而已。剑一人敌,不足学,学万人敌。"于是项梁乃教籍兵法,籍大喜,略知其意,又不肯竟学。①

楚汉相争开端,项羽优势在手,胜券在握,但其结局却让人愕然不已。究其原因,这一轶事已显其梗概。不学无术,浅尝辄止,使项羽重武而少文,有勇而乏谋。但两雄相争,两军对垒,决非仅靠匹夫之勇,更重要的是智勇双全,而其中又以智为先,以智取胜。所以仰仗血气之勇的项羽与老奸巨猾的刘邦相搏,在多次局部的军事斗争中,屡屡获胜,几致刘邦于绝境,但在斗智斗谋的楚汉相争的全局过程中,却节节败退,最后垓下被围,愧见江东父老,遂自刎乌江。所以,司马迁评价项羽"欲以力征经营天下,五年卒亡其国"②,西楚霸业终付东流,千百年来一直让人喟叹不已。

在《淮阴侯列传》中,司马迁则选取了三件轶事,来揭示韩信人生历程的内在必然性:

> 始为布衣时,贫无行,不得推择为吏,又不能治生商贾,常从人寄食饮,人多厌之者。常数从其下乡南昌亭长寄食,数月,亭长妻患之,乃晨炊蓐食。食时信往,不为具食,信亦知其意,怒,竟绝去。③

怒绝南昌亭长,表现了他对世态炎凉的憎恨,以及对势利小人的摒弃。

> 信钓于城下,诸母漂,有一母见信饥,饭信,竟漂数十日,信喜,谓漂母曰:"吾必有以重报母。"母怒曰:"大丈夫不能自食,吾哀王孙而进食,岂望报乎!"④

韩信表示要答谢漂母施饭之恩,表现了他浓厚的以德报恩的忠义思想;然

---

① 《史记》卷7《项羽本纪》,第295—296页。
② 《史记》卷7《项羽本纪》,第339页。
③ 《史记》卷92《淮阴侯列传》,第2609页。
④ 《史记》卷92《淮阴侯列传》,第2609页。

能忍受恶少"胯下忍辱",又突出了他所具有的坚韧的忍耐性格。《史记》载:

> 淮阴屠中少年有侮信者,曰:"若虽长大,好带刀剑,中情怯耳。"众辱之曰:"信能死,刺我;不能死,出我胯下。"于是信孰视之,俯出胯下,蒲伏。一市人皆笑信,以为怯。①

"忍",是韩信面对"胯下之辱"的选择和态度,也是他成就将相之才的可贵品质。这则轶事生动、传神,勾勒出韩信虽然年少,却善于自控,能忍小辱而图大谋,可见其胸襟气度非同凡响。设想韩信一怒之下将这恶少杀死,将以命抵罪,终会死如蝼蚁却毫无音响。因此,太史公的细节描写并非闲笔,而是展露韩信心迹的妙笔。在韩信封王后,《史记》记载了他对有恩的人给予不同的报答,即使对当年的恶少,亦未以其人之道还治其人之身,反而以恩报怨,授以中尉官职。

> 信至国,召所从食漂母,赐千金。及下乡南昌亭长,赐百钱,曰:"公,小人也,为德不卒。"召辱己之少年令出胯下者以楚中尉。告诸将相曰:"此壮士也。方辱我时,我宁不能杀之邪?杀之无名,故忍而就于此。"②

这三件轶事所揭示的复杂品格,奠定了韩信一生的成与败,荣与辱。对势利小人的摒弃,使他不忍乘刘邦之危,落井下石;忠义思想,使他不愿背离刘邦另立山头,独树一帜;忍耐的品格又使他能够忍受恶少对他的侮辱,寻机待时,求取功名。但若仔细分析,传统文化的核心观念——忠义思想成为韩信思想意识的主流,因而在《史记·淮阴侯列传》中,司马迁浓墨重彩,描述了韩信一而再,再而三拒绝武涉、蒯通提出的自立门户以三分天下的游说,让人在浮想联翩之余,又对他的命运感到无可奈何。

> 盱眙人武涉往说齐王信曰:"……足下所以得须臾至今者,以项王尚存也。当今二王之事,权在足下。足下右投则汉王胜,左投则项王胜。项王今日亡,则次取足下。足下与项王有故,何不反汉与楚连和,参分天下王之?今释此时,而自必于汉以击楚,且为智者固若此乎!"韩信谢曰:"臣事项王,官不过郎中,位不过执戟,言不听,画不用,故倍楚而归汉。汉王授我上将军印,予我数万众,解衣衣我,推食食我,言听计用,故吾得

---

① 《史记》卷92《淮阴侯列传》,第2610页。
② 《史记》卷92《淮阴侯列传》,第2626页。

以至于此。夫人深亲信我，我倍之不祥，虽死不易。幸为信谢项王！"①

蒯通曰："……当今两主之命县于足下。足下为汉则汉胜，与楚则楚胜。臣愿披腹心，输肝胆，效愚计，恐足下不能用也。诚能听臣之计，莫若两利而俱存之，参分天下，鼎足而居，其势莫敢先动。夫以足下之贤圣，有甲兵之众，据强齐，从燕、赵，出空虚之地而制其后，因民之欲，西乡为百姓请命，则天下风走而响应矣，孰敢不听！割大弱强，以立诸侯，诸侯已立，天下服听而归德于齐。案齐之故，有胶、泗之地，怀诸侯以德，深拱揖让，则天下之君王相率而朝于齐矣。盖闻天与弗取，反受其咎；时至不行，反受其殃。愿足下孰虑之。"②

蒯生曰："足下自以为善汉王，欲建万世之业，臣窃以为误矣。……大夫种、范蠡存亡越，霸句践，立功成名而身死亡。野兽已尽而猎狗亨。夫以交友言之，则不如张耳之与成安君者也；以忠信言之，则不过大夫种、范蠡之于句践也。此二人者，足以观矣。愿足下深虑之。且臣闻勇略震主者身危，而功盖天下者不赏。臣请言大王功略：足下涉西河，虏魏王，禽夏说，引兵下井陉，诛成安君，徇赵，胁燕，定齐，南摧楚人之兵二十万，东杀龙且，西乡以报，此所谓功无二于天下，而略不世出者也。今足下戴震主之威，挟不赏之功，归楚，楚人不信；归汉，汉人震恐：足下欲持是安归乎？夫势在人臣之位而有震主之威，名高天下，窃为足下危之。"韩信谢曰："先生且休矣，吾将念之。"③

应该承认，武涉蒯通不愧为天下奇才辩士，从政治生态、战场形势、个人才干、历史经验教训四个方面极力说服韩信，以成三分天下之态势。其言辞犀利，逻辑严密，晓利明害，令人耳聪目明，茅塞顿开，但唯独没有涉及知恩图报的这一伦理道德，而这恰恰正是韩信最为看重的人生内容。所以，尽管二人竭尽所能，力图说服韩信，但却不得要领。韩信的理由翻来覆去，总是脱不了忠义伦礼思想：

汉王授我上将军印，予我数万众，解衣衣我，推食食我，言听计用，故吾得以至于此。夫人深亲信我，我倍之不祥，虽死不易。④

---

① 《史记》卷92《淮阴侯列传》，第2622页。
② 《史记》卷92《淮阴侯列传》，第2623—2624页。
③ 《史记》卷92《淮阴侯列传》，第2624—2625页。
④ 《史记》卷92《淮阴侯列传》，第2622页。

> 汉王遇我甚厚，载我以其车，衣我以其衣，食我以其食。吾闻之，乘人之车者载人之患，衣人之衣者怀人之忧，食人之食者死人之事，吾岂可以乡利倍义乎？①

在忠义思想的指导下，韩信"犹豫不忍倍汉，又自以为功多，汉终不夺我齐"②，最终坚定支持刘邦的兴汉大业，而成为汉朝基业的第一功臣。在如此尖锐的现实利益和道德价值的冲突中，韩信最终选择了情义忠信的价值观取向，这在天下剧变、人心不古的时代大背景下，实属难得。这明明是韩信为人的长处，却也是人们对其痛惜不已的地方，因为恰恰是这些优秀的道德品格，又正是致韩信于死地的症结之所在。

究其原因，正如刘家和先生对刘邦和项羽命运分析的那样："综观中国古史，战国秦汉之际正值历史巨变时期，先秦的旧贵族在这个时代大潮中先后纷纷落马，他们的旧贵族习气适应不了新时代；在刘邦的身上简直看不出任何旧贵族习气的影子，也许可以说他的流氓习气就是他能制胜的条件——别人做不出来的事他都能做得出来，他毫无顾虑。"③刘邦的这一优势正是项羽的劣势，同时也是韩信的劣势。

所以在《史记》中，经司马迁精心描述，韩信忠义的形象如此鲜明夺目、刻骨铭心，但其最终却以谋反被诛并进而被夷族的悲惨结局，千百年也一直使人怅然若失，其中所包含的深刻历史意蕴也一直引起人们的思索。

在《史记·酷吏列传》中，司马迁用"劾鼠掠治"的轶事，活脱脱地刻画出张汤酷烈毒辣的性格，为其以后治狱埋下了伏笔。

> 张汤者，杜人也。其父为长安丞，出，汤为儿守舍。还而鼠盗肉，其父怒，笞汤。汤掘窟得盗鼠及余肉，劾鼠掠治，传爰书，讯鞫论报，并取鼠与肉，具狱磔堂下。其父见之，视其文辞如老狱吏，大惊，遂使书狱。④

这个细节写出了张汤从小就有一种睚眦必报的个性，故其成年后深文周纳，处心积虑，"舞智以御人"而成为酷吏，导致"死而民不思"⑤，也是势所必然了。

---

① 《史记》卷92《淮阴侯列传》，第2624页。
② 《史记》卷92《淮阴侯列传》，第2625页。
③ 刘家和：《"岂非天哉"的三重解读》，《史苑学步：史学与理论探研》，第63页。
④ 《史记》卷122《酷吏列传》，第3137页。
⑤ 《史记》卷30《平准书》，第1434页。

第四章 "轶事"与"宏大叙事"的对立与统一——传记史学的轶事观

在《史记·吕太后本纪》中，司马迁用吕后在其子孝惠帝死后，只哭却不流泪（"哭不下泣"）的轶事来刻画吕后心态冷漠、性格英悍，权欲熏心、欲培植私党以擅权改朝的个性和政治野心：

> 孝惠帝崩。发丧，太后哭，泣不下。留侯子张辟强为侍中，年十五，谓丞相曰："太后独有孝惠，今崩，哭不悲，君知其解乎？"丞相曰："何解？"辟强曰："帝毋壮子，太后畏君等。君今请拜吕台、吕产、吕禄为将，将兵居南北军，及诸吕皆入宫，居中用事，如此则太后心安，君等幸得脱祸矣。"丞相乃如辟强计。太后说，其哭乃哀。①

吕后前后的两种表现让人印象深刻，这一轶事将吕后女政治家与母亲的双重性格的特征及其转换的过程和原因表达得生动、真实、自然。

而《史记·陈丞相世家》中，对陈平早期均分社肉的情节加以描述，也意味深长："里中社，平为宰，分肉食甚均。父老曰：'善，陈孺子之为宰！'平曰：'嗟乎，使平得宰天下，亦如是肉矣。'"②

陈平均分社肉这一轶事，惟妙惟肖地展现出陈平胸怀远大的抱负，以及他在怀才不遇时内心的无奈和感慨。

但这里有一个问题，因为陈平是以智者的特色出现在《史记》中的，并为世家，但史料中未曾介绍陈平的学源，而其他人，如李斯，司马迁曾写明他从学于荀况，因此，陈平早期生平中的一个细节耐人寻味：

> 及平长，可娶妻，富人莫肯与者，贫者平亦耻之。久之，户牖富人有张负，张负女孙五嫁而夫辄死，人莫敢娶。平欲得之。邑中有丧，平贫，侍丧，以先往后罢为助。张负既见之丧所，独视伟平，平亦以故后去。负随平至其家，家乃负郭穷巷，以弊席为门，然门外多有长者车辙。张负归，谓其子仲曰："吾欲以女孙予陈平。"张仲曰："平贫不事事，一县中尽笑其所为，独奈何予女乎？"负曰："人固有好美如陈平而长贫贱者乎？"卒与女。为平贫，乃假贷币以聘，予酒肉之资以内妇。负诫其孙曰："毋以贫故，事人不谨。事兄伯如事父，事嫂如母。"平既娶张氏女，赉用益饶，游道日广。③

---

① 《史记》卷9《吕太后本纪》，第399页。
② 《史记》卷56《陈丞相世家》，第2052页。
③ 《史记》卷56《陈丞相世家》，第2051—2052页。

此处的"然门外多有长者车辙"为其人生之关节点。当时的陈平虽然年轻，又不事生产，家境贫寒，但其交往者皆长者、高人也，可见其心智远在人之高端，其意也在高远之境，故户牖富人张负认定陈平所处的困境只是暂时的，其前途却不可限量。

因此，在《史记·陈丞相世家》中，陈平所做之事，皆以机智、机警、机诈为特色，一切皆为时变。具体表现可归纳为以下三点。

其一，寻机之时，良臣择君而侍。平曰："臣事魏王，魏王不能用臣说，故去事项王。项王不能信人，其所任爱，非诸项即妻之昆弟，虽有奇士不能用，平乃去楚。闻汉王之能用人，故归大王。"①

始弃魏王，又去项王，终事汉王，以展其智谋，助力刘邦，建立汉朝，又在刘邦之后，审时度势，以安国家社稷。此乃良禽择木而栖，良将择主而从，最终建立世家功业，自有其合理性。

其二，得时之时，尽其所能，出谋划策，安邦定国。比如离间项羽核心，稳定韩信集团，封韩信为齐王，出奇计，以解平城之围。

其三，背时蛰伏自保以待时。吕后当政时，则"为相非治事，日饮醇酒，戏妇女"②，"及吕太后崩，平与太尉勃合谋，卒诛诸吕，立孝文皇帝，陈平本谋也"③。

对此，太史公曰："陈丞相平少时，本好黄帝、老子之术。方其割肉俎上之时，其意固已远矣。倾侧扰攘楚魏之间，卒归高帝。常出奇计，救纷纠之难，振国家之患。"④此例进一步说明司马迁是有意识、自觉地运用轶事，以记叙并丰富传记主人公的生平事迹。诚如章学诚言："陈平佐汉，志在社肉。李斯亡秦，兆端厕鼠。推微知著，固相士之玄机；搜间传神，亦文家之妙用也。"⑤

《史记·绛侯周勃世家》对周亚夫治军情节的描述也直接与其性格和命运相关联：

（亚夫）军细柳：以备胡。上自劳军。至霸上及棘门军，直驰入……天子先驱至，不得入。先驱曰："天子且至！"军门都尉曰："将军令曰'军中闻将军令，不闻天子之诏'。"居无何，上至，又不得入。于是上乃使使持

---

① 《史记》卷56《陈丞相世家》，第2054页。
② 《史记》卷56《陈丞相世家》，第2060页。
③ 《史记》卷56《陈丞相世家》，第2061页。
④ 《史记》卷56《陈丞相世家》，第2062页。
⑤ （清）章学诚撰，叶瑛校注：《文史通义校注》，北京：中华书局，1985年，第507页。

节诏将军："吾欲入劳军。"亚夫乃传言开壁门。壁门士吏谓从属车骑曰："将军约，军中不得驱驰。"于是天子乃按辔徐行。至营，将军亚夫持兵揖曰："介胄之士不拜，请以军礼见。"天子为动，改容式车。使人称谢："皇帝敬劳将军。"成礼而去。既出军门，群臣皆惊。文帝曰："嗟乎，此真将军矣！曩者霸上、棘门军，若儿戏耳，其将固可袭而虏也。至于亚夫，可得而犯邪！"……孝文且崩时，诫太子曰："即有缓急，周亚夫真可任将兵。"①

此细节揭示了周亚夫确实是一个有才能的将军，其治军有方，是护国安邦之将才，因此为朝廷所重视，但其性格耿直不弯，故人们在为其军事才能赞叹的同时，也都在隐隐地为其以后的命运担忧。原因很简单，周亚夫虽有杰出才能，但在为政方面却不会变通，势必会被皇权视为潜在的威胁，前景存在着明显的不确定性。通过这一轶事，周亚夫的人生轨迹已经被揭示出来了。果然，汉景帝时，反叛汉中央皇权的"七国之乱"爆发，周亚夫率军平叛，为国靖乱，其军事才能得到了真实的展示，"凡相攻守三月，而吴楚破平。于是诸将乃以太尉计谋为是"②。三月即平定吴楚"七国之乱"，论首功自然为周亚夫，但在平定叛乱后，其命运却如白云苍狗之变，自己无端被控，沦为囚徒，然不甘受辱，最终绝食而死。名将周亚夫的命运看似前后沧桑巨变，落差极大，往往让人难以理解，但其实又是在专制皇权统治下，其个人耿直性格自然延伸的结果。

司马迁对周亚夫的命运是这样评价的：

> 亚夫之用兵，持威重，执坚刃，穰苴曷有加焉！足己而不学，守节不逊，终以穷困。悲夫！③

在经历了宫刑之辱后，司马迁对周亚夫的境遇自然感同身受，因而，其评价一语中的。显然，透过这一轶事，在看似威武雄壮景象的背后，却孕育着悲剧性的历史结局。这个轶事，通过文学的形式展示了其中的必然性。看后，让人通过个人性格、能力的表象，进而自然上升到社会历史变化的更为深层次的内容，在为周亚夫性格使然的命运喟叹不已的同时，大大增加了人们对汉朝社会历史的感受和认识。

不言而喻，司马迁时代，严格的资料考据学并没有出现，但司马迁以其世

---

① 《史记》卷 57《绛侯周勃世家》，第 2074—2075 页。
② 《史记》卷 57《绛侯周勃世家》，第 2076 页。
③ 《史记》卷 57《绛侯周勃世家》，第 2080 页。

家史官的传统和史学卓识,对所选取的轶事经过缜密的历史考察和严格的逻辑判断,《史记》曰:"夫学者载籍极博,犹考信于六艺。"①使其所记之人事既致力于符合历史发展的真实性,也致力于符合人物性格发展的逻辑性,入情入理,情理交融,因而被人们普遍接受。即使班固对司马迁有三大非难,可是他也不能不承认《史记》"其文直,其事核,不虚美,不隐恶,故谓之实录"②这一事实。

第二节 《名人传》所表现的轶事观

从历史叙述的角度来分析《名人传》的话,其最突出的特点表现在,普鲁塔克是自觉地、有意识地将轶事的叙述,作为其希腊罗马名人传记的核心内容,其旨趣在于体现历史人物内心复杂的思想世界,以彰显历史人物的道德世界,最终达到展示人物本质的传记目标。因此,轶事的内容成为《名人传》的核心。

为了达到揭示历史名人精神世界的这一传记目标,普鲁塔克极为重视对历史名人轶事的搜集,极为重视挖掘名人轶事的效用,恰到好处地运用名人轶事来描绘《名人传》中人物的心灵和形象,众多历史人物的形象栩栩如生,其精神世界内容多彩,从而大大深化和发展了希腊罗马传记史学的内涵。

(一)《名人传》也致力于人的内心世界的发掘

如在前文中所述,普鲁塔克出于对传记的理解,刻意将传记同以叙事为务的西方史学对立起来,而以揭示人物的心灵为宗旨。为了达到这一目的,对人物轶事的搜集和叙述就成为他写作人物传记的重要,或者说是主要的途径。在《亚历山大传》的前言中,普鲁塔克写道:因为他所撰写的是国王亚历山大和凯撒的传记,所以他没有讲述这些人物的所有著名业绩,只在大部分情况下采取略写的方式,因为他所写的不是记述重大历史事件的历史著作,而只是历史人物的传记;传记和历史著作的主要任务不同之处在于,他是展示人物的性格和心灵,而要将人物的心灵和性格的美德与邪恶叙述准确的话,所需要的,并非叙述历史人物所经历的辉煌的大事,而是一些生活中的琐事,如一句赞美、一

---

① 《史记》卷 61《伯夷列传》,第 2121 页。
② 《汉书》卷 62《司马迁传》,2738 页。

个玩笑常常能比那些攻城略地的血腥战争更好地展示人物的性格。

> 这正好像一位画家在画人时，特别要能捕捉住那些最表现人性格的面部表情和眼神，而对于身体的其他部分则无须刻意追求。我必须致力于研究揭示内心灵魂的迹象，借此来描述每个人的生活方式，而将描述他们伟大业绩的任务留给他人。①

在叙述历史人物时，普鲁塔克对那些能揭示历史人物性格和命运的轶事给予了充分的重视。他在《尼西亚传》中说：

> 我必须谦恭备至地恳求读者，一时一刻也不要以为我也像提迈奥斯那样，无论是在悲悯动人，还是丰富多彩方面，都妄图使我的叙述超过修昔底德那无法模拟，无法超过的精彩描绘。
>
> 不管怎样，对于修昔底德和菲利斯托斯业已叙述过的事迹，我当然不能完全忽略不提，因为这些事迹显示了我的主人公深深埋藏在许多重大的苦难经历之下的气质和性格；但为了避免粗心怠惰的名声，我只想一笔带过，省去不必要的细节。可是对于大多数作家没有注意到的，或是漫不经心地提到的，以及在古代祭祀铭文或公共文告中所发现的枝节琐事，我都尽量予以搜集，采用那些有助于了解人物性格和气质的资料，而不是单纯地堆砌一些没有研究价值的素材。②

在《德谟斯梯尼传》中，普鲁塔克还说：

> 如果一个人想要写一部历史的话，他必须依据自己的观察和博览群书来搜集大量的资料，但这样众多的历史资料并非在各处随意得到……这样的话，作者最好能住在一个著名、文风昌盛的大都市里面，在那里，他能够通过自己的努力以获得大量的各种书籍，而且可以查寻到其他作家未曾写过，但深藏在人们记忆之中的真实细节。③

同样，在《亚西比德传记》中，普鲁塔克明确说出他是用轶事来说明传记主角的性格和精神世界：

> 亚西比德的秉性矛盾，行为变化多端，当然很自然的是，这些正好与

---

① Plutarch, *Life of Alexander*, 1919, pp.1-3.
② [古罗马] 普鲁塔克：《希腊罗马名人传》上册，陆永庭等译，第537—538页。
③ Plutarch, *Plutarch's Lives*, Trans. Perrin B., p.5.

他的个人命运的起伏正相吻合。在他的性格中，既有激情壮烈的一方面，也有勃勃的野心与超乎常人的自负另一方面，因此，他在人群中，常常有一种鹤立鸡群的样子，十分突出。对于这些特点，其实早在他儿时的几件轶事中就已表现得清楚、有趣了。①

历史上的亚西比德是一个让人非议的政治家，其有突出的政治和军事能力，但他却又是一个毫无原则的政治投机家，普鲁塔克将亚西比德的政治两面性，通过上述轶事来加以说明。

此后，普鲁塔克用轶事进一步说明亚西比德后来在斯巴达的变化的轶事，让人感到吃惊。

亚西比德是一个政治变色龙，他虽然热衷于政治领袖的角色，但最缺乏的却是政治原则性，为了达到自己的政治目的，他可以不择手段。由此，雅典对亚西比德颇有微词。《名人传》记载了亚西比德流亡到斯巴达后，其生活习惯变化之快和所获得的政治成效之好，令人吃惊。

> 亚西比德是非常轻松地适应斯巴达人的生活习惯和生活方式。并赢得了斯巴达的赞扬，他身着斯巴达的服装，吃粗糙的饭食，喝味道很怪的黑肉汤，把头发也剪短了，洗浴也全用冷水，很快就得到了斯巴达人的认同。
>
> 在斯巴达的时候，他特别注意锻炼身体，过着节俭而保守的生活方式，但到了爱奥尼亚，他却酗酒无度，奢华不堪。②

显然，普鲁塔克在选择名人轶事时具有明确的标准和目的。在他看来，轶闻和琐事是表现人物性格和气质的最好材料。正因为如此，在《名人传》中，普鲁塔克搜集了大量的轶闻琐事。这些轶事生动传神，为传主增光添色，既趣味盎然，又余味无穷，如果将他和其他传记史学家，比如塔西陀《阿古利可拉传》和苏维托尼乌斯《罗马十二帝王传》相比较的话，他在这一方面的表现明显突出。如果再和叙事史学家修昔底德和波里比阿相比较的话，《名人传》在这方面的优势则更为明显，当然，在历史叙事方面，若与修昔底德和波里比阿相比较的话，那肯定是相形见绌了。

再如，在名人传中，普鲁塔克叙写了小加图（Cato the Younger）的人生传记，在其中，他选用了小加图的许多故事，来表现小加图从小就有的倔强和坚

---

① Plutarch, *Plutarch's Lives*, Trans. Perrin B., p.5-7.
② Plutarch, *Plutarch's Lives*, Trans. Perrin B., pp.63-65.

定的性格。苏拉是他们家庭的朋友，他的家庭教师经常带着他们弟兄两人去苏拉府宅等候召见，他们在那里看到了很多人在那里惨受酷刑，还有许多被处死的头颅被送了进来，十分让人恐怖，于是他就问他的家庭教师：

"为什么没有人杀死这位独夫？"家庭教师说："他们恨他但更怕他。"让人没有想到的是，小加图答道："那么，为什么不给我一把剑，好让我刺死他，将城邦从他的奴役中解救出来。"①

家庭教师听到他所说的话，又看见他所表现出来的坚毅和愤慨的面部表情，就对他的照顾和看管更为严格了，很担心他因一时的冲动而惹来杀身之祸。

这样一来，一个性格坚毅，宁折不弯，同时又具有政治理想的人物形象就出现在人们的面前，从性格上类似对罗马的历史产生了重要影响的政治家——老加图（Marcus Porcius Cato）的人物将出现在政治舞台上，其后的人生轨迹都是以此为中心而发展的产物。比如，意大利同盟派出的获取公民权代表团的成员，其中一位是他舅舅的好朋友，小加图与他舅舅的关系非常亲密，是他舅舅抚养他长大成人的。所以，这位代表原以为凭借他和小加图舅舅的私人情谊，可以在与加图的会面中，获得一些政治利益。但出人之意料的是，加图尽管明知这位代表与他舅舅有着良好的关系，但对于这位代表所提出的要求却不予理睬。在加图的政治生涯中，他心目中没有任何超出国家利益的私人情感，只有罗马的国家利益和政治原则。因此，不管这个代表在会谈中如何软硬兼施，加图就是不吭声，不为所动，他眼含冷光，让人心悸。由于讨论的整个过程没有顾及他舅舅的情感，这让这位他舅舅的朋友感到吃惊不已。②

《小加图传》中，普鲁塔克还选取了加图在其生命最后时刻的轶事来说明小加图精神世界的本质性，并由这种性格所导致的悲壮的命运归宿。

小加图是罗马共和国政治体制的忠诚捍卫者。但在公元前一世纪，罗马共和国处于风雨飘摇的历史时期，罗马前三头同盟之一的凯撒，于公元前49年，为了达到自己建立独裁统治的目的，完全违反了罗马共和国的传统，决然率罗马军团越过卢必孔河，向罗马城进军，此举标志着凯撒公开向罗马共和国宣战。在这一罗马历史发生重大转变的历史时刻，作为罗马共和国坚定的支持者，小加图是极力反对凯撒独裁的主要人物之一，他甚至率领军队反抗凯撒的

---

① Plutarch, *Plutarch's Lives*, Trans. Perrin B., pp.243-245.
② Plutarch, *Plutarch's Lives*, Trans. Perrin B., pp.239-241.

统治。但由于双方势力相差悬殊，在败局已定的情况下，凯撒派使者卢奇乌斯·凯撒来面见小加图，要求加图投降，并表示他不会施加任何侮辱，反而会给予礼遇。

关于使者卢奇乌斯·凯撒和小加图之间对话的这一场景，普鲁塔克是这样记述的：

> "如果你能亲吻凯撒的手，并且向他屈膝求饶的话，那不仅是给我一个面子，就是对你自己也有莫大的好处。"小加图不答应，认为自己无法做出有辱身份的事。他这样回答说："如果我想从凯撒那里得好处的话，我当然应该亲自前去见他，但是我不可能对一位主宰者的暴虐心存感激，他并没有拥有合法统治者的头衔。通过篡夺的方式所获得的权力，即使可以饶恕别人的性命，仍旧无法成为合法的主人。"①

由此信念出发，他决定自杀，用自己的生命维护共和国的传统和个人的人格尊严，决不向独裁者投降。但他的意图却被其部下和家人发现，因而遇到极大的阻力，难以实现。在此背景下，小加图对他的两个最可靠的亲信是这样讲的：

> 难道你们想迫使一个像我这样年龄的人苟且偷生，非要坐在那里一动不动地对我加以严密监视？当我发现我的安全除了求之于敌人，已经没有任何办法的时候，难道你们还想提出一些理由来证明，这样做对小加图而言，并不是屈辱的事而且是必要的，如果这样的话，请举出例子来证明你们的论点，那么我就会质疑，为什么我们为活命，就必须否定所有的信念，这样的话，过去所学的原则岂不是变得一无是处。看来，我们还得承蒙凯撒的帮忙变得更有智慧，但这种智慧仅仅是为了成全他，我们还得苟全性命于乱世。我的决定并不是完全为了关心自己，目前我认为最好的解决办法是能自行作主去贯彻个人的遗愿。②

他的这番话语，表达了他维护自己信念和理想的坚定。他已经清楚地认识到，他所忠诚的共和制度将不复存在，而他的历史使命也将结束。正如他所告诫他儿子的那样："坚持共和国的原则已经不具有可能性了，通过改变自己的信念所得到将会是被人侮辱。"③

---

① Plutarch, *Plutarch's Lives*, Trans. Perrin B., p.397.
② Plutarch, *Plutarch's Lives*, Trans. Perrin B., p.403.
③ Plutarch, *Plutarch's Lives*, Trans. Perrin B., p.397.

最后，他冲破朋友和家人的各种劝慰和防范，自杀身亡，实现了以生命来为罗马共和国传统殉葬的目的。普鲁塔克关于小加图的这些轶事说明了，由于小加图个性坚定不屈，其政治原则自然决不妥协，故其人生命运也是决然而终。

（二）轶事成为揭示人物性格、心理的重要工具

同司马迁一样，在《名人传》中，普鲁塔克特别致力于传记人物性格的刻画，而轶事便成为他刻画人物性格的最有力的工具，并在刻画人物心灵的过程中，显示出了非同寻常的艺术表现力，让人赞叹不绝。例如，普鲁塔克在《泰米斯托克利传》中对其童年的描述，令人印象极为深刻：

> 他虽出身卑贱，但人们都一致认为他还在年轻时就性情刚烈，天资聪慧，有志于做一番事业，在公众生活中一显身手。每当课业之余暇，他既不像其他儿童那样嬉耍，也不满足于无所事事的安逸，人们发现他总是别出心裁，自顾自地表演模拟性演讲，其内容不是指控某个儿童或别的什么人的话，那就是为他们辩护。每当见到这种情景，他的老师总是对他说："我的孩子啊，你不管是好是坏，绝不会微不足道，只会出人头地！"①

启蒙导师的预言："不管是好是坏，绝不会微不足道，只会出人头地！"便正式宣告了雅典英豪泰米斯托克利以后非同凡响、悲喜交加、大起又大落的非凡人生历程。其后的泰米斯托克利在第二次希波战争中成为雅典海军统帅，他力主在萨拉米海湾与波斯海军主力决战，并全歼波斯海军舰队。萨拉米海战成为希波战争希腊一方转败为胜的转折点。但据说又由于功勋卓越，能力出众，雅典人又担心其居功自傲的话，就有可能危害到雅典的民主政治，由是，泰米斯托克利后来被陶片放逐法流放出国。

而对于亚历山大帝国的创立者亚历山大，普鲁塔克则用了大量的篇幅来叙述其与众不同的少年时代：

> 在亚历山大还是孩提的时候，有一次波斯国王的使臣来访，正好他的父亲腓力浦不在，他便代表他的父亲接待他们，同他们侃侃而谈，他的彬彬有礼的态度，使他们对他深具好感，而他询问的一些问题，既不幼稚，也不琐碎，如他所问的问题是：通往亚洲内地的道路和长度如何，他们的国王的性格、在对敌作战时做出怎样的表现，以及有多少兵力可以调往战

---

① Plutarch, *Plutarch's Lives*, Trans. Perrin B., p.5.

场。他们对他大力赞赏，认为尽管腓力浦以其精明而出名，但如果同他的儿子——亚历山大在这样幼小的年纪就已经表现出来的上进精神和非凡抱负相比较的话，实在是不值一提了。①

在普鲁塔克的叙述中，亚历山大不仅有非凡的能力，而且还具有超乎常人的野心。而这一点在以下的两个小故事中表现得淋漓尽致。

每当亚历山大听说他的父亲腓力浦占领了一个重要城市，或者赢得了一场重大胜利的时候，他不但完全不因此感到高兴，反而总是对他的友伴们说，"伙伴们，我的父亲如果把样样事情都预先做好了，将来我和你们便没有机会来显示我们的才干，来完成伟大而辉煌的事业了"。②

《世界史纲》的作者威尔斯评论道："以子妒父至于此极，决非人情，其必别有所受。其言若回响焉。"③在腓力二世与其新欢克利奥佩特拉的婚礼中，蓦现一悲剧，让人惊讶不已。普鲁塔克曾记叙道：

在结婚的喜宴上，新娘的叔叔阿塔拉斯喝多了酒，要求马其顿人祈求天神，由他的侄女为他们的国王生育一个合法的王位继承者。这番话着实激怒了亚历山大，他将一只酒杯掷到阿塔拉斯头上，说道："你这个混蛋，难道我是一个私生子？"腓力二世袒护阿塔拉斯，拔剑而起，想要走过去教训亚历山大，应该说对于他们父子二人还是很幸运的，可能是因为气昏了头，或者是因为酒喝得太多，腓力二世竟跌倒在地。这时亚历山大竟然用嘲讽的语气说道："你们看吧，这个声称准备从欧洲深入亚洲的人，竟然连一席之地都不能越过。"④

威尔斯说："至今读此，犹觉当时狼藉之筵，惊惶之面，童子叱咤之声，宛然在目也。"⑤

普鲁塔克借波斯使者之口来表明亚历山大的天才，又用亚历山大本人的话语来表达他自己的愿望，通过这样的描写，将一个好大喜功、野心勃勃的人物形象树立在读者面前，这些轶事为其以后建立宏大的帝国事业埋下了伏笔。但

---

① Plutarch, *Plutarch's Lives*, Trans. Perrin B., p.235.
② Plutarch, *Plutarch's Lives*, Trans. Perrin B., p.235.
③ ［英］威尔斯：《世界史纲》上卷，梁思成等译，上海：上海人民出版社，2006年，第224页。
④ Plutarch, *Plutarch's Lives*, Trans. Perrin B., p.247.
⑤ ［英］威尔斯：《世界史纲》上卷，梁思成等译，第224页。

第四章 "轶事"与"宏大叙事"的对立与统一——传记史学的轶事观   215

普鲁塔克还不满足,进一步用亚历山大驯服野马的故事来加深这一性格,而在其中,腓力浦在亚历山大驯化野马后的话语,则是普鲁塔克所要表达的中心思想:

> 腓力浦和他的朋友们在开始时只是怀着焦虑的心情默默地观望着,直至看到他在路途的尽头调转马头,得意洋洋地奔驰回来的时候,大家发出一阵喝彩之声,这时他的父亲流下了欣喜的眼泪,等他下了马后,吻着他的面颊,非常高兴地说,"我的儿子,去寻找一个和你自己相称的王国吧,马其顿的空间对于你来说是太小了"。①

就这样,在《亚历山大传》中,普鲁塔克通过亚历山大对其父腓力二世战绩的忧虑、讥笑甚至直面硬顶腓力的言行,以及宽宏大量地对待把他部下推到井下的底比斯妇人这几件轶事,将一个好大喜功、野心勃勃,却又豁达大度,具有多重性格的亚历山大的形象,活灵活现地刻画出来了。

而在《马可·伽图传》中,普鲁塔克通过记述马尼乌斯·库里乌斯(Manius Curius Dentatus)的一件轶事来刻画与库里乌斯相类似的马可·伽图(Marcus Cato)的个性,用心良苦,颇具艺术感染力。普鲁塔克在传记中是这样叙说的:靠近马可·伽图田地的村舍,曾经一度是属于马尼乌斯·库里乌斯的,库里乌斯曾因累累战功举行过三次凯旋式,因而他成为罗马家喻户晓的英雄。但库里乌斯的高贵品质还表现在,他并不居功自傲,而是保持着极其朴素自然的生活方式,由此而获得了罗马人的更大尊敬,这对马可·伽图的思想品格产生了重要而深远的影响。

> 库里乌斯虽已成为罗马人中的伟人,征服过最好战的国家并将皮洛士逐出意大利,在赢得三次凯旋以后却亲身耕种这小片土地。就在这里萨谟奈人的使节们有一次到他家拜访他,他坐在炉火前烧萝卜,萨谟奈人给他献了很多黄金,但他并不接受这些黄金,他说一个甘于这种饭食的人是不需要黄金的。在他看来,比占有黄金更可贵的事情是征服持有黄金的人。伽图总是心中充溢着这种敬仰之情离开那里,再看到自己的宅邸、田地、奴仆以及生活方式,也就更加勤奋地从事劳动,并努力减少生活的靡费。②

通过这一轶事,烘云托月,一箭双雕,不但为读者清晰地揭示了一个处于

---

① Plutarch, *Plutarch's Lives*, Trans. Perrin B., p.239.
② Plutarch, *Plutarch's Lives*, Trans. Perrin B., pp.307-309.

罗马奴隶制国家上升时期勤俭而又冷峻的罗马奴隶主贵族马尼乌斯·库里乌斯本人的人物形象,更重要的是,普鲁塔克又以此情节成功地塑造了与马尼乌斯·库里乌斯相类似的马可·伽图的人物个性。同时,在《名人传》中,普鲁塔克又用伽图极力鼓噪毁灭迦太基这一情节,深刻揭示了伽图所代表的罗马统治者野心勃勃的残暴性和征服性,这又同马尼乌斯·库里乌斯性格的另一方面——"征服持有黄金的人"相吻合。

> 据说伽图在元老院开会时,故意把一枚利比亚的无花果从他长袍上的褶皱里抖落到地上。议员们看到后,都称赞这果子长得又长又好看,他就趁机说:"长这种果子的地方距罗马只需三天的航程。"有一件事他表现得更为狂妄,就是不论表决什么议题时他总要加上一句:"在我看来,必须毁灭迦太基。"他希望保持对迦太基的恐惧,犹如使用绳索一般去约束群众的鲁莽行动,使他们认识到迦太基虽然还没有强大到足以征服罗马,但也绝非软弱如此而可等闲视之。①

在《凯撒传》中,普鲁塔克一开始就先声夺人,介绍了凯撒非同寻常的令人恐怖的青年时代——苏拉独裁时代:

> 因为苏拉要处死的政敌太多,而且事务异常繁忙,所以无暇理会凯撒。可是凯撒却不甘寂寞,竟然以祭司候选人的身份出现于罗马人民之前,虽然他当时还只是一个小孩子,苏拉没有公开表示反对,但在暗中却采取措施,使凯撒未能如愿。当苏拉和亲信人员商议是否应该把凯撒处死的时候,有人认为图谋处死这样一个小孩子,未免小题大做,但苏拉却这样回答说,未能在这个小孩子身上看出许多马略影像的人,实在没有判断力。②

马略曾是苏拉的长官,是凯撒的姑父。马略在公元前2世纪末推行了著名的军事改革,史称"马略改革",使军事将领在罗马的政坛上开始发挥重大乃至决定性的作用,军人专权,军事独裁开始成为常态,从而开辟了一条从罗马共和国走向罗马帝国的道路。马略在生前也曾权倾罗马政坛,其后因与苏拉争权失利,罗马的历史就进入苏拉独裁时期,作为马略的政敌,苏拉自然关注凯撒的

---

① Plutarch, *Plutarch's Lives*, Trans. Perrin B., p.383.
② Plutarch, *Plutarch's Lives*, Trans. Perrin B., p.443.

作为。显然，苏拉对凯撒的这一预言为凯撒的一生奠定了基调，而后凯撒轰轰烈烈的一生所做的全都只是在实践苏拉的预言罢了。

同样，在《凯撒传》中，普鲁塔克还记叙了凯撒的另外两件有趣的轶事，大大增加凯撒心灵和性格的丰富性，也更能说明凯撒的个性和前景。一件是这样说的：

> 在行军途中，凯撒横跨阿尔卑斯山，经过一个小村庄，庄上居民很少，而且还没有开化，非常贫穷，他的同伴们就互相打趣地讨论这样一个问题："这里有没有为当官而开展的竞选活动？有没有争着向上爬的勾心斗角？有没有伟人们之间为这些事而争斗得势不两立？"对于这一问题，凯撒很认真地回答说："就我个人而言，我是宁愿在这些人中间当第一号大人物，也不愿在罗马当第二号人物。"①

显然，对凯撒而言，他宁愿在一个小地方去充当一个主宰人们命运的人，也不愿意在一个大地方成为一个被他人主宰的人。因而，利用军队实行军事独裁成为其毕生追求。

另一件轶事是：

> 据说，当凯撒在西班牙时，有一次他空闲时看了一本有关亚历山大的书籍，人们发现他先是发呆了好长时间，之后突然大哭起来，他的朋友们都感到不可思议，便追问他失声痛哭的原因是什么？凯撒说道："你们难道没想过，当亚历山大在我这个年纪时，早已经成为统治着众多地区和居民的国王了，而我现在却没有取得像他那样辉煌的成就，这件事难道不值得悲哀吗？"②

很显然，这一故事揭示了凯撒权欲熏心，宁当鸡头也不当牛尾，醉心于统治和征服的个性，而以后，他毅然率军跨越卢比孔河，进行其人生最大的政治赌博就在情理之中了，再后他用刀剑获得罗马独裁者地位，则是这一性格发展的逻辑结果。

在《格拉古兄弟传》中，普鲁塔克对盖约·格拉古（Caius Grachus）演讲时姿态的描述，生动细致，给人有如见其人、如闻其声之感。

---

① Plutarch，*Plutarch's Lives*，Trans. Perrin B.，p.469.
② Plutarch，*Plutarch's Lives*，Trans. Perrin B.，p.469.

> 盖约性格粗鲁暴躁，因此他演讲时常常因为愤怒而失去理智，高声辱骂，话语离题。为了避免这种情况，他雇佣了一个聪明的仆人李锡尼。当他演讲时，这仆人总是带着一个调音的乐器站在他身后，当听到盖约的声调因愤怒而变得尖锐嘶哑时，他便用调音器发出一个柔和的低音。而且盖约在向群众演讲时，是第一个在讲坛上走来走去并脱掉长袍来演讲的罗马人。①

这样，一个性情急躁、嫉恶如仇的罗马政治家的形象便呼之欲出了，与此同时，读者们心目中也会对盖约之后的政治生涯和人生命运产生不安。情势的发展也确如人们所担心的，盖约兄弟俩为挽救罗马共和国，极力推行土地改革，改革内容切中罗马时弊，也确实赢得了罗马无地农民的人心，符合罗马国家的根本利益，但因其举措伤害了罗马权贵们个人的利益，他们最终被罗马元老院的元老们率众杀害。

在《亚西比德传》中，普鲁塔克则是通过叙述亚西比德的三则故事，以刻画其后来作为政治赌徒的变化无常、不择手段的卑劣品格，更为精彩。

> 在还是小孩子时候，亚西比德和别人摔跤，他一看败局已定，担心被摔倒，于是，他就把对方的手臂狠咬一口。对方马上就松了手，喊道："亚西比德，你还咬人，那可是女人才干的事！"亚西比德答道："不，只有狮子才这样！"②

明明是不择手段以获胜的泼皮无赖，却偏以强词来夺理，亚西比德的性格被揭示得淋漓尽致。

第二则轶事是：

> 有一次亚西比德与其他孩童们在大街上赌博，在他掷子的时候有一载重的大车经过，他的子正好掷在大道上，其他孩童都马上让开，只有亚西比德却躺在路上，说只要车夫想过去的话，就从他身上碾过去吧，车夫吓坏了，赶快奋力拉住马匹让车停下来。当时看到这一情景的人都紧张得不得了，连声喊叫着把他从地上拉了起来。③

看来亚西比德不仅是赖皮，而且还是一个不计后果的狠人。

---

① Plutarch，*Plutarch's Lives*，Trans. Perrin B.，p.149.
② Plutarch，*Plutarch's Lives*，Trans. Perrin B.，pp.5-7.
③ Plutarch，*Plutarch's Lives*，Trans. Perrin B.，pp.5-7.

第三则轶事是：

> 亚西比德花了 70 个米那买了一条狗。这条狗非常高大，极为标致。尾巴是它的主要装饰物，可是，亚西比德却让人把这狗的尾巴砍了。对此，熟人们惊叹不已，告诉他全雅典人都在为狗喊冤，大家一致声讨他，要他做个解释。亚西比德听后哈哈大笑，说道："这正是我想要发生的事情啊！我就是希望雅典的人们谈论这件事。这样，他们就不会去谈我那些更为糟糕的事情了。"①

看来，亚西比德不仅是泼皮无赖，而且还有胆量，现在看来还有谋略。

普鲁塔克对亚西比德的褒贬不仅跃然纸上，亚西比德的个性也呼之欲出，其个性又同他从政后的无政治原则的变色龙特征相一致，更在其中暗示了亚西比德的人生和命运结局。其朝秦暮楚，无政治节操，虽可以逞能一时，但终不能摆脱人见人疑，无人问津的局面，最后暴死他乡。看到这里，人们不禁为普鲁塔克的妙笔所折服。

在《伯里克利传》中，普鲁塔克叙述了这样一件轶事，来描写他心目中的道德形象：

> 有一次，伯里克利被一个毫无教养的人整天辱骂，他竟然忍耐着，一声不吭。傍晚，他从容不迫地走回家，那家伙仍跟在他身后，辱骂不休。到屋时，伯里克利见天已经黑下来了，就吩咐一个仆人打起火把，把那人护送回家。②

显然，普鲁塔克心目中的道德楷模、一个与众不同的伯里克利的形象就初见端倪了：包容、大度，一心忧国为民的政治家形象就出来了。无怪乎伯里克利能够连续十余年成为雅典的实际统治者。从希腊史来看，伯里克利时期，不仅是雅典民主政治的时期，也是雅典城邦最为强盛的时期。"我可断言，我们的城市是全希腊的学校"③。名言所描述的就是如此，马克思曾经用这样的话语来评价伯里克利："希腊的内部极盛时期是伯里克利时代，外部极盛时期是亚历山大时代。"④

---

① Plutarch, *Plutarch's Lives*, Trans. Perrin B., p.23.
② Plutarch, *Plutarch's Lives*, Trans. Perrin B., p.13.
③ [古希腊]修昔底德：《伯罗奔尼撒战争史》，徐松岩、黄贤全译，桂林：广西师范大学出版社，2004年。
④ 中共中央马克思恩格斯列宁斯大林著作编译局：《马克思恩格斯全集》第1卷，北京：人民出版社，1956年，第113页。

上述种种生动的逸闻趣事，使人们对《名人传》的众多人物有了更为深刻的理解，同时也有助于人们对名人所处的历史时代的理解，正如《世界史纲》的作者威尔斯所认为的："吾人不能不略陈上述诸故事，否则历史不明了矣。"①

（三）普鲁塔克轶事观的特征及其局限性

由于普鲁塔克撰写人物传记的兴趣在于人物的心灵和性格，因此，他在传记中，自然将主要比较的内容集中在历史人物的性格、志行和命运方面，因此，在《名人传》中，普鲁塔克特别注重搜集传记人物的逸闻趣事，极力复原传记人物的所思所想，使人物形象栩栩如生，独具神韵，极具感染力，从而把历史研究推向更深的层次——探讨个人的精神世界的领域，展现出了传记主人公生动而细腻的心理世界，也表现出传记人物丰富多彩的道德情操。经过他的叙写和描述，他所钟爱的英雄丰满高大，栩栩如生，极具感染力，因而他又被称为西方"现代心理传记作家"的先驱。郭小凌先生指出：普鲁塔克"第一个明确提出了历史研究的精神或心理分析方法"②，这也是《名人传》能在千百年间广受欢迎的重要原因之一。

当然，在看到上述人们对普鲁塔克本人和其《名人传》赞誉的同时，也需要指出的，普鲁塔克本人和其著作《名人传》还有诸多不足之处。这主要表现在以下两方面：

一方面，《名人传》中的众多传记主角并不是与普鲁塔克朝夕相处的朋友和同事，《名人传》也不是回忆他的朋友和同事的回忆录，而是以人物传记的形式来描述同他存在着漫长而广阔的时间和空间差距的希腊历史名人。面对着这样明显的时空差距，普鲁塔克主要靠二手史料和大量轶闻趣事来填补时空的距离，来充实和丰富历史人物的心灵世界和历史内容。当然，单凭这些途径还是不够的，于是，普鲁塔克就又启用自身强烈的主观愿望、意图这一途径来加以弥补，力图给历史传记人物以真实的历史感。但实际效果却往往与他的主观设想相背离，即他把人物的思想心理刻画得越是精致，越是微妙，越是生动有趣，其结果却反而离客观的历史人物越发遥远。可以这样讲，《名人传》中众多历史人物无不明显地带有普鲁塔克个人的身影，这些历史人物在很大程度上都是普鲁塔克心中所设想的历史人物，因而与客观真实的历史人物尚有较大的

---

① ［英］威尔斯：《世界史纲》上卷，梁思成等译，第268页。
② 郭小凌：《西方史学史》，北京：北京师范大学出版社，1995年，第107页。

距离。

　　另一方面，在普鲁塔克的《名人传》中，轶事成为通往传记主人公心灵的途径，是揭示人物性格和情操的工具，在颇具神韵的同时，却明显缺乏同历史的紧密联系。对于那些和传记主人公相联系的重大历史事件，则往往被删除不用，或删繁就简。即使在传记中所出现的一些重大历史事件，也往往缺乏历史性的叙述特征：没有准确的时间、地点，也没有描述出历史事件的发展过程。因而普鲁塔克《名人传》的主人公大都是天马行空的英雄，独往独来，甚至给人不食人间烟火之感。如在《亚历山大传》中，普鲁塔克确实以大量篇幅载录了有关亚历山大的逸闻琐事以及怪诞的征兆、异常的灾变、有趣的笑话、解颐的妙语等，趣味横生，引人入胜；而对亚历山大一生主要的业绩，即用十年时间远征波斯诸国，建立起跨越欧、亚、非三洲的亚历山大帝国这一重大的历史事件，却叙述得非常简略，虽然也明知其传记的志趣，但仍不由让人产生余兴未足之感。同样，在整个《伯里克利传》中，普鲁塔克所关注的重心是其道德风范和趣闻轶事，对伯里克利的文治武功却熟视无睹，只是简单地介绍了他远征克索涅索一役和讨伐萨摩斯人的情形，而对伯里克利一生的重头戏——作为集雅典民主政治之大成者的这一方面杰出成就，传记几乎没有涉及。究其原因，一方面反映了普鲁塔克对伯里克利的文治武功估计不足，另一方面也反映了他对雅典所实行的民主政治改革有很深的偏见。固然这一偏见与普鲁塔克亲斯巴达的贵族政治思想观念有关，而更重要的还是由于其重视描述人物性格的这一传记思想观念所导致的必然结果。

　　总之，普鲁塔克在《名人传》中特别注重轶闻趣事在希腊罗马历史名人传记中的作用，并将轶闻趣事作为刻画人物性格、志行和命运的主要手段，并由此出发，将人物性格当作铸造历史事件进程及其结局的主要原因。显而易见，作者的解释带有浓厚的主观性和片面性，有其明显的不足之处，也具有明显的历史局限性。当然，这种传记史学素养的不足性和由于时代所无法避免的一些局限性，是古代史学不同程度上所存在的共同的弱点。对此，我们虽不能苛求于他，但应该说，比起他的前辈修昔底德、波里比阿和同时代的阿庇安等历史学家，普鲁塔克在"求真"这一方面的弱点表现得尤为明显。

第三节　比较——"轶事"与"宏大叙事"的对立与统一

　　轶闻趣事在《史记》和《名人传》中发挥了重要的作用，成为司马迁和普鲁塔克叙述传记历史的一个不可或缺的组成部分。卡西尔指出："丹纳想要把他的历史叙述建立在他所谓的'一切有意义的细小事实'之上。这些事实就它们的结果而言并不是有意义的，但是它们是'意味深长的'；它们乃是符号，借助于这些符号历史学家得以阅读和解释个人的性格甚或整个时代的性格。"[①]其实，卡西尔对丹纳的评价，也适合普鲁塔克。因而通过轶事，我们不但可以对传记主人公本人的性格有所了解，而且可以对其所处的历史时代有更为深刻的理解。但两人明显不同的文化轨迹，促使两人对轶闻趣事在传记史学作品中地位与作用的看法上并不相同，这一方面反映了两人对轶闻在传记中的作用和地位的不同理解，而更重要的是反映了他们不尽相同的传记史学观念。因而，进一步探讨两人的轶闻观念将会有助于我们加强对司马迁和普鲁塔克传记史学观念的整体把握。

　　从总体而言，历史是由人和事两大因素组成的。两大史家在为历史人物作传时，都着力于人的精神、思想世界的开发与提炼，重视以轶事来展现传记人物丰富多彩的精神世界，并在不同程度上对传记主人公所经历的重大历史事件予以叙述，表现了发达的人文史观。但由于二人的传记史学观念是建立在各自的文化传统和史学观念的基础上，因而他们两人在宏大叙事（或元叙事）和轶事这一传记史学的基本问题上也表现出了明显的不同点。

　　对于普鲁塔克而言，他认为传记的主要目的就是要揭示人的思想、人的情感、人的性格，由此，普鲁塔克极力删略传统的正史内容，凸显能够揭示人物性格的轶事，普鲁塔克称之为"心灵的证据"[②]，"有助于了解人物性格的资料"[③]，"需要知道的最重要的事情和最美丽的事情"和"值得纪念的事"[④]，可谓是用心良苦，不遗余力；但另一方面，普鲁塔克在《名人传》中，热衷于通过轶闻趣事去描述希腊罗马历史人物的结果，大大抬高了轶闻趣事在传记史学

---

① ［英］恩斯特·卡西尔：《人论》，甘阳译，第 271—272 页。
② Plutarch, *Plutarch's Lives*, Trans. Perrin B., p.225.
③ Plutarch, *Plutarch's Lives*, Trans. Perrin B., p.211.
④ Plutarch, *Plutarch's Lives*, Trans. Perrin B., p.189.

中的地位，相对应地，就降低了重大历史事件在人物传记中的历史地位。因此，在《名人传》中，用轶事来代替历史事实、用人的性格代替历史进程是其突出的特点；同时，也要看到，固然在普鲁塔克笔下，轶事与传记人物的性格和历史境遇有着较为密切的关联，但往往这种联系在一定程度上是建立在普鲁塔克自己设想的基础上，却和历史上的传记人物本尊所经历的真实历史大事、历史进程之间缺乏内在的必然联系，故《名人传》中的轶闻趣事自然缺乏较为坚实的历史感和真实感，从而表现出轶闻趣事琐事化，历史叙述主观随意化的趋向。结果在《名人传》中，普鲁塔克虽然注重采用大量的趣闻轶事，无微不至地描绘希腊罗马名人丰富而细腻的思想情感，并事无巨细地塑造其高尚感人的道德风范，但结果往往适得其反，《名人传》中许多人物的思想、心理刻画得越鲜活、越生动、越逼真、越感人，却离客观的历史事实越发遥远，从而走向了传记真实的对立面。

罗伯特·宾厄姆·唐斯对此是这样认为的："普鲁塔克的另一个显著特点是他酷爱传闻轶事。他一次又一次地偏离主题，加入寓言故事、优美的细节或神奇的事件来给自己的叙述增添色彩、刺激和趣味。历史学家们一直对普鲁塔克的这个爱好持批评态度，有些人甚至认为他仅仅是个记事家。在普鲁塔克的辩解中我们可以知道轶闻不仅增加戏剧效果，而且通常是对作者希望强调的人物特点的相关证明。他说他在寻找'人类灵魂的标志'，轶闻就是为了这个崇高的目的才与英雄的生平交织在了一起。当然，普鲁塔克没有达到当时盛行的历史精确性标准，但他真实地反映了他所处年代的历史传统，简短地记录了那个时代的希腊人和罗马人所信仰和想要信仰的东西，记录了历史上的战士和政治家。"[1]

罗伯特·宾厄姆·唐斯的这一评价颇为公允，普鲁塔克《名人传》的写作目标是有其特点的，也有其合理性，但他的问题就在历史的精确性方面一直被人诟病，尽管如此，他的传记还是在一定程度上反映了他那个时代人们对这些历史名人的记忆。

但对于司马迁而言，其一，从总的趋向来看，《史记》对人与事这两个传记的基本元素都进行深入的探索和挖掘，在努力保持两者的独立性外，还将两者有机地统一起来。表现在《史记》中，虽然《史记》人物众多，各个传记人物也各有特点，因而司马迁所采取的叙述方法也不拘一格，多种多样，但突出特

---

[1] ［美］罗伯特·宾厄姆·唐斯：《塑造文明和心灵的巨人及其思想》，王宏方等译，第152页。

点在于，他并不是因为轶事而删除历史大事，使轶事与大事对立起来，使传记和历史对立起来，恰恰相反，轶事成为联结人与事的桥梁。因而《史记》传记的突出特点之一是将大事与轶事结合起来，将小事置于大事的背景中，或者将轶事逸闻分散在相关的人物传记之中，换言之，将人物置于历史中，将"列传"置于整个三千年古今之变的背景中，以小显大，大中含小。因而在《史记》中，司马迁对历史事件的完整叙述和对人物性格、心理的深入刻画，两者相互辉映，相得益彰。

当然，如果以此结论来分析《史记》的某些篇章，比如说《史记·管晏列传》的话，似乎有些脱节，从而引起人们的争论。比如梁启超先生就对此不以为然："《管晏列传》叙个人的阅涉琐事居太半……但替两位大政治家作传，用这种笔走偏锋的观察法，无论如何，我总说是不应该。所选之点太不关痛痒，总不成为真正的好文章。"①

显然，梁启超是从轶事应与历史大事相统一的角度来评论《史记·管晏列传》的，而且比较深刻。有些学者从文学传记的角度对梁启超的这一观点提出了批评。②但在我看来，对于这一问题应该把它置于整个《史记》的历史背景中加以探讨。诚然，在《史记·管晏列传》中司马迁确实只是记叙了两人的轶事，而对两人的政治才干和思想略而不谈，似有笔走偏锋之嫌，但如果将《史记·管晏列传》置于《史记》的五体背景中加以考察的话，就会发现，管晏两人的政治才干在其他体裁中已较充分地表现出来了，比如在"世家"中就已叙述清楚的故事，便在"列传"中就不赘述了。正如郭双成先生所言："在不违背历史事实的前提下，司马迁选择、组织可信的历史事实写作人物传记的一个重要方法是互见法，这就是苏洵所说的'本传晦之，而他传发之'的方法，即把所有有关一个人的立身行事的全部事实，有时并不写入他本人的传记里，而是还分别见于其他人物的传记里和《史记》一书的其它地方。"③郭双成先生还特别指出："我们把《史记》作为一个整体看……全面地展示出历史发展和人物活动的真实图景，司马迁不放过凡是足以表现一个历史人物活动的一个方面的事实描写，而就每一篇人物传记来看，司马迁却是集中地选择那些最能表现一个历史人物性格特征和历史发展的本质的东西写，这不仅不会有悖于历史事实的

---

① 梁启超：《饮冰室合集·专集》第15册，上海：中华书局，1936年，第10页。
② 赵白生：《传记文学理论》，北京：北京大学出版社，2003年，第180—181页。
③ 郭双成：《史记人物传记论稿》，郑州：中州古籍出版社，1985年，第241页。

真实，还影响人物传记作为一部历史著作一个有机组成部分的认识价值，因此使它的认识作用（从历史学的角度来看）变得更为深刻。因为这是透过现象揭示人物活动本质的写法，给我们展示出来的是人物的基本面貌。真人真事对塑造历史人物的限制，在一定程度上可以说是被司马迁用这种办法给突破了。"①郭双成先生所言的司马迁突破了"真人真事对塑造历史人物的限制"，指的就是司马迁将传记人物的人与事两者的关系从更广泛的社会领域之中，从众多历史人物的传记中，最大限度地协调起来，统一起来了。相较普鲁塔克而言，这是司马迁叙写传记人物的一个突出的特点，也展现了这一写作方法的优势。

其二，司马迁对轶事的处理，与普鲁塔克对轶事处理的方式并不尽相同。普鲁塔克笔下的许多历史人物，不同程度地表现为人物轶事与传记人物的心理构成简单对等的关系，人物性格的发展缺乏多样的选择性，悬念的力度较弱，轶事同人物性格避免冲突。对于普鲁塔克来说，他所叙述的希腊罗马名人传记，从一开始，就是一个既定的性格结构，这一性格和心理从始至终没有也不会发生大的变化。比如伽图，按照普鲁塔克在《伽图传》的记载，他冷峻、刻薄、雄辩，并且高寿，但在其间，罗马所发生的一切重大变化在伽图身上并没有表现出来，其性格从形式上讲是一致的，从内容上讲是同一的，伽图对奴隶的种种残暴无仁也主要从性格上解释，充其量是一种"卑劣的性格"。而对迦太基长期的战争叫嚣只是从其雄辩和睿智方面来理解，惨绝人寰的第三次布匿战争的罪恶就这样被掩盖了。"就这样伽图发动了对迦太基的第三次战争，当然也是最后一次战争。虽然战争刚一开始他就去世了，但他已事先预知这场战争注定要由谁来结束……西庇阿很快就以他的业绩证实了伽图的这句话。"②

归根结底，在普鲁塔克看来，伽图要求灭亡迦太基完全是出于罗马国家的长远利益而进行的深谋远虑的作为，所表现的是其爱国主义的品质而非其他。

因而对于普鲁塔克而言，任何重大的历史事件都与性格发生千丝万缕的联系，都是表现人物性格的最好材料，是性格决定历史，而不是历史决定性格。虽然在《名人传》中，他也多次说过将努力通过传记主人公的"事迹和政治生涯来表现他们的气质和性格"③。但由于普鲁塔克所谓的政治事件并非具有真正意义上的历史事件，更多的是他自己思想观念塑造的结果。所以在《名人传》

---

① 郭双成：《史记人物传记论稿》，第 241—242 页。
② Plutarch, *Plutarch's Lives*, Trans. Perrin B., pp.383-385.
③ Plutarch, *Plutarch's Lives*, Trans. Perrin B., p.215.

中，传记主人公性格的多样性是难于呈现的，即使呈现出人物性格的多样性，也只是体现在性格的表面，而缺乏有深度的挖掘。如，伯里克利拥有正义公正雄辩的性格，从一开始就一直伴随到他的死亡，即使对萨摩斯的征服以及残暴的屠杀也只是展示其军事才华和雄辩的好素材。血腥的征服就这样轻轻地被性格和道德原因遮掩过去了。究其原因，在普鲁塔克看来，希腊罗马历史上一系列重大的历史事件，对这些历史名人本身所具有的道德品质和实践理性而言，都只是外在的因素，而对其本质并不会造成多大的影响。

当然，我们不能对普鲁塔克的这一叙述思想过于苛求，因为这一叙述思想并不仅仅是希腊罗马传记史学的特例，毕竟是整个希腊罗马史学的共同倾向。如果用柯林武德的说法，《名人传》的这一叙述思想，就是希腊—罗马历史编纂学中所运用的实质主义思想方法的必然结果。所谓实质主义，柯林武德认为是建立在一种形而上学体系的基础之上的思想方法，这一方法蕴涵着一种知识论，即"只有不变的东西才是可知的，但是凡属不变的东西都不是历史的"①。因为成为历史的东西都是瞬息万变的历史事件，对于希腊罗马史学家而言，按其形而上学的公理，行动者既是一种实质，就永远不可能产生也永远不可能经由任何一种性质而成为另外一种实质。所以，实质主义的历史学对事物的产生和性质的不断变化无能为力，"因此试图历史地进行思想和试图根据实质来进行思想，两者乃是不相容的"②。

柯林武德还以李维和塔西佗为例对此予以说明。塔西佗在描述像提比略（Tiberius）和尼禄（Nero）的性格时，同样是以实质而不是变化的观点来处理。对他而言，性格或本质只能是显现的，而不是变化的。"一个好人不可能变坏。一个到了老年时表现自己是个坏人的人，必须在年青时也同样地是坏人，他的邪恶是被虚伪所隐蔽着的。"③正像希腊人所指出的那样，权力并没有改变一个人的性格，权位暴露一个人的本性；对于李维而言，"罗马就是一个实质，是不变的、永恒的。从叙述一开始，罗马就是现成的、完整的。直到叙述的结尾，她并没有经历过任何精神上的变化"④。黑格尔也认为李维是以自己的精神去叙写古代历史，以自己的思想塑造古代的历史人物和历史事实，如黑格尔说："李

---

① [英]柯林武德：《历史的观念》，何兆武、张文杰译，第48页。
② [英]柯林武德：《历史的观念》，何兆武、张文杰译，第48页。
③ [英]柯林武德：《历史的观念》，何兆武、张文杰译，第50—51页。
④ [英]柯林武德：《历史的观念》，何兆武、张文杰译，第49—50页。

维又给我们以历次战役的叙述,仿佛他当真在场旁观。可是这些叙述的形形色色可以适用于任何时期的战役。"①

与普鲁塔克的历史叙述观点所不同的是,司马迁对轶闻的处理原则是将轶闻置于变化万端的历史进程中,既展现了由于历史发展过程的内在规定性而决定历史人物性格的必然性,又展现了由于历史发展过程的复杂多变性,而使得人物在性格方面所表现的多样性,将偶然与必然,将内在的性格与外在的复杂现象的关系展现得既淋漓尽致,又入木三分。比如,在《李斯列传》中,司马迁着意选取了李斯见厕鼠、仓鼠的不同处境的逸闻趣事,以刻画李斯猥琐卑劣的心理品格,为后来李斯的一生命运预定了基调。但令人惊叹的是,司马迁对这一基调的处理并非一成不变,平淡无奇,而是变化万端,丰富多彩,但最终又变中有常,是一种历史的变与不变的辩证统一关系。

具体而言,从《史记·李斯列传》的叙述来看,李斯"从荀卿学帝王之术。学已成,度楚王不足事,而六国皆弱,无可为建功者,欲西入秦"②。从司马迁的这一叙述来看,李斯入秦表现了他是具有通览全局的政治眼光的,但遗憾的是他却抱着提高个人社会地位的目的。临别向他的老师荀卿曰:

> 斯闻得时无怠,今万乘方争时,游者主事。今秦王欲吞天下,称帝而治,此布衣驰骛之时而游说者之秋也。处卑贱之位而计不为者,此禽鹿视肉,人面而能强行者耳。故诟莫大于卑贱,而悲莫甚于穷困。久处卑贱之位,困苦之地,非世而恶利,自托于无为,此非士之情也。故斯将西说秦王矣。③

仔细研读李斯临别辞师之话语,其中虽有明显的历史大局观和政治判断力,但遗憾的是,在这种大局观下的动机中,却包含了太多的关乎个人功利的追求。显然,这种对个人利害的算计,后来直接影响了他的政治操守、政治判断力、政治作为和人生结果。因此,这些所谓的小事与其后所发生的历史大事二者之间有着内在的因果关系。

李斯官运亨通至丞相,位居三公,虽飞黄腾达,如日中天,这一变化却正是硕鼠性格的外在表现;沙丘之变,李斯不审时度势,运筹帷幄,而只是一味

---

① [德]黑格尔:《历史哲学》,王造时译,第5页。
② 《史记》卷87《李斯列传》,第2539页。
③ 《史记》卷87《李斯列传》,第2539—2540页。

权衡个人得失利害，企图自保，完全丧失了以国家社稷为重的良臣品质。这样，在赵高的威逼利诱面前，李斯几乎没有招架能力，只能节节败退，最终沦为加害扶苏和忠臣的帮凶，助纣为虐，这显然是硕鼠性格的内在表现。有意思的是，司马迁以其超乎常人的史学智慧，在《史记·李斯列传》中将李斯与赵高二人之间较量的具体细节"复原"出来，值得细读，以体会李斯的人格在现实利害面前的软弱与卑怯。

胡亥与赵高密谋夺位之言，《史记》中是这样记载的。赵高对胡亥说，如果胡亥想要成为秦二世的话，事关国体，至为重大，而不与丞相李斯共同谋划的话，此事很难办成。当时的李斯，为秦之丞相，位极人臣，此事成败与李斯是否入伙有直接的关系。于是赵高就亲自去说服李斯加盟。赵高面见李斯，开门见山，直接抖出主题，始皇已去世，谁来继位，在赵高和李斯二人的意念之中：

> 高曰："上崩，赐长子书，与丧会咸阳而立为嗣。书未行，今上崩，未有知者也。所赐长子书及符玺皆在胡亥所，定太子在君侯与高之口耳。事将何如？"斯曰："安得亡国之言！此非人臣所当议也！"①

显然，此时，李斯的政治思维是清楚的，深知赵高此言是"亡国之言"，照此作为将会致亡国之结果。但赵高蓄谋已久，岂可轻易罢休，且对李斯的本质了如指掌，于是便以利与害相诱逼：

> 高曰："君侯自料能孰与蒙恬？功高孰与蒙恬？谋远不失孰与蒙恬？无怨于天下孰与蒙恬？长子旧而信之孰与蒙恬？"斯曰："此五者皆不及蒙恬，而君责之何深也？"②

这一段话语是关键，赵高言若长子扶苏受诏为皇上，在蒙恬和李斯二者之间必用蒙恬为相，李斯将会因为是老臣而被弃置不用，甚至将会有血光之灾，这对于李斯的个人野心而言是万万不可的。赵高对此说得这样直白：

> 高固内官之厮役也，幸得以刀笔之文进入秦宫，管事二十余年，未尝见秦免罢丞相功臣有封及二世者也，卒皆以诛亡。皇帝二十余子，皆君之所知。长子刚毅而武勇，信人而奋士，即位必用蒙恬为丞相，君侯终不怀

---

① 《史记》卷 87《李斯列传》，第 2549 页。
② 《史记》卷 87《李斯列传》，第 2549 页。

通侯之印归于乡里，明矣。①

赵高对扶苏上位后的政治预估，直接击中李斯的软肋，李斯立刻就失魂落魄，开始节节败退，当然，在这一过程中，李斯的内心也挣扎过，因此也有一些明论。比如，李斯曰：

> 吾闻晋易太子，三世不安；齐桓兄弟争位，身死为戮；纣杀亲戚，不听谏者，国为丘墟，遂危社稷：三者逆天，宗庙不血食。斯其犹人哉，安足为谋！②

> 斯，上蔡间巷布衣也，上幸擢为丞相，封为通侯，子孙皆至尊位重禄者，故将以存亡安危属臣也。岂可负哉！夫忠臣不避死而庶几，孝子不勤劳而见危，人臣各守其职而已矣。君其勿复言，将令斯得罪。③

显然，李斯是明是非之理的，但赵高清楚李斯这时已是外强中干，色厉内荏。因此，赵高用的还是利与害这一诱饵，对李斯进行了最后的致命一击。赵高是这样说的：

> 上下合同，可以长久；中外若一，事无表里。君听臣之计，即长有封侯，世世称孤，必有乔松之寿，孔、墨之智。今释此而不从，祸及子孙，足以为寒心。善者因祸为福，君何处焉？④

这已经是赤裸裸的威胁了，在利与害的反复权衡下，李斯终于下定决心，抛弃大节，努力成就个人利欲。当然，在极短的时间进行了如此重大的决定，其内心还是波澜起伏的，甚至是相当痛苦的。据《史记》载，李斯仰天而叹，垂泪而太息曰：

> "嗟乎！独遭乱世，既以不能死，安讬命哉！"于是斯乃听高。高乃报胡亥曰："臣请奉太子之明命以报丞相，丞相斯敢不奉令！"⑤

显然，李斯在此的独白一方面表明其内心的不安，但更多的却是为自己助纣为虐的丑恶行径，寻找一些外部的原因加以开脱，以减轻自己内心的负担罢了。

---

① 《史记》卷87《李斯列传》，第2549—2550页。
② 《史记》卷87《李斯列传》，第2550页。
③ 《史记》卷87《李斯列传》，第2550页。
④ 《史记》卷87《李斯列传》，第2550页。
⑤ 《史记》卷87《李斯列传》，第2550页。

经历了犹豫彷徨，进而为了追求富贵，李斯与赵高同流合污，开始了拥立胡亥继承皇位，进而诛杀忠良的血腥过程。

在这里，李斯昔日伶牙俐齿的言辞见不到了，治国安邦的华丽辞令没有了，对政敌所向披靡的锐利攻势不复存在，只留下无奈和忧愁。著名历史学家白寿彝先生曾对李斯的平生所为是这样评论的："都是在最紧要关头上，李斯念念不忘的全部是'自处'的利害。通观现列传全篇，在一定意义上，老鼠的故事简直就是李斯一生的缩影。"①赵高正是紧紧抓住了李斯贪婪自保这一致命弱点，步步紧逼，李斯只有缴械，为虎作伥，但仍难逃劫难，最后还是被二世和赵高腰斩咸阳，诛灭三族，虽出乎意料，但又与其硕鼠心理品格之间存在着内在的紧密联系，为其硕鼠性格发展的必然结果，因为这是一切走狗的必然下场，自然又在情理之中，真可谓"机关算尽太聪明，反误了卿卿性命"。这一结果不仅是李斯本人始料未及的人生悲剧，更是其悔之莫及的道德代价，这一令世人震惊不已的结果，令人警醒，发人深思。

显然，对关乎秦帝国命运的这一重大事件，司马迁用赵高与李斯二人对话的诸多情节，来具体揭示两人的心灵与性格，同时也预示了两人之后命运发展结果。更重要的是，通过上述这些细小的情节，强烈地预示了秦王朝的内乱开始了，而其灭亡则是时间的问题，轶事、细节进而与重大的历史变革事件有机地结合起来了，发挥了其将人与事相关联的作用。

因而司马迁对轶事的发掘与运用，使轶事与叙事有机地结合起来，浑然一体，水乳交融，从而大大丰富了中国自《左传》以来发达的叙事和描人思想，标志着中国的传记叙事达到了一个新的高度。

现在的问题是，如果将司马迁的这一轶事观念置于西方社会发展的进程中加以考察的话，其意义如何呢？

从西方史学史来看，以轶闻入史并非全新的内容。早在希罗多德的《历史》中就充满着精美隽永的逸事趣事，这既是《历史》引人入胜的一个重要因素，同时也是《历史》长期饱受责备的一个重要缘由。如，紧随其后的古希腊著名史学家修昔底德就对此不以为然，在其著作《伯罗奔尼撒战争史》中，对希罗多德的这一方法进行了不点名的批评："关于战争事件的叙述，我确定了一个原则：不要偶然听到一个故事就写下来，甚至也不单凭我自己的一般印象作

---

① 白寿彝：《司马迁寓论断于序事》，《北京师范大学学报（社会科学版）》1961 年第 4 期，第 8 页。

为根据；我所描述的事件，不是我亲自看见的，就是我从那些亲自看见这些事情的人那里听到后，经过我仔细考核过了的。"①"我的著作不是只想迎合群众一时的嗜好，而是想垂诸永远的。"②

显然，对于西方古典史学的历史学家，特别是希罗多德之后的历史学家而言，比如修昔底德和波里比阿，他们所面对的是他们正在经历的重大政治和军事历史事件，用现代史学术语言来表述，就是他们对大历史的关注使他们致力于了解重大历史事件展开的内在原因，并以探索其中的原因为其史学的目标，而历史事件中的主角——人的思想和情感并不在他们所关注的视野之中。由此可以说，大历史和小历史就一直是一个争论不休的问题。再后的波里比阿在《通史》中专门就史学方法进行了论述，特别批评了在历史著作中以奇闻轶事吸引人，以戏剧式的动人文句取悦读者的著史倾向，强调了历史的真实可考证性，他认为："作为历史学家来讲，我们应该把自己与历史人物完全隔开，而只是依据历史活动的本身来进行陈述和作出评价。"③从而排除了轶闻存在的空间。不过，在亚历山大帝国之后，历史学家所面临的研究对象，是一个极其复杂而广阔的历史，其历史内容已经远远超出了历史学家的自身经历，而注重探求历史事件因果关系的自然主义史学，对此已经无能为力。因此，为了探求历史的内在原因，希腊人罗马人的历史思维只能转向对历史过程中人自身的行为原因的探讨，即用自己的思想情感来对历史人物的思想动机、心灵活动进行探讨，努力用人的心智来把握历史的全貌。由此，它不但推动了希腊罗马史学的深入发展，而且也极大地推动了传记史学的进展。

当然，从历史人物的动机和心灵活动中去寻找历史活动的原因，有其历史合理性的一面，因为从宏观而言，如马克·布洛赫认为的："正如弗朗索瓦·西米昂所言，对历史上人类全部活动的认识，包括对当今人类大部分活动的认识，都是对其活动轨迹的认识。"④不管怎样说，人类的活动都是一个不断运动的历史序列，因而对其发生的因果关系是有迹可寻的；从微观而言，从某种意义上讲，"历史事实在本质上是心理上的事实，因此，能在其他心理的事实中找

---

① [古希腊]修昔底德：《伯罗奔尼撒战争史》上卷第1分册，谢德风译，第17—18页。
② [古希腊]修昔底德：《伯罗奔尼撒战争史》上卷第1分册，谢德风译，第17—18页。
③ Polybius, *Histories*, Trans. W. R. Paton, p.14, pp.8-9.
④ [法]马克·布洛赫：《历史学家的技艺》，张和声、程郁译，上海：上海社会科学院出版社，1992年，第44页。

到它们的前提条件"①。而且，马克·布洛赫还认为："从心理学的角度看，不成功的行为正是人类演变过程一种至关重要的数据。"②显然，人的活动最主要的特征之一就在于它所具有的思想性，人的活动也都是有意识的思想的产物，因而，对人类活动心灵原因的探讨是研究历史事件真相和人物行为的重要途径之一，具有突出的现实性和重要性。由此，以亚里士多德为代表的古希腊哲学家都认为，人的心灵是最真实可靠的，在他们看来，那里是人的本质之所在。西方现代著名心理学家荣格（Carl Gustav Jung）指出："心理学作为对心理过程的研究，也可以被用来研究文学。因为人的心是一切科学和艺术赖以产生的母体。我们一方面可用心理研究来解释艺术作品的形式，另一方面则望以此来揭示使人具有艺术创造力的各种因素。……心理事件是可以推导的，这是心理学的一条重要原理。"

正是在此社会历史和心理要求的基础上，人们开始从思想上来把握历史的进程和本质。还由于心灵是一个涉及人本质的深层次的内容，对它的认识，所需要的是众多的心理事实，而与探讨重大历史事件因果关系的事实并不相同。这样一来，轶事就充当了揭示人们心灵窗口的重要角色——心理事实，从而登上了历史学的大雅之堂，以探讨历史进程的内在联系，并获得了越来越重要的地位。这一方面表现了当时希腊罗马历史学发展的必然趋势，同时也表现了他们在历史学发展进程中已经走入了与因果史学相反的另一端，形成了以伦理教化为重要目的的史学流派。这一流派的突出特征在于它极大地提升了人的动机在历史中的作用。换言之，它又极大地削弱了历史进程对人的心理品格的重要影响，由此，历史学中增加了一些新的内容，即对人们进行历史教育为目的内容。在希腊罗马的历史研究中，出现了越来越多的不确定性，乃至随意性的人为的性格因素，历史越来越多地具有主观主义的色彩，因为，"不管在何时何地总是把原因归为动机，那么，必然会大大歪曲历史的原因"③。康福德先生指出："事实上，古代史著和现代史著之间的巨大差别正在于此：出于本能，现代人不懈地寻找社会条件、经济和地理因素、政治力量的发展以及变革的过程——他们试图将所有这些因素置于普遍和抽象的法则之下；而古代人单纯地将注意力集中在个人或城邦的感情、动机和性格上。在他们看来，除了超自然力量外，

---

① ［法］马克·布洛赫：《历史学家的技艺》，张和声、程郁译，第141页。
② ［法］马克·布洛赫：《历史学家的技艺》，张和声、程郁译，第104页。
③ ［法］马克·布洛赫：《历史学家的技艺》，张和声、程郁译，第142页。

只有这些因素塑造了人类历史进程。"①因而,在希腊罗马的历史研究中所出现的伦理主义史学,也最终走向了自己所要追求的历史真实的对立面。J. W. 汤普森认为:"罗马人认为历史是一门艺术,而不是一种批判科学。从清晰而有趣的文体进行叙述是历史的目的,而不必腻烦地深入探讨情况、原因和过程。"②同时,他还指出,在罗马人看来,历史"它是一幅文艺全景图,图上的伟大历史人物是用文字描写勾勒出来的"③。在罗马人心目中,"历史就是伟大人物的传记。第二次布匿战争就是汉尼拔的传记;第三次布匿战争就是西比阿·阿非利加那的传记"④。在刻画人物方面,"普鲁塔克的《名人传》是最伟大的榜样"⑤。但柯林武德已经明确指出这一倾向的另一方面:即"这并不是历史方法的一种丰富而实际上是一种贫困,并且标志着历史诚实性标准的衰落。后来罗马帝国的历史学家们并没有克服难倒了李维和塔西佗的那些障碍"⑥,其中自然也包括普鲁塔克。由此看来,普鲁塔克借助轶事以描述希腊罗马名人的特殊兴趣,既包含其主动选择的必然结果,也是希腊罗马史学发展的内在逻辑的结果。

到了近代,历史学家书写个体生活和微小事件,通常强调的是其普遍的历史意义和概括化的典型性。从19世纪末,特别是20世纪60年代以来,随着欧美的史学突破了政治国家史的限制而转向社会文化史,从而将注意力从重大战争场面、国家政体的承续以及广受尊崇的英雄领域转向婚姻、宗教、仪式、风俗等的小写历史领域。社会文化史家从一登上历史研究的舞台后,就表现了一种决意与传统史学相决裂的姿态,大力主张重构那些传统史学所漠视的群体的日常生活。与这种新史学接榫的文学批评也闻风而动,试图在文学文本中寻觅那些同样遭到漠视的东西,从而形成了一种新的史学流派——新历史主义。从现代历史叙述主义来看,现代主义和后现代主义历史叙述学的最重要思想就是其历史解构和历史重构的理论观念,而在这一观念体系中,新历史主义则将轶闻视为触及历史真实的基本途径,轶事在其中扮演了一个非常重要的角色,并形成逸闻主义,从而引起学界的广泛关注。

---

① [英] 弗朗西斯·麦克唐纳·康福德:《修昔底德——神话与历史之间》,孙艳萍译,上海:上海三联书店,2006年,第59页。
② [美] J. W. 汤普森:《历史著作史》上卷第1分册,第108页。
③ [美] J. W. 汤普森:《历史著作史》上卷第1分册,谢德风译,第108页。
④ [美] J. W. 汤普森:《历史著作史》上卷第1分册,谢德风译,第115页。
⑤ [美] J. W. 汤普森:《历史著作史》上卷第1分册,谢德风译,第109—110页。
⑥ [英] 柯林武德:《历史的观念》,何兆武、张文杰译,第46页。

当然，新历史主义史学批判的锋芒，主要是近代以来，在启蒙运动的思辨的历史哲学思想方法下形成的思辨历史。在英国著名历史哲学家沃尔什看来，这一思辨历史哲学的根本特点是目的论的、因果论的、决定论和整体论的，在此基础上形成的历史主要是政治国家史。波普尔将这种历史哲学观点归纳为"历史主义"（Historism），并基于科学哲学以逻辑学为依据逐条进行了批驳。因而，新历史主义思想思潮首先要解构的对象就是以黑格尔为代表的旧的思辨历史哲学体系。这一思辨历史哲学的基本特点在于以理性作为世界的本原，强调历史发展的必然性和过程性，而忽视了人这一历史主体在历史发展过程中的主动性。因而这种解构的积极意义在于，它加大了对传统的理性主义思想或倾向的历史学的反思、批判，正如贝奈戴托·克罗齐所说的："对历史哲学的否定，在具体的被理解的历史中，就是它在理论方面的解体；由于所谓哲学只是一个抽象的和消极的阶段，我们确认历史哲学死去了的理由是显而易见的。它在它的积极性方面死去了，作为一份学说，它死去了"，甚至"连同其他超验的概念和形式都这样死去了"。[①]正是基于对思辨历史哲学的批判，西方由此开始了现代西方史学的理论与实践的活动，并对世界史学思潮的发展产生了重要影响。

很明显，新历史主义在激烈批判历史主义的过程中，所使用的重要的批判武器就是轶闻趣事。因此，在新历史主义史学著作中，大量运用逸闻，并将逸闻趣事作为表现历史复杂过程和历史发展曲折性的极其重要的表现方式，从而把逸闻在史学中的地位提高到一个空前的高度，因而往往被人们称之为逸闻主义。不言而喻，新历史主义的逸闻主义明显地受到现代文化人类学的重要影响，比如说，格尔兹文化人类学"深描"和奥尔巴赫的文学史研究方法就对新历史主义的逸闻主义有重要影响。当然，新历史主义的出现和存在有其历史的合理性和深厚的思想文化背景，这突出地表现在它是历史学积极吸收其他人文学科成就的跨学科成果之一，因而，具有明显的时代特征。美国文化人类学家格尔兹在其名著《文化的解释》中，就提出了其解释文化人类学所具有的四个基本功能，其中第三个主要特征就是文化描述功能，强化了作者在文化叙述和研究中的主观认识和创造的作用，而第四个特征，他是这样说的："至少在我的工作中体现的特色：它是微观的描述。"[②]"这仅仅是说，典型的人类学家的方法是从极其扩展的方式摸透极端细小的事情这样一种角度出发，最后达到那种

[①]［意］贝奈戴托·克罗齐：《历史的理论与实际》，傅任敢译，第60页。
[②]［美］克利福德·格尔兹：《文化的解释》，纳日碧力戈等译，上海：上海人民出版社，1999年，第23页。

更为广泛的解释和更为抽象的分析。"①

显然，基于微观的这一方法它确立了以小见大，一叶知秋，通过个案进行反复描述的基本方法。比如，奥尔巴赫的《模仿论》也注重从每个时代引用一些文本作为检验人们思想的典型案例，在其中，特别重视轶事的价值。因此，如果将新历史主义同解释文化学相比较的话，很明显，"新历史主义者比格尔兹更强调激进政治，比奥尔巴赫更倚重非文学文本。新历史主义对逸闻的运用更具方法论上的自觉性，也更具触摸历史真实的明确目的性"②。因而，较之于思辨历史哲学而言，新历史主义所重视的是历史学家的个人创造和对历史人物内心世界——心灵的深入探索，并重视对历史过程中偶然因素的探讨，注重在叙述中增加历史发展趋向的多样选择性，以破除历史研究中的必然性模式。在历史叙述方面，通过建构复数化的小写历史而与传统历史的"宏大叙事"分道扬镳。因而历史逸闻主义的突出特点是注重轶事、强调情节、挖掘细节。这一方面在某种意义上的确实现了触摸真实、打破学科壁垒、重划文化界限以及"反宏大历史"的作用，从而使历史学面目为之一新，内容有声有色，生动活泼。但另一方面，在此必须强调的是，新历史主义风潮过后，其诸多明显的局限性和偏颇性也暴露无遗，学界对此有了新的更为深刻和客观的认识。

这表现在以下三个方面：其一，新历史主义的真实与真正的历史真实两者之间有着明显的不同。此时历史学家忽然发现，新历史主义所力图触及的真实，它"是氛围的真实，是语境的真实；是一抹真实的余晖，是一张真实的存照；这不是将历史'再现'出来，而是将它的形成过程'重构'出来；这不是实体性的真实，这是虚灵的真实。这种真实的新历史主义的辐辏之处，而逸闻则充当了那些辐条"③。它和真正的历史真实并不一样。固然，传统史学所倚重的事实，更多的是基于文献材料上的可以进行考据的事实。这一途径和方法有其明显的优势，同时也具有明显的时代局限性，因为对人物思想、心灵和性格上的分析研究需要众多不同类型的材料加以丰富和填补，因此，轶闻趣事就成为新史学材料的重要来源。但这种新史料来源和历史学家的主观努力，并不意味着可以牺牲历史的根基——真实性。这种真实性首先就建立在对历史事实进

---

① ［美］克利福德·格尔兹：《文化的解释》，纳日碧力戈等译，第27页。
② 张进、高红霞：《论新历史主义的逸闻主义——触摸真实与"反历史"》，《兰州大学学报（社会科学版）》2002年第2期，第25页。
③ 张进、高红霞：《论新历史主义的逸闻主义——触摸真实与"反历史"》，《兰州大学学报（社会科学版）》2002年第2期，第25页。

行求证的基础上。

　　当然,对于心理事实的求真和文献的求真的过程和途径肯定有所不同,但无论如何都必须对所谓的心理事实进行多方的求证,而不能从历史学家的个人感受和写作目的出发,对心理事实进行使用。在这一过程中,可以用心理学的知识对心理的事实。轶闻趣事进行证明,也可以通过文化人类学的理论和方法对这些材料进行搜集、甄别、选择和使用,使轶事的运用更加科学化、合理化,当然也就更加历史化。比如,司马迁的轶闻观念之所以较普鲁塔克轶闻观更具历史性和合理性,重要原因在于司马迁本身文化人类学的实践活动,通过具体考察来获得这些轶闻,又通过历史的文献和历史过程仔细甄别、选择、运用这些轶事以说明人的心灵,并进而阐明历史的进程,使轶闻真正与历史的人融合起来,使轶闻真正地同真实的历史结合起来了,轶闻真正成为布洛赫所说的"心理事实"。但遗憾的是,新历史主义者也似乎意识到了这一点,似乎也觉得应该这样,但却只重视微观和"厚描"的学术倾向都在阻碍着轶闻向着历史的目标前进,但不这样的话,新历史主义的发展方向在哪呢?所以,新历史主义似乎是一条没有真正方向的船,缺乏真实的目标和方向。究其根本原因,乃在于其所谓的真实性缺乏历史性,没有历史性的真实只能是虚构和杜撰,这样的话,新历史主义的历史价值和意义又何在呢?

　　其二,新历史主义的逸闻主义叙述也表现出了使历史碎片化、历史无序化、历史文学化的趋向。还要看到,由于新历史主义在历史的基点上、历史事实的真实性上与历史本身拉开了距离,甚至可以说,它是以与历史对立建立起自己的学术标志的。因而,在新历史主义的实践中,其无法与社会历史发展进程建立起真正的认知关系,其研究的结果,往往与真实的历史无关,从而肢解了历史,最终使历史走向轶闻琐事汇编这一必由之路,如此一来,又极大地损坏了历史学的声誉。因此新历史主义在风行之际,也遭到了许多学者的有力批评。如批评家柯亨就指责新历史主义者是将文本与语境进行人为的联结是"任意联系"[①],而具有主观随意性,缺乏真实的历史这一最重要支点。如果这种方法一旦成为历史研究的基本范式的话,历史是由一大堆偶然无序的轶事组成,人们在新历史主义那里确实获得了轶闻趣事的欣喜和惊讶,但同时,历史则更充满了变化莫测的神秘感,历史变得僵化而丧失新颖性。这样一来,新历史本

---

① 盛宁:《新历史主义》,台北:扬智文化事业股份有限公司,1996年,第44页。

身就会同新历史主义所要破除的思辨历史主义一样,走向了历史认识的另一端,两者虽殊途却同归。所以,现代历史叙述主义的历史发展也表明,其最突出的历史成就乃在于,打破理性主义哲学对历史学进一步发展的桎梏,但在重构一个完善的历史叙事体系方面却显得软弱无力。因而现代历史主义在历史叙述这一问题上陷于困境,其根本原因就在于,历史学家对轶事与重大历史事件、人与事仍然各执一端,而无法有机地统一起来。

其三,新历史主义对历史主义批判的最有力的武器是"解构"和"重构",轶闻趣事则是"解构"的重要表现方式。无疑,"解构"可能会产生其他种种新的解释,而且其中许多新的解释往往要比原先的解释和结论更精致、更能引起人们的兴趣和心理需求。但要强调的是,除非将"解构"重新产生的种种解释置于严格的历史背景之下,否则,新的历史认识只不过是由文本的批评者强加给我们的虚拟的精神想象,并以此来麻醉自身,其结果必然失去历史的本意,最终将无法避免置于悬空状态,而无从安身的窘境。不管怎样讲,历史学科的特点还是首先从既存的历史资料出发,而绝非其他。所以,"尊重资料的历史性是历史研究的本质所在;在这点上的背离是历史学家和解构主义者的分歧点所在"[1]。当然,历史学家并未宣称,也没有必要宣称他们的方法已经将文本意义的所有方面揭示殆尽。为了使历史研究能够进行,历史学家所努力的就是不断地探索历史事实的原初意义及其对历史学家所处时代的重要影响,需要注意的是,历史学家所注重的历史影响还是强调其应该建立在历史的原初意义的基础上,并以此为依据对历史事实的原初的真实性和确切性作长期不懈的考证,以获取其历史影响和意义的真实性基础。其实,这一点也成为中外有成就历史学家的基本素养。所以,"历史事件的确证与对历史背景的研究,意味着历史学家能够在历史所发生的事实和对历史事实表述的话语之间做出区分"[2]。还要补充的是,这样做的结果,可以从根本上保持历史学科的特点和它赖以存在的价值。

显然,轶闻观念是一个比较长久的历史内容,而在传记史学中其扮演了一个更为重要的角色。从学术界的发展态势来看的话,轶闻在历史研究的作用越来越大,其地位也越来重要。特别是到了现代社会,人们对轶闻的重视达到了空前的程度,甚至出现了逸闻主义,进而成为新历史主义反对以"宏大叙事"

---

[1] [英]约翰·托什:《史学导论——现代历史学的目标、方法和新方向》,吴英译,北京:北京大学出版社,2007年,第172页。

[2] [英]约翰·托什:《史学导论——现代历史学的目标、方法和新方向》,吴英译,第172页。

为叙述主题的传统史学的锐利武器,从而和历史的真实性,历史事件的叙述产生尖锐的矛盾。但新历史主义的逸闻主义却过于强调轶闻的生动性和趣味性,在轶闻的真实性方面有着明显的缺失。因而,新历史主义观念矫枉过正,却适得其反,广受人们的批评。由此,学界还是认为在历史学的研究过程中,特别是在传记史学的研究中,一定要处理好人与事二者之间的关系,一定要在二者之间建立起一种真正的统一关系,并且在落实这种统一性的历史实践中,还要体现出这种统一性的辩证性,而不可二者之间相互否定,各奔东西,走向极端。

显然,如果以此来看待司马迁和普鲁塔克传记史学中的轶事观念的话,可以明晰地看到,司马迁的轶事观和实践不仅表现在他牢牢地站在传记史学发展的大道上,正确地处理了传记史学中的难题——人与事关系,而且在人与事两者的统一中,也不是像普鲁塔克那样,将人与事两者截然对立起来。因而,《史记》在可以更为深刻地揭示历史人物的性格和心灵的同时,又可以加强对历史事件的认识,最后,《史记》在人物性格和历史事件的相互联系中,加深对历史发展进程的整体认识。由此看来,《史记》的轶事观不仅具有突出的历史合理性,而且也符合现代史学,特别是现代传记史学发展的趋向。

小　　结

轶闻趣事与历史上的重大事件之间的关系,即如何看待历史个体的个人思想和作为细节在历史变动之间的关系和作用,这是存在于中西史学和传记史学中一个一直挥之不去的重大理论问题,也是中西史学实践的一个重大问题。这一问题随着后现代主义史学观念的产生和发展,越来越明显地成为史学研究中,特别是传记史学研究中的一个必须认真加以探讨的重大疑难问题。当然随着这一问题在越来越广泛的领域中得到越来越深入的探讨,学界对这一问题的认识也获得了许多重要进展。

其一,轶事与历史上的宏大叙事是一个有着明显不同的各有其特定内容的学术研究领域,但不管是在史学的理论中,还是在史学的实践中,都实在无法将两者彻底分开,因为二者在具有明显的诸多不同点的同时,还确实存在着诸多明显的统一关系。说到底,人们在历史学的理论和实践中的任何体裁的选择

第四章 "轶事"与"宏大叙事"的对立与统一——传记史学的轶事观

只能是在其中有所侧重而已。

其二,传记史学作为一种史学体裁,其特殊性就在于它必须较多地采用一些能揭示人物心灵和性格及其情操的轶事和所谓的小事,但这种小事或轶事绝不是传记作家凭空虚构或精心杜撰的产物,它必须有真实的资料来源,以反映真实的历史人物的性格和心理。因而真实性仍是其赖以存在的基础,尽管它的真实性与历史事件的真实性的表现方式可能有所不同。

其三,对于传记史学而言,它必须在选择体现人物性格和心灵的轶事中,将人物置于真实的社会历史大变动的背景中,置于真实的历史发展进程中,以准确体现和揭示历史人物在具体而生动的历史进程中的作用和表现,从而使人们在详尽地了解传记人物的同时,更详尽地了解具体而鲜活的历史进程。

其四,我们还是引用著名历史学理论家约翰·托什对后现代主义的轶事主义所做出的独到分析,作为我们对西方轶事主义的结论。托什先生认为:"后现代主义批判的核心在于,作为一种严格学术研究尝试的历史主义已死,应该加以抛弃。在抵制这种攻击中,历史学家不仅指出历史研究的缺陷被过分夸大了,而且指出,一种广泛的有关过去的历史主义立场在文化上是不可或缺的。它是有关现在与未来的批判性社会思想的一个前提。"[①]所以,历史叙述没有理由也不应该将两者截然对立起来,其原因非常简单,这也就是托什所认为的:"将过去视为是'他者'、将过去和现在联系起来的一揽子连贯叙事和历史编撰的解释模式,都是指导现实实践所必需的。如果了解过去的抱负被完全放弃,那么,我们就绝不可能确定现实是如何形成的。历史学的社会功能不能如此轻易地加以放弃。"[②]用卡尔的话来说,那就是:"根据过去了解现在也意味着根据现在去了解过去。历史学的功能就是通过两者间的相互关系获得对过去和现在的更深刻的理解。"[③]因而,对历史轶事的了解和叙述决不能代替对历史事件的理解;同时,也只有在整个历史发展的复杂多变的历史背景中,才能真正地了解人的心灵,从而也更为深刻地了解人自己的历史。如果以此来看司马迁在《史记》中所表现的历史轶事观念,即将轶事与宏大叙事二者之间有机联系的这一方法论,无疑将会对我们的历史研究,特别是对于现代的传记史学研究有深刻的启迪。

---

① [英]约翰·托什:《史学导论——现代历史学的目标、方法和新方向》,吴英译,第173页。
② [英]约翰·托什:《史学导论——现代历史学的目标、方法和新方向》,吴英译,第173页。
③ Carr, *What is History?*, New York: Knopf, 1964, p.62.

第五章

司马迁与普鲁塔克传记史学成就的历史原因

从史学史和史学理论两方面对世界史学史上最发达的两大史学系统的代表人物——司马迁和普鲁塔克的传记史学观念加以比较研究，一方面，可以较为清楚地看出中西古代传记史学的不同点和相同点：普鲁塔克《名人传》是古罗马时期集希腊罗马传记史学大成的史学传记，它集中体现了希腊罗马的史学观念，特别是传记史学观念。由于受希腊罗马理性的实质主义史学的影响，普鲁塔克传记史学观念主要表现为：历史和传记相分离，历史事件和历史人物相对立，文与史不能统一，真与善不能结合，因果判断与价值判断各执一端。而司马迁的《史记》分为五体，简称纪传体，其突出特点是：在"究天人之际，通古今之变，成一家之言"的史学纲领指导下，以"和而不同"的方式将"天人"和"古今"联结成为一个有机整体，用"通变"的思想对历史加以探索，显示了发达而深刻的历史思维。具体表现在传记史学方面为：传记同史学紧密结合，人与事不可分离，文与史水乳交融，真与善融为一体。但现在所面临的一个重要的问题就是：如何用理性的精神进一步去探讨和理清其史学中体现的辩证关系，以适应现代史学，特别是传记史学发展的需要。

另一方面，还可以看出这种不同点和相同点对现代中西史学，特别是对中西传记史学发展的明显影响，而更重要的则是论证并发扬光大了《史记》所包含的深刻的传记史学思想的重要性、必要性和合理性。显然，通过对司马迁与普鲁塔克传记史学观念的比较研究，不仅可以清楚地看出两者的共同点和不同点，并在对其共同点和不同点的深层分析中，了解中西两种史学模式形成的原因及其对中西传记史学所产生的深远而重要的影响。更重要的是有助于我们对现代中西传记史学思潮的正确把握,从而更好地推动中国传记史学不断地深入发展。

现在所要探讨的问题是哪些因素相互作用而促成了司马迁和普鲁塔克能够在传记史学中取得卓越的历史性成就?对此问题,马克思对古希腊无与伦比的艺术成就产生的原因进行分析,为我们探讨这一问题提供了很好的研究思路。

马克思曾对艺术,具体而言是对希腊非凡艺术成就非常惊叹和敬佩,并做出了自己的解释:"为什么历史上的人类童年时代,在它发展得最完美的地方,不该作为永不复返的阶段而显示出永久的魅力呢?有粗野的儿童和早熟的儿童。古代民族中有许多是属于这一类的。希腊人是正常的儿童。他们的艺术对我们所产生的魅力,同这种艺术在其中生长的那个不发达的社会阶段并不矛盾。这种艺术倒是这个社会阶段的结果,并且是同这种艺术在其中产生而且只能在其中产生的那些未成熟的社会条件永远不能复返这一点分不开的。"[①]

"但是,困难不在于理解希腊艺术和史诗同一定社会发展形式结合在一起。困难的是,它们何以仍然能够给我们以艺术享受,而且就某方面说还是一种规范和高不可及的范本。"[②]

毫无疑问,马克思早在19世纪对古希腊艺术的成就和原因所做的解释,直到今天还没有过时。马克思关于希腊艺术成就的论述具有普遍意义,而且他的这些解释完全能够恰当地解答司马迁和普鲁塔克传记史学取得了哪些成就这一问题,并进而可以从深层次上了解司马迁和普鲁塔克在史学上的杰出贡献及其重要的历史地位。

下面,我们按照马克思所指出的研究方法,将中西传记史学的代表人物——司马迁和普鲁塔克置于各自的历史文化发展轨道探求其特殊性,这种特殊性实际上包括四个方面的内容。

第一节 恢宏大气的中西传记史学产生和发展的文化土壤

如前所述,司马迁与普鲁塔克传记史学观念的可比性,与两者所处的中西

---

① 中共中央马克思恩格斯列宁斯大林著作编译局:《马克思恩格斯选集》第2卷,第29—30页。
② 中共中央马克思恩格斯列宁斯大林著作编译局:《马克思恩格斯选集》第2卷,第29页。

重要的历史时代有着重要关系。一方面，这是两者能够写著传记史学的最为深厚的历史背景和社会基础，是两者的共性之所在。但另一方面，由于两者所处时代的具体性和历史性，两者传记史学观念又有各自的特点。

《史记》的产生与司马谈和司马迁所处的一个新的历史时代有着极其紧密的关系，这正是《史记》之所以能够成为《史记》，而《名人传》之所以能够成为《名人传》的重要的时代背景。因此，研究这一问题对于深入探讨司马迁和《史记》的历史价值具有重要意义。

毫无疑问，在司马迁父子撰写《史记》的历史时期，正是中国历史上一个非常重要的历史发展时代——锐意进取的汉武帝时代。在汉武帝时期，中国历史上英才云集，人才辈出。班固在其《汉书》中记载：

> 汉之得人，于兹为盛，儒雅则公孙弘、董仲舒、兒宽，笃行则石建、石庆，质直则汲黯、卜式，推贤则韩安国、郑当时，定令则赵禹、张汤，文章则司马迁、相如，滑稽则东方朔、枚皋，应对则严助、朱买臣，历数则唐都、落下闳，协律则李延年，运筹则桑弘羊，奉使则张骞、苏武，将率则卫青、霍去病，受遗则霍光、金日磾，其余不可胜纪。是以兴造功业，制度遗文，后世莫及。①

显然，汉武帝超乎常规的求才用人方略，是造就了西汉强盛的关键因素。对此，班固就记载了汉武帝曾于元光元年（前134年）和元封五年（前106年）两次颁布求贤诏，征召社会贤达、隐居高士和名流学者。西汉名相公孙弘就先后二次被国人推荐，征为博士。

因为在长安任职，又逢"汉之得人，于兹为盛"的汉武盛世，司马迁得以结识汇聚于长安的天下贤能之士。包括贾谊之孙贾嘉，公孙季功（或为公孙弘），樊哙之孙樊他广，平原君朱建之子，冯唐之子冯遂，田叔少子田仁，梁人壶遂，杜陵苏建等。

然而，从学术思想上看，时人之中，对司马迁影响最大的莫过于他的父亲司马谈。从《史记·太史公自序》中可以明确地看到，司马迁之父司马谈是一个很有时代感和历史使命精神的历史学家，他的历史观念和使命精神对司马迁的史学思想产生了极大的影响。

元封元年（前110年）春天，汉武帝东巡渤海返回的路上，在泰山举行封

---

① 《汉书》卷58《公孙弘卜式儿宽传》，第2634页。

禅大典。但是司马谈作为参与制定封禅礼仪的官员，却因病留滞在周南，未能亲身参与封禅大典。奉命出使西南的司马迁在完成使命后，立即赶往泰山参加封禅大典，行到洛阳，却见到了命垂旦夕的父亲。弥留之际的司马谈对司马迁说：

> 余先周室之太史也。自上世尝显功名于虞夏，典天官事。后世中衰，绝于予乎？汝复为太史，则续吾祖矣。今天子接千岁之统，封泰山，而余不得从行，是命也夫，命也夫！余死，汝必为太史；为太史，无忘吾所欲论著矣。且夫孝始于事亲，中于事君，终于立身。扬名于后世，以显父母，此孝之大者。夫天下称诵周公，言其能论歌文武之德，宣周邵之风，达太王王季之思虑，爰及公刘，以尊后稷也。①

这一段，司马谈向司马迁讲的是中国文化的家国情怀。强调著史是中国史学的传统，是一项与个人的扬名、彰显家庭的荣光和忠诚于国家三者结合，具有重大历史意义的大事。而且，在司马谈看来，由其父子进行的著史工程不仅具有重要的历史意义，还具有更为紧迫的现实意义和政治意义。为什么呢？司马谈继续说：

> 幽厉之后，王道缺，礼乐衰，孔子修旧起废，论《诗》、《书》，作《春秋》，则学者至今则之。自获麟以来四百有余岁，而诸侯相兼，史记放绝。今汉兴，海内一统，明主贤君忠臣死义之士，余为太史而弗论载，废天下之史文，余甚惧焉，汝其念哉！②

这一段叙述的是，司马谈在即将去世的时候一再嘱托司马迁，他即将从事的史学是一份饱含使命感的事业，要求司马迁必须继承并完成这一事业，不要侮辱太史使命，要写出一部留名青史的著作。从那时候起司马迁就一直为这个使命而努力。显然，从某种意义上讲，《史记》其实是司马谈与司马迁父子两代学术研究的成果。

其后，在时人之中，对司马迁影响最大的则是两位大儒——董仲舒与孔安国。司马迁与上大夫壶遂讨论文学之时曾说过：

> 余闻董生曰："周道衰废，孔子为鲁司寇，诸侯害之，大夫壅之。孔子知言之不用，道之不行也，是非二百四十二年之中，以为天下仪表，贬天

---

① 《史记》卷130《太史公自序》，第3295页。
② 《史记》卷130《太史公自序》，第3295页。

子，退诸侯，讨大夫，以达王事而已矣。"①

而纵观《史记》可知，董仲舒之公羊学对司马迁的影响主要为：其一，公羊家以史变为基础，主张以有道伐无道，颂扬汤武革命，这都成为《史记》反暴政的思想基础；其二，公羊家"尊王攘夷"，主张"大一统"的思想，成为《史记》贯穿全书主要的政治观念；其三，公羊家崇让、尚耻之义是《史记》褒贬历史人物的道德标准。

至于孔安国对司马迁的学术影响，则表现在他对古文经学的请教和学习上。孔安国兼通今古文经学，是司马迁学习的内容。如何将两者融会贯通，将其精神渗透于《史记》的研究中，并对古文材料进行别择去取，这是司马迁述史的一个重要课题，因而孔子安国的经学思想，对司马迁著《史记》提供了重要的帮助。

显然，司马迁所处的汉代正是中华传统文化从春秋时期的"百家争鸣"同以儒家学说为中心发展的文化整合的时代。昔秦始皇崇尚"法""术"，"焚书坑儒"所导致的秦统治迅速崩溃的后果，从反面显示了儒学在维护封建统治中的重要性，而汉朝的建立及其企图传之无穷的迫切愿望，又为儒家在文化整合中树立其特殊地位提供了现实的必要性。从中华文化发展史看，吕不韦著《吕氏春秋》，"备天地万物古今之事"②，就其实质而言是在寻求为秦王扫六合，一统天下相适应的意识形态，但由于其杂糅百家，缺乏一种主体精神，故未被秦王采纳。而刘安向汉武呈献《淮南子》，虽也仿效《吕氏春秋》泛论万物，但其在具体历史事件的解释中，却又不得不借用儒家的许多以人为中心的思想。显然，该书已透露出中华文化发展的历史倾向——向儒家靠拢，因而具有大一统思想的儒学就成为当时中华文化发展的历史趋势和时代要求。

但在此需要指出的是，如何理解儒学，如何"继《春秋》"，儒家在文化体系中的具体地位问题，仍是当时贤良方士争论不休的难题。但不管怎么说，时过境迁的原始儒学已不能适应历史的需要，继承、改造儒学才是学者们的共识。对此，董仲舒捷足先登，利用阴阳术数改造儒学，使道德价值从属于现实的伦常，以适应专制统治的需要，因而在汉武策问中举中选，遂成为官方哲学，为封建专制统治涂上了浓浓的神采。因此，汉武帝以董氏的儒学理论为依

---

① 《史记》卷130《太史公自序》，第3297页。
② 《史记》卷85《吕不韦列传》，第2510页。

据,"崇儒更化""罢黜百家,独尊儒术"也就自在情理之中了。

那么,司马迁在这一文化整合的大潮中,在儒学日渐成为社会主体文化的趋向中,其态度如何呢?从《太史公自序》看,司马氏父子显然对文化整合,对儒学在文化体系中的地位,对儒学的内涵也颇有歧义。司马谈在《论六家要旨》中明显地表现出要在道家的前提下进行文化整合,因而对道家推崇备至,而对儒家颇有微词,司马谈说:

> 道家使人精神专一,动合无形,赡足万物。其为术也,因阴阳之大顺,采儒墨之善,撮名法之要,与时迁移,应物变化,立俗施事,无所不宜,指约而易操,事少而功多。儒家则不然。以为人主天下之仪表也,主倡而臣和,主先而臣随。如此则主劳而臣逸。至于大道之要,去健羡,绌聪明,释此而任术。夫神大用则竭,形大劳则敝。形神骚动,欲与天地长久,非所闻也。①

但是如果把司马迁的《孔子世家》和《老子韩非列传》加以对照的话,明显看出,在司马迁的思想体系中,儒家成为其思想的主流,道家则成为配角,这和其父司马谈的观念相左,但这绝不意味着司马迁以儒学为宗而抛弃、否定道家在其思想体系中的作用。当然,从历史观而言,道家无法成为司马迁历史观的核心内容,因为道家有明显的"绝圣弃智"反历史的一面,所以司马迁的历史观只有在其所言的"继《春秋》"中寻找,从而形成了自己的文化架构。

但在此需要说明的是,这并非意味着道家在司马迁的历史观念、道德价值观体系上无所作为,实际上,道学思想是司马迁道德伦理体系中的重要组成部分,并成为其改造发展儒学道德伦理的重要思想武器。因为对于道家来讲,其和儒学相同之处在于所探求的也是天人合一。所不同的,儒家是以人为主体,以人统天,道家则是以天为主体,以天统人。当然,道家的自然造化之天,其本身并不能作为主体建立起来,但它却可以与人事建立起对立的关系,作为否定人事的支点,从而促使人们和现实伦常拉开距离,对立起来。这一对立不但为个体的独立和自由提供了前提,而且也为个体对现实的认知和批判提供了依据。

因此,司马迁的思想体系是以儒家学说为基础,扬其长,避其短,又吸取了道家的思想以丰富、补充并发展了儒学道德伦理思想。在深入探讨历史发展规律的前提下,忠于事实,"网罗天下放失旧闻,略考其行事,综其终始,稽其

---

① 《史记》卷130《太史公自序》,第3289页。

成败兴坏之纪……以究天人之际，通古今之变，成一家之言"。从而使人的道德价值同历史事实、历史进程、历史的规律紧密地结合起来，并为道德价值观提供了坚实的基础。用班固的话来说，司马迁著《史记》，"其文直，其事核，不虚美，不隐恶，故谓之实录"①。形成了出于儒家但又不同于儒家的新思想体系，为儒学注入了强烈的批判意识。因而，在《史记》中随处可见道家批判学说的烙印，甚至班彪评价说："诚令迁依《五经》之法言，同圣人之是非，意亦庶几矣。"②意思是说，如果让司马迁遵照《五经》的礼法之言，其言行符合圣人的是非标准，那就差不多了，自然可以避祸了。这也难怪班固在《汉书·司马迁传》中批评司马迁"论大道则先黄老而后六经"。当然，这只能是班彪父子的一家之言，司马迁对《春秋》的理解，即"《春秋》之义"，与他们的理解其实并不相同。

固然学术界公认班固的这一评价失之于偏颇，但在此需要稍加解释的是，学者们多从考证的角度来证明"先黄老而后六经"之归属，从而忽视了道学在司马迁道德价值体系中所具有的重要地位，结果就难以理解《史记》所表示出来的对现实丑恶的强烈批判意识，也难以理解司马迁从"继《春秋》"开始到"成一家之言"的逻辑体系中所包含的深刻道德价值观。

因此，司马迁道德价值观的基本特点，乃是从哲学的高度，论证了自然和社会历史的规律性和客观性，并在此基础之上又突出了人的道德价值；从"继《春秋》"开始，而又高于《春秋》"成一家之言"，形成了独特的新的道德价值观。在司马迁看来，人的道德价值绝不是仅仅追求自身人格的不断完善而超凡脱俗，也不是致力于道德和伦理纲常的统一，而是将道德价值同社会历史进程紧密结合起来，在社会历史进程的规律性中考察人的道德价值。其结果就是，司马迁的道德价值观完全突破了自孔子以来儒学道德价值的内在机制及趋向，人的道德价值获得了自由的场所和依据，并和社会伦理秩序拉开了距离，使道德主体和它的世界建立起一种真正的理性认知关系，从而具有独立性和自律性，最终将儒学的道德价值观推进到一个新的高度。

普鲁塔克是古罗马时期著名的传记史学家，他生活在强盛的罗马帝国所统治的希腊地区，他创作的《名人传》具有极其明确的历史目的。他在书中突出地表达了自己的人文价值观和对生活在罗马帝国下的芸芸众生的真诚关注乃至

---

① 《汉书》卷62《司马迁传》，第2738页。
② 《后汉书》卷40上《班彪列传》，北京：中华书局，1965年，第1325页。

于终极关怀,他用他的远见卓识,在著名历史学家波里比阿所开创的希腊罗马文化应该真正融为一体的这一历史观念的基础上,进一步主动地将希腊人的历史命运同罗马帝国的历史命运结合起来。在他看来,只有在二者的结合中,即在希腊高度发达的文化和罗马帝国强大的政治军事力量的结合中,才可能不仅仅为希腊人,而且也为罗马人带来人生最好的精神状态和国家最好的社会组织形态,才能真正彰显理性的最终目的。这一进程从历史学家波里比阿《通史》到普鲁塔克《名人传》的思想观念变化中可以得到明显说明。

经过罗马对希腊多次的征服战争,"光荣的希腊"终于被并入"伟大的罗马"的版图之中。对于这一残酷的社会现实,有着悠久自由和民主传统的希腊人对于罗马人怀有一种极其复杂的情感,在罗素看来,这一情感"是一种夹杂着恐惧的鄙视;希腊人认为自己是更文明的,但是在政治上却较为软弱。如果罗马人在政治上有着更大的成功,这只说明了政治是一桩不光彩的行业……但是也有少数人,他们的眼光要比亚里士多德对亚历山大所曾表现过的更为深刻,他们认识到了罗马的伟大乃是由于有着希腊人所缺乏的某些优点"[1]。对于这一点,当时著名的希腊史学家波里比阿通过其历史著作进行了回答。

历史学家波里比阿出生于希腊的阿加地亚,他是作为一个因犯而被送到罗马去的。但是到了罗马之后他却有幸做了罗马权贵小西庇阿(Publius Cornelius Scipio Aemilianus)的朋友,并伴随着小西庇阿经历过许多次征战,比如罗马灭亡迦太基的第三次布匿战争,波里比阿就曾伴随小西庇阿亲身经历。正是由于这一特殊的遭遇使得波里比阿精通拉丁文,从而对罗马社会的各个方面,特别是罗马的政治制度和军事制度有了较为深刻的感受和理解。所以,他就在《通史》中比较深刻地探讨了罗马能够征服全世界的原因之所在。在波里比阿看来,布匿战争是罗马征服的一个重要的分水岭,从此之后,整个世界历史发展的一个趋势就是不断地被罗马征服的过程。之所以如此,是因为在波里比阿看来,不管是从双方政治制度的差异,还是从双方士兵为国的忠诚度和纪律性等方面而言,一盘散沙的希腊诸城邦与罗马相比较只是一群任性的小孩,并无胜算的可能性和现实性,出于希腊的文化传统,波里比阿还必须为这一历史的结论寻找更为高远的哲学依据。对此,波里比阿将历史的结论最终归之为抽象的"命运"使然。所以他认为,对于自负而骄傲的希腊人而言,他们昔日的历史确

---

[1] [英]罗素:《西方哲学史》上卷,何兆武、李约瑟译,北京:商务印书馆,1963年,第348页。

实是辉煌的。但对于正在进行巨大变革的地中海历史现状，已无可奈何，也只能服从于这一不被希腊人操纵的命运摆布。所以，波里比阿是从历史发展的原因方面指出了希腊服从罗马的历史必然性。如罗素指出：波里比阿"为了教益希腊人而写出了布匿战争史，……当他写作的时候，他对罗马体制的赞美已经是过时的了；但是在他的时代以前，罗马的体制与绝大多数希腊城邦不断变化着的体制比较起来，却要更富于稳定性与效率。罗马人读了他写的历史自然是高兴的；然而希腊人是否如此就值得怀疑了"①。

历史经历了二百多年的发展，到普鲁塔克时代，作为一个希腊传统思想的保持者，他所面对的问题与波里比阿时期已经迥然不同了，即他所考虑的不再是从理论上论证罗马统治希腊的历史必然性这一问题，而是在思想上进一步探讨和论证希腊文化和罗马文化和睦相处问题。所以，罗素指出："普鲁塔克在他的《希腊罗马名人传》一书中，追溯了两国大部分显赫人物的平行发展。他在罗马度过相当长的时间，并且受到了哈德里安与图拉真（Trajan）两位皇帝的尊敬。除了他的《名人传》以外，他还写过无数关于哲学、宗教、道德以及自然史的作品。他的《名人传》一书显然是想在人们的思想里把希腊和罗马调和起来。"②因此，张广智先生认为："他的《希腊罗马名人传》及其作者本人，都深刻地反映了希腊文化与罗马文化交流与融合的时代印记。"③这是普鲁塔克基于当时的社会现实而进行的独立思考，这一独立的思考意识不仅仅是对当时希腊所流行的一些陈腐而狭隘的城邦思想的有力批判，更重要的是因为他站在整个罗马帝国的角度来看待希腊和罗马的前途命运所得出的必然结论，因而希望希腊和罗马和睦相处则是其著作的基本观点。在他看来，这一观点不仅是对希腊人的要求，同时也是对罗马人的要求。J. W. 汤普森指出："他钦佩罗马文明和帝国的政治团结，但他爱的是他的故国，他对罗马漠然置之的种种影响却很敏感。"④因此，普鲁塔克在其斯多葛派伦理哲学的指导下，运用《名人传》这一形式，来表达他对政治、对人生的看法，而罗马人与希腊人真诚而尊重地和睦相处则是其最终目的，因而《名人传》包容了非常广泛而深刻的人生理念。正因为这样，《名人传》才可能在给人们以无尽的精神享受之外，还昭示了人生

---

① ［英］罗素：《西方哲学史》上卷，何兆武、李约瑟译，第349页。
② ［英］罗素：《西方哲学史》上卷，何兆武、李约瑟译，第350页。
③ 张广智：《西方史学史》，上海：复旦大学出版社，2000年，第56页。
④ ［美］J. W. 汤普森：《历史著作史》上卷第1分册，谢德风译，第159页。

的意义和目的,具有穿越历史时空的魔力。直到今天它还在以独有的艺术和思想魅力,吸引着不同学科的人们去研究,并从中获得知识和进一步发展的营养。

显然,如果将两者所处的时代思想加以概括的话,就会发现,司马迁时代,中国的历史思想正在发展。作为一家之言,司马迁的历史思想与正在形成的社会现实有一定距离,并建立起了一种批评关系,有着独立的历史意识以及明显的个性,这种个性当然是时代性的重要表现。而对于普鲁塔克来讲,他对这种罗马历史发展的趋向,出于更为明显的迎合态度,更加重视人物性格和思想的共性,而有意淡化希腊和罗马历史发展的不同性,着意两者的思想共性。因而,从历史反思的深度而言,普鲁塔克的《名人传》与司马迁的《史记》相较还是有着明显的差别。

第二节　司马迁和普鲁塔克具有突出的才、学、识史学修养

那么成就良史在其所需要的客观条件之外,是否还需要一些主观的条件?如果有的话,主观的条件是什么呢?这同样是一个重要问题。我国唐朝著名历史理论家刘知几对这一问题也进行了思考,并给出了具有深度的回应。

《新唐书》中有一段刘知几与时任礼部尚书郑维忠的对话,颇有新意。

> 礼部尚书郑惟忠尝问:"自古文士多,史才少,何耶?"对曰:"史有三长:才、学、识,世罕兼之,故史者少。夫有学无才,犹愚贾操金,不能殖货;有才无学,犹巧匠无楩楠斧斤,弗能成室。善恶必书,使骄君贼臣知惧,此为无可加者。"时以为笃论。①

这是刘知几关于史学人才本身要素的论述。刘知几针对朝廷礼部尚书郑维忠的问题——自古以来,文士多而史学人才少的原因做了自己的回答。

在刘知几看来,史学人才必须具有"三长":其一为"才",这是治史的基本才能;其二为"学",指的是人的学术水平;其三为"识",指的是人具有的能够洞察社会历史发展大势的能力。显然,要兼有三者之长,谈何容易,所以史学人才便自然稀少。接着,刘知几又以生动的比喻深入一步阐明为什么史学人才必须兼备才、学、识三个要素,他指出一个史学者如果只有知识而无才

---

① 《新唐书》卷132《刘子玄传》,北京:中华书局,1975年,第4522页。

能,那便会像愚昧的商人一样虽然拥有资金却不能增殖财货,如果只有才能而无知识,那就如同能工巧匠,没有必要的好木料和工具,也无法建造成房屋。他特别强调,作为真正的史学人才,无论对善还是恶,都必须如实记录,从而使那些骄横的君王和奸邪的臣子有所畏惧,不敢再胡作非为,史者能够这样做,便是好得无可复加了。当时的人们都首肯刘知几的这一观点,认为这一观点是正确的,是无可置疑的。

刘知几在此对成为良史的主观条件进行了深入浅出的回答,清晰地说明了治史者需才、学、识的三者兼顾,缺一不可,这是治史者的基本修养。而在其中,有明确的善恶观,并能以此为武器使骄君、贼臣畏惧的史官,较之于一般的文人雅士,的确是难以找到的。下面,我们就以刘知几提出的才、学、识为基本标准,来探讨司马迁与普鲁塔克两者成就良史的原因。

从我国史学思想史的角度而言,司马迁之所以能够创作出《史记》,成就良史,获得崇高历史地位的原因乃在于:

其史家的家学渊源和史家的学术传统在其创作《史记》中所发挥的重要作用。司马迁祖上世代为史官,从小就接触史学,这对司马迁培养史学兴趣十分有利。作为专业的历史学家,司马谈有着极其深厚的学术造诣,有意对司马迁进行系统而专业的教育和培养,司马迁天资聪敏好学,自幼就接受父亲的悉心教诲,通读《左传》等古籍,后来司马谈又为他请了两位大师:孔安国和董仲舒,这一阶段大大提升了司马迁的才学。而在形成"识"的过程中,有两件大事,对他才产生了重大影响。一个是青年时期的游历活动,司马迁在二十岁时,开始游历天下,遍访河山去搜集遗闻古事,其间还奉使西南,经略地方。据他自己说:

> 二十而南游江、淮,上会稽,探禹穴,窥九疑,浮于沅、湘;北涉汶、泗,讲业齐、鲁之都,观孔子之遗风,乡射邹、峄;厄困鄱、薛、彭城,过梁、楚以归。于是迁仕为郎中,奉使西征巴、蜀以南,南略邛、筰、昆明,还报命。①

司马迁先后探访了大量的历史遗迹,比如探禹穴、考察孔子故居、屈原遗迹和韩信故乡等。在《太史公自序》中,司马迁特别说明了他年轻时的这一经历。从其后著《史记》而言,这一难得人生经历对其历史观念的建立意义重

---

① 《史记》卷130《太史公自序》,第3293页。

大，具体表现在两个方面。

一方面，增加了他对中国历史知识的理解，这表现在他的历史材料意识突破了单纯的国家档案材料的限制，从而和真实的社会历史进程、社会文化结合起来；另一方面，这一经历也加深了他对历史本身的深刻理解，增强了著史的历史主体意识的培养，大大加深了司马迁对历史的宽宏深厚的认识。

司马迁的这一经历之所以如此重要，一个重要原因在于他们父子筹划的历史题材是通史。《史记》是从黄帝开始记述的，总共包含了三千年的历史。在这三千年的历史过程中，其中存有文献资料的历史仅不足千年，大量的历史时期是没有文献可考的，姑且不说资料稀缺与真伪问题；再一个就是代秦而立的汉王朝，其大部分人出身于布衣，早期的历史也无法了解，只有通过调查取证，才能拥有一些从汉国家档案馆无法获得的资料。

因此，司马迁的游历活动，不仅使他的视野得以扩大，还大大加深了他对历史变化的感受和认知。使他看到了众多的杰出人物或功成名就的帝王将相早期的人生经历，加深了人在社会历史进程中的变化和中心这一主题意识。这一经历的认识和思想成果其后表现在他的《史记》著作中。在《史记》中，学界不但能深切感受到中国历史发展进程中的真实性和变化性，同时，学者同样能感受到弥漫于《史记》中的人民性，即人性和人的作用，在历史进程中明显得到了彰扬。由此，学者注意到，《史记》中特别挖掘了刘汉代秦、楚汉相争中刘汉的能人武将大多皆出身于社会下层布衣的这一重要现实。[①]由此，清代学者赵翼则在其《廿二史札记》中专设"汉初布衣将相之局"一条，以阐述《史记》的历史特色和观念。用朱本源先生的观点来理解《史记》中所渗透的历史意识的话，《史记》的历史意识是以"继《春秋》"为其理论起点，再到司马迁《史记》"通变"观念，其中所贯穿的传统的历史观念，实际就是现代西方"年鉴学派"所倡导的"社会总体史"，即它是将整体的社会发展内容记叙其中，并在这一过程中，与整体的社会内容，军事、政治、文化思想和社会生活等方面的内容紧密地结合起来了。[②]德国的史学家德罗伊森还认为："直到人们把碑塔纪念物以及非文字遗物也当作了历史材料，并建立了处理它们的方法之后，研究的深度增加了，基础渐渐稳固了。"[③]游历活动使司马迁增长了许多学识，极大地

---

① （清）赵翼著，王树民校证：《廿二史札记校证》，第36—37页。
② 朱本源：《孔子史学观念的现代诠释》，《史学理论研究》1994年第3期，第36—37页。
③ ［德］德罗伊森：《历史知识理论》，胡昌智译，第92页。

开阔了他的视野,为以后撰写《史记》打下基础。如此看来,司马迁游历天下也是他著史的内在要求。

在《太史公自序》中,司马迁还专门记叙了其父司马谈对其学术上的重要教诲。特别是针对当时学界的不同观念,司马谈向司马迁阐述了自己对当时各个学派的看法,指出了各门的学术特点、长处和不足,这些观点对司马迁的学术影响也非常大。司马迁在其自序中是这样写的:

> 太史公仕于建元元封之间,愍学者之不达其意而师悖,乃论六家之要指曰:《易大传》:"天下一致而百虑,同归而殊涂。"夫阴阳、儒、墨、名、法、道德,此务为治者也,直所从言之异路,有省不省耳。尝窃观阴阳之术,大祥而众忌讳,使人拘而多所畏;然其序四时之大顺,不可失也。儒者博而寡要,劳而少功,是以其事难尽从;然其序君臣父子之礼,列夫妇长幼之别,不可易也。墨者俭而难遵,是以其事不可遍循;然其强本节用,不可废也。法家严而少恩;然其正君臣上下之分,不可改矣。名家使人俭而善失真;然其正名实,不可不察也。道家使人精神专一,动合无形,赡足万物。为术也,因阴阳之大顺,采儒墨之善,撮名法之要,与时迁移,应物变化,立俗施事,无所不宜,指约而易操,事少而功多。儒者则不然。以为人主天下之仪表也,主倡而臣和,主先而臣随。如此则主劳而臣逸。至于大道之要,去健羡,绌聪明,释此而任术。夫神大用则竭,形大劳则敝。形神骚动,欲与天地长久,非所闻也。①

司马谈嘱托司马迁竭尽全力撰写《史记》,《汉书》的作者班固是这样叙述的:

> 是岁,天子始建汉家之封,而太史公留滞周南,不得与从事,发愤且卒。而子迁适反,见父于河洛之间。太史公执迁手而泣曰:"予先,周室之太史也。自上世尝显功名虞夏,典天官事。后世中衰,绝于予乎?汝复为太史,则续吾祖矣。今天子接千岁之统,封泰山,而予不得从行,是命也夫!命也夫!予死,尔必为太史;为太史,毋忘吾所欲论著矣。且夫孝,始于事亲,中于事君,终于立身;扬名于后世,以显父母,此孝之大也。夫天下称周公,言其能论歌文武之德,宣周召之风,达大王王季思虑,爰及公刘,以尊后稷也。幽、厉之后,王道缺,礼乐衰,孔子修旧起废,论

---

① 《史记》卷130《太史公自序》,第3288—3289页。

《诗》《书》，作《春秋》，则学者至今则之。自获麟以来四百有余岁，而诸侯相兼，史记放绝。今汉兴，海内一统，明主贤君，忠臣义士，予为太史而不论载，废天下之文，予甚惧焉，尔其念哉！"迁俯首流涕曰："小子不敏，请悉论先人所次旧闻，不敢阙。"卒三岁，而迁为太史令，䌷史记石室金鐀之书。①

公元前110年，司马谈因病去世。司马迁28岁时，继承父业，任太史令，并遵父命，著述历史。这样看来，似乎司马迁的人生正在顺利地朝着自己所设定的目标前进，但意外发生了。这就是在司马迁人生历程中一个重要的事件，即因替李陵败降之事辩解而受其人生最大的灾难——"宫刑之辱"。

汉武帝天汉二年（前99年），汉武帝派李陵随同贰师将军李广利北击匈奴。李陵率步兵五千行至浚稽山时，却遭遇匈奴单于之兵，粮尽矢绝之后，李陵最终降敌。君臣上下愤怒异常，唯有司马迁根据他对李陵的了解，又为解君忧，说李陵并非真心降敌，他是苟延残喘，其实乃将以有为大汉也。②但此后，汉武帝根据不实情报，即李陵为匈奴练兵以期反击汉朝，斩杀李陵全家，并进而以"欲沮贰师，为陵游说"③为由，株连司马迁以死刑。

面对大辟之刑，若慕英豪侠士求义而死，则名节可保，可谓死得其所，然于司马迁而言，他对史官地位和作用的反思，以及在生与死的惨痛境域中不断思考，促使使他对"春秋之义"有了自己的感受。因此，他是在孔子的"但知其不可为而为之"精神的鼓舞下，下定决心，以践行《春秋》之'义'，进行抗争，这在其《报任安书》中有明晰的反映。

> 古者富贵而名摩灭，不可胜记，唯倜傥非常之人称焉。盖文王拘而演《周易》；仲尼厄而作《春秋》；屈原放逐，乃赋《离骚》；左丘失明，厥有《国语》；孙子膑足，《兵法》修列；不韦迁蜀，世传《吕览》；韩非囚秦，

---

① 《汉书》卷62《司马迁传》，第2715—2716页。
② 司马迁在《报任安书》中说："夫人臣出万死不顾一生之计，赴公家之难，斯已奇矣。今举事一不当，而全躯保妻子之臣随而媒孽其短，仆诚私心痛之。且李陵提步卒不满五千，深践戎马之地，足历王庭，垂饵虎口，横挑强胡，仰亿万之师，与单于连战十有余日，所杀过当。虏救死扶伤不给，旃裘之君长咸震怖，乃悉征左右贤王，举引弓之民，一国共攻而围之。转斗千里，矢尽道穷，救兵不至，士卒死伤如积。然陵一呼劳军，士无不起，躬流涕，沫血饮泣，张空弮，冒白刃，北首争死敌。陵未没时，使有来报，汉公卿王侯皆奉觞上寿。后数日，陵败书闻，主上为之食不甘味，听朝不怡。大臣忧惧，不知所出。仆窃不自料其卑贱，见主上惨凄怛悼，诚欲效其款款之愚，以为李陵素与士大夫绝甘分少，能得人之死力，虽古名将不过也。身虽陷败，彼观其意，且欲得其当而报汉。"《汉书》卷62《司马迁传》，第2729—2730页。
③ 《汉书》卷54《李广传》，第2456页。

《说难》《孤愤》;《诗》三百篇,大底圣贤发愤之所为作也。此人皆意有郁结,不得通其道,故述往事,思来者。乃如左丘无目,孙子断足,终不可用,退而论书策,以舒其愤,思垂空文以自见。①

司马迁在此列举的古代圣贤,都是在与现实的矛盾中依旧能坚守本心之人。在屡屡碰壁之后,他们的选择并非向现实妥协、投降,从而放弃了自己的人生目的,而是不屈不挠,发愤著书立说,让历史来证明孰是孰非。因此,司马迁是这样说的:

亦欲以究天人之际,通古今之变,成一家之言。草创未就,适会此祸,惜其不成,是以就极刑而无愠色。仆诚已著此书,藏之名山,传之其人通邑大都,则仆偿前辱之责,虽万被戮,岂有悔哉!②

《史记》未写成,功名未立,司马迁背负着父亲穷尽一生也未能完成的理想。终于,在那个"臧获婢妾犹能引决"③的时代,司马迁面对极刑而无惧色,毅然选择了以腐刑赎身死,惨受宫刑之辱。在极端的坚忍与无法忍受的屈辱中,终于完成只能属于司马迁的使命与功名。

显然,司马迁是以向现实抗争的方式来表达自己对历史观念和现实政治的看法,他真正实践了刘知几所谓的史识——"善恶必书,使骄君贼臣知惧"的史学境界,被鲁迅先生誉为"史家之绝唱,无韵之离骚",列为"前四史"之首,与《资治通鉴》并称为"史学双璧"。

普鲁塔克所生活的时代,正当罗马帝国的盛年之时,他亲身经历了罗马公元一世纪的繁荣时期。这时的罗马帝国政治相对稳定、经济发达、文化繁荣,这些都对普鲁塔克的传记思想和哲学思想产生了强烈而持久的影响。作为一个罗马统治下的希腊著名学者,普鲁塔克对罗马帝国已有了较高的认同感,这在他的哲学著作和传记著作中都得到比较充分的体现,正如郭圣铭先生所指出的:"普鲁塔克既是希腊的硕学通才,又是罗马的公民。在他身上,体现着希腊文化与罗马文化相融合的结果。"④显然,普鲁塔克的真实生活经历与他的思想态度十分吻合。也正是由于普鲁塔克自身所具有的突出的学术成就和名望,其

---

① (南朝·梁)萧统编,(唐)李善注:《文选》,第1276页。
② 《汉书》卷62《司马迁传》,第2735页。
③ 《汉书》卷62《司马迁传》,第2733页。
④ 郭圣铭:《古希腊传记作家普鲁塔克》,《历史教学》1983年第1期,第42页。

声名不胫而走，同时他对罗马帝国的认同感，使他得到了罗马帝国最高权力阶层的关注。有资料证明，他曾被罗马的哈德良皇帝任命为资深长官。有趣的是，人们对普鲁塔克的记忆并非其仕途经历，而是由他撰写的大量名人传记，正是通过他具体而生动的叙述，人们对希腊罗马名人的历史乃至于生活的许多细节，都有较为清晰的了解，这也成为普鲁塔克一生中最耀眼的成果。

显然，古希腊丰厚的文化基础滋养着普鲁塔克的文化心灵，即使在他所处的公元一世纪，古希腊文化的黄金时期早已成为过去，其文化独立发展的空间也已经不存在。但希腊文化的影响不仅在希腊地区有着传统的不可替代的影响，而且就在罗马帝国时期，也有着广泛的影响。比如，为了促进罗马帝国文化的发展，罗马的多位皇帝亲临希腊，安抚希腊的同时，更期望希腊文化在为罗马帝国寻找一个统一帝国的意识形态方面做出自己的努力。而他所信奉的斯多葛派哲学，在这时期有了用武之地，因为这一哲学所秉持的是世界主义观念，这一观念，对于当时具有世界性的罗马帝国构建其新的具有世界意义的意识形态而言，极具现实意义。最典型的事例，就是基督教的思想来源和不断发展的思想动力之一——斯多葛派的世界主义思想观念就在其《名人传》中表现出来，我们可以明显地看到普鲁塔克传记史学观念的价值意识和目的意识，因而也特别能够表现出普鲁塔克运用传记史学来引导社会现实的卓"识"。

显然，两者的共性都是看到了中西各自历史发展的大势，都是自觉地以传记史学观念来解释现实问题，表现了与时代共进的一面。但不同的地方则是，司马迁的"识"具有更多的史学性，具有更多的历史真实性，具有更多的史学批判性，而普鲁塔克的"识"则主要落脚于两者的共同性，两者的妥协性和合作性。

第三节　司马迁所具有的突出的"史德"意识

刘知几的史有"三长"的观点对后世的中国史学影响很大，已成学界的定论。其后的中国史学观念在此基础上，不断丰富和深化，使历史学家的主观条件更为全面。具体而言，到清代，著名史学思想家章学诚在刘知几的"三长"之外，又提出了"史德"这一重要观念，使刘知几所提出的史家修养更为完备。

在《文史通义》中，史德的意思就是史家"著书者之心术也。……盖欲为良史者，当慎辨于天人之际，尽其天而不益以人也。尽其天而不益以人，虽未能至，苟允知之，亦足以称著述者之心术矣"①。从表面上看，章学诚这一观念似乎是谈史学家个人的德性，如此一来，和刘知几在《史通》一书中所讲的"秉笔直书""善恶直书"颇为相似，但在章学诚的史学观念体系中，史德又具有了独特而重要的功能和作用。这一功能和作用主要表现在史学家个人应在史学研究中，最大限度地尊重历史事实的真实性，特别强调了在历史研究中，应当将历史的研究建立在真实的历史事实的基础之上。当然，在近代，学界对此问题又继续讨论，在刘知几和章学诚史学观念的基础上，梁启超先生在《中国历史研究法》中，对刘知几以来各种论述史家的主观条件加以总结，提出了自己的"四长"观——"德""才""学""识"。即梁启超将章学诚原先置"史德"于第四位的顺序加以重大调整，将"史德"置于史家"四长"的第一位。正如梁启超所说的："至于这几种长处的排列法，各人主张不同：子元以才为先，学次之，识又次之；实斋又添德于才学、识之后。今将次第稍为变更一下，先史德，次史学，又次史识，最后才说到史才。"②应该说，梁启超先生对历史学家个人修养和才能的认识更为全面和准确，因而更为现代学者所赞同。

史德是对历史学家个人品格的主观要求。《史记》呈现了司马迁本人对历史进程的真实看法，表达了他对历史进程是非和价值的评判。由此，有些学者只是从司马迁个人的经历中来寻找这个原因，比如，班固在对司马迁的看法中就包含了这方面的意思，而最明显的就是魏明帝对司马迁的评价。

不过，在陈寿的《三国志·王肃传》中，却记载了魏明帝和王肃之间的一段话语，令人深思，也令人叹息：

> 帝又问（王肃）曰："司马迁以受刑之故，内怀隐切，著《史记》非贬孝武，令人切齿。"（肃）对曰："司马迁记事，不虚美，不隐恶。刘向、扬雄服其善叙事，有良史之才，谓之实录。汉武帝闻其述《史记》，取孝景及己本纪览之，于是大怒，削而投之。于今此两纪有录无书。后遭李陵事，遂下迁蚕室（处宫刑的监狱）。此为隐切在孝武，而不在于史迁也。"③

---

① （清）章学诚著，叶瑛校注：《文史通义校注》，第219—220页。
② 梁启超：《中国历史研究法（外二种）》，第171页。
③ 《三国志》卷13《魏书王肃传》，北京：中华书局，1959年，第418页。

学界一般认为，三国时代上距西汉不远，应该说《三国志》的记载是可信的。王肃说汉武帝"取孝景及己本纪览之，于是大怒，削而投之"，这里的关键问题是，为什么刘彻看后如此大怒呢？就是因为在二人本纪里写了许多皇帝不愿意看到的历史事实。由此，汉武帝就"削而投之"，说明刘彻对司马迁的写法是多么的愤恨了。这么一来，"后经李陵事，遂下迁蚕室"，就十分好理解了。

显然，在《史记》中，司马迁的个性和思想表现为两个方面：一方面，是他对当时社会历史发展进程认同的一面，也决心在这个时代中做出自己的成绩，这主要表现在他对社会进程的一种肯定和讴歌，以写就历史；但另一方面，在《史记》中，也同时表现了和当时社会的状况相矛盾的一面，对于这种不协调性，其实所表现的就是司马迁道德价值观问题。许多学者是在司马迁的思想中去寻找，其中，最典型的是司马迁史学思想的来源是什么，是儒家还是道家的问题，核心问题是如何认识和理解渗透于《史记》中的司马迁道德价值观的内容，和其批判精神的思想来源问题。

这样一来，首先就是要探讨司马迁的道德价值模式的基本理论是什么呢？关于这一问题，也是司马迁本人著《史记》所关心和必须回答的问题。他是这样回答的，"继《春秋》"。即司马迁的哲学思想在"正《易传》"的指导下，对《春秋》的道德价值内涵做出了自己的判断和吸收。

一代儒学宗师董仲舒以为，孔子著《春秋》："是非二百四十二年之中，以为天下仪表，贬天子，退诸侯，讨大夫，以达王事而已矣。"[①]

司马迁对此说得更清楚："夫《春秋》，上明三王之道，下辨人事之纪，别嫌疑，明是非，定犹豫，善善恶恶，贤贤贱不肖，存亡国，继绝世，补敝起废，王道之大者也。"[②]

司马迁所谓的"三王之道"（即"王道"）是指夏、商、周三代所奉行的政治制度，三代政治制度的根本特点在于实行"礼治"，即"礼义以为纪；以正君臣，以笃父子，以睦兄弟，以和夫妇"。因而"礼治"实为"德治"。由此，司马迁也认为：

> 夫不通礼义旨，至于君不君，臣不臣，父不父，子不子。夫君不君则犯，臣不臣则诛，父不父则无道，子不子则不孝。此四行者，天下之大过

---

① 《史记》卷130《太史公自序》，第3297页。
② 《史记》卷130《太史公自序》，第3297页。

也。以天下之大过予之，则受而弗敢辞。故《春秋》者，礼义之大宗也。①

此段话语的意思用孟子的话来说，那就是"孔子成《春秋》而乱臣贼子惧"②。

因此，孔子著《春秋》，使中国史学从一开始就成为具有示范、教育的"训诲史学"，其实质为道德史学，历史事件被看成是道德价值的体现者和具有道德意义的关系网络。同时，按照司马迁的理解，孔子在对历史事实历史人物进行道德评判的基本理论是"善善恶恶、贤贤贱不肖"，将因果判断和道德评判统一起来。但是，还需指出，对于孔子来讲，其虽然提出了"不虚美，不隐恶"的道德价值评判准则，但又奉行了"为天子讳，为贤者讳，为亲者讳"的价值评判通例，如司马迁所指出的：《春秋》"约其文辞而指博。故吴楚之君自称王，而《春秋》贬之曰'子'；践土之会实召周天子，而《春秋》讳之曰：'天王狩于河阳'，推此类以绳当世。"③"孔氏著《春秋》，隐桓之间则章，至定哀之际则微，为其切当世之文而罔褒，忌讳之辞也"④。

因而，孔子道德价值观同其道德的形而上学一样，过分强调了人的道德性，用道德价值观作为评判历史事实、历史进程的标准和工具，带有历史因果从属道德价值的弱点，因此，仅仅认为司马迁"继《春秋》"是继承了孔子道德价值观，即贯穿于《春秋》之中的"义"，是不能说明司马迁道德价值模式的本质，事实上，司马迁道德价值模式的本质在于从"继《春秋》"开始，但又高出于《春秋》——"成一家之言"。那么"成一家之言"的具体内涵是什么？

本书认为，这一内涵表现在道德哲学上就是司马迁在以儒学"仁爱"思想为主体的前提下，主要吸收了道家的"愤世"思想，从而使司马迁的道德价值模式从《春秋》道德与现实的统一中拉开了距离，使道德与现实又对立起来，形成了道德与现实的伦理纲常，既对立又统一的道德价值模式，使人的道德性获得了真正的自由，并在这种自由中来体现道德性的崇高，来体现人的道德价值。因为这一问题是探讨司马迁道德价值模式的关键所在，因此我们在此略加探讨。

更为重要的是，我们还应该透过司马迁传记史学的这一层面，同产生其思

---

① 《史记》卷130《太史公自序》，第3298页。
② （宋）朱熹：《四书章句集注·孟子集注》卷六，北京：中华书局，1983年，第273页。
③ 《史记》卷47《孔子世家》，第1943页。
④ 《史记》卷110《匈奴列传》，第2919页。

想的社会历史发展进程结合起来理解，这样才有可能更为深刻地认识司马迁和《史记》中的个性所反映的重要社会历史内容，从而可以加强全面认识《史记》传记史学这一问题的重要意义。

对于普鲁塔克而言，其史德也是如此，他在《论希罗多德的险恶》这篇文章中表现得最为突出。从题目看，这篇文章主要是以批评希罗多德的史学观念为主旨，当然，要批评作为"历史之父"的希罗多德并非易事，他得首先提出自己史学批评的理论依据。所以，这篇文章一开始，普鲁塔克就罗列了判断史学家道德优劣的四条标准[①]：

第一，"如果一位史家可以用一些比较温和的话语来叙述一些事件，但实际上他却选用了最严厉的话语，例如，如果当他也许可以称尼西阿斯为'太拘泥于习俗'时，他却称他为'狂热的偏执'，或者如果他称克里昂为'鲁莽和愚蠢'而不称之为'不明智的讲话'，那么这个史家肯定缺乏善心，通过从中制造一个聪明的故事，他明显地从另一个人的不幸中得到快乐。"

第二，"若是一个史家把本来不可信、而且又与他叙述的问题无关的事硬塞到他的记述当中，延长他的故事并做一个迂回，为的是包含某个人的不正当的成功或愚蠢的无价值的行动，毫无疑问，他以谈论人们的不幸为乐事。""插入诋毁和挑剔的作者似乎暴露出他自己是一个悲剧的诅咒者。"

第三，"其中一个史家若省却可信的好事，而这些事物本来又在所叙述的事情中具有适当的位置，但是如果被忽略的材料在叙述中有适当的位置，那么它也是受恶意的推动。事实上，嫉妒赞扬与其说是不公，不如说是以指责为乐事。如果一个人增加那部分，那更令人反感。"

第四，"一个史家明知关于同一事件的两个或更多的说法在流传的时候，却喜好那些不太可信的解释"，"他们并没有任何坚定的信念，他们自己本身也未必相信，他们这样做的目的试图使人们惊奇。"[②]

不言而喻，普鲁塔克提出的这四条标准是涉及传记史学的认识论和方法论问题。这些问题也确实是历史学家在叙述历史中经常要面对，而且必须正确解决的实际问题。当然，普鲁塔克是从其斯多葛派的哲学观念出发，特别是将历史真实的叙述同历史学家的价值判断观念相关联，从而将历史的真实，即史学认识主要局限于道德史学的范畴之中。尽管如此，普鲁塔克这一观念的实质是

---

① Plutarch, *Moralia*, pp.11-12.
② Plutarch, *Moralia*, pp.11-12.

要求历史学家必须以正确的态度对待历史事实，从历史事实出发，给予历史人物、历史事件以真实的描绘，既不夸大，也不缩小，"更不要说那些心术不正、有意歪曲史实的人了。所以，普鲁塔克的标准很有些可取之处，在今天也不失其意义"①。

由此出发，普鲁塔克在《忒修斯》传记一开始就说："但愿我能将虚构的传说予以澄清，使之合乎情理，具有历史的容貌。"②

就史料而言，《名人传》的取材来源十分广泛，有前人的历史著作，也有当时存留的典籍和文献以及作者亲身了解的传闻轶事。在历史著作中，希罗多德的《历史》和修昔底德的《伯罗奔尼撒战争史》都是普鲁塔克引证的重要来源，李维的《罗马史》也是他从中汲取教益的重要文献。在《名人传》中，普鲁塔克还引用了希腊罗马古代历史、哲学、诗歌中的大量材料，使得很多早已佚失的珍贵史料得以保存下来。虽然普鲁塔克在历史过程的叙述中常常糅杂以主观片面的评价和过多的道德说教，但《名人传》所具有的史料价值还是不可否认的，因为《名人传》的真实性也是普鲁塔克追求的目标。对这一观点，他还用绘画表现手法来对此观点加以说明："我们相信一幅画像应该表达本人的性格和气质，这比仅仅在外形和体貌上相似的画像要美得多。所以我们应该将他的业绩同我们的现实生活结合起来，并且忠实地摹仿它们。只要提到这些业绩就足以表达我们对他的感激之情，而他本人也决不愿意接受那些对他的业绩歪曲和虚构的叙述，作为对他的真实见证的报答。"③在此，普鲁塔克说明了真实性对于传记的重要性，同时普鲁塔克也看到了传记人物思想和品质的复杂性，因而在《名人传》中，普鲁塔克认为传记真实的含义不仅仅指的是对传记主人公的优点加以记叙，而且也包括对传记主人公缺点的如实记叙，以体现历史人物的真实性。

在《名人传》的多个地方，他仍用绘画的表现手法对他的这一观点继续论述，加以深化：

> 我们要向那些喜欢描绘壮丽华贵的人物像的画家们提出要求，如果这些人物有些微的瑕疵，画家们既不能完全忽视也不应该加以夸大。因为后

---

① 郭小凌：《被误读的希罗多德》，彭小瑜、张绪山主编：《西学研究》第1辑，北京：商务印书馆，2003年，第12页。
② ［古罗马］普鲁塔克：《希腊罗马名人传》上册，陆永庭等译，第5页。
③ ［古罗马］普鲁塔克：《希腊罗马名人传》上册，陆永庭等译，第383—384页。

者将使肖像变丑，而前者将使肖像失真。同样，要将一个人的生平描述得完全纯洁无瑕，那是非常困难，简直是不可能的。在他一生中美好的篇章里我们必须尽可能把它的真相如实地刻画出来。但是，如果由于感情用事或迫于政治上的原因，他干了一些错事和蠢事玷污了他的业绩，那么，我们应当把这些视为白壁（璧）微瑕，美中不足而不应该把它看作纯粹是卑鄙邪恶的产物。在历史上我们大家不应该过于热衷、不必要地描述这些缺点，相反，我们必须小心谨慎地对待，好像我们所以指出这些缺点，只是为了说明人类的本性不可能没有缺陷，而十全十美，毫无瑕疵的人是没有的。①

而在《德米特里传》中，普鲁塔克就以各种学科的作用为题对他的这一观点进一步论述，他认为，医生的作用在于维护人的健康，音乐的作用在于为人的生活创造和谐，还有那些层次更高的诸如节制、正义和智慧，运用判断和选择目标，它的作用不应仅仅限于自身的善良、公平和便利，还应该让这些美德发挥它的重要作用，比如预防或抵御人的邪恶欲望、偏颇的性格和在人生诸多决策方面的失误。由此，他对那些洁身自好的人进行了批评："对于那些明哲保身的人士，自称自己清白无暇（瑕），并自称自己从未做过坏事，对于这些人，不但不应加以表扬，还应将他们视为愚蠢的无知之徒，因为他们既然生存在这个世界上，肯定就会对人们的对与错有较为清楚的认识。"②言下之意，作为一个人，他来到这个世界之后，他不可能没有做过什么不好的事，如果真是这样的话，那就只能说明这个人不是一个真诚的人。显然，普鲁塔克还在强调传记是应该建立在真实基础上，而不是虚构的基础上，而这一点又恰恰是历史的本质特点。

由此出发，普鲁塔克在《名人传》中对名人的恶行、弱点也进行了记叙，如在《客蒙传》里，普鲁塔克认为能与罗马卢库卢斯相媲美的希腊人，那一定是客蒙。

> 客蒙和卢库卢斯这俩个都是善战之人，在抗击蛮族的战争中战果辉煌，在他们之前没有一个希腊人和罗马人曾经进军到如此遥远的土地。他们又都是温和敦厚的政治家，都因战功卓著而建立了军事纪念碑，并使国家免于内战。

---

① ［古罗马］普鲁塔克：《希腊罗马名人传》上册，陆永庭等译，第384页。
② Plutarch，*Plutarch's Lives*，Trans. Perrin B.，p.3-5.

他们都使敌方溃败却不能使他们受到致命的打击,因此都未能取得战役的彻底胜利。更为突出的是,俩人的奢侈豪华和私生活上的放纵也极为相似。①

对此,赵白生指出:普鲁塔克从他的传记观念出发,"他关注的是人物的个性。在历史和传记事实之间,他当然更多地叙述后者。尽管传记和历史在叙述对象和写作目的上存在着差异,但他们却有一个根本的共同点。那就是它们都必须建立在事实的基础上。恪守事实的真实是它们共同遵守的基本规则"②。

从现代史学的观念来看,历史学家的观念在形成对历史的认识方面扮演了极其重要的角色。当然,在西方近代史学的兰克时代,历史学是不允许有历史学家的思想作用于其中的,用事实来说明历史是其金科玉律,但史学史已经证明,那种将历史的客观性和历史的主观性两者形而上学地对立起来的思想方式,是不符合历史本身的,兰克的做法不仅是不真实的,而且是有害的。因此,西方的现代史学就认为历史是历史的客观性和历史的主观性两者之间的历史平衡,认识到了历史认识所具有的相对性的性质。比如,从元史学理论的角度而言,个人的世界观等因素都是构成历史认识的重要组成部分;再如,从诠释学的角度而言,人们对历史的理解和认识,是一种在不同历史境遇背景下,理解者和被理解者二者间的"视域融合"过程。

马克思历史唯物主义观点则认为,历史的研究过程确实是一个相对的认识过程。但马克思主义史学和西方其他史学所说的相对主义并不完全一样,马克思主义史学所说的相对主义指历史一直在向着历史本质探索的过程中,而具有相对的真理性,但历史从本质而言,是可知的。而西方哲学和史学所倡导的历史的相对性,有明显的相对主义的痕迹,并最终会使历史走向不可知论。

总结以上从刘知几、章学诚再到梁启超对于撰史的重要理论和观念,不难看出,修史工作是一个极其艰巨且具有创造性的专业活动,它需要的不仅是著史所需要的客观条件,也不仅是著史者的主观条件,更重要的是将历史学家所处的客观条件和主观条件相结合起来,从德、学、识、才四个方面有机统一,才有可能出现重大的历史研究成果。若从这一观点来看司马迁的《史记》所体现出来的史学观念及其史学成就的话,司马迁在中国历史学中的地位和他为中

---

① [古罗马]普鲁塔克:《希腊罗马名人传》上册,陆永庭等译,第383—384页。
② [古罗马]普鲁塔克:《希腊罗马名人传》上册,陆永庭等译,第383—384页。

国历史学所做出的贡献是不言而喻的了。

第四节　中西史学所处的正在发展的特殊时期
　　　　　对史学的强烈要求

　　学者在普遍注意到司马迁具备良史的特质同时，也都已经注意到司马迁在《史记》中彰显了个人独特的气质，扬雄在《法言》一书中写道："太史迁，曰实录"①"子长多爱，爱奇也。"②扬雄是赞扬司马迁实录精神的第一人。他提出的实录与爱奇，为历史学家所赞同。其实，爱奇与实录并不是两个并不相连的点，而是两个有着内在逻辑关系的特点。爱奇的另一层含义，即司马迁所采取的人和事皆具有典型性，典型性是美学的一个重要的内容，在此更重要的是，它确实具有重要的历史意义。而且还是历史时代的表现，是其世界观和历史观的表现，不像普鲁塔克，不管是多么惊心动魄的历史事实，在其世界观和历史观的作用下，最终都在历史叙述中表现得平淡无奇，只有看似豁达的心态，但那只是普鲁塔克对历史事实的诠释，与真实的生与死的历史真实相去甚远，因而无真实的历史观念，只剩下历史学家自感思想，其结果，在普鲁塔克的传记史学中也就无奇了。这样看来，司马迁在《史记》中所表现的许多个性的内容，已经不是在纯粹的个人气质的范畴内，而是在他的个性上凝聚出的浓郁的历史感。

　　这种历史感表现为，司马迁和普鲁塔克所处的国家一统上升期的时代背景，为其史学著作的撰写提供了难得的机遇，这种机遇表现在史学的未定型所造成的自由的创造性，以发挥个人潜力，这种时机也是不可多得的，而这一机遇对于普鲁塔克而言，对其进一步完善传记史学这一重要的体裁提供了重要条件。

　　与传记这种史学体裁在初创时期所具有灵活性和创造性有关，这一摸索时期为人们的创造性提供了宽松的外部环境和内在创造冲动以及爆发力，一旦这一体例定型，其中的创造性往往会减弱，这一重要的创造阶段是不可复制的。换言之，司马迁进行《史记》的创造时，受到了两方面的影响：一方面，缺乏

---

① 汪荣宝注撰，陈仲夫点校：《法言义疏》，北京：中华书局，1987年，第413页。
② 汪荣宝注撰，陈仲夫点校：《法言义疏》，第507页。

可以效仿的对象，要进行较大程度上的史学创造，其难度是不言而喻的；另一方面，由于没有一个较为完备的史学程式和体例，这样就可以促使自己进行较大自主性的探索，而没有明显的史学束缚。

　　章学诚在《文史通义》中，就中国早期的史学源流，是这样说的："就形貌而言，迁书远异左氏，而班史近同迁书。"①也就是说，章学诚认为就史学体裁言，《史记》与《左传》二者差异性很大，因而，从《左传》能够发展到《史记》，实属不易。因此，司马迁撰写《史记》的难度极大，相较于《史记》的话，班固撰写《汉书》因为有先例而言，其难度自然就会小许多②，因此，章学诚认为，"有成例者易循，而无定法者难继，此人之所知也"③，当然，对章学诚的这一观念不能进行简单理解。章学诚又指出："推精微而言，则迁书之去左氏也近，而班史之去迁书也远；盖迁书体圆用神，多得《尚书》之遗；班氏体方用智，多德官礼之意也。"④即如果从史学精神上言，却不尽然，尽管《左传》距《史记》远，从体例上看二者相近，但从精神言，《史记》却与《左传》相近，而《汉书》与《史记》从体例近，但在精神上却远。显然，史学在传承和发展方面具有复杂性和矛盾性。

　　对此，著名学者徐兴海教授也认为：毋庸讳言，司马迁独辟蹊径，创为传体，"说《史记》是伟大的著作，并不是说它就完美无缺。《史记》是纪传体的第一部，却又是纪传体中最完美的一部。犹如没有平原，一下子步入巅峰，没有由浅入深、由低到高的过程，一下子臻于顶峰"⑤。这一观点是从史学史的角度而言的，说的是《史记》的产生有其突出的特殊性；而现在的问题是，我们应该如何理解这种特殊性？

　　马克思曾对有着非凡艺术成就的希腊后来却无法再生非凡艺术的原因提出了疑问，同样也对这些疑问做出了他的解释。马克思指出："就某些艺术形式，例如史诗来说，甚至谁都承认：当艺术生产一旦作为艺术生产出现，它们就再不能以那种在世界史上划时代的、古典的形式创造出来；因此，在艺术本身的领域

---

① （清）章学诚、叶瑛校注：《文史通义校注》，第 49 页。
② 徐兴海：《刘知几对〈史记〉的批评》，《陕西师范大学学报（哲学社会科学版）》1999 年第 1 期，第 76 页。
③ （清）章学诚、叶瑛校注：《文史通义校注》，第 49 页。
④ （清）章学诚、叶瑛校注：《文史通义校注》，第 50 页。
⑤ 徐兴海：《刘知几对〈史记〉的批评》，《陕西师范大学学报（哲学社会科学版）》1999 年第 1 期，第 74 页。

内,某些有重大意义的艺术形式只有在艺术发展的不发达阶段上才是可能的。"①

这样看来,似乎可以这样讲,就我们现在所知,司马迁在创立纪传体时没有任何成熟的传记范本可供模仿,而普鲁塔克在作传时则已有传统的传记形式可供借鉴。尽管如此,如果再仔细分析普鲁塔克把希腊名人的传记和罗马名人的传记配合成对,并在两传之后附以论赞加以详细比较,使之成为结构严整、特征鲜明地比较传记这一格式的话,虽然不能说普鲁塔克是以其一人之身而造就这一完整史学形式的首创者,但公允而言,这一成熟而又独具特色的史学形式,还是表现了大量只能属于他的创造性内容。比如,将希腊罗马两人对传之后再进行细致入微的比较这一部分内容和体例的创设,不仅表现了普鲁塔克的传记学术观念,重要是在其中渗透了其思想文化观念,甚至政治观念,这些无疑在很大程度上就是普鲁塔克自己的独特贡献。当然,如果要说普鲁塔克在传记史学方面的最突出的贡献的话,集中表现在他对希腊罗马的传记叙述观念上。

传记史家对传记发展的一些重大理论问题有自己清晰而明确的观念,并将这一观念贯穿于传记的写作之中。如上所述,对于在传记方面有突出贡献的奈波斯而言,其对传记的认知在理论和实践上还是有疑问的,归根结底对传记的根本性特征和属性问题还处于徘徊之中。但到了普鲁塔克时代,前期的问题已经不复存在,对传记的定性和特征普鲁塔克已经充满了信心,在传记写作中贯穿始终,并得到了社会的广泛认可,从而使叙述与人物心灵有关的事情成为西方传记的一个根本的特征。也正因为普鲁塔克的理论和实践的结果,最终使传记发展成为一种与传统史学有明显差异的新的史学类型,并对后世传记史学的发展走向产生了深远的影响。

普鲁塔克虽然力主对人物的心灵进行叙述,但在其传记的创作过程中,他对于传记人物的真实性还是相当重视的,为了探求人物的真实性,他在寻找人物心灵证据的同时,也进行了大量的属于传统历史范畴的汇集、考订资料工作,以丰富和完善人的一生历程,达到更为清楚地叙述心灵的目的。事实上,作为一部脱胎于西方文化的传记作品,普鲁塔克对人物史实的理解、采集和叙述方面确有其自身的弱点,这种弱点有些是属于他个人的才能和观念上的内容,但更多的则是西方传记史学本身的文化烙印。准确地来讲,应该是两者共同作用的结果,这些不足和局限最集中地表现在普鲁塔克对传记人物的分析,

---

① 中共中央马克思恩格斯列宁斯大林著作编译局:《马克思恩格斯选集》第2卷,第28页。

论述也远未完全摆脱道德论体系的束缚和传记类体裁的局限等。但在此所要强调的是，传记史学最突出的表现是它使西方的传记从原初的文学类型经过进一步的改良，最终进入到了史学的范畴之中，使文学与史学相结合；在这一结合的过程中，传记从中获取了有益于其发展的营养，并在史学中获得了其进一步发展的根基性内容——真实性。从此，真实性就成为传记史学大踏步发展的内在动力和前进方向。由此看来，普鲁塔克的《名人传》及其传记观念成为古代传记史学与现代西方传记发展成果之间的一个不可缺少的重要环节。

如果我们公正地将普鲁塔克的著作置于西方历史学发展的特殊道路上来加以历史地且具体地考察和评价的话，则不难看出，普鲁塔克在西方传记史学发展史中具有极其重要的地位。这种地位的最突出的表现就在于他所做出的重要努力，这种努力集中到一点就是他在将传记由一种文学形式向史学范畴推进这一过程中的重要贡献和努力。尽管这一作用他本人似乎还没有意识到，但是我们却不可否认普鲁塔克在西方传记史学形成过程中发挥的重要推动作用。

显然，司马迁《史记》和普鲁塔克《名人传》在中西传记史学的发展进程中取得的成就与当时传记史学这一学术发展的状态和需要有关。但客观而言，也不能否认两者在传记史学方面的重要付出和极大的努力，这份成果来之不易，司马迁为此付出了惨重的代价。司马迁之后，中国史学应该如何发展，不仅成为一个重要的理论问题，而且成为一个重要的现实问题。这一问题的内在要求，就是一方面要保持中国史学的求真传统，另一方面又与当时封建专政王朝的政治统治和其历史需要保持平衡。这样，到了东汉时期，一种新史学体裁——断代史就出现了，这就是《汉书》。

《汉书》是东汉为西汉撰写历史，由此开创纪传体断代史的体例，为后世所沿用。其之所以能被沿用的一个重要原因，是因为后一朝代为前一朝代写史的章法，一方面可以较为清楚地看出前代的历史发展的起因和结果，另一方面这一写法也帮后世史家在一定程度上规避了直面评判当朝统治者所带来的政治风险。事实上，自秦汉以来，随着封建统治制度的建立，本朝人往往不敢直接评论本朝政治，而断代史记录、评论的是前朝政事，相对而言，风险较少。所以《汉书》一出，后世官修"正史"都纷纷效仿，都是记述前朝、断代为史。显然，《史记》对中国史学产生的直接影响之一，就是促进了断代史体例的产生。也正是与此原因有关，在唐代著名历史理论家刘知几的史学观念中："彰善贬恶，不避强御，若晋之董狐，齐之南史，此其上也。编次勒成，郁为不朽，若鲁之丘明,汉之子长,此其次也。"①即在刘知几看来,《史记》并非为史著的最佳之作。他最为推崇的是"晋之董狐,齐之南史"。

同时,对于普鲁塔克而言,其《名人传》在希腊罗马传记史学中是一个具有标志性的突出成就,与其所处时代相当的苏维托尼乌斯的《罗马十二帝王传》和塔西陀的《阿古利可拉传》比较的话,它在传记史学的成果方面——体例上和观念上都达到了希腊罗马传记史学的顶点,其后的罗马传记史学从学术上说也难以有大的突破了。到了公元三世纪后,朝气蓬勃的罗马已经一去不复返了,罗马开始处于"公元三世纪危机"的历史时期。到了四世纪后,罗马就处于不断的内忧外患之中,罗马人的精气神都已经涣散不堪,对神的重视开始取代了对人事的重视,光彩夺目的传记史学著作不再出现。

小　结

综上所述,从中西传记史学史的角度而言,司马迁和普鲁塔克之所以能够创作出《史记》和《名人传》,成就其良史历史地位的原因乃在于:

其一,司马迁和普鲁塔克所处的国家一统的历史上升期是重要的时代背景。司马迁和普鲁塔克是中西古代最伟大的传记史学家,他们在中西悠久而丰厚的历史思想的土壤上,借大汉和罗马帝国海内的空前统一发展的锐气,对中西各自的历史反思和重新进行文化整合之历史契机,集百家之长,而避其短,兼容并包,自成一体,著就不朽的中华民族的早期记忆和希腊罗马的早期历史,遂使得《史记》《名人传》成为中西历史上最为杰出的传记历史著作。

其二,司马迁和普鲁塔克具有的突出的传记史学才华。司马迁出身于史学世家,底蕴丰厚,具有深沉且厚重的历史使命感和杰出的史学才能。而普鲁塔克出身于希腊发达的文化环境之中。二人均集文、史、哲于一体,汇才、学、识于一身,更兼有突出的史德,以求真为己任,既铸就了二人明显的相同点,又彰显了各自的突出特征。

其三,这一正在上升的历史时代产生了对传记史学发展的客观要求,并同时产生了传记史学发展的有利条件。公元前一世纪和公元一世纪都是中西统一

---

① （唐）刘知几著,（清）浦起龙通释:《史通通释》,第282页。

历史时期的重要时代，都是通过战争而获得了国家统一，政治体制崭新、文化发达和对史学的强烈要求等因素，这些都为传记史学在体裁和观念上的创新和发展提供了极其有利的条件。

显然，正是由于以上的历史条件，才成就了司马迁和普鲁塔克在中西传记史学中的崇高历史地位。而对此问题，我们还可以借助刘知几的史学发展观点和文化人类学的文化超越理论，更进一步探讨中西传记史学所获得重要突破的原因。

刘知几在《史通·外篇·忤时》中就良史成长的条件提出了自己的观点。当然，他是以自己的亲身经历为例加以说明的。刘知几自年幼即对历史有浓厚兴趣，一直有成就良史的强烈愿望，但其后基于史坛上的亲身经历，自忖再三，他认为自己已无法实现成为"良史"的理想。即如他所说的："然自策名仕伍，待罪朝列，三为史臣，再入东观，竟不能勒成国典，贻彼后来者，何哉？"①在此，刘知几感慨自己三次受命修史，但却无法完成使命，确实是一个重要问题。刘知几自己在不断的反思之后，对其原因，他做出了自己的解释。

刘知几在其《史通》中写道："静言思之，其不可有五故也。"②具体而言，其原因有以下五个方面。

其一，众多史家和史学流派修史之时的主旨和标准差异明显，甚至大相径庭，使得后人难断是非，就连后世史家也无法对很多史事的真实与是非进行定夺。

其二，在现实利益的干扰和损害下，古人著史的崇高献身精神已不存在，史著者不忘初心、求真求善的初衷难以为继。

其三，撰史所依据的真实材料历经数载已经很难找到，使得史书编著所依靠的大多是撰史者的个人采询或主观思考，使得史著的真实性受到质疑。

其四，在修史的体制上，在修史的主旨上，其实存在着因人而异的学术旨趣。如果不是对修史的意图和侧重点进行准确的把握和理解，而只是对主持修史的人求全责备，往往导致体例难定，朝令夕改，让修史者无所适从，最终修史工作就无法完成。

其五，就具体的修史制度而言，往往存在着分工不清，职责不明，观念无法贯通，主旨无法定夺等诸多问题，造成众人相互推诿，严重影响了史学著作的完成和质量。

---

① （唐）刘知几著，（清）浦起龙通释：《史通通释》，第590页。
② （唐）刘知几著，（清）浦起龙通释：《史通通释》，第590页。

从刘知几的上述议论来看，在其前后的诸多历史时代，成就良史的条件已不存在。刘知几总结的以上五个原因，明显地是从撰述名史所需要的客观外在性条件和史家的内在性这两方面来讲的，意即过去成为良史所需要的客观条件已经过去了，主观方面的条件也不存在了，由此，在他看来，试图成就良史的主观愿望只能是徒有空想而已。

刘知几对成就良史的条件论述其实是与社会的发展，史学的发展联系起来的，其观点未必完全正确，但确有启发性，有助于我们对司马迁著《史记》和普鲁塔克著《名人传》成良史原因的深入探讨。

当然，对此问题，我们还可再借用西方现代新进化论代表人物塞维斯（Elman Service）的"二律背反"理论为方法论，以司马迁的《史记》和普鲁塔克的《名人传》为典范来进一步探讨文化发展途径之一——文化超越的内在动力和发展趋向。

塞维斯和萨林斯（Marshall Salins）是现代西方新进化理论的重要代表人物，他们提出了一系列富有创新意义的文化发展理论，其中之一就是文化发展过程中所必然要出现的"二律背反"的文化特征。在他们看来，文化是一种技术、社会结构的观念的综合构成，它经过调整而适应于其自然居住地和周围相互竞争的其他文化。这种适应过程具有两个突出特征：创造与保持。前者是一种结构和模式的进化，这种特定的结构和模式能使一种文化根据环境进行必要的调适；后者则为一种稳定化趋势，即保持已实现的合适的结构与模式。

文化适应中创造性的主要结果之一，便是它能在特殊环境下产生多种文化，产生多样性。达尔文的"趋异原则"亦可应用于文化发展过程之中。文化就是这样通过适应而变成多种文化类型，从而使人类呈现出千姿百态并有可能利用地球上的各种资源。另一方面，文化的稳定性就是文化的保守性。因为文化在适应的过程中不可避免地出现专化。这样，尽管适应是创造性的，但同时也是自我限制的。这就是说，文化有保持现状的倾向，这可以称之为"稳定性原则"。稳定的含义主要是指维持其基本结构不变。这里有必要指出，稳定并不等于停滞不动，稳定性本质上是一个过程。它由环境因素（自然和其他文化）引导和驱使，它与环境之间的平衡点本身也处在不断运动中。当然，为了基本结构的稳定或自我维持，文化也会出现专门抵制新生因素的退步变化。比如，某种文化为了组织人们抗拒一种占优势的或更有生命力的文化渗入，往往会出现排外活动或利用超自然观念进行迷信活动。夏建中先生认为："稳定性原则还有一个含义，即当一种文化受到作用而不得不有所变化时，这种变化也只会达到不改变其基本结构和特征的程度与效果。如著名考古学家罗伯特·布雷德伍德在研究更新世末期旧石器文化时对此作了阐述，他指出，随着最后几条冰河的融化，人们使用的工具和寻食方法发生了彻底的变化。但公元前五千年或此后的欧洲人仍然沿用公元前25000年时祖先们留下的极其简单的打猎、捕鱼和寻食的方法。这意味着，他们仅仅改变了不得不改变的方面。"[1]

很显然，塞维斯在此所提出的"二律背反"原理，即文化在与环境的适应过程中同时产生的创造与保守两种特性，是以进化论为依据，从生物进化的角度来探索文化发展的客观规律的一个重要方法。这一方法固然有其明显的局限性，但最令人感兴趣的是，他看到了人类文化发展的两条轨迹，一是创造（超越），二是保持并不断沦落，从而揭示了文化发展的一个极其重要的原理：文化发展应是一个开放式的结构，在其行进过程中不断扬弃自身，不断接受新的、外来文化内容的挑战和冲击，以充实原有的文化。只有在文化的矛盾运动中，在创新与保守的冲突中，才能使文化超越保守并获得新发展。事实上，普鲁塔克的《名人传》和司马迁的《史记》在史学观念方面的可贵之处就在于他们在传统的基础上，在多种文化的比较与交融中，勇于创新，从而为世界史学史留下了光辉的一页。

总之，对于中西传记史学的产生及其形成而言，在这一时期所出现的两大传记史学家——中国的司马迁及其成果《史记》和罗马帝国时期的普鲁塔克及其代表作《名人传》，在中西古代的历史学和传记史学发展中都留下浓墨重彩的一页，都成为中西古代传记史学形成阶段的重要硕果，并在中西的传记史学中产生了深远而重要的影响。因此，对于这一重要问题的研究，对于深入认识和研究司马迁和普鲁塔克所进行的历史实践、历史认识以及其冲破传统束缚的创新勇气，对于正确认识、把握现代传记史学的发展趋向和解决我们今天所面临的重大时代课题，无疑具有重要的现实意义。

---

[1] 夏建中：《文化人类学理论学派——文化研究的历史》，北京：中国人民大学出版社，1997年，第238页。

附录一

中西古典史学的异同

一、中西传记史学的共性

其一，中西传记史学产生并统一于各自的史学发展进程之中，成为史学不可分割的重要组成部分。在中国古代史学类型繁多，其中包括传记史学；在希腊罗马也有多种史学类型，传记史学也是其史学的类型之一。中西两者传记史学的产生和发展有着明显的共同之处。

从希腊罗马的史学发展史而言，其历史研究有两途：一方面，是关于叙事的，都是重大的政治军事事件，与人物的关联度很小；另一方面则是传记史学，专写人物的思想和心灵趣事，两者长期并存，无法统一起来。相比而言，中国古代历史内容的特点是，既研究历史人物，又研究历史人物所做的事，人与事融为一体，这在司马迁的《史记》中表现得很明显。显然，中西两者史学的发展有着明显的不同点。例如，普鲁塔克就公开地表明，他研究的不是金戈铁马的战争和事件，把引人眼球的军国大事留给历史学家去写，他只写人物的趣事，重在探讨人物的心灵。表面上看，普鲁塔克似乎跟历史学家分道扬镳了。但深入来看，两者又有着明显的相同点，因为他接着又讲，《名人传》书中所探讨的人物是建立在历史真实性的基础上，他在其中努力地体现其真实性，是不会随意编造人物的心灵趣事的。这样一来，普鲁塔克又与他所排斥的历史学统一起来，因为他回到历史的原点——求真。显然，在普鲁塔克看来，历史与传记都是求真的，只不过历史是求国家大事之真，传记是求人物心灵之真。也是基于这个原因，中外许多史学家都将普鲁塔克归之于史学家之列，称其为传记史学家。

普鲁塔克对传记和历史两者的不同看法反映出希腊时期史学发展中的一个难题——如何正确地对待历史学所面对的人和人所干的事。因为历史研究的对象是人，但历史中的"人"并不是抽象的人，或者是人的符号，而是有灵魂的、有思想的人，并在灵魂和思想的指导下经历了许多日常生活中的事情或者是重大的社会历史事件。这样一来，一方面，如果人们只探讨历史人物的心灵，而没有历史事件加以佐证，将其烘托起来，这个人的心灵其实也就无法真正地高尚起来；另一方面，如果人们只是凸显历史人物所做之事，却没有体现出这个人在人性和思想上的丰富性、多样性、复杂性、变化性，那这个人也就成了大写的人，而缺乏活生生的生活气息，也就不是历史中的真实的人了。

因此，人是什么？人在历史进程中应该如何进行记述？这不仅是传记史学所面临的突出问题，也是现代历史学所面临的突出问题。只是这个矛盾在传记史学中最为集中、突出地表现出来了。

不言而喻，历史与文学、教育或者其他学科一样都是研究人的，只不过这些学科所侧重的是对人的某些方面进行研究。而要真正对人的整体进行掌握的话，这既需要运用分析方法进行研究，同时还要运用综合的方法进行研究，从而对历史人物有全面的深刻的认识，而不是只见树木，不见森林。传记在其中担负着非常重要的角色和使命，所以一切的问题在传记这一块表现得最为尖锐。历史学、传记文学或其他学科对人的描写都有特定的要求，如何在众多不同要求中既把共同点加以融会贯通，同时也彰显自己传记的特点，这个难度太大了。

其二，中西传记史学都是用人性和人事相关联的方式来展现人的历史内涵。中国传统文化的核心是"仁"学——探讨的是人与人之间的关系，人的本质是什么，人的社会性是什么？等等问题。中国仁学对"人"的研究之所以深入，与历史的发展传统是紧密关联的。中国是一个多民族的、长期统一的大国，强调和谐、和睦相处，有其悠久而深厚的历史渊源。所以，中国可以把很多事情巧妙地联系起来。没有单纯的情，也没有单纯的事，确切地说，事和情是在一起的：为人处事讲究的就是要处理好情与理的关系，不能得理不饶人，所以是"事情"。正因为人既是有情的，也是有理的，因此，在中国思想观念中，把对立的东西统一起来，不是形而上学的，而是辩证法的。在西方，则不然，情和理是尖锐对立、不可调和的，即要获得理性，就必须以丧失情感作为代价。在中国，情与理是相通的，若没有情，怎么能达到理？我们强调既要入情，还要入理，关键是要在情理之中。

传记用人性和人事相关联的方式来展现历史内涵，只不过在中国和西方，特别是在古典时期展现方式不太一样。中国是用朴素的辩证法，将不同的事物，即将人与事联系起来，强调的是"和而不同"；在希腊罗马时期则通过二者对立把人和事展现出来了，二者作为历史的重要组成部分，只是彼此间没有像中国这样发生朴素辩证的联系。

其三，中西传记史学都是以历史上的名人为载体，寓意于其中，以体现传记史学的意义。在此过程中，特别是在叙述名人成长过程中，尤其注重展现人物的优点和缺点。当然，这里面也有不同。在中国，像司马迁传记人物中，人的思想是多样的、复杂的、变化的，一个人从出生到去世，其性格发生了许多变化，中间也有许多故事，其中也有许多不好的一面，但坏人也不是从头到尾坏到底的，显示出人观念的丰富性、多样性。但在普鲁塔克《名人传》中，他的观点是理性主义的实质主义观念，即人一生下来就有个实质，这个实质决定了他的一生的色彩，不管人生的环境怎么变，人的实质不会变。以此类推，好人生下来之后一直是好的，坏人在后来肯定会坏到底。显然，两者有明显的不同点。

二、中西传记史学的不同性

中西传记史学也有明显的不同性。这主要表现在以下三个方面。

第一，从传记学产生路径看，希罗多德之后，西方史学开始从叙事与传记两个维度，探索历史学的发展途径，并行不悖，但是难以统一起来。而中国历史学则从《春秋》，经《左传》的阐释，再到《史记》，其传记特色长期保持，成为中国史学体裁的核心内容。

先说希腊罗马传记史学的发展途径。在西方史学研究过程中，我们会发现一个让人奇怪的事情，希罗多德写的《希腊波斯战争史》这本书读起来很生动，由大量不同地区的有趣故事串联而成。希罗多德是个旅行家，足迹到哪调查研究到哪，自己相信的，就记下来了，而自己感到疑惑的不相信的听闻，他也不像其后历史研究表现的那样，不予采纳，而是有闻必录。他能够解释的事情就解释，不能解释、感到疑惑的、不相信的事情也会记下来。正因为此，在《历史》中就记载了许多奇谈怪论，但非常有意思的是，他所记载的"奇谈怪论",在经过几千年历史进程后,已经被人发现,有些竟然都是真的。

希罗多德之后,紧接着就是修昔底德的《伯罗奔尼撒战争史》,它和前者风格是迥然不同的是,人物形象几乎见不着了,事件成为主导;叙述也极为理性、严肃。差异如此大,原因何在?一个重要的原因就是理性主义观念的发达。它强调,历史学要求真,就须有证据,故当时他们就模仿希腊雅典的公民法庭,须要有证人,记载每一件事情要有证据,要证明这个事情的真实性,否则就是假的,不能成立的。这样一来,希罗多德《历史》中那么多故事怎么证明?很多都是不同地方的人文趣事,是证明不了的。这就与《史记》的风格极似。

在二十四史之中,《史记》是最生动的。也不是说《史记》中的每一个片段都写得很好,但其中大多数篇章都写得很有特色,很多篇章写得非常生动。但这里也有一个问题,《史记》中某些内容或人物形象,如果用考据学的方法一考据,也是漏洞百出。比如,每一句话、每一个谚语以及人物对话和复杂的思想斗争,怎么知道的?谁听着了?怎样传下来的?这都是要存疑的。传记发展过程中最大的问题之一,就是在史学的发展过程之中,随着历史学的不断发展,对其求真的要求越来越高,但在求真方面确实碰到了很多难以解决的问题。正因此,罗马共和国末期的传记史学家奈波斯说,他写人物传记,总觉得跟历史学不太一样,没有自信,不好意思说自己是历史学中一分子。而到了紧随其后的普鲁塔克那里,他就没有任何犹豫了,他直接说:他写的不是历史,是传记。但又强调,他写的人物不是瞎编乱造的,而是最大程度反映出真正的人。正因此,西方学者和中国许多学者,都倾向于把普鲁塔克认定为传记史学家。

而罗马时代著名的叙事历史学家波利比阿,他坚决反对在历史研究中呈现人物情感,要杜绝在历史著作中表现披头散发的妇女在悲哀哭泣的情景,他认为历史研究就是要求真。他还说,历史的求真相当于人的眼睛,若把人两个眼睛去掉,人就看不见任何事情了,历史的求真就不存在了。然而,历史学家主观性要到什么程度?什么是客观?什么是主观?什么是纯客观?等等,这些问题,还一直在持续探讨中。在史学发展过程中有人、有性情、有思想的内容,但从希罗多德到修昔底德,再到色诺芬的《希腊史》,在生动性方面是逐渐减弱的。尽管如此,历史毕竟还是人的历史,只不过对历史人物的叙述没有系统性,历史人物内心的世界也没有比较丰富地展现出来。

在此,要说明的是,希腊历史发展进程中本身就包含着某些传记,以及由传记所形成的史学。在希腊语里面,传记就是人物的生平。"传记"术语出现在公元前5世纪，而到公元前4世纪可能就出现相对比较完整的传记。人去世了对人物进行总结，或者是回忆某个人物的一生，比如，色诺芬和柏拉图都分别创作了回忆自己老师苏格拉底的著作：《回忆苏格拉底》《苏格拉底之死》。这里面对苏格拉底的人物形象、思想进行了比较多的描述，苏格拉底的人物形象慢慢就呈现出来了。我们现在所知道的苏格拉底的许多事情主要是从这两本书里面获取的。所以，在古希腊时期，从希罗多德之后就出现两种历史发展的类型，一个是传记史学，一个是一般的历史。在当时，像回忆苏格拉底的著作都是珍贵的历史资料。后来从回忆录慢慢发展到名人传记，名人传记越来越发达，比如奈波斯的《外族名将录》、普鲁塔克的《希腊罗马名人传》。《希腊罗马名人传》最突出的特色，主要是把希腊和罗马的名人进行对比，把同和不同之处都写得非常详细，而且特别突出比较性。我也经常思考一个问题，即普鲁塔克的名人传为什么主要用比较的方法？我觉得，因为他是希腊人，希腊人虽被罗马征服了，但希腊人传统的自古就有的自尊和自豪感、对自己文化传统的珍视，以及对罗马内心的不满还是存在的，因此，通过比较之后，探讨两种文化——特别是名人的同与不同处——目的是保持希腊人的自尊。

中国传记历史特色，从《春秋》开始，经过《左传》的阐释，再到《史记》，从而发扬光大。《史记》不用说了，十二本纪、三十世家、七十列传、十表、八书，其核心属性就是人物传记。《左传》看起来也很生动、很有意思。《史记》更好、更有意思，很多人认为中国传记史学，《史记》是写得最好的，人物有血有肉、活灵活现，从思想上、从观念上都能给人以很大启发。但《史记》之后，人物形象大都干巴巴的，何故？其原因之一，就是历史要求真！可是，人物思想怎么求真？思想是瞬息万变的，情绪也是变来变去的。显然，对人的认识实在不易，对人性的求真也确实太难了。

在中国，著名的史学批评家刘知几也对中国史学观念进行了反思。他批评司马迁，认为司马迁写人物是不对的，写人物画虎不成反类犬，人物怎么能说清楚呢，搞得不伦不类的；刘知几认为历史应是叙事的，叙事才能说得更清楚。我们一直都认为司马迁这个人成就很高，但刘知几不认同，当然，他是从学术角度探讨问题的。过去我也不理解，觉得刘知几也太偏执了，是不是对司马迁有情绪？后来经过研究发现，从学术角度来讲，他有他的理由和看法，这不光是在中国，西方也存在。考据学出现之后，传记史学的发展就更加艰难。因为事件考据本身难度就很大，而对人物再考据，加之复杂、多变的情感再发挥作用，简直就难上加难。历史学要研究这个，怎么研究呢？但是中国传记史学坚持下来了，然而后来有学者认为写得干巴巴，似流水账，人物性情、思想越来越少。这样发展的结果是什么呢，在历史学发展过程中，人物的思想慢慢被淹没了，历史灵魂体现在什么地方？这是一个大问题。

后来在魏晋南北朝又出现了另外一种新传记形态——文学传记，摆脱了传记史学，当然也受到许多拷问和质疑。其实，西方学界的传记史学也碰到类似的问题，也在尝试着解决这个问题。比如修昔底德就说，他是用人性论作为理论根据，他的基本理论是：人同此情，情同此性，人心、人性是相通的，我们用自己的思想和心理完全可以揣摩别人的思想和心理。但这太朴素了，所以后来在西方学界，心理学发展得比较快，很快成为独立的学科。用心理学作为理论依据、方法、证据，这就是一个好的方法。心理学为什么在西方那么发达？一个重要原因，就是在人文社会研究之中，对人的研究需要一种学科、一种理论的支撑。心理学在西方的发展，为传记文学的发展提供了很好的理论依据。

第二，从内容上看，中国传记史学的重要特点是人与事的结合，而西方的传记史学突出特点是人与事的分离，以彰显人性和思想伦理的独立性。中国朴素的辩证法，中国人对文化传统、对人的叙述，不只是从人说到人，关键还要说人干了哪些事、如何评价，并从二者相互联动之中来了解人本身。人与事二者的密切结合，在《史记》中有突出表现。它的体例也比较复杂，一件事情在许多地方同时都要说到，所以有轻重缓急之分；人与事密切结合，事有大事，也有小事，大事是军国大事，小事就是人物的细节。从西方传记史学的发展进程来看，传记史学从大的方面来讲有单纯追求叙事倾向的，比如修昔底德的《伯罗奔尼撒战争史》，色诺芬的《希腊史》。也有通过传记来叙述真实的历史事件、人物，人物就写人物，事件说得相当少，比如，普鲁塔克的《希腊罗马名人传》。在这部书中，普鲁塔克对名人生活的细节、性格都有细致入微的描摹。他强调人的心灵，而把军国大事、金戈铁马的历史留给历史学家去写，这在中国学者看来，就显得很啰嗦、很琐屑。

第三，从传记史学产生和发展所发挥的作用、性质来看，中国对传记史学的要求是既要求真，还要求善、致用，即将历史判断和价值判断结合起来，而希腊和罗马传记史学则是将二者对立起来，若求真，就很难求善。

历史和社会有何关联？在古希腊，社会科学家、自然科学家都有一个非常突出的倾向就是和社会脱离。他们不认为历史学和社会有多少关系，故他们就谈不到致用。为学术而学术在西方是有传统的，在中国则行不通。只不过到了公元前2世纪，到波里比阿这里——他是希腊人，与罗马作战失败了，成了战俘，在罗马待了十几年，探讨罗马战胜希腊的原因。通过理性的历史研究，写了《罗马史》，这才真正明白了罗马之所以能够战胜希腊真实原因。因为他写这部历史书有明确的原因和目的，所以就开始了罗马的"实用主义"史学的新时代，即相较于希腊罗马的过去，历史学才开始有一些实际的用处，才开始和社会慢慢结合。但实用主义史学观念与中国历史学的致用观念，其差距还是比较大的。

中国借鉴史学自古至今影响深远，具有重要的社会现实意义，它要回答社会现实提出的问题，为正在发展的现实和未来给出一个具有启发性的发展思路。从西方史学的发展史来看，西方史学既讲求真，也讲求善，但是在史学的致用方面是很薄弱的。中国方面是求真，而且是求善，更重要的是还要致用。司马迁的《史记》理论纲领，就是"究天人之际，通古今之变，成一家之言"。目前有一种倾向，只重视司马迁的"通古今之变"，而忽略了前面"究天人之际"。其实，"究天人之际"是把自然和社会结合起来，按照现在的说法就是横向的把各个学科的发展结合起来，探讨各个学科之间的联系，同时还要从古今这个维度再进行探讨，这就是司马迁"究天人之际，通古今之变，成一家之言"这个纲领完整的意思。

据朱本源先生考证，"历史"这个词是中国留学生从日本转译过来的。而日本的历史一词又是从西方转过去的，"历"就是时间，中国过去只有"史"与"事"，给史的前面加个"历"，其目的在于彰显历史的时间性。当然，这里可能还有一些问题，需要进一步探讨，在此就不予深究了。现在要说明的是，为什么西方到了近现代特别强调历史的时间性？西方强调实质主义，是没有变化的，变化既然说不了，人家也没有闲着，那就在历史的横向上使劲发挥。到19世纪，就是西方所谓的历史主义的世纪，在这一时期，辩证法将古今能够说通了，古今能够联系起来。不像过去，古代就是古代的，古代都是编年的，缺乏历史观念，它更多的作用是为现代历史做注脚的，而历史只能是现代的，现代的历史和古代的历史两者之间好像有一道鸿沟，缺乏深刻和真实历史关联。这样看来，它跟中国的差别太大了，我们有现代史、古代史，有传记、编年史。《春秋》就是编年的，《左传》就是历史，二者是可以互换的。西方则不然，在他们看来，编年就是编年，编年与历史的根本差别在于其所包含的精神价值、历史价值不够。

什么是价值判断、历史判断？历史的判断又称为因果判断。因果判断也很庞杂，很难说清其中精确的关系，但总的来讲，有因必有果。但这个说法要根据具体的情形而定，不能因为不喜欢它就否定它。比如，《史记》在许多地方，特别是在人性方面，描写了刘邦的一些所作所为，令人相当不齿，但刘邦得到了江山，不能因此就否定历史的合理性；许多人对项羽给予同情，但他败给刘邦也有其合理性。

而价值判断则是基于人性、基于人的伦理道德性而对历史人物进行评价，这里就出现了大量的问题，在历史中，有那么多的好人其结果都没有达到自己的人生目标，或者悲惨而死，或者遗憾终身，让人感到无奈，让人感到痛惜不已。在人类历史发展进程中，如果没有对真善美的追求，就没有其存在的意义，因此，历史不能没有人，历史不能没有价值评判。而这些内容正是人物传记的效用和其魅力之所在。

在《史记》中，司马迁对人的探讨——按照我的观点——是把人置于因果判断和价值判断的对立之中寻求统一，而且把因果判断和价值判断又置于社会历史发展进程之中。在二者关系中，价值判断不能否定因果判断。黑格尔讲过，道德的东西是不能运行在历史之上的，因为历史较之于道德而言，它处于更高的层次，用道德来否定历史是不对的。所以司马迁对人物的描写，虽然有些人物悲剧看了使人感到难过，但并不气馁、沮丧，反而增强了人的斗志，而且使人对历史本身的理解更趋于深刻。原因就是司马迁能够很好地处理二者关系，从而把因果判断和价值判断，把真、善、美很好地结合起来了。相较于希腊、罗马，其历史学的价值判断和因果判断是对立起来的。因为其理性主义、实质主义观念的至深影响，就决定了必须如此。具体以普鲁塔克的为例，其《名人传》的人物与真实的社会历史关联度太小了，他只是单纯地从品质和心性的角度对人物进行细致入微的叙述、比较和评价，人物性格是丰富的，但人物性格的厚度和力度则偏弱。

三、中西传记史学的内在矛盾和趋向的主要表现

其一，人与事两者的关系问题。若叙事，没有历史人物肯定是不行的；若写传记史学，没有历史事件同样也是不行的。那么，把人和事兼顾到什么程

度，才算合理呢？这是一个直到现在仍在探讨中的大问题。之所以有许多人说现在的历史研究成果很多都是干巴巴的，重要的原因就是缺乏对人性、思想、细节的深入展开，传统的历史观念束缚了我们，在这方面难以开拓。当然，希腊、罗马解决不了这个问题，本来传记和历史共同组成历史的不同部分，到最后历史对真实性的严格要求，却使传记无立足之地，传记无奈只好出走了，走向独立的文学界别，却获得了大的发展，一个人物传记一写就几十万字。但新的问题出来了，没有历史的真实性要求之后，人物的描述虽然赏心悦目，但往往却是轻飘飘的，缺乏真实的可信性。显然，一切是离不开历史的，一切以历史为依据。传记史学是这样的，文学传记应该也是这样的。

其二，如何在历史、传记史学研究中求真、求善、致用。我原来写博士论文的时候，开题报告的第七章，是关于传记史学的美学问题。当时，我是这样考虑的，既然是研究历史人物，自然要研究人的心灵，心灵当然有一个美与不美的问题，有一个美在哪些方面的问题。传记史学不能只求真，只求善，只求用，还要求美。但在开题报告会中，多位老师都向我提出这样一个让我不能不认真思考的问题：我论文研究涉及的学科太多了，跨度太大了，涉及了文史哲，还要研究美学的悲剧美。后来多位老师建议我，首先博士得毕业，毕业之后下来进一步研究，可能更具有现实性。于是这一章也就去掉了。这几年老在想这个事，我的博士生导师刘家和先生也鼓励我把这个事情做一做。这个计划我已经安排了几年，但是还是动不了。现在深深地感觉到心有余而力不足。

现在传记碰到一个大的问题，就是传记史学怎么发展？在夹缝中的奋斗，怎么奋斗，奋斗有没有前途？我觉得，历史学所面临的问题仍然存在，并没有变化，但历史学所担负的使命却更为重要。历史学研究就是要为人类发展提供历史的借鉴，使我们在未来的发展进程中少走弯路。这就是历史学重要的意义，这个任务是没有改变的。在现代社会中，人的地位表现得更为突出。从理论言，社会愈是落后，其给人的发展空间相对较小，其必然愈加依赖于群体；而社会愈是发展，其给人的个性和独立性的发展空间就越大，当然独立性和个性是相对的。现在历史的车轮都进入到了 21 世纪，不是人的作用越来越小了，而是越来越重要，因此，对人物的历史研究就显得更为迫切。以此来看，历史学面临的问题、任务现在还存在，现代历史学传记的需求还在，而且是强烈要求。这就昭示着传记史学必然会有大的发展空间，当然，这种发展是伴随着发现问题和解决问题这一逻辑程序而展开的。这也就是斯日老师在导言中所提出的重要问题：传记的发展现在遇到了大量重要且尖锐的问题，如何发展传记不仅是传记本身的问题，而且成为现代学术研究的核心问题之一。显然，这一问题的提出具有重要意义：一方面，这一问题是一个真实的问题，只要是真实的问题，它必然会有解决问题的途径；同时，只要发现了真问题，就等于进入了开始解决这一问题的程序。因此，这一问题的解决就只是时间的问题。

其原因，就在于各个学科研究的最终目标还是人本身，因此现在各个学科的研究成果、内在矛盾和需求都或快或慢地必然要传导到人物的传记这里，需要传记对其进行整理、评价和定性。因此，传记成为各个学科中敏感且重要的核心问题。这一现状和要求实际上给传记史学、给文学传记更大的发展空间。只要我们努力坚持下去，不管传记史学还是史学传记，都必然会有大的发展。

四、中西传记史学形成异同的原因

中西传记史学形成异同的原因主要有三方面：其一，中西早期生产力和生产关系的异同。其二，中西早期社会组织形式的异同。其三，中西文化品格各有特点，理性化方式不尽相同，中国走上了历史理性的发展道路，而希腊罗马则走了逻辑理性的道路。

这三个方面就不具体展开了，概括来讲：中国早期比较发达的农耕生产，实际上在石器时代就进入了。之所以用石器进行农业生产而且还比较发达，是因为黄土高原是中华文明发祥地，土壤很肥沃。在肥沃的土壤上建立了比较发达的农业生产，形成了比较稳定的生产部落。从事稳定农业生产的部落一般都是安土重迁。农业的环境适宜于历史学的发展，使自己的历史故事可以通过口耳相传的方式传递下来。

因为当时的社会生产是以部落、国家为单位，很多人共同生活在一起，家庭关系、氏族关系、部落关系很庞大，依靠人的社会组织战胜自然，所以在社会历史进程中，更多显示出人的作用。中国和西方就不一样，中国的社会从古到今，都是通过社会组织、社会力量以满足自己的需要，以克服很多的困难，不需要把神敬得那么高，所以中国不像西方那样是一个宗教社会。希腊、罗马就不一样了，他们早期是游牧民族，从西亚一带慢慢游牧过去，刚刚进入农耕生产时，就碰到了一个现实且尖锐的问题：地中海沿岸并不太适合种植，怎么办？

有历史常识的人都知道，之所以希腊、罗马从铁器时代才进入文明，是因为地中海沿岸土质非常坚硬，土地难以耕耘，光靠石器是不行的。农业生产环境相对不优越，有自然环境的束缚，很难形成一个大的群体，所以早期的国家都是小国寡民，为了生活不得不进行较大规模的商业生产。商业生产的结果就是工商业交流，所以他们的工商业发展了，其结果就是血缘关系被粉碎，在社会关系中纯粹讲的就是利和害，通过利和害建立国家，其结果都是追求个人利益最大化。所以就很难形成一个大的国家，也很难抵御很多的灾难，不像我们中国，在国家形成的时候，有意识地保留了一部分血缘关系，所以我们国家既讲理还要讲情，情理交融，不断发展成为统一的多民族的国家。

最后，从理性角度来讲，刘家和先生指出，中国走的是历史理性的道路，希腊罗马走的是逻辑理性的思想道路。按照钱穆先生的观点，中国文化精髓是在历史学中，西方的文化精髓是在哲学中，而他们哲学的精华表现在逻辑学之中。哲学的基础是逻辑学，如果逻辑学学不好，西方的哲学就学不好，如果哲学学不好，就很难了解西方的文化。对于中国来讲，对中国的历史观念不了解的话，对中国的文化也就很难理解。钱穆先生和刘家和先生的观点确实对我们研究中西的传记史学、中西的历史和中西的文化具有突出的启发意义。

总之，历史的核心问题在于如何处理好情与理，人与事，文与史的关系，而传记史学则在这三个关系方面有着更为严苛的要求。因为它需要直面历史的主体和核心要素——人。因此，如何把握好三者关系的张力，以彰显传记史学的特点和作用，不仅是中西传统史学为我们现代传记史学研究提出的重要任务，同时也是现代传记史学迫切需要深入探讨的重大课题，而要真正完成这一任务，仅仅靠史学、传记史学的研究还是明显不够的，还需要传记文学、文学传记的通力合作。其实，本次的活动就是不同学科通力合作的典型事例。我们完全可以相信，在信息化的历史发展背景下，在多学科和跨学科的研究范式下相互借鉴，传记的研究必将迎来跨越式的发展。

附录二

司马迁成就良史原因探析

司马迁是我国历史上著名的历史学家，其《史记》无疑是中国历史学的杰作，并成为人们不可企及的典范，甚至被鲁迅称之为"绝唱"，在中国的历史学和传记史学发展中留下了浓墨重彩的一页，产生了极其深远而重要的历史影响。正如当代著名历史学家顾颉刚先生所言："独其制定义例，兼包巨细，会合天人，贯穿古今奠史学万祀之基，炜然有其永存之辉光，自古迄今，未有能与之抗颜而行也。"因此，司马迁的《史记》成为历史学的经典之作。现在的问题是，为什么司马迁能够取得如此重大的史学成就，其《史记》巨著已经过了两千多年，直到今天仍具有如此旺盛的生命力，仍是人们学习的模板，这些不能不令人深思。当然，对此问题，我国史学界很早就有关注，并进行了长期不断的研究，取得了许多重要的研究成果。本文拟在前人研究成果的基础上，从中国史学史的角度和世界文化发展史的角度对此问题再作一些探讨。

一

唐代著名历史理论家刘知几在《史通·外篇·忤时》中就良史成长的条件提出了自己的观点。当然，他是以自己的亲身经历为例加以说明的。刘知几自年幼即对历史有浓厚兴趣，一直有成就良史的强烈愿望，但其后基于史坛上的亲身经历，自忖再三，其原初的愿望渐渐破灭，认为他已无法实现成为"良史"的理想。即如他所说的"然自策名仕伍，待罪朝列，三为史臣，再入东观，竟不能勒成国典，贻彼后来者，何哉？"[①]这确实是一个重要问题，他对此

---

① （唐）刘知几著，（清）浦起龙通释：《史通通释》，第590页。

自然进行了深入的思考，并做出了自己的解释。

刘知几在《史通》中写道："静言思之，其不可有五故也。"具体而言，其一，刘知几认为：

> 古之国史，皆出自一家，如鲁、汉之丘明、子长，晋、齐之董狐、南史，咸能立言不朽，藏诸名山。未闻借以众功，方云绝笔。唯后汉东观，大集群儒，著述无主，条章靡立。由是伯度讥其不实，公理以为可焚，张、蔡二子纠之于当代，傅、范两家嗤之于后叶。今者史司取士，有倍东京。人自以为荀、袁，家自称为政、骏。每欲记一事，载一言，皆搁笔相视，含毫不断。故头白可期，而汗青无日。其不可一也。①

可见，众多史家和史学流派修史之时的主旨和标准差异明显，甚至大相径庭，使得后人难断是非，就连后世史家也无法对很多史事的真实与是非进行定夺。

其二，刘知几认为：

> 前汉郡国计书，先上太史，副上丞相。后汉公卿所撰，始集公府，乃上兰台。由是史官所修，载事为博。爰自近古，此道不行。史官编录，唯自询采，而左、右二史，阙注起居，衣冠百家，罕通行状。求风俗于州郡，视听不该；讨沿革于台阁，簿籍难见。虽使尼父再出，犹且成于管窥；况仆限以中才，安能遂其博物！其不可二也。②

可见，撰史所依据的真实材料历经数载已经很难找到，使得史书的编著所依靠的大多是撰史者的个人采询或主观思考，使得史著的真实性受到质疑。

其三，刘知几认为：

> 昔董狐之书法也，以示于朝；南史之书弑也，执简以往。而近代史局，皆通籍禁门，深居九重，欲人不见。寻其义者，盖由杜彼颜面，防诸请谒故也。然今馆中作者，多士如林，皆愿长喙，无闻齰舌。傥有五始初成，一字加贬，言未绝口而朝野具知，笔未栖毫而搢绅咸诵。夫孙盛实录，取嫉权门；王韶直书，见仇贵族。人之情也，能无畏乎？其不可三也。③

---

① （唐）刘知几著，（清）浦起龙通释：《史通通释》，第590页。
② （唐）刘知几著，（清）浦起龙通释：《史通通释》，第590页。
③ （唐）刘知几著，（清）浦起龙通释：《史通通释》，第591页。

可见，在现实利益的干扰和损害下，古人著史的崇高献身精神已不存在，史著者不忘初心、求真求善的初衷难以为继。

其四，刘知几认为：

> 古者刊定一史，篡成一家，体统各殊，指归咸别。夫《尚书》之教也，以疏通知远为主；《春秋》之义也，以惩恶劝善为先。《史记》则退处士而进奸雄，《汉书》则抑忠臣而饰主阙。斯并囊时得失之列，良史是非之准，作者言之详矣。顷史官注记，多取禀监修，杨令公则云"必须直词"，宗尚书则云"宜多隐恶"。十羊九牧，其令难行；一国三公，适从何在？其不可四也。①

可见，在修史的体制上，也存在着因人而异的情况，特别是主持修史的人求全责备，往往导致体例难定，朝令夕改，让修史者无所适从。

其五，刘知几认为：

> 窃以史置监修，虽古无式，寻其名号，可得而言。夫言监者，盖总领之义耳。如创纪编年，则年有断限；草传叙事，则事有丰约。或可略而不略，或应书而不书，此刊削之务也。属词比事，劳逸宜均，挥铅奋墨，勤惰须等。某帙某篇，付之此职；某传某志，归之彼官。此铨配之理也。斯并宜明立科条，审定区域。傥人思自勉，则书可立成。今监之者既不指授，修之者又无遵奉，用使争学苟且，务相推避，坐变炎凉，徒延岁月。其不可五也。②

可见，就具体的修史制度而言，往往存在着分工不清，职责不明，观念无法贯通，主旨无法定夺等诸多问题，造成众人相互推避，严重影响了史学著作的完成和质量。

从刘知几的上述议论来看，在其前后的诸多历史时代，成就良史的条件已不存在，主要原因表现在五个方面：其一，众家修史主旨各异，是非难断，史家无法定夺；其二，撰史的真实材料已难寻觅，史著很大程度上依靠著史者的个人采询或主观思考，史著的真实性大打折扣；其三，古人著史的崇高献身精神已不存在，人情可畏，现实利害干扰太大，著史者难求其真；其四，众人修

---

① （唐）刘知几著，（清）浦起龙通释：《史通通释》，第591页。
② （唐）刘知几著，（清）浦起龙通释：《史通通释》，第591—592页。

史，主持修史的人在修史方法上求全责备，因人而异。体例难定，朝令夕改，让修史者无所适从；其五，多人修史，分工不清，职责不明，观念无法贯通，主旨无法定夺，其结果，相互推避，徒费时光而史著却无进展。

刘知几总结的以上五个原因，明显地是从撰述名史所需要的客观的外在性条件这一方面来讲的，意即过去著良史所需要的客观条件已经过去了，时光当然不可复返，因而试图成就良史的愿望只能是徒有空想而已。

那么成就良史在其所需要的客观条件之外，是否还需要一些主观的条件？如果有的话，那么主观的条件是什么呢？这同样是一个重要问题。刘知几其实对这一问题也进行了思考，并进行了有深度的回应。

《新唐书·刘子玄传》中有一段刘知几与时任礼部尚书郑维忠的对话，颇有新意。

> 礼部尚书郑惟忠尝问："自古文士多，史才少，何耶？"对曰："史有三长：才、学、识，世罕兼之，故史者少。夫有学无才，犹愚贾操金，不能殖货；有才无学，犹巧匠无楩柟斧斤，弗能成室。善恶必书，使骄君贼臣知惧，此为无可加者。"时以为笃论。[①]

刘知几在此对成为良史的主观条件进行了深入浅出的回答，清晰地说明了治史者需才、学、识三者兼顾，缺一不可，这是治史者的基本修养。刘知几的这一观点对后世的中国史学影响很大，已成学界的定论。其后的中国史学观念在此基础上，不断丰富和深化，使历史学家的主观条件更为全面。具体而言，到清代，著名史学思想家章学诚在刘知几的"三长"之外，又提出了"史德"这一重要观念，使刘知几所提出的史家修养更为完备。史德的意思就是史家"著述者之心术也"——德性，从表面上看，章学诚的这一观念和刘知几在《史通》一书中所讲的"秉笔直书""善恶直书"颇为相似，但在章学诚的史学观念体系中，史德又具有了独特而重要的功能和作用。当然，在近代，学界对此问题又继续讨论，在刘知几和章学诚史学观念的基础上，梁启超先生在《中国历史研究法》，对刘知几以来各种论述史家的主观条件加以总结，提出了自己的"四长"观——"德""学""识""才"。即梁启超将章学诚原先置"史德"于第四位的顺序加以重大调整，将"史德"置于史家"四长"的第一位。正如梁启超所说的："至于这几种长处的排列法，各人主张不同。子元以才为先，学次

[①] 《新唐书》卷132《刘子玄传》，第4522页。

之，识又次之。实斋又添德于才学识之后。今将次第稍为变更一下，先史德，次史学，又次史识，最后才说到史才。"①应该说，梁启超先生对史学家个人修养和才能的认识更为全面和准确，因而更为现代学者所赞同。

总结以上从刘知几、章学诚再到梁启超对于撰史的重要理论和观念，不难看出，修史工作是一个极其艰巨且具有创造性的专业活动，它需要的不仅是著史的客观条件，也不仅是著史者的主观条件，更重要的是将历史学家所处的客观条件和主观条件结合起来，从德、学、识、才四个方面达到有机统一，才有可能出现重大的历史研究成果。若从这一观点来看司马迁的《史记》所体现出来的史学观念及其史学成就的话，司马迁在中国历史学中的地位和他为中国历史学所做出的贡献是不言而喻的了。当然，需要指出是，在刘知几的史学观念中，《史记》并非为史著的最佳之作，而属于中才之作，他所最为推崇的是"晋之董狐，齐之南史"，在刘知几看来，"彰善贬恶，不避强御，若晋之董狐，齐之南史，此其上也。编次勒成，郁为不朽，若鲁之丘明，汉之子长，此其次也"②。

这当然只是刘知几个人的"一家之言"。究其原因，乃在于刘知几所奉行的保守的正统史学观念所致。但在我国史学界占主流的观点还是承认司马迁《史记》在中国史学界所具有的突出历史地位。尽管如此，从刘知几、章学诚和梁启超以来所提出并丰富发展的史家修养观来判断司马迁和《史记》的价值的话，可以这样说，正是司马迁具备了上述史学理论家所指出的诸种条件，才写出了《史记》这样的名著。换言之，正是司马迁具有上述四种史家的才干和修养，才成就了自己成为良史的志向。这样看来，在刘知几看来几乎不可能出现的重大的历史研究成果，而在司马迁的手中得以完成，这从另一面也证明了司马迁所具有的极其崇高的历史地位，当然也同样证明了司马迁的《史记》在中国史学界所拥有的"良史"的历史价值。

二

以上是从中国史学史的角度对司马迁成就良史的历史问题进行了探讨，其目的不仅在于揭示《史记》历史地位的突出重要性，而且还在于揭示司马迁成就良史的史学条件。但仅此仍不足以充分说明司马迁《史记》所具有的崇高的历史价值和历史地位。因为上述探讨体现了中国历史学发展的必然性，从中使

---

① 梁启超：《中国历史研究法（外二种）》，第171页。
② （唐）刘知几著，（清）浦起龙通释：《史通通释》，第282页。

人已难以看到一些具有规律性的意义,并从这一带有规律性的意义中以获得更为广泛而深刻的社会历史意义。因此,如果从世界文化和世界历史的角度来看其结果又如何呢?

马克思曾对艺术,具体而言是对希腊非凡艺术成就非常惊叹和敬佩的,也对在那个远距现代所产生的无法再生的艺术成就的原因提出了疑问,同样也对这些疑问做出了他的解释。应该说,马克思早在19世纪对古希腊艺术的成就和原因所作的解释直到今天还没有过时,而且他的这些解释完全能够恰当地解答我们对司马迁史学成就的疑问,并进而可以从深层次了解司马迁在史学上的杰出贡献及其重要的历史地位,从而增加我们对司马迁成就良史原因的深入理解。

马克思是这样说的:"就某些艺术形式,例如史诗来说,甚至谁都承认:当艺术生产一旦作为艺术生产出现,它们就再不能以那种在世界史上划时代的、古典的形式创造出来;因此,在艺术本身的领域内,某些有重大意义的艺术形式只有在艺术发展的不发达阶段上才是可能的。"①

注意,马克思特别提出了一个观念,即"某些有重大意义的艺术形式只有在艺术发展的不发达阶段上才是可能的"②,那么,为什么某些艺术会在艺术发展的不发达的阶段上才能产生呢?马克思接着解释:"为什么历史上的人类童年时代,在它发展得最完美的地方,不该作为永不复返的阶段而显示出永久的魅力呢?有粗野的儿童和早熟的儿童。古代民族中有许多是属于这一类的。希腊人是正常的儿童。他们的艺术对我们所产生的魅力,同这种艺术在其中生长的那个不发达的社会阶段并不矛盾。这种艺术倒是这个社会阶段的结果,并且是同这种艺术在其中产生而且只能在其中产生的那些未成熟的社会条件永远不能复返这一点分不开的"。③"但是,困难不在于理解希腊艺术和史诗同一定社会发展形式结合在一起。困难的是,它们何以仍然能够给我们以艺术享受,而且就某方面说还是一种规范和高不可及的范本。"④

毫无疑问,马克思所讲的是希腊的艺术成就,但这一论述却具有普遍意义。事实上,我们对中西传记史学的形成及其重要的代表人物司马迁史学观念的探求,就是按照马克思所指出的研究方法将其置于各自的历史文化发展的轨道以探求其特殊性,这种特殊性实际上包括四个方面的内容:

---

① 中共中央马克思恩格斯列宁斯大林著作编译局:《马克思恩格斯选集》第2卷,第28页。
② 中共中央马克思恩格斯列宁斯大林著作编译局:《马克思恩格斯选集》第2卷,第28页。
③ 中共中央马克思恩格斯列宁斯大林著作编译局:《马克思恩格斯选集》第2卷,第29—30页。
④ 中共中央马克思恩格斯列宁斯大林著作编译局:《马克思恩格斯选集》第2卷,第29页。

其一，与传记这种史学体裁在初创时期所具有灵活性和创造性有关，这一摸索时期为人们的创造性提供了一个宽松的外部环境、内在创造冲动和爆发力，而一旦这一体例定型，其中的创造性往往会减弱，这一重要的创造阶段是不可复制的。比如，有学者就认为，毋庸讳言，司马迁独辟蹊径，创为传体，"说《史记》是伟大的著作，并不是说它就完美无缺。《史记》是纪传体的第一部，却又是纪传体中最完美的一部。犹如没有平原，一下子步入巅峰，没有由浅入深、由低到高的过程，一下子臻于顶峰"①。这一观点是从史学史的角度而言的，说的是《史记》的产生有其突出的特殊性。其二，也与当时的中国刚刚建立崭新的大一统的政治体制、文化发达、国家统一这一重要的历史时代有着重要的关联，这一正在上升的历史时代所具有的一些重要的历史特征也是不可复制的。其三，还与司马迁所具有的突出的传记史学才华有着重要关系，其出身于史学世家，具有深沉且厚重的历史使命感和杰出的史学才能，这也是一个突出的特点；其四，作为史学家的司马迁，其惨受宫刑之辱的特殊人生经历，使其不但从中获得了痛心疾首的人生体验，而且也大大加深了其对复杂且深刻的社会历史的认识。这些共同的原因构成了司马迁的史学成果，并奠定了其在中国史学上不可动摇的重要历史地位。

当然，司马迁之后的中国史学的内在逻辑性就一直发挥着作用，从而使中国的史学和传记史学沿着各自开辟的道路前进，虽然也出现了许多重要的成果，但如果要同司马迁这位史学大家的成果和价值相比较的话，则还是相形见绌了。

这就是我们从马克思的观念出发，将中国史学的杰出人物和杰出成就置于中国这一特殊而又具体的历史环境中，其目的也就在于试图回答上述我们提出的问题。这也就是马克思所讲的，在弄清楚历史发展的大背景和规律性的发展进程后，"困难只在于对这些矛盾作一般的表述。一旦它们的特殊性被确定了，它们也就被解释明白了"②。除此之外，难道我们还有其他的方式来对这一问题进行解释吗？

三

综上所述，司马迁是我国古代最伟大的历史学家，他在中国悠久而丰厚的

---

① 徐兴海：《刘知几对〈史记〉的批评》，《陕西师范大学学报（哲学社会科学版）》1999年第1期，第74页。

② 中共中央马克思恩格斯列宁斯大林著作编译局：《马克思恩格斯选集》第2卷，第28页。

历史思想的土壤上，乘大汉统一恢宏豪迈之气势，借文化整合之时机，以继"《春秋》"为己任，谨遵父命，恪守其职，以其绝识卓见的史学造诣和史无前例的史家使命感，以及痛心疾首的人生体验，汇德、学、识、才于一身，集百家之长，而避其短，兼容并包，"成一家之言"。著就大作《史记》，使其成为中国历史上最为杰出的历史著作。如梁启超所言："史界太祖，端推司马迁。迁之年代，后左丘约四百年。此四百年之中国社会，譬之于水，其犹经百川竞流波澜壮阔以后，乃汇为湖泊，恬波不扬。民族则由分展而趋统一；政治则革阀族而归独裁；学术则倦贡新而思竺旧。而迁之《史记》，则作于其间。"[①]因而，司马迁成就良史的原因与其个人所具有的突出的德、学、识、才有着直接的关系，更重要的原因在于，其史学成就还深深地植根于其所处的上升时代这一最为深厚的社会土壤之中，归根结底，成就司马迁良史的根本原因乃在于其所处的上升的时代，和在时代背景下所造就的个人所具有的全面而深刻的史学思想和史学造诣，并在此基础上所铸就的不朽的极具个性的文化硕果——《史记》。

---

① 梁启超：《中国历史研究法（外二种）》，第23页。

参 考 文 献

一、中文资料

（一）古籍

（东汉）班固：《汉书》，北京：中华书局，1962年。

杜预：《春秋经传集解》，上海：上海古籍出版社，1997年。

（清）刘熙载：《艺概》，上海：上海古籍出版社，1978年。

（西汉）刘向：《战国策》，上海：上海古籍出版社，1985年。

（唐）刘知几著，（清）浦起龙通释：《史通通释》，上海：上海古籍出版社，2009年。

（清）阮元校刻：《十三经注疏》，北京：中华书局，1980年。

（西汉）司马迁：《史记》，北京：中华书局，1959年。

（南朝·梁）萧统编，（唐）李善注：《文选》，北京：中华书局，2002年。

（清）章学诚撰，叶瑛校注：《文史通义校注》，北京：中华书局，1985年。

（清）赵翼著，王树民校证：《廿二史札记校证》，北京：中华书局，1984年。

（二）研究论著

[古罗马]阿庇安：《罗马史》，谢德风译，北京：商务印书馆，2011年。

[英]爱德华·吉本：《罗马帝国衰亡史》，黄宜思、黄雨石译，北京：商务印书馆，1997年。

[英]爱德华·泰勒：《原始文化：神话、哲学、宗教、语言、艺术和习俗发展之研究》，连树声译，桂林：广西师范大学出版社，2005年。

[苏]巴尔格：《历史学的范畴与方法》，莫润先、陈桂荣译，北京：华夏出版社，1989年。

白寿彝：《中国史学史论集》，北京：中华书局，1999年。

[古希腊]柏拉图：《巴曼尼德斯篇》，陈康译注，北京：商务印书馆，1982年。

[古希腊] 柏拉图:《柏拉图全集》,王晓朝译,北京:人民出版社,2002—2003年。

[法] 保罗·利科:《历史与真理》,姜志辉译,上海:译文出版社,2004年。

[意] 贝奈戴托·克罗齐:《历史的理论与实际》,傅任敢译,北京:商务印书馆,1982年。

陈其泰:《史学与民族精神》,北京:学苑出版社,1999年。

成中英:《从中西互释中挺立——中国哲学与中国文化的新定位》,北京:中国人民大学出版社,2005年。

成中英主编:《本体与诠释:中西比较》,上海:上海社会科学院出版社,2003年。

[德] 狄尔泰:《精神科学引论》,童志奇、王海鸥译,北京:中国城市出版社,2002年。

[法] 迪尔凯姆:《社会学研究方法论》,胡伟译,北京:华夏出版社,1988年。

[法] 杜尔干:《宗教生活的初级形式》,林宗锦、彭守义译,北京:中央民族大学出版社,1999年。

杜维运:《史学方法论》,北京:北京大学出版社,2006年。

[德] 恩斯特·卡西尔:《人论》,甘阳译,上海:上海译文出版社,2004年。

傅斯年:《史学方法导论——傅斯年史学文辑》,北京:中国人民大学出版社,2004年。

顾颉刚:《古史辨》,上海:上海古籍出版社,1982年。

郭双成:《史记人物传记论稿》,郑州:中州古籍出版社,1985年。

郭小凌:《西方史学史》,北京:北京师范大学出版社,1995年。

[德] 哈特穆特·凯博:《历史比较研究导论》,赵进中译,北京:北京大学出版社,2009年。

[德] 海德格尔:《存在与时间》,陈嘉映、王庆节译,北京:生活·读书·新知三联书店,1999年。

[美] 海登·怀特:《后现代历史叙事学》,陈永国、张万娟译,北京:中国社会科学出版社,2003年。

韩兆琦:《中国传记艺术》,呼和浩特:内蒙古教育出版社,1998年。

韩震、孟鸣歧:《历史·理解·意义——历史诠释学》,上海:上海译文出版社,2002年。

何兆武、陈启能主编:《当代西方史学理论》,北京:中国社会科学出版社,1996年。

[古希腊] 赫西俄德:《工作与时日 神谱》,张竹明、蒋平译,北京:商务印书馆,1991年。

[德] 黑格尔:《历史哲学》,王造时译,上海:上海书店出版社,1999年。

[德] 黑格尔:《逻辑学》,杨一之译,北京:商务印书馆,1966年。

[德] 黑格尔:《美学》,朱光潜译,北京:商务印书馆,1979年。

[德] 黑格尔:《小逻辑》,贺麟译,北京:商务印书馆,1980年。

洪汉鼎主编：《理解与解释——诠释学经典文选》，北京：东方出版社，2001年。

［英］基托：《希腊人》，徐卫翔、黄韬译，上海：上海人民出版社，1998年。

［英］杰弗里·巴勒克拉夫：《当代史学主要趋势》，杨豫译，上海：上海译文出版社，1987年。

［英］卡尔：《历史是什么》，陈恒译，北京：商务印书馆，2007年。

［德］卡尔·雅斯贝斯：《历史的起源与目标》，魏楚雄、俞新天译，北京：华夏出版社，1989年。

［德］康德：《纯粹理性批判》，邓晓芒译，北京：人民出版社，2004年。

［德］康德：《历史理性批判文集》，何兆武译，北京：商务印书馆，1990年。

［德］康德：《实践理性批判》，韩水法译，北京：商务印书馆，1999年。

［美］柯恩：《在中国发现历史——中国中心观在美国的兴起》，林同奇译，北京：中华书局，1989年。

［英］柯林武德：《历史的观念》，何兆武、张文杰译，北京：中国社会科学出版社，1986年。

［美］克利福德·格尔兹：《文化的解释》，纳日碧力戈等译，上海：上海人民出版社，1999年。

［法］克洛德·莱维-斯特劳斯：《结构人类学》第二卷，俞宣孟、谢维扬、白信才译，上海：上海译文出版社，1999年。

［英］拉德克里夫-布朗：《社会人类学方法》，夏建中译，北京：华夏出版社，2002年。

［英］拉德克利夫-布朗：《原始社会的结构与功能》，潘蛟等译，北京：中央民族大学出版社，1999年。

［英］雷蒙德·弗斯：《人文类型》，费孝通译，北京：华夏出版社，2002年。

李泽厚：《批判哲学的批判——康德述评》，天津：天津社会科学出版社，2003年。

李长之：《司马迁之人格与风格》，天津：天津人民出版社，2007年。

梁启超：《中国历史研究法（外二种）》，石家庄：河北教育出版社，2003年。

林惠祥：《文化人类学》，北京：商务印书馆，1991年。

刘家和、廖学盛主编：《世界古代文明史研究导论》，北京：高等教育出版社，2001年。

刘家和：《古代中国与世界——一个古史研究者的思考》，武汉：武汉出版社，1995年。

刘家和：《史学、经学与思想：在世界史背景下对于中国古代历史文化的思考》，北京：北京师范大学出版社，2005年。

刘家和：《史苑学步：史学与理论探研》，北京：北京师范大学出版社，2019年。

刘家和主编:《中西古代历史、史学与理论比较研究》,北京:北京师范大学出版社,2013年。

刘乃和主编:《司马迁和史记》,北京:北京出版社,1987年。

鲁迅:《汉文学史纲要》,北京:人民文学出版社,1973年。

[美]路易斯·亨利·摩尔根:《古代社会》,杨东莼、马雍、马巨译,北京:商务印书馆,1977年。

[美]罗伯特·宾厄姆·唐斯:《塑造文明和心灵的巨人及其思想》,王宏方等译,北京:华夏出版社,2006年。

罗钢:《叙事学导论》,昆明:云南人民出版社,1994年。

[法]马克·布洛赫:《封建社会》,张绪山译,北京:商务印书馆,2004年。

[法]马克·布洛赫:《历史学家的技艺》,张和声、程郁译,上海:上海社会科学出版社,1992年。

[英]马克·柯里:《后现代叙事理论》,宁一中译,北京:北京大学出版社,2003年。

[英]马凌诺夫斯基:《文化论》,费孝通译,北京:华夏出版社,2002年。

潘德荣:《西方诠释学史》,北京:北京大学出版社,2013年。

钱穆:《国史大纲》,北京:商务印书馆,1996年。

钱穆:《中国历史研究法》,北京:生活·读书·新知三联书店,2001年。

钱钟书:《管锥编》,北京:中华书局,1979年。

[英]乔治·皮博迪·古奇:《十九世纪的历史学与历史学家》,耿淡如译,北京:商务印书馆,1989年。

[法]让-皮埃尔·韦尔南:《希腊思想的起源》,秦海鹰译,北京:生活·读书·新知三联书店,1996年。

[美]E.R.塞维斯:《文化进化论》,黄宝玮等译,北京:华夏出版社,1991年。

盛宁:《人文困惑与反思——西方后现代主义思潮批判》,北京:生活·读书·新知三联书店,1997年。

[古罗马]苏维托尼乌斯:《罗马十二帝王传》,张竹明等译,北京:商务印书馆,1995年。

[古罗马]塔西佗:《编年史》,王以铸、崔妙因译,北京:商务印书馆,1981年。

[英]泰勒:《人类学:人及其文化研究》,连树声译,广西师范大学出版社,2004年。

[美]J.W.汤普森:《历史著作史》,谢德风译,北京:商务印书馆,1996年。

[英]汤因比:《历史研究》,曹未风译,上海:上海人民出版社,1966年。

[英]托马斯·卡莱尔:《论英雄、英雄崇拜和历史上的英雄业绩》,周祖达译,北京:商

务印书馆，2005 年

［美］托马斯·库恩：《科学革命的结构》，金吾伦、胡新和译，北京：北京大学出版社，2003 年。

汪荣祖：《史传通说——中西史学之比较》，北京：中华书局，1989 年。

［德］韦尔海姆·狄尔泰：《人文科学导论》，赵稀方译，北京：华夏出版社，2004 年。

［意］维柯：《新科学》，朱光潜译，北京：商务印书馆，1989 年。

［美］希拉里·普特南：《理性、真理与历史》，童世骏、李光程译，上海：上海译文出版社，1997 年。

［古希腊］希罗多德：《历史》，王以铸译，北京：中国社会科学出版社，1959 年。

［美］悉尼·胡克：《历史中的英雄》，王清彬等译，上海：上海人民出版社，1964 年。

项观奇：《历史比较研究法》，济南：山东教育出版社，1986 年。

［古希腊］修昔底德：《伯罗奔尼撒战争史》，谢德风译，北京：商务印书馆，1960 年。

徐兴海：《司马迁的创造思维》，西安：陕西人民教育出版社，1995 年。

［古希腊］亚里士多德：《范畴篇 解释篇》，方书春译，北京：商务印书馆，1959 年。

［古希腊］亚里士多德：《尼各马科伦理学》，苗力田译，北京：中国社会科学出版社，1990 年。

［古希腊］亚里士多德：《形而上学》，吴寿彭译，北京：商务印书馆，1995 年。

［古希腊］亚里士多德：《修辞学》，罗念生译，北京：生活·读书·新知三联书店，1991 年。

［古希腊］亚里士多德：《政治学》，吴寿彭译，北京：商务印书馆，1965 年。

杨伯峻编著：《春秋左传注》，北京：中华书局，1981 年。

杨向奎：《宗周社会与礼乐文明》修订本，北京：人民出版社，1997 年。

杨燕起、陈可青、赖长扬：《历代名家评史记》，北京：北京师范大学出版社，1986 年。

［波］耶日·托波尔斯基：《历史学方法论》，张天杰、王寅、尤天然译，北京：华夏出版社，1990 年。

张大可：《史记研究》，兰州：甘肃人民出版社，1985 年。

张大可：《司马迁评传》，南京：南京大学出版社，1994 年。

张世英：《天人之际——中西哲学的困惑与选择》，北京：人民出版社，1995 年。

赵白生：《传记文学理论》，北京：北京大学出版社，2003 年。

中共中央马克思恩格斯列宁斯大林著作编译局：《马克思恩格斯选集》第 1—4 卷，北京：人民出版社，1995 年。

周谷城：《史学与美学》，上海：上海人民出版社，1980年。

朱本源：《历史学理论与方法》修订本，北京：人民出版社，2012年。

朱本源：《朱本源史学文集》，西安：陕西师范大学出版社，2005年。

（三）论文

白寿彝：《司马迁寓论断于序事》，《北京师范大学学报（社会科学版）》1961年第4期。

郭圣铭：《古希腊传记作家普鲁塔克》，《历史教学》1983年第1期。

蒋重跃：《结构·张力·历史——刘家和先生学术思想述要》，《高校理论战线》2007年第1期。

刘家和、陈新：《历史比较初论：比较研究的一般逻辑》，《北京师范大学报（社会科学版）》2005年第5期。

刘家和：《"岂非天哉"的三重解读》，《史学集刊》2003年第2期。

刘家和：《历史的比较研究与世界历史》，《北京师范大学学报（社会科学版）》1996年第5期。

刘家和：《论司马迁史学思想中的变与常》，《北京师范大学学报（人文社会科学版）》2000年第2期。

刘家和：《论通史》，《史学史研究》2002年第4期。

吕厚量：《从三篇阿格西劳斯传记的差异看奈波斯与普鲁塔克对西方传记史学的贡献》，《史学史研究》2011年第2期。

潘德荣、彭启福：《当代哲学中的间距概念》，《哲学研究》1994年第8期。

庞卓恒：《察同察异求规律：比较史学的追求》，《史学月刊》2005年第1期。

王成军：《中西古典史学观念的异同——兼及司马迁史学观念的基本特征》，《陕西师范大学学报（哲学社会科学版）》2009年第6期。

徐兴海：《刘知几对〈史记〉的批评》，《陕西师范大学学报（哲学社会科学版）》1999年第1期。

于沛：《重视中西史学比较中的社会学视野问题》，《史学理论研究》2003年第3期。

张广智：《关于深化西方史学研究的断想》，《社会科学》1992年第3期。

张进、高红霞：《论新历史主义的逸闻主义——触摸真实与"反历史"》，《兰州大学学报（社会科学版）》2002年第2期。

朱本源：《〈洪范〉——中国古代文明的活的灵魂》，《陕西师范大学学报（哲学社会科学版）》1996年第1期。

朱本源：《孔子历史哲学发微》，《史学理论研究》1996年第1期。

朱本源：《孔子史学观念的现代诠释》，《史学理论研究》1994 年第 3 期。

二、外文资料

Arthur Weigall, *Nero Emperor of Rome*, London: Thornton Butterworth Ltd, 1930.

Carr, *What is History?*, New York: Knopf, 1964.

F. W. Walbank, *A Historical Commentary on Polybius*, Oxford: Clarendon Press, 1957.

H.H.Scullard, *From the Gracchi to Nero: A History of Rome from 133 BC to AD 68*, London: Routledge, 1982.

John Selby Watson, *Justin, Cornelius Nepos, and Eutropius*, Miami: Hardpress Publishing, 2018.

Ludwig Friendlander, *Roman Life and Manners under the Early Empire*, New York: Legare Street Press, 2022.

M.I.Finley, *Politics in the Ancient World*, Cambridge University Press, 1983.

Marcel Le Glay, et al, *A History of Rome*, London: Wiley-Blackwell, 2009.

Mikhail Rostovtsev, *The Social and Economic History of the Roman Empire*, Oxford: The Clarendon Press, 1957.

P.E Eastering and J.V.Muir, *Greek Religion and Sciety*, Cambridge: Cambridge University Press, 1985.

Peter Garnsey and Richard Saller, *The Roman Empire: Economy, Society and Culture*, London: Duckworth, 1987.

Plutarch, *Plutarch'lives*, Trans. Perrin B., Boston: Harvard University Press, 1914.

Plutarch, *Life of Timoleon*, London: Palala Press, 2015.

Plutarch, *Moralia*, Cambridge: Harvard University Press, 1996.

Plutarch, *The Age of Alexander: Nine Greek Lives*, Trans. Ian Scott-Kilvert, London: Penguin Classics, 1973.

Polybius, *Histories*, Trans. W. R. Paton, Cambridge: Harvard University Press, 1922.

Ronald Mellor, *The Roman Historians*, London: Routlcdge, 1998.

Tim Duff, *Plutarch's Lives: Exploring Virtue and Vice*, Oxford: Oxford University Press, 1999.

V.M.Scramuzza, *The Emperor Claudius*, Cambridge: Harvard University Press, 1940.

后　　记

在本书即将付梓之时，笔者内心的思绪却难以平复下来，还在不断反思与本书相关的诸多内容，其实还有一些未尽之意，还想再说说。

第一个方面就是想说说本书产生的缘由问题。第二个方面谈一下笔者的一些学术想法，第三个方面就是想表达一下自己内心由衷的谢意。

关于第一个方面的问题，赵世超先生在丛书的总序中已经说得很清楚了。当时是由于多种原因的汇集，特别是刘家和先生的大力推动和具体指导，在陕西师范大学成立了中西史学比较研究中心，刘家和先生为名誉主任，赵世超先生为主任。各位专家确立了中心的一些重要的学术目标，并围绕着学术目标制订了一些具有可操作性的学术研究的工作。现在看来，当时的这一决策，其实具有重要的意义。毕竟在2012年成立的中西史学比较研究中心在全国的史学研究领域还是一件具有较大影响的事件。随着十多年的不断发展，现在的陕西师范大学中西史学比较中心成为全国中西、中外史学和文化比较的一个重要的学术方阵。虽然发展的程度和成果和原先预期的学术发展目标尚有距离，但在培养人才、凝练团队方面，都还取得了许多成果。

目前的陕西师范大学历史文化学院正处于重要的发展阶段，经过多代人不懈的努力，现在学院较之以往而言，不光从规模上大大增加了，而从学科的内部结构而言，也更为全面，有中国史、世界史、考古学，这一切都为历史诸多学科之间的融通提供了难得的有利条件，也为历史的比较研究提供了难得的学术发展环境。因此，进一步推动历史学科的比较研究将是历史文化学院学术不断进步的一个重要的理论方法和研究领域。

现在面临百年未有之大变局，也对现实提出了许多重要而迫切的问题，这些都需要从历史的角度进行理解、认识和回答，以应对时代的现实之需。因此,现在的历史学正处于一个重要的历史发展阶段,也是一个重要的历史机遇性,这对于陕西师范大学历史文化学院的中西史学比较研究中心而言,无疑也是如此,因此,继续努力进行中西史学比较的研究,是我们中西史学比较中心无可推却的责任。

第二个方面就是谈一下我个人和研究小组对这一学术研究的主要思考和实践。主要包括以下三个方面。

其一,如何正确理解和评价传记史学在中国古代史学和现代史学中的地位问题。这一问题的探讨就与我们研究这一问题的初衷有着紧密的联系。在20世纪八九十年代,随着改革开放的进行,在西方现代史学的冲击下,西方的叙事史学观念在国内盛行,与此相对照的是,我国传统的传记史学则处于一个极其尴尬的地位。不言而喻,在中国史学史上,传记史学能够得到并长期处于正宗的史学地位,而西方的史学正宗却是叙事,其传记在古代经过犹豫徘徊之后,最终走向了文学,而与历史学分道扬镳。这样就自然产生了一个基本问题:应该如何认识中国传统的传记史学?现代中国史学的体裁应该是什么?传记史学在中国史学发展的前景是什么?而要对这些重要问题进行探讨和回答的话,就必须从中国传记史学所产生的独特的中国历史进程和文化品格中,探讨其发生、发展变化的进程及其原因,并在此基础上对其发展趋向加以把握,同时,还必须将以司马迁所创立的中国传记史学置身于西方历史发展的框架中加以对照探讨,唯有如此,方可避免由于拘泥于中国史学发展自身而带来的某些偏颇或片面的认识,从而有助于对其内容的本身有一个深刻且全面的认识,并在此基础上合理准确地判断传记史学在中国史学发展史中的历史地位。

其二,再一个重点就是努力加深对中西历史比较理论与方法的认识。记得20世纪80年代中期,我在跟随朱本源先和任凤阁先生学习时,任凤阁先生就一再强调学习和研究世界古代史不仅对于理解和认识西方历史具有特殊而重要的作用,而且也有助于对中国史学发展的认识或理解。同时,朱本源先生也多次强调,在改革开放以后中国面向世界的时代,历史的比较研究不仅是历史研究的一个重要方法论,也是一个重要的学术领域,更是一个前沿的学术研究领域,开始引导我进入了中西史学比较的领域。其后,有幸在刘家和先生那里进行了专业、系统地中外古史比较的理论和方法的学习,从而大大深化和加强了自己对中西史学比较的理论知识的理解和探讨,并在具体的史学实践中也做出了一点成果。早在数年前,刘家和先生提出了现在历史研究所要把握的三个维度，一个是古今贯通；二是中外比较；三是中西互鉴。而在三者之中，核心的内容就是要有历史的比较观念。因此，深刻理解和认识刘先生的史学比较的理论和方法，并努力付诸具体历史比较实践，对于我们学生而言，是一个长期追求的学术目标。

其三，从哲学诠释学的角度来进行中西传记史学的比较研究。我多年来所进行的学习和研究，都是致力于从文史哲相融通的角度来进行中西传记史学的比较研究，为此，我又对哲学诠释学进行了多年研究，试图进行深度的文史哲融通的中西史学比较研究。当然，之所以重视哲学诠释学这一哲学流派的研究，是与朱本源先生的教诲有着重要关联。早在20世纪90年代初，朱本源先生一再强调，如果要对西方文化和史学进行理解和认识的话，其基本路径则一定要从哲学的层面上进入，才能对其基本精神和特点加以把握，因为这是西方文化的基本特点，这类似于要对中国文化的理解就必须从历史的角度来理解一样。因此，在得知我跟随刘家和先生攻读博士研究生时，朱本源先生特别要我注意哲学诠释学的理论与方法。他认为在现代西方诸多哲学流派中，同历史学有着紧密关联的则是德国汉斯-格奥尔格·伽达默尔所创立的哲学诠释学，在他看来，通过哲学诠释学所包含的历史与哲学相融合的理论与实践，可能会加深历史和哲学关系的理解，从而比较容易把中西的哲学和历史观念加以联通起来。刘家和先生完全同意朱本源先生的看法，但进一步要求我在重视理论对史学研究的指导作用的同时，万不可局限于空头理论之中，应该重视史论结合的史学基本原则，应该将中学与西学结合起来，应该将哲学的入手与小学的基础结合起来，真正将文史哲融会贯通于真实的历史基础上。这是刘先生对我的希望和要求，我唯有不断努力方可报答先生的教诲之恩。

马克·布洛赫曾经在近百年前就以预言的形式说过，未来的历史发展的前途就在于历史比较。刘家和先生也曾说，从某种意义上讲，没有比较就没有历史研究，并认为历史比较将向历史地比较这一方向不断发展，说的就是历史比较方法将会获得更为普遍和广泛的应用。现在的历史比较以各种形式从各个层次上进行，并取得了诸多的学术成果，我们相信中西史学比较的前途将会越来越明显地显示出来，中西史学比较的前景将会越来越辉煌。

以上研究和心得，是笔者多年以来思考的成果，其中有许多内容是在前期研究的基础上努力进一步深化和拓展的结果。但坦率地讲，本书虽有进取之心，但成果却不敢说为深刻之作，因此，欢迎学界同仁予以批评指正。

真诚感谢刘家和先生对中西史学比较中心的指导和关怀，先生对中西史学比较的思想和精神一直是我们努力进取的精神源泉。

　　衷心感谢赵世超先生对中西史学比较事业的热忱和身体力行，衷心感谢于沛先生、白建才先生对中西史学比较和我本人的长期关心和支持。

　　衷心感谢贾二强、何志龙、李秉忠三位教授对中西史学比较中心的大力支持。

　　真诚感谢学校社会科学处对出版本书的资助！

　　感谢我的多位博士和硕士研究生，如刘星星、杨少情、仲钰、陈丽莎、王佳真、赵喻等同学在本书写作过程中所提供的多种形式的支持和帮助。

王成军

2023年8月23于西安